WORD EXPERT

지은이 넥서스영어교육연구소
펴낸이 임상진
펴낸곳 (주)넥서스

출판신고 1992년 4월 3일 제311-2002-2호㉘
10880 경기도 파주시 지목로 5
Tel (02)330-5500 Fax (02)330-5555

ISBN 978-89-5797-606-7 53740

www.nexusEDU.kr

수능 1등급을

만드는

워드엑스퍼트

넥서스영어교육연구소 지음

NEXUS Edu

⁝ PREFACE

영어 문제를 풀다 보면 두 가지 경우를 접하게 됩니다. 첫째, 단어의 뜻은 다 알고 있는데 문장 구조나 문법을 잘 모르는 경우, 둘째, 문장 구조나 문법은 알겠는데 모르는 단어가 있는 경우이지요. 여러분은 이 두 경우 중 어느 상황에서 좀 더 손쉽게 독해를 할 수 있습니까? 아마 대부분의 학생은 첫 번째일 것입니다. 단어의 뜻을 정확히 알고 있으면 100% 정확한 해석은 아니더라도 글쓴이의 의도를 이해할 수 있고, 의미가 통하는 해석을 할 수 있습니다. 이처럼 영어 학습에서 단어가 차지하는 비중은 매우 크며, 얼마나 많은 단어를 알고 있느냐가 얼마나 많은 문제를 풀 수 있느냐와 직결됩니다.

학생들은 수능 영어를 대비할 때 독해 요령이나 문법 위주로 공부합니다. 하지만, 학생들의 영어 실력이 점점 더 향상되고 있고, 이에 따라 문제 난이도도 어려워지고 있는 최근의 추세를 보면, 출제할 수 있는 유형이 한정된 문법보다는 난이도가 어려운 어휘의 암기가 독해의 성패를 가르는 핵심 요소가 될 것입니다.

〈Word Expert〉는 수능에 자주 출제된 수능 필수 어휘는 물론이고, 출제된 적이 있거나 출제될 가능성이 높은 수능 고난도 어휘까지 실어 학생들이 더욱 심화된 어휘 학습을 준비할 수 있도록 했습니다. 수능 기출 어휘뿐만 아니라, 수능과 EBS 교재 연계율 강화에 발맞추어 EBS 영어 교재에 수록된 어휘도 함께 다루었습니다.

〈Word Expert〉를 통해서 수능 영어의 기본인 어휘를 더욱 효과적으로 학습하기를 바랍니다. 더 나아가 이 책을 보는 모든 학생들의 수능 외국어영역 만점을 기원합니다.

넥서스영어교육연구소

:: FEATURES

고난도 어휘 학습으로 어휘력을 쑥쑥 올린다!
최근 7년간 수능 외국어영역과 최신 EBS 교재에 출제되었거나 출제 가능성이 있는 기본 어휘로 30일, 고난도 어휘로 20일 학습을 구성하여 기초를 탄탄하게 다짐과 동시에, 어떤 어휘가 출제되더라도 자신 있는 독해가 가능하다.

다양한 문제로 외우고 또 외운다!
2,000단어를 총 50일 학습으로 구성하여, Daily Test로 그날 배운 단어를 바로바로, Weekly Test로 5일간 배운 단어를 드릴 형식의 문제로 풀어보고, Dictation Test로 10일간 배운 단어를 무료 제공되는 MP3를 들으면서 빈칸 채우기 문제로 풀어본다.

이미지를 통한 시각적 학습 강화!
단어와 관련된 사진과 그림을 통해서 더 생생한 어휘 학습이 가능하다. 단어가 잘 기억나지 않을 때 이미지를 먼저 떠올려 보자.

무료 다운로드 MP3로 정확한 발음이 쑥쑥!
넥서스에듀 홈페이지에서 무료로 제공하는 MP3를 다운받아 단어와 예문을 정확한 발음으로 듣고 익힌다.

CONSTRUCTION

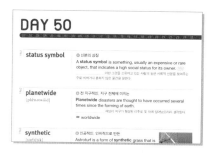

50일 학습

총 2,000단어를 40단어씩 50일 동안 학습한다. 표제어 외에도 파생어, 유의어, 동의어를 함께 실어 심층적 어휘 학습이 가능하다. 사진, 그림이 있는 단어는 이미지를 통한 연상학습으로 더욱 쉽게 뜻을 암기할 수 있다.

학습 도우미 Word Plus, Tips

표제어와 관련된 주제의 어휘를 한눈에 볼 수 있는 Word Plus와 단어나 예문에 대한 추가적인 설명으로 어휘 학습을 돕는 Tips를 통해서 확장된 어휘 학습이 가능하다.

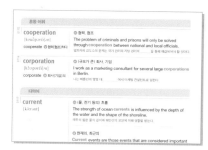

어원, 숙어, 혼동 어휘,
다의어 따로 학습? NO!

어원에 따른 어휘, 혼동 어휘, 다의어, 숙어, 이어 동사 등을 따로 외울 필요 없이 하루에 모두 학습할 수 있도록 구성하였다.

매일매일 문제 풀이

Daily Test를 통해서 그날 배운 단어는 그날 확인한다. 3가지 유형으로 단어와 뜻뿐만 아니라, 유의어, 반의어, 파생어를 암기하고, 문맥 파악을 통한 문제 풀이로 해석 능력을 향상시킨다.

Weekly Test

5일간 외운 단어를 드릴 형식의 문제로 간결하지만 확실하게 확인한다.

Dictation Test

10일간 외운 단어를 바탕으로 수능 기출을 포함한 예문을 듣고 빈칸을 채워보자. 듣기 실력과 문맥을 파악하는 능력을 모두 향상시킬 수 있다.

:CONTENTS

DAY 01
—
DAY 10

DAY 01

0001

instrument
[ínstrəmənt]

ⓝ 도구, 장치, 악기

The recorder was a popular wind **instrument** in the Middle Ages, and it's still a gateway into music today.

중세시대에 리코더는 인기 있는 관악기였고, 오늘날에도 여전히 음악에 입문하는 길이 되고 있다.

Word Plus+ ▶ 음악(Music) 관련 어휘

acoustic 전자 악기를 쓰지 않은   national anthem 국가(國歌)   arrangement 편곡   choir 합창단
concertgoer 음악회에 자주 가는 사람   stringed instrument 현악기   percussion instrument 타악기
glee club 합창단

0002

past
[pæst]

ⓝ 과거 ⓐ 지난

Today, people are much more concerned about their health than they were in the **past**.

오늘날, 사람들은 _____ 보다 훨씬 더 자신의 건강에 대해 걱정하고 있다.

0003

place
[pleis]

placement ⓝ 배치

ⓝ 장소 ⓥ 놓다, 두다

When directed to do so, all of the researcher trainees carefully **placed** their beakers on the instructor's table.

모든 연구 실습생이 지시에 따라 비커를 강사의 탁자 위에 조심스럽게 _____.

0004

suppose
[səpóuz]

supposition ⓝ 추정

ⓥ 생각하다, 추정하다

Too many people nowadays wrongfully **suppose** that age — rather than responsibility — is what defines adulthood.

요즘에는 너무 많은 사람들이 책임감보다 나이가 어른임을 정의한다고 잘못 _____.

The mind may be reluctant to think properly when thinking is all it **is supposed to** do. 수능

생각하는 것이 해야 할 일의 전부일 때 정신은 적절하게 생각하기를 꺼릴지도 모른다.

Tips be supposed to는 '~하기로 되어 있다'라는 뜻이다.

0005

terribly
[térəbli]

terrible ⓐ 끔찍한

ad 대단히, 몹시

Modern rules of etiquette state that it's **terribly** rude to text on a cell phone during a conversation.

에티켓의 현대 규칙은 대화를 하면서 휴대 전화로 문자메시지를 보내는 것을 _____ 무례한 행동이라고 규정한다.

0002 과거   0003 놓았다   0004 생각한다   0005 몹시

0006
cancel
[kǽnsəl]

cancellation ⓝ 취소

ⓥ 취소하다

The music concert has been canceled due to poor advanced ticket sales.
저조한 티켓 예매율 때문에 음악회가 _____.

0007
guarantee
[gæ̀rəntíː]

ⓥ 보장하다, (품질을) 보증하다 ⓝ 보장, 보증

Winning an Academy Award is no guarantee of future box office success, but it can't hurt.
아카데미 상을 받는 것이 장차 흥행의 성공을 _____ 해 주는 것은 아니지만, 해로울 것은 없다.

0008
possible
[pásəbl]

possibility ⓝ 가능성

ⓐ 가능한, 있음직한

Early retirement is still possible for many workers; it is just not as desirable as it once was.
조기 퇴직은 여전히 많은 직장인들에게 일어날 수 있는 일이다. 그것은 단지 한때 그랬던 것만큼 바람직하지 않을 뿐이다.

0009
link
[liŋk]

ⓝ 연결, 관계 ⓥ 연결하다

Some crime research now links children's exposure to lead with violent behavior later in their lives.

일부 범죄 연구는 현재 아이들이 납에 노출되는 것과 후에 그 아이들의 삶에서 나타나는 폭력적인 행동을 결부시킨다.

0010
blood type
[blʌd taip]

ⓝ 혈액형

There is a widespread belief that blood type determines personality, with implications for life, work, and love.
_____ 이 삶과 일, 사랑에 영향을 주는 성격을 결정한다는 믿음이 널리 퍼져 있다.

0011
personality
[pə̀ːrsənǽləti]

personal ⓐ 개인적인

ⓝ (개인의) 특성, 성격, 개성

My ideal partner has a warm smile, a gentle demeanor, and an appealing personality.
나의 이상적인 배우자는 따뜻한 미소와 친절한 행동, 사람의 마음을 끄는 _____ 을 가진 사람이다.
= character 특성

0006 취소되었다   0007 보장   0010 혈액형   0011 성격

DAY 01

0012
discuss
[diskʌs]

discussion ⓝ 의논, 토론

ⓥ 의논하다, 토론하다

Yesterday morning, the ambassador was summoned to the Executive Office of the President to discuss the crisis.
어제 아침, 위기 상황에 대해 논의하기 위해 대사가 대통령 집무실로 불려갔다.

= debate 논쟁하다

0013
position
[pəzíʃən]

ⓝ 위치 ⓥ 두다, ~에 위치하다

The government allocated its resources throughout the flooded city while the army positioned sandbags along the river's edge.
군대가 강가에 모래주머니를 놓는 동안, 정부는 홍수가 난 도시 전역에 물자를 할당했다.

0014
relationship
[riléiʃənʃìp]

ⓝ 관계

A child's relationship with his or her parent(s) changes dramatically in adolescence; this is both normal and natural.
아이와 부모의 _____ 는 청소년기에 급격하게 변한다. 이것은 정상적이고 자연스러운 것이다.

0015
sensitive
[sénsətiv]

sense ⓝ 감각
sensitivity ⓝ 세심함

ⓐ 민감한, 예민한

Broaching a sensitive subject, the president confirmed that he remains committed to discussing human rights with the visiting leader.
대통령은 _____ 사안을 꺼내면서, 지도자 방문 시 인권에 대해 논의하는 데 전념할 것임을 확언했다.

0016
easy-going
[í:zigóuiŋ]

ⓐ (성격이) 느긋한, 태평한

My brother rarely if ever raises his voice; he's often described as a friendly, easy-going type of guy.
내 남동생은 언성을 높이는 일이 거의 없다. 그는 친절하고 _____ 사람이라고 평해진다.

0017
reserved
[rizə́:rvd]

ⓐ (성격이) 내성적인

The English have a reputation for being reserved, though anyone who has visited London might beg to differ.
영국인은 _____ 이라는 평판이 있지만, 런던을 방문해 본 사람은 누구나 그 의견에 동의하지 않을 것이다.

= shy 수줍은

0014 관계   0015 민감한   0016 태평한   0017 내성적

0018
depart
[dipá:rt]

departure ⓝ 출발

ⓥ (여행을) 떠나다, 출발하다

The notice reminds all guests to leave their keys at the reception desk before they depart.

그 안내판은 모든 손님이 떠나기 전에 안내데스크에 열쇠를 두고 갈 것을 주지시킨다.

0019
discount
[dískaunt]

ⓝ 할인 ⓥ 값을 깎아주다

There is a 15% discount on all locally produced fruits and vegetables until the end of the week.

이번 주말까지 우리 지역에서 생산된 모든 과일과 채소를 15% _____ 판매합니다.

0020
apply
[əplái]

application ⓝ 지원, 적용
applicant ⓝ 지원자

ⓥ 지원하다; 적용하다

Nearing the end of her internship, the young, aspiring financial accountant applied for a job with a rival insurance company.

그 젊고 열의 있는 회계사는 자신의 인턴 기간이 거의 끝날 무렵 경쟁 보험 회사에 _____

0021
donate
[dóuneit]

donation ⓝ 기부

ⓥ 기부하다

The government has agreed to donate $50 million in emergency humanitarian aid to regions affected by the earthquake.

정부는 지진 피해를 입은 지역에 인도주의적 긴급 지원금으로 5천만 달러를 기부하는 데 동의했다.

0022
senior citizen

ⓝ 노인, 고령자

Regrettably, senior citizens are rich prey for scammers taking advantage of their financial fears.

유감스럽게도, _____ 들은 그들의 재정적 불안감을 이용하는 사기꾼의 돈 많은 사냥감이 된다.

0023
canned
[kænd]

ⓐ 통조림으로 된

Low-income earners need to have access to fresh food, not just the kind of canned food found at food banks.

저소득자들은 푸드뱅크에서 얻을 수 있는 통조림 음식뿐만이 아니라, 신선한 음식을 접할 수 있어야 한다.

Tips canned laughter는 시트콤이나 코미디 프로그램에서 자주 들을 수 있는 '녹음된 웃음소리'를 말한다.

0019 할인   0020 지원했다   0022 노인

DAY 01

0024

advertisement
[ǽdvərtáizmənt]

ⓝ 광고, 선전

Online **advertisements** increasingly account for the bulk of revenue generated by online search engines.

온라인 _____ 는 온라인 검색 엔진이 창출하는 수입의 대부분을 점점 더 많이 차지하고 있다.

0025

bothersome
[báðərsəm]

ⓐ 짜증나는, 성가신

I wasn't able to sleep well last night because of a **bothersome** noise from the apartment above me.

나는 아파트 위층에서 들려오는 _____ 소음 때문에 어젯밤에 잠을 잘 잘 수 없었다.

= annoying

0026

install
[instɔ́:l]

installation ⓝ 설치

ⓥ 설치하다; 취임시키다

No one will be able to access the library until after the upgraded alarm system has been **installed**.

업그레이드된 경보 시스템이 설치될 때까지 아무도 도서관에 출입할 수 없을 것이다.

0027

virtually
[və́:rtʃuəli]

virtual ⓐ 사실상의

ad 거의

There is **virtually** no evidence that diet alone facilitates weight loss; it must be matched with exercise.

식이 조절만으로 쉽게 체중감량을 할 수 있다는 증거는 사실상 거의 없다. 운동이 함께 동반되어야 한다.

= almost

0028

round
[raund]

ⓝ (연속된 일의) 한 차례, 한 회

Despite the slow economy, the company plans to pay another **round** of employee bonuses.

불황에도 불구하고, 그 회사는 또 _____ 의 직원 보너스를 지급할 계획이다.

0029

opponent
[əpóunənt]

oppose ⓥ 반대하다, 겨루다

ⓝ (스포츠 경기의) 상대자, (의견 등의) 반대자

The champion once again complained about the lack of worthy **opponents** following his latest victory.

그 챔피언은 최근 승리 후에 자질이 부족한 _____ 에 대해 또 다시 불평했다.

0024 광고   0025 성가신   0028 한 차례   0029 상대자

접두어　multi- '다수의', '복수의'

0030

multicultural
[mʌ̀ltikʌ́ltʃərəl]

multiculturalism
ⓝ 다문화주의

ⓐ 다문화의

Toronto is described as being a **multicultural** city because it is home to a diverse population of ethnic groups.
토론토는 다양한 소수 민족의 고향이기 때문에 _____ 도시로 묘사된다.

0031

multimedia
[mʌ̀ltimíːdiə]

ⓝ 다중매체, 멀티미디어

You can share your pictures and videos with friends on any number of **multimedia** Web sites.
당신은 많은 멀티미디어 웹사이트에서 당신의 사진과 동영상을 친구들과 함께 공유할 수 있다.

0032

multitask
[mʌ̀ltitǽsk]

multitasking
ⓝ 다중 작업 처리

ⓥ 동시에 여러 일을 하다

The research confirms that women can **multitask** better than men both at home and at the office.
그 연구는 여성이 남성보다 집과 사무실에서 동시에 여러 일을 더 잘 할 수 있다는 것을 뒷받침한다.

0033

multiracial
[mʌ̀ltiréiʃəl]

ⓐ 다문화의, 다인종의

It is historically noteworthy that South Africa's first **multiracial** elections took place in 1994.
1994년에 남아프리카에서 다민족이 참여한 선거가 처음으로 실시된 것은 역사적으로 주목할 만하다.

혼동 어휘

0034

arrogant
[ǽrəgənt]

arrogance ⓝ 오만

ⓐ 오만한

The **arrogant** young lawyer elbowed his way to the head of the line, declaring that he was too busy to wait like everybody else.
그 _____ 젊은 변호사는 자신이 너무 바빠서 다른 사람처럼 기다릴 수 없다고 말하면서 팔꿈치로 사람들을 밀치며 줄 맨 앞으로 나갔다.

0035

elegant
[éləgənt]

elegance ⓝ 우아

ⓐ 우아한

The **elegant** furnishings in Buckingham Palace are an attraction not to be missed.
버킹엄 궁전의 _____ 가구는 놓쳐서는 안 될 명소(名所)이다.

0030 다문화　　0034 오만한　　0035 우아한

DAY 01

의외의 뜻을 가진 어휘

0036

bank
[bæŋk]

ⓝ 둑, 제방

Egyptian civilization was built on the **banks** of the Nile River, which flooded each year, depositing soil on its **banks**. 수능

이집트 문명은 나일 강 _____ 에 세워졌는데, 나일 강은 매년 범람해서 _____ 에 토양을 축적시켰다.

Tips bank를 '은행'이라는 뜻으로만 알고 있었다면 '둑, 제방'이라는 뜻도 함께 알아두자!

숙어 / 이어동사

0037

on the tip of my tongue

생각이 날 듯 말 듯하다

The name of the short story by Anton Chekhov that we had read last week was **on the tip of my tongue**.

우리가 지난주에 읽었던 Anton Chekhov의 단편 소설 제목이 생각날 듯 말듯 했다.

0038

all of a sudden

갑자기

I was sitting at home typing on my laptop when **all of a sudden** I heard the front door slam shut.

_____ 대문이 세게 닫히는 소리가 들렸을 때 나는 집에서 노트북으로 타자를 치며 앉아 있었다.

0039

stop by

잠시 들르다

I've been planning to **stop by** Craig's house for a short visit, but I keep forgetting.

나는 Craig의 집에 잠시 들를 계획이었지만, 계속 잊어버린다.

0040

put on hold

미루다, 연기하다

The contractors **put** the renovation project **on hold** until they got enough money to finish it.

도급업자들은 리모델링을 끝낼 수 있는 충분한 돈을 받기 전까지 리모델링 프로젝트를 _____

0036 둑, 둑   0038 갑자기   0040 연기했다

A 다음 영어를 우리말로, 우리말을 영어로 쓰시오.

1	advertisement		11	가능한
2	apply		12	거의
3	blood type		13	과거; 지난
4	guarantee		14	관계
5	depart		15	내성적인
6	discount		16	민감한, 예민한
7	donate		17	설치하다; 취임시키다
8	instrument		18	잠시 들르다
9	link		19	장소; 놓다, 두다
10	multicultural		20	거만한, 오만한

B 다음 빈칸에 알맞은 말을 쓰시오.

1 personality   = ＿＿＿＿＿   5 opponent   ⓥ ＿＿＿＿＿

2 discuss   = ＿＿＿＿＿   6 suppose   ⓝ ＿＿＿＿＿

3 bothersome   = ＿＿＿＿＿   7 terribly   ⓐ ＿＿＿＿＿

4 virtually   = ＿＿＿＿＿   8 cancel   ⓝ ＿＿＿＿＿

C 다음 빈칸에 들어갈 알맞은 말을 |보기| 에서 고르시오.

보기	multiracial	bank	donate	past	put on hold

1 Grass and trees growing along the ＿＿＿＿＿ of a river help to prevent the loss of soil called erosion.

2 I've been ＿＿＿＿＿ for the past twenty minutes. 수능

3 It is a ＿＿＿＿＿, multi-issue, international membership organization. 수능

4 You can ＿＿＿＿＿ any canned foods such as corn, peas, or soup. 수능

5 Examine your thoughts, and you will find them wholly occupied with the ＿＿＿＿＿ or the future. 수능

DAY 02

0041
recommend
[rèkəménd]

recommendation
ⓝ 권고; 추천

ⓥ 추천하다

Lawmakers, concerned about the effect of television violence on children, will recommend that Congress draft new legislation.

텔레비전 프로그램의 폭력성이 아이들에게 미치는 영향을 우려하는 입법가들은 의회가 새로운 법률 초안을 작성해야 한다고 제안할 것이다.

0042
lightweight
[láitwèit]

ⓐ 가벼운, 경량의

The travel brochure recommends that visitors bring a lightweight jacket for cool summer evenings.

여행안내 소책자에서 여름 저녁의 서늘한 날씨에 대비해 _____ 재킷을 가져올 것을 권하고 있다.

0043
identification
[aidèntəfikéiʃən]

identify ⓥ 인지[식별]하다

ⓝ 발견; 신분(증); 신원 확인

The identification of a second sample of DNA led police to speculate that the crime was committed by two people.

두 번째 DNA샘플의 신원 확인이 경찰로 하여금 그 범죄가 두 명에 의해서 저질러졌음을 추측하게 했다.

Travelers are asked to show some identification before attempting to enter the screening area.

여행객들은 기계 검문 지역에 들어서기 전에 _____ 을 제시하도록 요청 받는다.

0044
execute
[éksikjùːt]

execution ⓝ 처형; 실행

ⓥ 처형하다; (계획을) 실행하다

The notorious serial killer Frank Moss was executed by lethal injection last night at Simmons Correctional Facility.

악명 높은 연쇄 살인마 Frank Moss가 어젯밤에 시먼스 교도소에서 독극물 주사로

> **Word Plus+** ▶ 법률(Law) 관련 어휘
>
> copyright 저작권   barrister 법정 변호사   bill 법안   common law 관습법   drunk driving 음주 운전
> death sentence 사형 선고   death penalty 사형   life sentence[life imprisonment] 종신형
> custody 양육권   prosecutor 검사   exhibit 증거물

0045
warning
[wɔ́ːrniŋ]

warn ⓥ 경고하다, 주의를 주다

ⓝ 경고, 주의

The judge said that the stiff fine would serve as a warning to other motorists who drove and texted simultaneously.

판사는 높은 벌금이 운전하면서 문자를 보내는 다른 운전자들에게 _____ 로써 작용 하게 될 것이라고 말했다.

0042 가벼운   0043 신분증   0044 처형되었다   0045 경고

0046
appreciate
[əprí:ʃièit]

appreciation ⓝ 감상; 감탄; 감사

ⓥ 감사하다; 감상하다

Patients in this ward of the hospital often say how much they **appreciate** the care of the nursing staff.

이 병동의 환자들은 간호사들의 보살핌에 대해 매우 많이 감사하고 있다고 자주 말한다.

There's little point in buying him an expensive watch — he doesn't **appreciate** such luxuries.

그에게 비싼 손목시계를 사줄 필요가 없다. 그는 그런 고가품의 가치를 모른다.

0047
photography
[fətágrəfi]

ⓝ 사진 촬영 (기술)

A new cell phone **photography** class at the local community college promises to help you take better self-portraits.

지역 전문 대학에 새로 개설된 수업인 휴대 전화 _____ 수업은 자신의 사진을 더 잘 찍을 수 있도록 도와준다고 한다.

0048
allow
[əláu]

allowance ⓝ 용돈, 허용량

ⓥ 허용하다, 허락하다

A growing number of hotels around the world now **allow** guests to lodge their pets with them.

이제는 전 세계적으로 점점 더 많은 호텔이 투숙객과 애완동물이 함께 숙박하는 것을 _____

= permit ⬌ forbid 금지하다

0049
admission
[ədmíʃən]

admit ⓥ 인정하다; 입장을 허락하다

ⓝ 입장(료); 입학

According to school policy, a notice of **admission** will be sent out only to those who have secured placement.

학교 정책에 따라, 반 편성이 확정된 사람들에게만 _____ 안내문이 발송될 것입니다.

0050
do-it-yourself (DIY)

ⓝ 스스로 조립[수리]하는 것

Common starter-level **do-it-yourself** (or **DIY**) projects include making simple clothing, jewelry, and fashion accessories.

일반적인 초보자 수준의 DIY(가정용품의 제작, 수리, 장식을 직접 하는 것) 프로젝트는 간단한 옷과 보석, 패션 액세서리를 만드는 것을 포함한다.

0051
footstep
[fútstèp]

ⓝ 발자국, 발소리, 발걸음

A new discovery uses ultrasonic waves to detect and decode an individual's **footsteps** from a distance.

새로운 발견은 초음파를 사용해서 멀리 있는 사람의 발소리를 감지하고 분석할 수 있다.

0047 사진 촬영 기술   0048 허용한다   0049 입학

DAY 02

0052

awareness
[əwɛ́ərnis]

aware ⓐ 알고 있는, 인지하는

ⓝ 인지, 인식, 알고 있음

There are many fun and enjoyable games to test a child's spatial **awareness**.
어린아이의 공간 지각 능력을 검사하는 재미있고 즐길 수 있는 게임이 많이 있다.

0053

distance
[dístəns]

distant ⓐ 먼

ⓝ 거리(감); 상당한 거리; 먼 곳

If you're going to walk the sort of **distances** necessary to lose weight, you'll need proper training shoes.
체중 감량을 위해 어느 정도의 _____를 걸을 예정이라면 적당한 운동화가 필요하다.

0054

symbolize
[símbəlàiz]

symbol ⓝ 상징

ⓥ 상징하다

A statue meant to **symbolize** the dictator's generosity was destroyed during the revolution.
독재자의 아량을 상징하기 위해 의도된 동상은 혁명 중에 파괴되었다.

0055

accompany
[əkʌ́mpəni]

ⓥ 동행하다; 동반되다

You may be given a lot of information, so have a family member or close friend **accompany** you if possible.
많은 정보가 주어질 수 있으니, 가능하다면 가족이나 친한 친구와 동행하십시오.

If you are alone you are completely yourself, but if you **are accompanied by** a single companion you are half yourself. 수능
당신이 혼자 있을 때 당신은 완전히 당신 자신이 되지만, 어느 한 사람과 함께 있을 때는 절반만 당신 자신이 된다.

Tips be accompanied by는 '~를 동반하다'라는 뜻이다.

0056

participate
[pɑːrtísəpèit]

participation ⓝ 참가
participant ⓝ 참가자

ⓥ 참여하다

The school encourages its staff members to **participate** fully in the running of all after-school club activities.
학교는 교직원들에게 방과 후 클럽 활동을 운영하는 데 전적으로 _____ 것을 권장한다.

0057

application
[æplikéiʃən]

apply ⓥ 지원하다, 적용하다

ⓝ 지원(서); 적용; 〈컴퓨터〉 응용 프로그램

Writing a successful job **application** is only the first step; you must also present yourself professionally.
합격할 수 있는 입사 _____를 쓰는 것은 단지 첫 단계일 뿐이다. 또한, 자신을 전문가답게 소개해야 한다.

0053 거리   0056 참여할   0057 지원서

0058 divorce
[divɔ́:rs]

ⓝ 이혼 ⓥ 이혼하다

The couple decided to **divorce** after five years of marriage rather than seek out couples counseling.

그 부부는 5년간의 결혼 생활 끝에 부부 상담을 받기보다는 _____ 결심했다.

0059 lift
[lift]

ⓥ (위로) 들어 올리다 ⓝ 승강기

When the hiker **lifted** the log, several large insects scurried about looking for cover.

도보 여행을 하던 사람이 그 통나무를 들어 올리자 큰 벌레 몇 마리가 숨을 곳을 찾아 재빠르게 기어갔다.

0060 repair
[ripέər]

ⓥ 수리하다 ⓝ 수리, 보수

The entire front section of the lodge had to be **repaired** after the lightning storm knocked down a tree.

나무가 번개에 맞아 쓰러져서 오두막 앞쪽 전체를 수리해야 했다.

= mend 고치다

0061 withdraw
[wiðdrɔ́:]

withdrawal ⓝ 철회, 취소; 인출

ⓥ 치우다; 철수하다; (돈을) 인출하다

This credit card allows you to **withdraw** up to $500 interest-free a month from an approved ATM.

이 신용카드를 사용하여 승인된 현금자동 입출금기를 통해 무이자로 한 달에 500달러까지 _____ 수 있습니다.

= remove 치우다, 없애다 ⟷ deposit 입금하다

0062 organize
[ɔ́:rgənàiz]

organization ⓝ 조직, 단체

ⓥ 조직하다, 체계화하다

My neighbor is an active member of the Book Club and is always **organizing** talks for her local group.

나의 이웃은 활동적인 독서클럽 회원이고, 자신의 지역 모임을 위해 항상 회의를 준비한다.

0063 expect
[ikspékt]

expectation ⓝ 기대, 예상

ⓥ 기대하다, 예상하다

The R&D department **expects** to receive the additional funding by the end of next month.

연구 개발 부서는 다음 달 말까지 추가 자금을 받을 것으로 _____.

0064 replace
[ripléis]

replacement ⓝ 교체, 대체

ⓥ 대신하다, 대체하다

The party is unsure who will **replace** the current leader after he resigns.

그 정당은 현 리더가 사임한 후에 누가 그를 대신할지 확신하지 못한다.

0058 이혼하기로   0061 인출할   0063 기대한다

DAY 02

0065
rehearsal
[rihə́:rsəl]

rehearse ⓥ 예행연습하다

ⓝ 리허설, 예행연습

Many directors start **rehearsals** of the play they're about to stage with part-time actors.

많은 감독들이 아르바이트 배우들과 함께 공연할 연극의 _____ 을 시작한다.

0066
bulletin board

ⓝ 게시판

Weekly tasks and assignments for all part-time staff will be posted on the **bulletin board** in the break room.

아르바이트 직원의 주간 업무가 휴게실 _____ 에 게시될 것입니다.

0067
grand
[grǽnd]

grandeur ⓝ 위엄, 장엄함

ⓐ (경치나 건축물이) 웅장한, 장엄한; 주요한, 주된

The plans for the new central library were as **grand** as we had expected them to be.

새로운 중앙도서관에 대한 계획은 우리가 기대했던 것처럼 웅장했다.

= majestic 웅장한

0068
relieve
[rilíːv]

relief ⓝ 안도; 완화

ⓥ (불쾌함 등을) 덜어주다, 없애다

Anti-depressants may help improve sleep and **relieve** pain, but there are side effects that you should be aware of.

항우울증 치료제는 잠을 자도록 도와주고, 통증을 _____ 수 있지만, 사람들이 알아야 하는 부작용도 있다.

0069
temporary
[témpərèri]

temporarily ⓐ 임시로

ⓐ 일시적인

This year alone the government has accepted the highest number of **temporary** foreign workers on record.

올해만 해도 정부는 공식적으로 가장 많은 수의 임시직 외국인 노동자를 받아들였다.

⟷ permanent 영구적인

0070
remedy
[rémədi]

ⓝ 해결책, 치료법

Rest, ice, compression, and elevation (RICE) is still the standard **remedy** for a sprain.

삐었을 때는 휴식, 얼음찜질, 압박, 부상 부위 들어 올리기가 여전히 기본적인 _____ 이다.

0071
professional
[prəféʃənəl]

profession ⓝ 직업, 전문직

ⓐ 전문적인, 전문직에 종사하는

The advertisement claimed that the school could dramatically improve one's **professional** skills in English.

광고는 그 학교가 학생의 _____ 영어 실력을 급격하게 향상시켜 줄 수 있다고 주장했다.

⟷ amateur 비전문적인, 취미로 하는

0065 리허설　　0066 게시판　　0068 덜어줄　　0070 치료법　　0071 전문적인

0072

necessary
[nésəsèri]

necessity ⓝ 필요(성); 필수품
necessarily ⓐⓓ 필연적으로

ⓐ 필요한

If you're going to be a successful personal trainer, energy is a **necessary** commodity.
성공적인 개인 트레이너가 되고 싶다면, 힘이 _____ 요소이다.

⬌ unnecessary 불필요한

0073

entire
[intáiər]

entirely ⓐⓓ 완전히

ⓐ 전체의

The river stretches the **entire** length of the country, making it one of the longest in the world.
그 강은 세계에서 가장 긴 강 중의 하나로 전국에 걸쳐 뻗어 있다.

= whole

0074

destination
[dèstənéiʃən]

ⓝ 목적지, 도착지

Italy was once again voted the most popular European honeymoon **destination**.
이탈리아가 또다시 가장 인기 있는 유럽의 신혼 여행지로 뽑혔다.

혼동 어휘

0075

acquire
[əkwáiər]

acquisition ⓝ 습득

ⓥ 얻다, 습득하다

Over the past few months my infant daughter has **acquired** a habit of screaming when she wants to be fed.
지난 몇 달 동안 나의 어린 딸은 먹고 싶을 때 소리를 지르는 습관이 들었다.

Hence, the contemporary child must travel much further than the offspring of primitive man to **acquire** the world view of his elders. 수능
따라서 현대의 아이는 어른의 세계관을 _____ 위해 원시의 아이보다 더 깊이 있는 탐구를 해야 한다.

0076

require
[rikwáiər]

request ⓥ 요청하다 ⓝ 요청
requirement ⓝ 요건

ⓥ 필요로 하다, 요구하다

Many toys **require** AA batteries that are not included in the original package.
많은 장난감은 원래 포장된 상품에는 포함되지 않은 AA 건전지를 _____.

But a manager's actions provide a clear model of exactly the kind of behavior **required**. 수능
그러나 관리자의 행동은 정확하게 요구된 행동 유형에 대한 명백한 전형을 제공한다.

0072 필수적인   0075 습득하기   0076 필요로 한다

의외의 뜻을 가진 어휘

0077

bed
[bed]

ⓝ (강, 바다의) 바닥

Old Hawk pointed at the chokecherry trees in a dry river **bed** not far away. 수능
늙은 매는 멀지 않은 곳에 건조한 강_____에 있는 산벚나무들을 가리켰다.

The stream **beds** of many Norwegian fjords are covered in small round rocks.
노르웨이의 많은 피오르드(빙하 작용으로 생긴 깊은 골짜기)의 강_____은 작고 둥근 바위들로 덮여 있다.

Tips bed를 '침대'라는 뜻으로만 알고 있었다면 위의 뜻도 함께 알아두자!

숙어 / 이어동사

0078

take advantage of

이용하다

The best advice my professor gave me was to try to **take advantage of** every opportunity that comes my way in life.
나의 교수님이 내게 주신 가장 좋은 교훈은 인생에서 내게 오는 모든 기회를 이용하도록 노력하라는 것이었다.

0079

curl up

몸을 웅크리다

On snowy nights, my favorite pastime is to stay home and **curl up** in front of the fireplace with a book and a cup of hot chocolate.
눈 오는 밤에 내가 가장 좋아하는 소일거리는 집에 있으면서 책과 코코아 한 잔을 들고 벽난로 앞에서 몸을 _____ 있는 것이다.

0080

in the meantime

그러는 동안에

In the meantime, we will expect delivery to stop no later than the end of this week. 수능
_____, 우리는 늦어도 이번 주말까지는 배달이 중단되기를 바랍니다.

The highway is scheduled to be completed in three months, but a lot of work needs to be done **in the meantime**.
간선도로는 석 달 후에 완공될 예정이지만, 그 사이에 해야 할 일이 많다.

0077 바닥 / 바닥   0079 웅크리고   0080 그러는 동안에

DAILY TEST

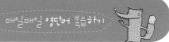

A 다음 영어를 우리말로, 우리말을 영어로 쓰시오.

1 accompany _____
2 appreciate _____
3 awareness _____
4 bulletin board _____
5 curl up _____
6 destination _____
7 distance _____
8 divorce _____
9 do-it-yourself _____
10 expect _____

11 들어 올리다; 승강기 _____
12 가벼운, 경량의 _____
13 발자국; 발소리; 발걸음 _____
14 사진 촬영 (기술) _____
15 상징하다 _____
16 이용하다 _____
17 조직하다, 체계화하다 _____
18 참여하다 _____
19 추천하다 _____
20 해결책; 치료법 _____

B 다음 빈칸에 알맞은 말을 쓰시오.

1 withdraw = _____
2 grand = _____
3 temporary ⟺ _____
4 necessary ⟺ _____
5 acquire ⓝ _____
6 execute ⓝ _____
7 warning ⓥ _____
8 admission ⓥ _____

C 다음 빈칸에 들어갈 알맞은 말을 |보기|에서 고르시오.

보기	lightweight	distance	symbolizes	photography	professional

1 We need to go somewhere _____ is allowed. 수능

2 No wonder she's the national _____ champion. 수능

3 The number "seven" _____ "luck and hope" for all the participants. 수능

4 Hurting your back is a serious matter. I think you'd be better off getting a _____ opinion. 수능

5 You may think that moving a short _____ is so easy that you can do it in no time with little effort. 수능

DAY 03

0081

certain
[sə́ːrtən]

certainty ⓝ 확실성
certainly ad 확실히

ⓐ 특정한, 확실한

I am not **certain** that I should invest such a large percentage of my savings in the stock market.
나는 내 저축 예금의 그렇게 많은 부분을 주식시장에 투자해야 하는지 확신할 수 없다.

I had a chance meeting with a **certain** executive from a rival firm on the golf course today.
나는 오늘 골프를 치던 중에 경쟁 회사의 간부라는 어떤 사람을 만날 기회가 있었다.

= sure 확실한　⟷ doubtful 불확실한

0082

afterwards
[ǽftərwərdz]

ad 나중에, 그 뒤에

The photos were beautiful but, he lamented **afterwards** he felt that he had missed out on the most important first moment of his son's life. 수능
사진은 아름다웠지만, 그는 _____ 자기 아들의 삶에서 가장 중요한 첫 번째 순간을 놓쳤다는 생각이 들었었다고 탄식했다.

If you are tired, take a nice long nap — you'll feel much better **afterwards**.
피곤하다면 오랫동안 편안히 잠을 자라. _____ 기분이 훨씬 나아질 것이다.

0083

trail
[treil]

ⓝ 오솔길; 흔적, 자취; 코스

After a few days hiking or mountain biking along one of New Zealand's many forest **trails**, you will feel invigorated.
뉴질랜드의 많은 산길을 따라 며칠 동안 도보여행을 하거나 산악자전거를 타고 나면, 상쾌한 기분을 느끼게 될 것이다.

= track 길

0084

pathetic
[pəθétik]

ⓐ 가엾은; 한심한

The raccoon that visited last night and tipped over the garbage cans was small and rather **pathetic** looking.
지난밤에 찾아 와서 쓰레기통을 뒤집어엎은 그 너구리는 작고 다소 _____ 보였다.

0085

sympathetic
[sìmpəθétik]

sympathy ⓝ 동정, 연민

ⓐ 동정하는, 동조하는, 호감이 가는

My horoscope today revealed that I will feel **sympathetic** to the suffering of others around me this week.
오늘의 운세에 따르면 이번 주에 나는 내 주변의 다른 사람의 고통에 연민을 느끼게 될 것이라고 한다.

0082 나중에 / 그 뒤에는　0084 가엾어

0086

publication
[pÀblәkéiʃən]

publish ⓥ 출간[발행]하다

ⓝ 출간(물), 간행물

My wife and I have enjoyed receiving your
publication for years. 수능

제 아내와 저는 수년간 귀사의 _____을 즐겁게 받고 있습니다.

0087

reliable
[riláiәbl]

ⓐ 믿을 수 있는, 의지가 되는; 확실한

It was reported by a **reliable** source this morning that a general
workers' strike is planned for next month.

일반 노동자들의 파업이 다음 달로 계획되어 있다고 오늘 아침에 _____ 소식통으로
부터 보고되었다.

0088

intent
[intént]

intently 〔ad〕 골똘하게

ⓐ ~에 몰두하는, 큰 관심을 보이는; 결심하고 있는

Intent on one of the pictures, she took a step back and hit the
small table, tipping it over. 수능

한 사진에 열중하면서 그녀는 한 걸음 뒤로 물러나다가 작은 탁자에 부딪혀서 그것을
쓰러트렸다.

Mrs. Larson tried persuading Samantha not to take a gap year
after completing high school, but she's **intent** on it.

Larson 씨는 Samantha에게 고등학교 졸업 후에 일 년간의 휴식기를 가지지 말라고
설득하려고 했지만, 그녀는 휴식기를 가지려고 결심하고 있다.

0089

guilty
[gílti]

guilt ⓝ 죄책감, 유죄

ⓐ 죄책감이 드는, 유죄인

The president felt **guilty** and remorseful after deciding not to
commute the sentence of one of his key supporters.

대통령은 자신의 주요 지지자 중 한 명의 형량을 감해주지 않기로 결정하고서 죄책감과
양심의 가책을 느꼈다.

⬅➡ innocent 무죄인

0090

innocent
[ínәsnt]

innocence ⓝ 결백, 무죄

ⓐ 순수한, 무죄인

It has been widely reported that the coup attempt resulted in
the deaths of **innocent** civilians.

쿠데타 시도가 무고한 민간인들의 죽음을 야기했다고 대대적으로 보도되었다.

⬅➡ guilty 유죄인

0091

mention
[ménʃәn]

ⓥ 언급하다 ⓝ 언급, 거론

The new rules also do not **mention** anything about which study
aids will be allowed in the exam room.

새 규정은 또한 시험장에서 어떤 학습 보조 도구의 사용이 허락되는지에 대해서는 아무 것
도 _____ 않고 있다.

0086 간행물   0087 믿을 만한   0091 언급하지

DAY 03

0092

derive
[diráiv]

Ⓥ 얻다, ~에서 비롯되다

A diet for runners or cyclists should **derive** most of its calories — 55 to 60 percent — from carbohydrates.
달리기를 하거나 자전거를 타는 사람의 식단은 칼로리의 대부분, 즉 55~60퍼센트를 탄수화물로 섭취해야 한다.

0093

define
[difáin]

definite ⓐ 확실한, 분명한
definition ⓝ 정의

Ⓥ 분명히 밝히다, 규정하다

A new poll finds that more than 60% of Quebec residents **define** themselves as Quebecers first and Canadians second.
새로운 여론 조사에 따르면 퀘벡 거주자의 60% 이상이 자신들을 첫 번째로는 퀘벡 시민으로, 그리고 두 번째로 캐나다인으로 _____.

Recently, however, it is also being seen as a part of culture in the sense that it can be socially **defined** in different ways. 수능
하지만, 최근에 그것은 사회마다 다르게 정의될 수 있다는 점에서, 문화의 일부분으로 여겨진다.

0094

pursue
[pərsú:]

pursuit ⓝ 추구

Ⓥ 추구하다; 쫓다

Member countries of NATO say they will continue to **pursue** a diplomatic solution to North Korea's nuclear ambitions.
북대서양 조약 기구(NATO)의 회원국들은 북한의 핵개발에 대해 외교적 해결 방안을 계속해서 모색할 것이라고 말한다.

0095

provoke
[prəvóuk]

provocative ⓐ 도발하는, 자극하는

Ⓥ 유발[도발]하다; 화나게 하다

The dictionary defines courage as a 'quality which enables one to pursue a right course of action, through which one may **provoke** disapproval, hostility, or contempt.' 수능
사전은 용기를 '사람이 반감, 적대감, 경멸을 _____ 수도 있는 올바른 행동 과정을 추구하게 만드는 특성'이라고 정의한다.

0096

hostile
[hástil]

hostility ⓝ 적대감

ⓐ 적대적인

The four alleged terrorists have now been formally convicted of **hostile** acts against the country.
테러리스트로 추정되는 그들 네 명은 현재 그 국가에 대항하여 _____ 행동을 해서 공식적으로 유죄 판결을 받았다.

0097

indifferent
[indífərənt]

indifference ⓝ 무관심

ⓐ 무관심한

Because the defense attorney was so **indifferent** to his case, the prosecutor easily won the trial.
피고 측 변호인이 자신의 사건에 너무 무관심해서 그 검사는 재판에서 쉽게 이겼다.

0093 규정한다   0095 유발할   0096 적대적인

0098
opposition
[àpəzíʃən]

ⓝ 반대, 상대; 경쟁자

At least three members of the committee voiced strong **opposition** to the city being awarded the next games.

위원회 구성원 중 적어도 세 명은 그 도시가 다음 대회의 개최지로 선정되는 것에 대해 강한 _____ 의사를 표명했다.

0099
dare
[dɛər]

ⓥ 감히 ~하다

The new employee did not **dare** give her opinion at the meeting for fear of being wrong.

새로 온 직원은 틀릴까 봐 두려워서 회의 중에 자신의 의견을 말할 엄두를 내지 못했다.

0100
achieve
[ətʃíːv]

achievement ⓝ 성취, 달성

ⓥ 성취하다, 달성하다

It's important to have a plan in place so you can **achieve** at least one of your financial goals.

즉시 계획을 세우는 것이 중요하다. 그래야 재정적 목표를 적어도 한 개는 _____ 수 있다.

⇒ fail 실패하다

0101
seldom
[séldəm]

ad 거의 ~ 않는

In waters that are cold, humans **seldom** live more than twelve hours, and certainly no more than twenty-four.

그렇게 차가운 물에서, 사람은 12시간 이상 거의 살 수 없고 24시간 이상은 확실히 살 수 없다.

＝ rarely, hardly

0102
distinguish
[distíŋgwiʃ]

distinguishable
ⓐ 구별할 수 있는

ⓥ 구별하다, 식별하다

A contributing cause was that air traffic controllers at the airport could not **distinguish** between the two airplanes when the malfunction occurred.

한 원인은 기계가 오작동을 일으켰을 때 공항의 항공관제사가 두 항공기를 _____ 수 없었다는 것이었다.

0103
welfare
[wélfɛ̀ər]

ⓝ 복지, 행복

The website contains comprehensive information about animal **welfare** and legal issues related to pet ownership in the province.

그 웹사이트는 그 지역의 동물 _____ 와 애완동물을 기르는 것과 관련된 법률적인 사안에 대한 포괄적인 정보를 포함하고 있다.

0098 반대   0100 달성할   0102 구별할   0103 복지

DAY 03

0104

courageous
[kəréidʒəs]

courage ⓝ 용기

ⓐ 용감한

The fallen officer was commended for being **courageous** enough to go to work every day in the face of danger.
사망한 경찰관은 위험에도 아랑곳하지 않고 매일 업무를 수행하는 매우 _____ 사람이라는 찬사를 받았다.

0105

circumstance
[sə́:rkəmstæns]

ⓝ (둘러싼) 상황, 환경

In this **circumstance**, it is best to assume nothing and treat the problem as if you have never seen anything like it before. 수능
이런 _____ 에서는 아무것도 가정하지 않고 마치 예전에 그와 같은 문제를 한 번도 본 적 없었던 것처럼 그 문제를 다루는 것이 최선이다.

0106

determine
[ditə́:rmin]

determination ⓝ 결정, 투지

ⓥ 결정하다, 확정하다

The amount of money you may be allowed to borrow is partly **determined** by the value of your current assets.
당신이 빌릴 수 있는 금액은 부분적으로는 당신의 유동 자산의 가치에 의해서 _____.

0107

anticipate
[æntísəpèit]

anticipation ⓝ 기대, 예상

ⓥ 기대하다, 예상하다

Authorities are **anticipating** trouble at tonight's protest, so more police are being called in to suppress any violent outbreaks.
당국은 오늘 밤 시위에서 충돌이 있을 것으로 예상하여 폭력 사태 발발을 진압하기 위해 더 많은 경찰이 소집될 것이다.

We **anticipate** the future as if we found it too slow in coming, and we were trying to hurry it up. 수능
우리는 마치 미래가 너무 느리게 와서 빨리 오게 하려고 하는 것처럼 미래를 _____.

0108

belong
[bilɔ́(:)ŋ]

ⓥ ~에 속하다(to)

I really hate to part with this antique watch; it **belonged** to my grandmother, and it's a family heirloom.
나는 이 골동품 시계를 정말 내놓기 싫다. 그것은 우리 할머니의 것이었고, 조상 대대로 전해 내려오는 가보이다.

0109

arrange
[əréindʒ]

arrangement ⓝ 준비, 처리 방식

ⓥ 처리하다; 정리하다

The e-mail informed the manager that her guests in Dallas would **arrange** transportation from the airport.
댈러스에 있는 그녀의 손님들이 공항에서 오는 교통편을 마련할 거라고 이메일로 관리자에게 통보되었다.

0104 용감한　0105 상황　0106 결정된　0107 기대한다

접두어	mis- '나쁜', '잘못된'

0110

misunderstand
[mìsʌndərstǽnd]

misunderstood
ⓐ 오해를 받는
misunderstanding ⓝ 오해

ⓥ 오해하다

The clerk completely **misunderstood** my request, so I had to return the item for another.
그 점원은 나의 요청을 완전히 오해해서 나는 그 품목을 다른 것으로 반환해야 했다.

There are many everyday **misunderstandings** which are classified as "folk" understandings. 수능
'보통 사람들의' 이해로 분류되는 일상적인 _____가 많이 있다.

0111

misuse
[misjúːz]

ⓝ 오용, 남용 ⓥ 오용[남용]하다

The problem is that some people **misuse** the Internet, and that wastes bandwidth and consumes valuable data storage space.
문제는 몇몇 사람들이 인터넷을 _____는 것이며, 대역폭을 낭비하고 값비싼 데이터 저장 공간을 소모한다는 것이다.

0112

misbehave
[mìsbihéiv]

ⓥ 무례한 행동을 하다

Experts agree that when kids **misbehave** in public, parents ought to correct the bad behavior immediately.
전문가들은 아이들이 공공장소에서 _____ 부모들이 그 나쁜 행동을 즉시 바로잡아 주어야 한다는 데에 동의한다.

0113

mistake
[mistéik]

mistaken ⓐ 잘못 알고 있는

ⓝ 실수, 잘못 ⓥ 실수하다

At least one website is dedicated to tracking the embarrassing **mistakes** made by famous people in their daily lives.
적어도 한 개의 웹사이트는 유명 인사들이 일상생활에서 저지르는 당황스러운 _____를 추적하는 데 전념하고 있다.

The most common **mistake** made by amateur photographers is that they are not physically close enough to their subjects. 수능
아마추어 사진작가들이 저지르는 가장 흔한 _____는 물리적으로 피사체에 충분히 가까이 접근하지 않는다는 것이다.

0114

mischief
[místʃif]

mischievous ⓐ 짓궂은

ⓝ (주로 아이들의) 잘못, 장난; 해, 피해

The accused was taken to a room, questioned by police, and charged with public **mischief**.
피고인은 방으로 인도되어 경찰에게 취조를 받고 미풍양속 위반죄로 기소되었다.

0110 오해   0111 오용하   0112 무례한 행동을 하면   0113 실수 / 실수

DAY 03

01 02 **03** 04 05 06 07 08 09 10 11 12 13 14 15 16 17 18 19 20 21 22 23 24 25

혼동 어휘

0115

cooperation
[kouàpəréiʃən]

cooperate ⓥ 협력[협조]하다

ⓝ 협력, 협조

The problem of criminals and prisons will only be solved through **cooperation** between national and local officials.

범죄자와 교도소의 문제는 국가 관리와 지방 관리의 _____ 을 통해 해결되어야 할 것이다.

0116

corporation
[kɔ́:rpəréiʃən]

corporate ⓐ 회사[기업]의

ⓝ (규모가 큰) 회사, 기업

I work as a marketing consultant for several large **corporations** in Berlin.

나는 베를린의 몇몇 대 _____ 에서 마케팅 컨설턴트로 일한다.

다의어

0117

current
[kə́:rənt]

ⓝ (물, 전기 등의) 흐름

The strength of ocean **currents** is influenced by the depth of the water and the shape of the shoreline.

해류의 힘은 물의 깊이와 해안선의 모양에 의해 영향을 받는다.

ⓐ 현재의, 최근의

Current events are those events that are considered important and recent at any one time.

시사(時事)는 중요하게 생각되고 어느 때든 최근에 일어난 사건들을 말한다.

숙어 / 이어동사

0118

take part in

참여하다, 가담하다

Most people joined, but a few who were unable to swim chose not to **take part in** the game of water polo.

대부분의 사람이 수구(水球)에 참여했으나 수영을 못하는 소수의 사람은 _____ 않기로 했다.

0119

get rid of

없애다, 제거하다

My roommate told me that I had to **get rid of** the homeless cat I adopted or he would move out.

내 룸메이트는 내가 데려온 집 없는 고양이를 _____ 않으면 이사 갈 것이라고 말했다.

0120

turn in

돌려주다, 반납하다

The room attendant found a set of keys left by the hotel guest and **turned** them **in** to the secretary at the front desk.

객실 관리인은 호텔 손님이 남겨둔 열쇠 꾸러미를 발견하고 프런트의 안내원에게 반납했다.

0115 협력   0116 기업   0118 참여하지   0119 없애지

DAILY TEST

 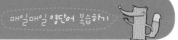

A 다음 영어를 우리말로, 우리말을 영어로 쓰시오.

1	achieve		11	잘못, 장난; 해, 피해
2	afterward		12	가엾은; 한심한
3	arrange		13	돌려주다, 반납하다
4	circumstance		14	무관심한
5	cooperation		15	무례한 행동을 하다
6	corporation		16	믿을 수 있는; 확실한
7	dare		17	복지, 행복
8	derive		18	언급(하다), 거론
9	determine		19	오용[남용](하다)
10	hostile		20	참여하다, 가담하다

B 다음 빈칸에 알맞은 말을 쓰시오.

1	trail	=	5	sympathetic	ⓝ	
2	guilty	⟺	6	persue	ⓝ	
3	seldom	=	7	mischief	ⓐ	
4	certain	=	8	anticipate	ⓝ	

C 다음 빈칸에 들어갈 알맞은 말을 |보기| 에서 고르시오.

보기	opposition	provoke	get rid of	publication	courageous

1 The committee quickly removed the controversial poster following the shooting, denying it was meant to _____ violence.

2 The manuscript, despite having been delayed by more than twelve months, was accepted for _____ last week.

3 It is not easy to show moral courage in the face of either indifference or _____ . 수능

4 To be _____ under all circumstances requires strong determination. 수능

5 How did you _____ those useless ads? 수능

DAY 04

01 02 03 **04** 05 06 07 08 09 10 11 12 13 14 15 16 17 18 19 20 21 22 23 24 25

0121

examine
[igzǽmin]

examination ⓝ 조사, 검사

ⓥ 조사하다, 검사하다

It's a good idea not to sign any contract before **examining** its contents very carefully.
내용을 매우 자세히 살펴보기 전에 어떤 계약서에도 서명하지 말라는 것은 옳은 충고이다.

0122

occupy
[ɑ́kjəpài]

occupation ⓝ 직업, 점령

ⓥ 차지하다, 점령하다

If the habit involves your hands, as when pulling out hair, then try to **occupy** them in some other way. 수능
만약 그 습관이 머리를 잡아당기는 것처럼 당신의 손을 필요로 한다면, 그 손을 어떤 다른 방식으로 차지하려고 노력해 보아라.

0123

vacant
[véikənt]

vacancy ⓝ 결원; 빈 방

ⓐ 빈, 사람이 없는

There is a very high property tax on **vacant** buildings, so it makes sense to rent whenever possible.
_____ 건물에는 매우 높은 재산세가 부과되므로 가능하면 세를 주는 것이 합당하다.

= empty 빈

0124

shed
[ʃed]

ⓥ (빛을) 비추다; (눈물, 피를) 흘리다; (낙엽이) 떨어지다

When you adopt a dog, be mindful of the breed; some **shed** more hair than others.
개를 입양할 때에는 품종에 유의해야 한다. 어떤 품종은 다른 품종보다 털이 더 빠진다.

It's natural to **shed** a few tears of happiness at a wedding for the new bride and groom.
결혼식에서 신랑 신부를 위해 기쁨의 눈물을 _____ 것은 자연스러운 일이다.

0125

imply
[implái]

implication ⓝ 영향, 암시
implicit ⓐ 암시된, 내제된

ⓥ 암시하다, 의미하다; 함축하다

Several recurring fiscal deficits strongly **imply** that tax relief for middle-wage earners is a long way off.
여러 차례 반복되는 재정 적자는 중산층을 위한 세금 감면이 아직 멀었다는 것을 강력하게 시사한다.

= suggest 암시하다

0126

bond
[bɑnd]

ⓝ 유대(감), 접착 ⓥ 결합하다; 접합하다

Research suggests that in societies with strong family **bonds**, people tend to live longer and happier lives.
가족 간 _____ 이 강력한 사회의 사람들은 더 오래, 더 행복한 삶을 사는 경향이 있다고 연구는 제시한다.

= link 유대

0123 빈   0124 흘리는   0126 유대감

0127
affect
[əfékt]

Ⓥ 영향을 미치다, 작용하다

Budget cuts have **affected** arts and after-school programs in most school districts in the state.
예산 삭감은 주(州) 내 대부분의 학군에서 예술 및 방과 후 프로그램에 _____.

0128
affection
[əfékʃən]

ⓝ 애정, 애착

Valentine's Day is not only about public displays of **affection**: in recent years it has also become big business.
밸런타인데이는 단순히 공공연한 _____ 표현에 관한 것은 아니다. 최근 수년간 밸런타인데이는 큰 사업이 되었다.

0129
institute
[ínstətjùːt]

Ⓥ 도입[시작]하다 ⓝ 기관, 협회

The memo noted that the former nurse is threatening to **institute** legal proceedings against the hospital.
그 메모에는 전임 간호사가 그 병원에 대하여 법적 소송을 제기하겠다고 위협하고 있다고 적혀 있었다.

The **institute** awards a multitude of research grants and at least three research fellowships each year.
그 협회는 많은 연구 보조금과 매년 적어도 세 건의 연구 장학금을 수여한다.

0130
impair
[impέər]

impairment ⓝ 장애

Ⓥ 악화시키다; 손상시키다

Blinding snow may have **impaired** the driver's chances of avoiding the head-on collision that claimed two lives.
앞이 보이지 않도록 쏟아지는 폭설이 두 목숨을 앗아간 정면충돌을 피할 운전자의 기회를 감소시켰을 수 있다.

0131
waist
[weist]

ⓝ 허리

These pants are a little too loose at the **waist**; would you take them in three centimeters, please?
이 바지는 _____가 너무 헐렁합니다. 3센티미터만 줄여주실 수 있나요?

Word Plus+ 신체(Human body) 관련 어휘

abdomen 복부   Adam's apple 목젖   artery 동맥   vein 정맥   belly button 배꼽
blind spot 맹점   color-blind 색맹   eardrum 고막   wisdom tooth 사랑니   skull 두개골

0127 영향을 주었다   0128 애정   0131 허리

DAY 04

0132

invest
[invést]

investment ⓝ 투자

ⓥ 투자하다

Dollar cost averaging involves **investing** small amounts regularly to smooth out the effects of stock market fluctuations.
달러평균법은 주식시장의 변동으로 인한 영향을 정기적으로 해결하기 위한 소액 투자를 포함한다.

0133

tie
[tai]

ⓥ 묶다, 결부시키다 ⓝ 매듭; 속박, 구속

Several members of the organizing committee **tied** bright red balloons and yellow ribbons to the ceiling.
조직위원회의 몇몇 위원들은 밝은 빨간색 풍선과 노란색 리본을 천장에 _____.

0134

primary
[práiměri]

ⓐ 주요한; 최초의

The war in Iraq has become a **primary** recruitment vehicle for the army, creating a new generation of soldiers.
이라크에서의 전쟁은 새로운 세대의 병사들을 창출하면서 육군의 _____ 신병 모집 수단이 되었다.

= main 주된

0135

frequent
[frí:kwənt]

frequency ⓝ 빈도; 주파수
frequently ad 자주

ⓐ 빈번한, 잦은

Subway riders have become frustrated with the service in recent months as trains seem to encounter more **frequent** problems.
지하철이 보다 _____ 문제에 부딪히는 듯하자 지하철 이용자들은 최근 몇 달 동안 서비스에 실망하게 되었다.

0136

polite
[pəláit]

politely ad 공손히

ⓐ 공손한, 예의 바른; 교양 있는, 세련된

Etiquette is a system of social rules or **polite** behavior relating to a particular group of people.
에티켓은 특정 집단과 연관된 사회적 규범 혹은 _____ 행동 체계이다.

⬅ rude 무례한

0137

desire
[dizaiər]

ⓝ 욕구, 바람 ⓥ 바라다, 원하다

According to the most recent survey, residents in the neighborhood **desire** more sports facilities.
가장 최근의 조사에 따르면, 이웃의 거주자들은 보다 많은 운동 시설을 _____

0133 묶었다   0134 주요한   0135 잦은   0136 교양 있는   0137 원한다

0138

recess
[ríːses]

ⓝ 휴식 (시간)

Psychologists now understand that children require a **recess** at school to burn off excess amounts of energy.
학교에서 아이들이 과다한 양의 에너지를 연소시킬 쉬는 시간을 필요로 한다는 것을 이제 심리학자들은 이해한다.

But at school they learned, and very quickly, that children earn Nature Trail tickets for running the quarter-mile track during lunch **recess**. 수능
그러나 아이들은 학교에서 점심 휴식 시간 동안에 0.25마일의 트랙을 달려서 Nature Trail 표를 얻는 것을 배웠는데, 그것도 매우 빨리 배웠다.

0139

deed
[diːd]

ⓝ 일; 행동, 행위

The Good Samaritan Award will go to someone who is always helping people and doing other good **deeds**.
착한 사마리아인 상은 항상 사람들을 돕고 타인에게 착한 _____ 을 하는 사람에게 수여된다.

= act

0140

citizenship
[sítəzənʃip]

ⓝ 시민권

Citizenship brings with it many rights under the law but also many responsibilities newcomers need to be aware of.
_____ 에는 법적으로 많은 권한이 수반되지만, 또한 많은 책임도 따른다는 것을 신규 취득자들은 알아야 한다.

0141

minimal
[mínəməl]

ⓐ 최소의, 아주 작은

There may be one or two delays on this service, but they are expected to be **minimal**.
이 서비스는 하루나 이틀 정도의 지연이 있을 수 있지만, 그러한 기간은 최소한일 것이다.

0142

disturb
[distə́ːrb]

disturbance **ⓝ** 방해, 소란

ⓥ 방해하다

I couldn't complete my work at the office because the construction noise downstairs **disturbed** my concentration.
아래층의 공사 소음이 내 집중력을 _____ 나는 사무실에서 일을 끝낼 수 없었다.

0143

fragile
[frǽdʒəl]

ⓐ 깨지기 쉬운, 취약한; 섬세한

The newspaper's confidence in its source, **fragile** after the repeated lawsuits, eventually eroded completely.
연이은 소송 후에 취약해진 취재원에 대한 그 신문의 확신은 결국 완전히 사라졌다.

0139 일   0140 시민권   0142 방해해서

DAY 04

0144

vomit
[vámit]

ⓥ 토하다, 분출하다

If you **vomit** blood, it may be a symptom of radiation poisoning; seek medical attention immediately.

당신이 피를 _____ 그것은 방사선 피폭 증세일 수도 있다. 당장 의학적 처치를 받아라.

0145

relative
[rélətiv]

relate ⓥ 관련시키다
relatively **ad** 비교적

ⓐ 상대적인 ⓝ 친척

Traditionally, it is women who assume responsibility for the care of elderly and disabled **relatives**.

전통적으로 연로하고 몸이 불편한 _____ 들을 보살피는 책임을 떠맡은 것은 여성들이다.

The **relative** cheapness of overseas travel has resulted in more people going abroad than ever before.

해외여행의 상대적 저렴함은 전보다 더 많은 사람들이 해외로 나가는 결과를 낳았다.

= comparative 상대적인　⟷ absolute 절대적인

0146

survive
[sərváiv]

survival ⓝ 생존

ⓥ 생존하다, 살아남다

The animal, despite the severity of its injuries, is probably going to **survive**.

그 동물은 상처의 심각성에도 불구하고 아마 살아남을 것이다.

0147

donor
[dóunər]

ⓝ 기증자, 기부자

Unless a suitable **donor** can be found, the patient will be removed from life support later this week.

적절한 _____ 를 찾지 못한다면, 그 환자는 이번 주 후반에 생명 유지 장치가 제거될 것이다.

0148

surplus
[sə́:rplʌs]

ⓝ 남는 것, 잉여, 흑자 ⓐ 과잉[잉여]의

There is a **surplus** of coffee in the marketplace, and it is driving the price down.

시장에는 커피가 남아돌고 있으며, 그것이 가격을 하락시키고 있다.

= excess 과잉　⟷ shortage 부족, 결핍

0149

ecology
[i:kálədʒi]

ⓝ 생태계, 생태학

The new dam will have negative ramifications for fish breeding and lake-floor **ecology** in general.

새로운 댐은 대체적으로 물고기 번식과 호수 바닥의 _____ 에 부정적인 결과를 가져 올 것이다.

0144 토한다면　　0145 친척　　0147 기증자　　0149 생태계

0150 starve
[stɑːrv]

starvation ⓝ 기아, 굶주림

Ⓥ 굶주리다

Beginning in 1930, about 1.3 million people **starved** in the country as their crops were requisitioned by the central authorities.
1930년대 초반, 중앙 정부에 곡물을 징발당하면서 시골에 있는 약 130만 명의 사람들이 굶어 죽었다.

어근 **-tain** '취하다', '잡다' (= hold)

0151 attain
[ətéin]

attainment ⓝ 성취, 달성

Ⓥ (노력하여) 얻다, 성취하다

Contrary to what we usually believe, the best moments in our lives are not the passive, receptive, relaxing times — although such experiences can also be enjoyable, if we have worked hard to **attain** them. 수능
우리가 보통 믿는 것과는 대조적으로, 우리 삶의 최고의 순간은 수동적이고, 수용적이고, 긴장을 풀고 있는 시간이 아니다. 비록 그런 것들을 _____ 위해서 우리가 열심히 노력했다면 그런 경험들도 즐거운 것이긴 하다.

= achieve

0152 retain
[ritéin]

retention ⓝ 보유

Ⓥ 계속 유지하다, 보존하다

In spite of the government's attempts to modernize them, the people of that village insist on **retaining** their old customs.
현대화시키려는 정부의 시도에도 불구하고 그 마을 사람들은 자신들의 옛 관습을 _____ 고집한다.

0153 obtain
[əbtéin]

obtainable ⓐ 구할 수 있는

Ⓥ 얻다, 성취하다

It may take several weeks to **obtain** a copy of my birth certificate.
내 출생증명서 사본을 받으려면 몇 주일이 걸릴지 모른다.

Albert Einstein remarked, "There is no chance that nuclear energy will ever be **obtainable**." 수능
Albert Einstein은 "핵에너지를 얻게 될 가능성은 전혀 없다."라고 말했다.

의외의 뜻을 가진 어휘

0154 party
[pɑ́ːrti]

ⓝ 편; <정치> 정당

Imagine that you are in a meeting. Your **party** and the other **party** are sitting across a table. 수능
네가 회의 중이라고 상상해 보라. 네 _____ 과 상대 _____ 이 탁자 건너편에 앉아 있다.

Tips party를 '잔치', '파티'라는 뜻으로만 알고 있었다면 위의 뜻도 함께 알아두자!

0151 얻기   0152 유지하겠다고   0154 편, 편

DAY 04

혼동 어휘

0155

breed
[bri:d]

ⓝ (동물의) 종 **ⓥ** 사육하다, 재배하다

Border collies are one of the most popular **breeds** in the United States.
보더 콜리(양치기에 이용되는 개)는 미국에서 가장 인기 있는 _____ 중 하나다.

Scientists are trying to **breed** a type of cattle that is more resistant to infectious viruses.
과학자들은 감염성 바이러스에 저항력이 더 강한 종의 소를 _____ 노력하고 있다.

0156

bleed
[bli:d]

blood **ⓝ** 피

ⓥ 피를 흘리다

Long ago, doctors used to **bleed** their patients in an effort to cure them.
오래 전에 의사들은 환자들을 치료해 보려는 노력으로 그들의 피를 뽑곤 했다.

숙어 / 이어동사

0157

keep up with

~에 뒤지지 않다; ~에 정통하다; ~을 정기적으로 하다

The existence of social media websites allows individuals to **keep up with** events that are relevant to their lives.
소셜 미디어 웹사이트의 존재는 개개인이 자신의 생활과 관련 있는 시사에 정통하게 해 준다.

0158

take a stand

태도를 정하다, 입장을 취하다

The principal and all the teachers in Charter Oaks School decided to **take a stand** against bullying in their classrooms.
챠터 오크 스쿨의 교장과 모든 교사들은 교실에서 약한 학생들을 괴롭히는 것에 대한 _____ 결정했다.

0159

narrow down

좁히다, 줄이다

To **narrow down** the number of applicants, the graduate school made its admission requirements stricter.
그 대학원은 지원자들의 수를 _____ 입학 요건을 더 엄격하게 만들었다.

0160

contrary to

~에 반해

Contrary to what many people believe, sharks are not really dangerous to humans.
많은 사람이 믿는 것과는 달리, 상어는 실제로 인간에게 위험하지 않다.

0155 종 / 사육하기 위해   0158 입장을 밝히기로   0159 줄이기 위해

DAILY TEST

다음 영어를 우리말로, 우리말을 영어로 쓰시오.

1 affect　　　　　　　　　　　　11 종; 사육[재배]하다
2 bond　　　　　　　　　　　　12 ~에 반해
3 citizenship　　　　　　　　　 13 계속 유지하다, 보존하다
4 desire　　　　　　　　　　　 14 기증자, 기부자
5 examine　　　　　　　　　　 15 깨지기 쉬운, 취약한
6 impair　　　　　　　　　　　 16 생태계, 생태학
7 institute　　　　　　　　　　 17 얻다, 성취하다
8 invest　　　　　　　　　　　 18 입장을 취하다
9 recess　　　　　　　　　　　 19 토하다; 분출하다
10 tie　　　　　　　　　　　　　20 피를 흘리다

다음 빈칸에 알맞은 말을 쓰시오.

1 vacant　　=　　　　　　　　 5 imply　　　ⓐ
2 imply　　　=　　　　　　　　 6 frequent　ⓝ
3 polite　　　⬌　　　　　　　　7 disturb　　ⓝ
4 surplus　　⬌　　　　　　　　8 starvation　ⓥ

다음 빈칸에 들어갈 알맞은 말을 |보기| 에서 고르시오.

| 보기 | affection　shed　party　keep up with　occupies |

1 The ruling ＿＿＿＿＿ is expected to win the upcoming national elections.

2 The recently built apartment complex ＿＿＿＿＿ an impressive position overlooking the valley below.

3 We almost never think of the present, and if we do so, it is only to ＿＿＿＿＿ light on our plans for the future. 수능

4 Consider the following implication involving the role of social bonds and ＿＿＿＿＿ among group members. 수능

5 Unfortunately, our jobs now have us both traveling most weeks, and we simply cannot ＿＿＿＿＿ a daily paper. 수능

DAY 05

01 02 03 04 **05** 06 07 08 09 10 11 12 13 14 15 16 17 18 19 20 21 22 23 24 25

0161

peer
[piər]

n 또래; 동료

Teens are often worried about looking foolish in front of their **peers**.
십 대들은 종종 자기 _____ 앞에서 바보 같아 보일까 봐 염려한다.

Tips peer pressure는 동료나 또래로 부터 받는 사회적 압박을 말한다.

0162

diverse
[divə́:rs]

diversity n 다양성

a 다양한

The power of music is **diverse** and people respond in different ways. 수능
음악의 힘은 다양하고 사람들은 서로 다른 방식으로 반응한다.

= varied

0163

mutual
[mjú:tʃuəl]

mutuality n 상호 관계
mutually ad 상호간에

a 상호의, 공통의

The making of this requires the **mutual** agreement of two or more persons or parties, one of them ordinarily making an offer and another accepting. 수능
이것을 만드는 것은 둘 이상의 사람이나 집단의 _____ 동의를 필요로 하고, 대개 이들 중 한 쪽은 제안을 하고 다른 한 쪽은 제안을 수락한다.

0164

insurance
[inʃúərəns]

n 보험(금)

It is a legal requirement that you have **insurance** before you can receive a bank loan for a house.
주택담보대출을 받기 전에 _____ 에 들어야 하는 것은 법적 요구사항이다.

0165

paradox
[pǽrədàks]

n 역설(적인 상황)

It's a **paradox** that drinking a lot of coffee often can make you feel more tired.
커피를 많이 마시는 것이 종종 더 피곤함을 느낄 수 있게 한다는 것은 _____ 이다.

0166

reproduce
[rì:prədjú:s]

reproductive
a 번식[생식]의
reproduction n 생식, 복제

v 재생산하다; 복사하다; 반복하다

Puberty includes growth of bones, changes in body shape, and development of the body's ability to **reproduce**.
사춘기는 뼈의 성장, 체형 변화, 그리고 신체의 생식 능력 발달을 포함한다.

0161 또래   0163 상호   0164 보험   0165 역설

0167

explain
[ikspléin]

explanation ⓝ 설명, 해명

ⓥ 설명하다

The company was forced to **explain** an embarrassing video posted online in which one of its employees was caught sleeping.
직원들 중 한 명이 자는 모습이 포착된 인터넷에 게재된 당혹스러운 비디오에 대해 그 회사는 _____ 수밖에 없었다.

0168

resent
[rizént]

resentful ⓐ 분개한
resentment ⓝ 분개, 분함

ⓥ 분개하다

In Germany, at least some taxpayers **resent** having to bail out their southern European neighbors.
독일에서는 적어도 몇몇 납세자들이 남부 유럽인들에게 구제금융 지원을 하는 것에 _____.

0169

confuse
[kənfjúːz]

confusion ⓝ 혼란, 혼동

ⓥ 혼동하다, 헷갈리게 하다

Many people **confuse** her with someone famous; she really loves the attention.
많은 사람들이 그녀와 어느 유명인을 _____. 그녀는 주목받는 것을 정말 좋아한다.

0170

clarify
[klǽrəfài]

clarification ⓝ 정화, 설명

ⓥ 명확하게 하다

This lecture will **clarify** how to apply for and use a bank account in the UK.
이번 강연은 영국에서 계좌를 개설하고 사용하는 방법을 명확하게 할 것이다.

0171

fault
[fɔːlt]

faulty ⓐ 흠이 있는

ⓝ 잘못; 결함

But this is not the **fault** of language; it is the arrogance of the individual who misuses the tools of communication. [수능]
그러나 이것은 언어의 _____ 이 아니다.
그것은 의사소통 도구를 잘못 사용하는 개인의 오만함이다.

= error, flaw 결함

0172

genuine
[dʒénjuin]

genuinely ad 진정으로

ⓐ 진짜인, 진품인

Where there is **genuine** interest, one may work diligently without even realizing it, and in such situations success follows. [수능]
진정한 흥미가 있는 곳에서 사람은 자신도 모르게 열심히 일할 것이고, 그런 상황에서 성공이 뒤따른다.

⟺ fake 가짜인

0167 설명할   0168 분개한다   0169 혼동한다   0171 잘못

DAY 05

0173

edge
[edʒ]

ⓝ 가장자리, 끝; 우위

The swimmers were all crouched at the pool's **edge** waiting for the race to begin.
수영선수들은 경기가 시작되기를 기다리며 수영장 _____ 에서 모두 몸을 웅크리고 있었다.

One advantage this company has over its competitors is an **edge** in software design and development.
이 회사가 경쟁업체보다 더 나은 한 가지 장점은 소프트웨어 디자인과 개발에 있어서의 _____ 이다.

0174

overlap
[òuvərlǽp]

ⓥ 겹치다, 중복되다

The subject matter of chapter five **overlaps** somewhat with the material covered in chapters three and four.
제5장의 주제는 제3장과 제4장이 다루고 있는 내용과 다소 _____ .

0175

critical
[krítikəl]

ⓐ 중요한; 비판적인

Overcoming the unemployment problem is considered a **critical** factor in recovering from the recession.
실업 문제를 극복하는 것은 경기 침체로부터의 회복에 있어서 _____ 요소로 간주되고 있다.

Many students are discouraged by **critical** feedback on school assignments, but others are motivated by it.
많은 학생들이 학교 숙제의 _____ 피드백에 낙담하지만, 다른 학생들은 그것에 의해 동기를 부여받는다.

≡ crucial 중요한

0176

impressive
[imprésiv]

impress ⓥ 깊은 인상을 주다
impression ⓝ 인상, 감명

ⓐ 인상적인

The Eiffel Tower is an **impressive** sight no matter how many times you visit France.
프랑스에 아무리 많이 방문하더라도 에펠탑은 _____ 광경이다.

0177

concentrate
[kánsəntrèit]

ⓥ 집중하다; 모으다

It is sometimes difficult to **concentrate** on an important task until you remove small distractions.
사소한 주의 산만한 것들을 떨치기 전까지 때로는 중요한 과제에 _____ 가 어렵다.

0178

resolve
[rizálv]

resolution ⓝ 해결, 다짐

ⓥ (문제를) 해결하다, 다짐하다

A good human resources manager **resolves** conflicts without hurting the feelings of those involved.
유능한 인사관리 담당자는 관련자들의 감정을 상하게 하지 않고 갈등을 _____ .

0173 가장자리 / 우위   0174 중복된다   0175 중요한 / 비판적인   0176 인상적인   0177 집중하기   0178 해결한다

26 27 28 29 30 31 32 33 34 35 36 37 38 39 40 41 42 43 44 45 46 47 48 49 50

0179 **secure**
[sikjúər]

security ⓝ 보안, 안보
securely 🔤 단단히

ⓐ 안전한, 확실한 ⓥ (힘들게) 얻다, 안전하게 보호하다

After much negotiating and hard-nosed effort, the customer finally **secured** the price she was after.
많은 협상과 빈틈없는 노력 끝에 그 소비자는 마침내 자신이 추구하던 가격을 획득했다.

After several attacks, the villagers no longer allowed their cattle to wander far, and at night they were **securely** locked into their barns. 수능
몇 번의 공격 후에 마을 사람들은 더 이상 자신들이 키우는 소가 멀리 배회하지 못하게 하였고, 밤에는 외양간에 넣어 _____ 잠가 두었다.

0180 **induce**
[indjúːs]

inducement ⓝ 유인책
inductive ⓐ 귀납적인

ⓥ 설득하다, 유발하다

Various massage techniques can **induce** labor within 48 hours.
다양한 마사지 기법으로 48시간 이내에 분만을 유도할 수 있다.

The soccer player was **induced** to accept the trade only after being promised a large bonus.
그 축구 선수는 많은 보너스를 약속 받고 뒤 트레이드(이적)에 동의하기로 _____.

= persuade 설득하다

0181 **weary**
[wíəri]

ⓐ 지친, 피곤한

After such a long walk in this heat, you must be **weary**; sit down and relax awhile.
이런 열기에서 그렇게 오래 걸으면 분명 피곤할 것이다. 앉아서 잠시 쉬어라.

= tired, exhausted

0182 **livestock**
[láivstàk]

ⓝ 가축

Raising **livestock**, including cattle, goats, sheep, and pigs, has long been part of country life.
소, 염소, 양, 돼지를 포함한 _____ 을 기르는 것은 오랫동안 시골 생활의 한 부분이었다.

0183 **shelter**
[ʃéltər]

ⓝ 주거지, 쉼터 ⓥ 쉴 곳을 제공하다

If you are caught without cover in a blizzard, one of the safest things to do is to build a temporary **shelter** and wait it out.
심한 눈보라 속에 무방비로 갇힌다면, 해야 할 가장 안전한 일 중 하나는 임시 _____ 를 만들어 눈보라가 끝나기를 기다리는 것이다.

0179 단단히   0180 설득되었다   0182 가축   0183 쉼터

0184
spare
[spɛər]

ⓐ 여분의 ⓥ 할애하다

It's impossible to walk around the downtown core nowadays without being asked by someone for spare change.
요즘 다른 사람에게 _____ 잔돈을 달라는 부탁을 받지 않고 도심을 돌아다니기는 불가능하다.

0185
asset
[ǽset]

ⓝ 자산, 재산

The downtown headquarters owned by Lyon Investments Inc. is far and away its most valuable asset.
Lyon 투자사가 소유한 시내 본사는 단연코 그 회사의 가장 가치 있는 _____ 이다.

0186
justify
[dʒʌ́stəfài]

justification ⓝ 타당한 이유

ⓥ 정당화하다, 해명하다

Although she was not obliged to do so, the judge paused to justify the unusually harsh penalty.
그렇게 할 필요는 없었지만, 그 판사는 평소와 달리 강력한 형벌에 대해 해명하려고 잠시 말을 중단했다.

0187
exceed
[iksí:d]

excess ⓝ 과잉

ⓥ 넘다, 초과하다

I am concerned about his driving; he habitually exceeds the speed limit.
나는 그의 운전이 걱정이다. 그는 습관적으로 제한 속도를 _____.

0188
exert
[igzə́:rt]

exertion ⓝ (권력) 행사

ⓥ (영향, 권력, 억압 등을) 이용하다, 행사하다

Some office managers exert considerable pressure on their staff to work long hours without extra pay.
몇몇 사무 관리자들은 직원들에게 추가 수당 없이 오랜 시간 동안 일하라고 상당한 압력을 _____.

0189
approximate
[əprɑ́ksəmət/əprɑ́ksəmèit]

approximately ⒜ⓓ 대략

ⓐ 근사치인, 대략의 ⓥ 비슷하다

At an approximate salary of $170,000, he appears to be the highest paid amateur player in the league.
그는 대략 17만 불의 급여를 받는데, 그 정도면 리그에서 가장 돈을 많이 받는 아마추어 선수로 보인다.

Voter turnout this year is expected to approximate sixty percent of the total population.
올해의 투표자 수는 전체 인구의 60%와 _____ 것으로 예상된다.

➡ exact 정확한

0184 여분의　　0185 자산　　0187 넘긴다　　0188 행사한다　　0189 비슷할

0190

tendency
[téndənsi]

tend ⓥ ~하는 경향이 있다

ⓝ 경향

My uncle has a **tendency** to exaggerate, but he is otherwise an honest and trustworthy man.
우리 삼촌은 과장하는 _____이 있지만, 다른 점에서는 정직하고 신뢰할 수 있는 분이다.

접미어 -less '없는'

0191

endless
[éndlis]

ⓐ 끝없는, 무한한

The young restaurant chef was forced to resign after receiving an **endless** series of complaints about his food.
그 젊은 레스토랑 요리사는 음식에 대한 _____ 불평을 받아들이고 나서 사임할 수밖에 없었다.

0192

useless
[jú:slis]

ⓐ 쓸모 없는

Security experts have warned that face recognition is **useless** for crowd surveillance.
얼굴 인식이 집단 감시용으로는 무용지물이라고 보안 전문가들은 경고해 왔다.

⟺ useful 유용한

0193

harmless
[há:rmlis]

ⓐ 무해한, 악의 없는

Cyber bullying is not a **harmless** offense; in fact, it can be as damaging as physical violence.
사이버 집단 따돌림이 _____ 범죄는 아니다. 실제로 그것은 물리적 폭력만큼 해로울 수 있다.

⟺ harmful 해로운

0194

helpless
[hélplis]

ⓐ 무력한

My heart goes out to **helpless** animals that have been mistreated by cruel people.
내 마음은 잔인한 사람들에게 학대받는 _____ 동물들에게 쏠려 있다.

0195

shameless
[ʃéimlis]

ⓐ 창피한 줄 모르는

Parking that brand-new convertible in his driveway for all to see is a **shameless** display of wealth.
새로운 오픈카를 모두가 볼 수 있게 자기 사유 차도에 주차하는 것은 _____ 부의 과시이다.

0190 경향   0191 끝임없는   0193 무해한   0194 무력한   0195 창피한 줄 모르는

DAY 05

01 02 03 04 **05** 06 07 08 09 10 11 12 13 14 15 16 17 18 19 20 21 22 23 24 25

혼동 어휘

0196

fetal
[fíːtl]

fetus ⓝ 태아

ⓐ 태아의, 태아 같은

The prisoner was lying in the **fetal** position when the guards came to take him to court.

그 죄수는 교도관이 법정에 데려가려고 왔을 때 _____ 자세로 누워 있었다.

0197

petal
[pétl]

ⓝ 꽃잎

Flowers with vibrant **petal** colors are widely sold by florists in Europe.

유럽의 꽃가게에서는 _____ 의 색이 생생한 꽃이 널리 팔린다.

숙어 / 이어동사

0198

so much the better

훨씬 더 좋은

If John is able to finish both his work and my work before he goes home this evening, **so much the better**.

John이 오늘 저녁에 집에 가기 전에 그와 나의 일을 둘 다 끝낼 수 있다면 훨씬 더 좋을 것이다.

0199

in turn

차례대로

After Dr. Scholl's lecture, the students, **in turn**, were invited to speak about their experiences.

Scholl 박사의 강의 후에 학생들은 _____ 자신들의 경험에 대해 발표해달라는 부탁을 받았다.

0200

rely on

의지하다, 필요하다

Most people attack a new problem by **relying** heavily **on** the tools and skills that are most familiar to them. 수능

대부분의 사람은 자신에게 가장 친숙한 도구와 기술에 크게 _____ 새로운 문제에 대처한다.

0196 태아 같은   0197 꽃잎   0199 차례대로   0200 의지해서

DAILY TEST

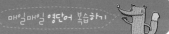

A 다음 영어를 우리말로, 우리말을 영어로 쓰시오.

1	confuse		11	(권력 등을) 이용하다
2	edge		12	경향
3	explain		13	꽃잎
4	impressive		14	끝없는, 무한한
5	insurance		15	훨씬 더 좋은
6	livestock		16	무력한
7	overlap		17	분개하다
8	paradox		18	자산, 재산
9	peer		19	차례대로
10	spare		20	창피한 줄 모르는

B 다음 빈칸에 알맞은 말을 쓰시오.

1	fault	=		5	fetal	ⓝ
2	weary	=		6	clarify	ⓝ
3	harmless	⬌		7	secure	ⓝ
4	genuine	⬌		8	resolution	ⓥ

C 다음 빈칸에 들어갈 알맞은 말을 |보기| 에서 고르시오.

보기	reproduced	secure	mutual	rely on	diverse

1 The couple has existed in a state of _____ trust since their marriage 40 years ago.

2 The nation's population will look dramatically different by mid-century, becoming more racially and ethnically _____.

3 While the fine art object is valued because it is unique, it is also valued because it can be _____ for popular consumption. 수능

4 People in many parts of Africa still _____ a community well for all their water.

5 The bank keeps valuables such as jewelry in a _____ facility located in the basement of the building.

WEEKLY TEST

1	accompany	___
2	acquire	___
3	admission	___
4	affection	___
5	afterward	___
6	all of a sudden	___
7	anticipate	___
8	application	___
9	appreciate	___
10	approximate	___
11	arrange	___
12	arrogant	___
13	asset	___
14	attain	___
15	bank	___
16	bed	___
17	belong	___
18	bond	___
19	bothersome	___
20	breed	___
21	bulletin board	___
22	cancel	___
23	canned	___
24	circumstance	___
25	clarify	___
26	concentrate	___
27	confuse	___
28	cooperation	___
29	corporation	___
30	courageous	___
31	critical	___
32	dare	___
33	derive	___

34	destination	___
35	discuss	___
36	distance	___
37	distinguish	___
38	disturb	___
39	diverse	___
40	divorce	___
41	donate	___
42	donor	___
43	easy-going	___
44	edge	___
45	elegant	___
46	endless	___
47	entire	___
48	examine	___
49	exceed	___
50	execute	___
51	expect	___
52	explain	___
53	fault	___
54	fetal	___
55	footstep	___
56	frequent	___
57	genuine	___
58	guarantee	___
59	guilty	___
60	harmless	___
61	helpless	___
62	hostile	___
63	identification	___
64	impair	___
65	imply	___
66	in turn	___

67	indifferent		102	recess	
68	induce		103	rehearsal	
69	install		104	remedy	
70	institute		105	repair	
71	instrument		106	require	
72	insurance		107	resent	
73	intent		108	reserved	
74	invest		109	resolve	
75	justify		110	retain	
76	keep up with		111	round	
77	link		112	seldom	
78	minimal		113	sensitive	
79	misbehave		114	shed	
80	mischief		115	shelter	
81	misunderstand		116	spare	
82	misuse		117	starve	
83	multicultural		118	stop by	
84	multiracial		119	suppose	
85	multitask		120	surplus	
86	narrow down		121	survive	
87	necessary		122	symbolize	
88	obtain		123	sympathetic	
89	occupy		124	take a stand	
90	on the tip of my tongue		125	take advantage of	
91	opponent		126	temporary	
92	organize		127	turn in	
93	party		128	useless	
94	pathetic		129	vacant	
95	petal		130	virtually	
96	position		131	vomit	
97	primary		132	warning	
98	professional		133	weary	
99	provoke		134	welfare	
100	pursue		135	withdraw	
101	put on hold				

DAY 06

0201

hence
[hens]

ad 그러므로

Grace was a newcomer to this town, **hence** she had no close friends here.
Grace는 이 마을에 새로 왔다. _____ 그녀는 여기에 친한 친구가 없었다.

= therefore, thus

0202

tremble
[trémbl]

v 떨다

The temperature outside was so cold that I **trembled** for an hour after arriving home.
바깥의 기온이 너무 추워서 나는 집에 도착한 후에도 한 시간을 _____.

Word Plus+ '떨다'라는 뜻을 가진 다른 어휘

shake 일반적인 의미의 '떨다'   wobble 불안정해서 좌우로 흔들리다
rattle 달그락 소리를 내다   quiver 가볍게 흔들다, 목소리가 떨리다
vibrate 가늘게 떨다, 진동하다   shiver 추위, 두려움 때문에 떨다

0203

finite
[fáinait]

a 유한한, 한정된

Real estate is expensive because there is a **finite** amount of available land in the world.
세계에는 사용 가능한 토지의 양이 한정되어 있기 때문에 부동산이 비싸다.

↔ infinite 무한한

0204

infinite
[ínfənit]

infinity **n** 무한성, 무한대

a 무한한

Our teacher is able to explain complex procedures to us with **infinite** patience.
우리 선생님은 _____ 인내심을 가지고 우리에게 복잡한 절차를 설명할 수 있다.

↔ finite 유한한

0205

rational
[ræʃənl]

a 합리적인, 이성적인

I think the meeting is getting too emotional; let's wait until we can have a **rational** discussion.
회의가 너무 감정적이 되는 것 같습니다. _____ 토론을 할 수 있을 때까지 기다립시다.

0206

judge
[dʒʌdʒ]

judgment **n** 판단, 심판

v 판단[판정]하다 **n** 판사; 심판

Some people believe that happiness is more important than money, so success cannot be **judged** by any one standard.
어떤 사람들은 행복이 돈보다 더 중요해서 성공이 어떤 하나의 기준으로 판단될 수 없다고 믿는다.

0201 그러므로   0202 떨었다   0204 무한한   0205 이성적인

0207

assemble
[əsémbl]

assembly ⓝ 의회, 집회

ⓥ 모이다, 모으다; 조립하다

At five o'clock sharp this afternoon, all department heads will **assemble** in the boardroom for a meeting.
오늘 오후 5시 정각에 모든 부서장들이 회의를 하러 회의실에 모일 것이다.

= gather

0208

announce
[ənáuns]

announcement ⓝ 발표, 소식

ⓥ 발표하다, 알리다

The international sports committee **announced** the winner of the host city competition earlier this morning.
국제 스포츠 위원회는 오늘 아침 일찍 개최 도시 경선의 승자를 _____.

0209

experiment
[ikspérəmənt]

experimental ⓐ 실험적인

ⓥ 실험하다 ⓝ 실험

An **experiment** was designed to measure peoples' willingness to help total strangers in a busy city.
한 분주한 도시에서 모든 낯선 사람들을 도우려는 사람들의 의지를 측정하려는 _____이 고안되었다.

0210

visual
[víʒuəl]

vision ⓝ 시력, 시야
visualize ⓥ 상상하다
visually ad 시각적으로

ⓐ 시각의

A **visual** dictionary provides not only definitions but also shows how words are related.
그림 사전은 뜻뿐만 아니라 단어들이 어떻게 관련되어 있는지도 제공한다.

"Our goal is to respect the artist's intent, but at the same time to make it a **visually** coherent work of art," says Michael Duffy of the Museum of Modern Art in New York. 수능
"우리의 목표는 예술가의 의도를 존중하는 동시에 그것을 시각적으로 일관성 있는 예술 작품으로 만드는 것입니다."라고 뉴욕 현대미술관의 Michael Duffy는 말한다.

0211

obvious
[ábviəs]

obviously ad 명백하게, 분명히

ⓐ 명백한, 분명한

The **obvious** solution to your money problems is to spend less and save more.
당신의 돈 문제에 대한 _____ 해결책은 덜 쓰고 더 저축하는 것이다.

= clear

0212

instruct
[instrʌ́kt]

instruction ⓝ 설명, 지시
instructive ⓐ 유익한

ⓥ 지시하다, 가르치다

The tour guide **instructed** her group not to leave the path as they entered the forest.
그 여행 가이드는 숲으로 들어가면서 길에서 떠나지 말라고 자신의 일행에게 _____.

0208 **발표했다**   0209 **실험**   0211 **분명한**   0212 **지시했다**

DAY 06

0213

subject
[sʌ́bdʒikt]

ⓝ 주제; 대상; 피실험자

The **subject** of the article was interesting, but the main point was not very well developed.
그 기사의 _____ 는 흥미로웠지만, 요점은 그다지 잘 기술되어 있지 않았다.

The **subjects** were asked to complete a survey about their shopping preferences on a scale of 1–7.
대상자들은 1에서 7까지의 등급으로 자신의 구매 선호도에 대한 설문조사를 완성해 줄 것을 요청받았다.

0214

conduct
[kɑ́ndʌkt]

ⓝ 행동, 수행 **ⓥ** 행동하다, 지휘하다

A new team of detectives was asked by the mayor's office to **conduct** a separate investigation.
새로운 형사 팀은 시장실에서 별도의 조사를 수행하라는 요청을 받았다.

0215

internal
[intə́ːrnl]

internally **ad** 내부로

ⓐ 내부의, 체내의

The **internal** workings of the brain are still largely unknown, but scientists make new discoveries every year.
뇌의 _____ 활동은 여전히 상당 부분 알려져 있지 않지만, 과학자들은 매년 새로운 발견을 이루어내고 있다.

0216

liable
[láiəbl]

ⓐ ~하기 쉬운, ~의 영향을 받기 쉬운

The whole region south of the city is **liable** to drought, so year-round irrigation is a must.
도시의 남부 전역은 가뭄의 _____ 일 년 내내 관개가 반드시 필요하다.

0217

stall
[stɔːl]

ⓥ (엔진, 시동 등이) 갑자기 멎다 **ⓝ** 가판, 매대

As luck would have it, a tow truck arrived not five minutes after my car **stalled** this afternoon.
운 좋게도, 오늘 오후에 내 차가 갑자기 멈춘 지 5분 만에 견인 트럭이 도착했다.

My parents run a fruit and vegetable **stall** in the farmers' market each month just for fun.
우리 부모님은 순전히 재미삼아서 매달 농산물 시장에 있는 과일, 채소 _____ 을 운영한다.

0218

flow
[flou]

ⓥ 흐르다 **ⓝ** 흐름

Powerful ocean waves **flowed** through the city streets in the wake of the tsunami.
쓰나미의 결과로 강력한 해양 파도가 도시의 거리를 관통하여 _____

0213 주제   0215 내부적   0216 영향을 받기 쉬워서   0217 가판   0218 흘렀다

0219

paralyze
[pǽrəlàiz]

ⓥ 마비시키다

The puppy was **paralyzed** with fear by the sight of the much larger dog coming into the yard.

그 강아지는 훨씬 더 큰 개가 마당으로 들어오는 것을 보고 두려움으로 얼어붙었다.

0220

mimic
[mímik]

mimicry ⓝ 흉내

ⓥ 모방하다, 흉내 내다

One way to improve your pronunciation in a second language is to **mimic** native speakers.

외국어에서 발음을 향상시키는 한 가지 방법은 원어민을 _____ 것이다.

= imitate

0221

reluctant
[rilʌ́ktənt]

reluctantly 〔ad〕 마지못해서

ⓐ 꺼리는

The government has been looking to **reluctant** investors to revive the housing market.

정부는 주저하는 투자자들이 주택 시장을 회복시키리라고 기대하고 있다

0222

proper
[prápər]

properly 〔ad〕 적절히

ⓐ 적절한, 알맞은

The young manager's reaction to the customer's complaint was swift and **proper**.

손님들의 불만에 대한 그 젊은 관리인의 반응은 신속하고 _____.

= fitting ⟺ improper 부적절한

0223

attract
[ətrǽkt]

attraction ⓝ 매력, 매혹

ⓥ 이끌다; 매혹하다

The scenic views and rich history originally **attracted** us to the area, but now we love the people too.

원래 수려한 풍경과 풍부한 역사가 우리를 그곳으로 이끌었으나, 이제 우리는 그 사람들도 아주 좋아한다.

0224

distract
[distrǽkt]

distraction
ⓝ 집중을 방해하는 것
distractive
ⓐ 정신을 산만하게 하는

ⓥ 집중이 안 되게 하다, 방해하다

Noise from low-flying airplanes might **distract** test-takers' attention during the critical part of the examination.

저공비행하는 비행기의 소음은 시험의 중요한 순간에 수험자들의 주의를 _____ 수도 있다.

0220 흉내 내는   0222 적절했다   0224 방해할

DAY 06

0225

fundamental
[fʌ̀ndəméntl]

fundamentally
ad 근본적으로

ⓐ 근본적인

One of the **fundamental** properties of energy is that it cannot be destroyed or created.
에너지의 _____ 특성 중 하나는 그것이 파괴될 수도, 창조될 수도 없다는 것이다.

But their primitiveness would only confirm our sense that we live in a **fundamentally** different world, one of constant, instant access to information. 수능
그러나 그들의 원시성은 우리가 지속적, 순간적으로 정보에 접근할 수 있는 근본적으로 다른 세상에 살고 있다는 것을 확신시킬 뿐이다.

= basic, essential

0226

cease
[siːs]

ⓥ 중단하다, 중단시키다

The company **ceased** using famous sports stars to market its products to children last year.
그 회사는 아이들에게 자사 제품을 판촉하기 위해 유명 스포츠 스타들을 이용하는 것을 지난해에 _____.

= stop

0227

inner
[ínər]

ⓐ 내부의, 내면의

The **inner** part of a dog's ear is sensitive to dirt, so take care to keep this area clean.
개의 귀 내부는 먼지에 민감하므로 이 부분을 청결하게 유지하도록 보살펴라.

⟺ outer 외부의

0228

phenomenon
[finámənàn]

phenomenal ⓐ 경이로운

ⓝ 현상

A fireball is a natural **phenomenon** that occurs when a basketball-sized rock pushes through the atmosphere.
유성은 농구공만한 크기의 바위가 대기로 돌진할 때 일어나는 자연 _____이다.

0229

deny
[dináí]

denial ⓝ 부인, 거부

ⓥ 거부하다

I have **denied** your request for an extension on your biology homework assignment.
나는 생물학 숙제 기간을 연장해 달라는 너의 요구를 _____.

⟺ admit 인정하다

0225 근본적인   0226 중단했다   0228 현상   0229 거부했다

0230 previous
[príːviəs]

previously **ad** 미리, 사전에

ⓐ 이전의, 사전의

The **previous** owner of the apartment had been rather sloppy, so we had to remodel.
그 아파트의 전 소유주는 어설픈 편이어서 우리가 리모델링을 해야만 했다.

0231 opposite
[ápəzit]

oppose ⓥ 반대하다, 겨루다

ⓝ 반대 ⓐ 반대편의, 맞은편의

You'll find the restrooms on the **opposite** side of the amusement park next to the security booth.
경비실 바로 옆에 있는 놀이공원의 길 건너편에 있는 그 화장실들을 당신은 발견할 수 있을 겁니다.

접미어 -less '없는'

0232 meaningless
[míːniŋlis]

ⓐ 무의미한, 중요하지 않은

Apologizing again after making the same mistake ten times in a row is a **meaningless** gesture.
같은 실수를 연속해서 열 번이나 저지르고 나서 다시 사과하는 것은 _____ 행동이다.

0233 selfless
[sélflis]

ⓐ 이타적인

Taking care of his ailing grandmother was a **selfless** act consistent with his character.
병든 할머니를 돌보는 일은 그의 성격에 부합되는 _____ 행위이다.

0234 limitless
[límitlis]

ⓐ 방대한, 무한한

Young children the world over seem to have a **limitless** amount of energy to play.
전 세계의 아이들은 놀기 위한 _____ 양의 에너지를 가지고 있는 듯하다.
= endless

0235 countless
[káuntlis]

ⓐ 셀 수 없이 많은

Countless attempts have been made to run the mile in under three-and-one half minutes, but all have failed.
1마일을 3분 30초 안에 뛰려는 _____ 시도들이 이루어졌지만, 모두 실패했다.
= innumerable

0232 무의미한   0233 이타적인   0234 무한한   0235 셀 수 없이 많은

DAY 06

01 02 03 04 05 **06** 07 08 09 10 11 12 13 14 15 16 17 18 19 20 21 22 23 24 25

0236

priceless
[práislis]

ⓐ 매우 귀중한, 값을 매길 수 없는

The gallery reported to authorities a theft of more than ten **priceless** works of art.
그 미술관은 열 점이 넘는 _____ 미술 작품의 도난을 당국에 보고했다.

의외의 뜻을 가진 어휘

0237

share
[ʃɛər]

ⓝ 주식

The company offered its **shares** to its senior managers first and only later to the general public.
그 회사는 처음에는 고위 간부들에게 _____ 을 제공했고, 나중에서야 일반 사람들에게도 제공했다.

> **Tips** share를 '나누다', '공유하다'라는 뜻으로만 알고 있었다면 위의 뜻도 함께 알아두자!

숙어 / 이어동사

0238

for one's sake

~을 위해서

I have always taught my children that politeness, learning, and order are good things, and that something good is to be desired and developed **for its own sake**. 수능
나는 항상 우리 아이들에게 친절, 배움, 질서는 좋은 것이며, 좋은 것은 그 자체를 위해서 요구되고 발전되어야 한다고 가르쳐 왔다.

My family rented a car to use on our holiday in Florida just **for my mother's sake**.
우리 가족은 단지 우리 엄마를 위해서 플로리다로 휴가 갈 때 사용하려고 차를 빌렸다.

0239

in favor of

~에 찬성하여

Few voters are likely to be **in favor of** raising the fees for services such as street cleaning and garbage collection.
거리 청소나 쓰레기 수거 같은 공공 서비스 사업을 위해 요금을 걷는 것에 찬성하는 유권자들은 거의 없는 것 같다.

0240

drop by

잠깐 들르다

I **dropped by** to pick up the budget report for this month. 수능
나는 이번 달 예산 보고서를 가지러 _____.

0236 매우 귀중한   0237 주식   0240 잠깐 들렀다

DAILY TEST

A 다음 영어를 우리말로, 우리말을 영어로 쓰시오.

1 announce _____   11 ~에 찬성하여 _____
2 flow _____   12 꺼리는 _____
3 instruct _____   13 무의미한 _____
4 internal _____   14 반대, 반대편의 _____
5 liable _____   15 방대한, 무한한 _____
6 rational _____   16 이끌다; 매혹하다 _____
7 stall _____   17 이전의, 사전의 _____
8 subject _____   18 이타적인 _____
9 tremble _____   19 주식 _____
10 visual _____   20 집중이 안 되게 하다 _____

B 다음 빈칸에 알맞은 말을 쓰시오.

1 assemble = _____   5 experiment ⓐ _____
2 mimic = _____   6 instruct ⓝ _____
3 finite ⬌ _____   7 mimic ⓝ _____
4 proper ⬌ _____   8 deny ⓝ _____

C 다음 빈칸에 들어갈 알맞은 말을 |보기|에서 고르시오.

보기	paralyzed	conduct	obvious	judging	inner

1 Your past experience gives you the basis for _____ whether your instincts can be trusted. 수능

2 Although this may sound like an _____ first step, it is a step that many people ignore. 수능

3 In its simplest form, behavior is the _____ of an organism — the way it acts. 수능

4 Everyone has instincts, and listening to your _____ voice is always a good idea. 수능

5 Kevin had a car accident three years ago, and his legs were _____. 수능

DAY 07

0241

reject
[ridʒékt]

rejection ⓝ 거절

ⓥ 거부하다, 거절하다

The philosophy behind modern art **rejects** traditional ideas and seeks to find new forms of expression.

현대 미술의 이면에 있는 철학은 전통적인 사상을 _____ 새로운 표현 형식을 찾는 것을 추구한다.

0242

fate
[feit]

fatal ⓐ 치명적인

ⓝ 운명, 숙명

It must be **fate** that we ended up in the same language class again this year!

우리가 올해에도 결국 같은 어학 수업을 수강하게 된 것은 _____임이 틀림없다!

= destiny

0243

desirable
[dizáiərəbl]

desirably ⓐ𝐝 바람직하게

ⓐ 가치 있는, 바람직한; 탐나는

Engineering is regarded as a highly **desirable** major at the university, but the entrance requirements are high.

공학은 대학에서 매우 _____ 전공으로 간주되지만, 입학 요건이 높다.

0244

admit
[ədmít]

ⓥ 인정하다

She **admitted** her fault, but it was too late; the friendship seemed lost forever.

그녀는 자신의 잘못을 _____ 너무 늦고 말았다. 우정은 영원히 사라진 듯했다.

⬅ deny 거부하다

0245

sharp
[ʃɑːrp]

sharpen ⓥ 날카롭게 하다

ⓐ 날카로운; 급격한

Industrial scissors have a very **sharp**, durable point, so be careful when handling them.

산업용 가위는 날이 아주 _____, 내구성이 강하므로 다룰 때 조심해야 한다.

⬅ blunt 무딘

0246

anxious
[ǽŋkʃəs]

anxiety ⓝ 불안감; 열망

ⓐ 불안해하는; 열망하는

My father became more and more **anxious** as the date of his operation neared.

우리 아버지는 수술 날짜가 가까워질수록 점점 더 불안해졌다.

= nervous 불안해하는, eager 열망하는

0241 거부하고   0242 운명   0243 가치 있는   0244 인정했지만   0245 날카롭고

0247

scan
[skæn]

ⓥ 훑어보다; 자세히 조사하다

I **scanned** the registry in the building's lobby for the floor number of the agency.

나는 그 대리점이 몇 층에 있는지 보려고 건물 로비에 있는 입주자 안내판을 ＿＿＿＿.

0248

stiffen
[stífən]

stiff ⓐ 뻣뻣한

ⓥ 굳어지다, 뻣뻣해지다

The amateur singers **stiffened** as the results of their auditions were about to be announced.

그 아마추어 가수들은 오디션 결과가 곧 발표된다고 하자 몸이 ＿＿＿＿.

0249

embrace
[embréis]

ⓥ 받아들이다; 포옹하다

Here at Telus Communications, we **embrace** new technology; it's the cornerstone of our corporate philosophy.

이곳 텔러스 커뮤니케이션(Telus Communications) 사에서는 신기술을 기꺼이 받아들입니다. 그것이 우리 기업 철학의 초석입니다.

＝ hug

0250

terrify
[térəfài]

ⓥ 겁먹게 하다, 무섭게 하다

The movie **terrified** me so much that I asked my friend to walk me home.

그 영화가 나를 너무 ＿＿＿＿ 나는 친구에게 집에 데려다 달라고 부탁했다.

0251

sorrow
[sárou]

sorrowful ⓐ 슬픈

ⓝ 슬픔

The **sorrow** she felt at the images of homeless children on TV was almost too much to bear.

TV에 나온 집 없는 아이들의 모습을 보고 그녀가 느낀 ＿＿＿＿ 은 너무 커서 견딜 수 없을 정도였다.

0252

active
[æktiv]

activity ⓝ 활동; 활기
actively ad 활발히

ⓐ 활동적인, 적극적인

He is **active** in the community, often going door to door in his free time to help complete strangers.

그는 지역 사회에 적극적이며, 종종 한가한 시간에 아주 낯선 사람들을 돕기 위해 집집이 방문한다.

⟻ passive 소극적인

0247 훑어보았다　0248 굳어졌다　0250 무섭게 해서　0251 슬픔

DAY 07

0253

passive
[pǽsiv]

passively **ad** 수동적으로

ⓐ 소극적인, 수동적인

Don't take a **passive** role when it comes to pursuing your dreams; instead, reach for the stars.
네 꿈을 추구할 때에는 _____ 역할을 맡지 말라. 그 대신 목표를 크게 가져라.

➡ active 적극적인

0254

receptive
[riséptiv]

receive **ⓥ** 받다
reception **ⓝ** 접수처; 환영회

ⓐ 수용적인, 잘 받아들이는

Passengers have not been **receptive** to the new body scanners at airports.
승객들은 공항의 새로운 알몸 투시기를 잘 받아들이지 않았다.

0255

accomplish
[əkámpliʃ]

accomplishment **ⓝ** 업적

ⓥ 성취하다, 이루다

The teacher told her colleagues that she believed her students could **accomplish** great things.
그 교사는 학생들이 큰일을 _____ 수 있다는 것을 믿는다고 동료에게 말했다.

= achieve

0256

worthwhile
[wə́:rθʰwàil]

ⓐ 가치 있는

Most people would agree that watching TV is not a **worthwhile** use of a person's time.
대부분의 사람은 TV 시청이 개인의 시간을 가치 있게 사용하는 것이 아니라는 데 동의할 것이다.

0257

master
[mǽstər]

ⓥ 완전히 익히다, 숙달하다

The child prodigy had **mastered** the game of chess by the age of five.
그 신동은 다섯 살의 나이에 체스 게임을 _____.

0258

complicated
[kámpləkèitid]

ⓐ 복잡한

She took apart and cleaned the **complicated** engine like a professional mechanic.
그녀는 전문 기계공처럼 _____ 엔진을 분해하고 청소했다.

= complex ➡ simple 간단한

0253 소극적인   0255 성취할   0257 완전히 익혔다   0258 복잡한

0259

passage
[pǽsidʒ]

ⓝ (책의) 구절; 통로; (시간의) 흐름

Passages of the soon-to-be-published book were printed in newspapers to generate interest.

관심을 불러일으키기 위해 곧 출간될 책의 _____이 신문에 실렸다.

0260

opportunity
[ὰpərtjúːnəti]

ⓝ 기회

Our team had the **opportunity** to travel to Europe last year; it was a fantastic experience.

우리 팀은 작년에 유럽을 여행할 _____가 있었다. 그것은 환상적인 경험이었다.

= chance

0261

numerous
[njúːmərəs]

numeral ⓝ 숫자; 수사
numerously ad 수없이 많이

ⓐ 많은

You've helped me on **numerous** occasions, so I'm only too happy to return the favor.

당신은 저를 많이 도와주셨습니다. 그래서 행복한 마음으로 그에 기꺼이 보답할 뿐입니다.

0262

significant
[signífikənt]

significantly ad 상당히; 크게

ⓐ 중요한

The tech giant claimed that the new mobile device was a **significant** improvement over its earlier version.

그 거대한 첨단 기술업체는 그 새로운 모바일 기기가 초기 모델을 능가하는 _____ 진보라고 주장했다.

⟺ insignificant 사소한, 하찮은

What a person thinks on his own without being stimulated by the thoughts and experiences of other people is at best **insignificant** and monotonous. 수능

다른 사람들의 생각이나 경험에 자극받지 않고 스스로 생각한 것은 기껏해야 사소하고 단조롭다.

0263

devote
[divóut]

devotion ⓝ 헌신, 전념

ⓥ 헌신하다, 바치다

The employees all **devoted** an equal amount of time to the project.

그 직원들은 모두 그 프로젝트에 같은 양의 시간을 바쳤다.

= dedicate

0259 구절   0260 기회   0262 중요한

0264

earnest
[ə́:rnist]

ⓐ 성실한; 진지한

He was an **earnest** young man; he took his studies seriously and was polite to his professors.
그는 _____ 청년이었다. 그는 진지하게 공부했고 교수들에게 공손했다.

0265

attach
[ətǽtʃ]

attachment
ⓝ 애착, 첨부 파일

ⓥ 첨부하다; 붙이다

Please **attach** a recent photo to your job application before you submit it.
입사 지원서를 제출하기 전에 최근 사진을 붙여라.

0266

detach
[ditǽtʃ]

detachment
ⓝ 무심함, 초연함; 분리

ⓥ 분리하다, 떼다

You can **detach** the pant legs if you get hot or just prefer to wear shorts.
더워지거나 반바지가 입고 싶어지면, 바지의 다리 부분을 떼어낼 수 있습니다.

The astronaut temporarily **detached** herself from the cord securing her to the outside of the space shuttle.
그 우주비행사는 우주선 밖에 자신을 단단히 고정한 선을 잠시 _____.

0267

observe
[əbzə́:rv]

observation ⓝ 관찰; 감시

ⓥ 관찰하다; 목격하다

The security guard **observed** the suspicious-looking character in the parking lot by using CCTV.
보안요원은 CCTV로 주차장에 있는 수상하게 생긴 인물을 _____

0268

neglect
[niglékt]

ⓥ 방치하다, 등한시하다

Don't **neglect** any parts of the assignment or you will get a lower grade.
과제의 어느 한 부분도 소홀히 하지 마라. 그렇지 않으면 더 낮은 점수를 받을 것이다.

0269

ongoing
[ángòuiŋ]

ⓐ 진행 중인

The police refused to comment about the break-in, saying it was an **ongoing** investigation.
경찰은 그 주거 침입에 대해 계속 조사 중이라고 말하면서 언급을 회피했다.

= continuing

0264 성실한　0266 분리했다　0267 관찰했다

0270

regard
[rigá:rd]

ⓥ 여기다

Her teachers always **regarded** her as a bright, clever student with a lively personality.
그녀의 선생님들은 항상 그녀를 활기찬 성격의 밝고, 영리한 학생이라고 _____.

0271

innovate
[ínouvèit]

innovation ⓝ 혁신, 쇄신

ⓥ 혁신[쇄신]하다

The IT department always wants to **innovate**; it's costing the company too much money.
IT 부서는 언제나 혁신하기를 원한다. 그런데 그것은 회사에 지나치게 큰 비용을 들게 한다.

0272

assure
[əʃúər]

assurance ⓝ 확언; 자신감

ⓥ 장담하다, 보장하다

The president **assured** the panel that personal income taxes would not increase after the election.
대통령은 개인 소득세는 선거가 끝나도 인상되지 않을 것이라고 패널들에게 _____.

혼동 어휘

0273

expand
[ikspǽnd]

expansion ⓝ 확대, 확장
expansive ⓐ 광활한, 광범위한

ⓥ 커지다, 확장하다

The coffee shop on the corner has now **expanded** into a full restaurant.
모퉁이에 있는 커피숍이 지금은 완전한 음식점으로 확장되었다.

0274

extent
[ikstént]

extend ⓥ 연장[확장]하다

ⓝ (중요성, 심각성, 크기, 길이 등의) 정도[규모]

The full **extent** of the damage caused by the fire won't be known until we have inspected the building.
화재 때문에 생긴 모든 피해 _____ 는 우리가 건물을 검사할 때까지 밝혀지지 않을 것이다.

0275

expense
[ikspéns]

expensive ⓐ 비싼

ⓝ 비용, 돈

I don't think that a first-class ticket is worth the added **expense**.
나는 일등석 표가 추가 _____ 을 낼 만큼 가치 있다고 생각하지 않는다.

0270 여겼다   0272 장담했다   0274 규모   0275 비용

DAY 07

다의어

0276 ground
[graund]

ⓥ 토대가 되다, 기초가 되다

The wisest people I know ground their beliefs in facts that can be proven.
내가 아는 가장 현명한 사람들은 증명될 수 있는 사실에 대한 자신들의 신념을 기본으로 한다.

= base

ⓥ (자녀를) 외출 금지시키다

My parents grounded me on the spot when they caught me sneaking out of the house one evening when I was in high school.
부모님은 내가 고등학교에 다니던 어느 날 저녁 몰래 집을 빠져나가는 것을 목격하고, 그 자리에서 _____.

숙어 / 이어동사

0277 due to

때문에

Queen's outdoor concert in London has been canceled due to heavy rain.
Queen의 런던에서의 야외 콘서트는 폭우 _____ 취소되었다.

0278 cope with

대처하다; 극복하다

During the Nazi invasion of western Europe, many people had to cope with constant hunger and fear of death.
서유럽의 나치 침략 동안 많은 사람들은 끊임없는 배고픔과 죽음의 공포에 _____ 했다.

0279 deal with

(상)대하다; 해결하다, 처리하다

Ignorance of other languages and cultures handicaps the United States in dealing with the rest of the world. 수능
다른 언어와 문화에 대한 무지는 미국이 다른 나라를 대하는 것을 불리하게 만든다.

0280 above all

무엇보다도

Above all, however, there can be hardly anyone who is not moved by some kind of music. 수능
하지만, 무엇보다도, 어떤 종류의 음악에도 감동받지 않는 사람은 거의 없을 것이다.

= especially

0276 외출 금지시켰다   0277 때문에   0278 대처해야

DAILY TEST

A 다음 영어를 우리말로, 우리말을 영어로 쓰시오.

1 assure _____   11 구절; 통로; 흐름 _____
2 attach _____   12 가치 있는 _____
3 cope with _____   13 거부하다, 거절하다 _____
4 deal with _____   14 겁먹게 하다 _____
5 desirable _____   15 수용적인 _____
6 detach _____   16 슬픔 _____
7 due to _____   17 여기다 _____
8 earnest _____   18 완전히 익히다 _____
9 expense _____   19 혁신(쇄신)하다 _____
10 extent _____   20 훑어보다 _____

B 다음 빈칸에 알맞은 말을 쓰시오.

1 admit ⬌ _____   5 fate ⓐ _____
2 sharp ⬌ _____   6 stiffen ⓐ _____
3 active ⬌ _____   7 expand ⓐ _____
4 complicated = _____   8 assure ⓝ _____

C 다음 빈칸에 들어갈 알맞은 말을 | 보기 | 에서 고르시오.

보기	active	deal with	opportunities	devoted	expanding

1 Secondary school should be a time for _____ horizons — not limiting them. 수능

2 The most satisfying and expressive drawing is done with the _____ engagement of the entire body. 수능

3 Fueled by a lifelong love of literature, Gonzales has _____ himself to providing people with more access to literature. 수능

4 The organizers of the Stevie Wonder concert in Vancouver were not prepared to _____ such a large crowd of people.

5 For example, many Chinese students have become interested in Korean as they plan to work for Korean firms, which offer better _____ and pay. 수능

DAY 08

0281

encyclopedia
[ensàikloupí:diə]

ⓝ 백과사전

In this modern age, looking at an **encyclopedia** for information is a rare activity, especially with the Internet so readily available.
이 현대 시대에서 정보를 찾으려고 _____ 을 보는 것은, 특히 인터넷이 너무 쉽게 사용 가능한 상태에서는 보기 드문 행동이다.

> **Word Plus+** 책(Book) 관련 어휘
>
> **appendix** 부록 **author** 저자 **autobiography** 자서전 **booklet** 소책자 **bookmark** 책갈피
> **footnote** 각주 **index** 색인 **editor** 편집자 **publisher** 출판업자, 출판사 **subscribe** 정기 구독하다

0282

vary
[vέəri]

variety ⓝ 다양성
various ⓐ 다양한

ⓥ (서로) 다르다

Prices **vary** widely from shop to shop, so it's best to do some online research before you go shopping.
가격은 상점마다 크게 _____. 그래서 쇼핑을 하기 전에 온라인으로 검색하는 것이 가장 좋다.

= differ

0283

context
[kántekst]

ⓝ 문맥, 맥락

If you can't understand what a word means, look at the **context** for clues.
어떤 단어의 의미를 이해할 수 없다면, 단서를 얻기 위해 _____ 을 살펴봐라.

0284

respond
[rispánd]

response ⓝ 대답, 회신

ⓥ 응답[대답]하다

If you are willing to take part in the survey, please **respond** to this e-mail by no later than Friday.
그 조사에 참여하고 싶다면, 늦어도 금요일까지는 이 이메일에 답변해 주십시오.

0285

procedure
[prəsí:dʒər]

proceed ⓥ 계속 진행하다

ⓝ 절차

The government will establish **procedures** for dealing with natural disasters like earthquakes and floods.
정부가 지진과 홍수 같은 자연재해에 대처할 _____ 를 수립할 것이다.

0281 백과사전   0282 다르다   0283 문맥   0285 절차

0286 literary
[lítərèri]

ⓐ 문학의, 문학적인

Over her 40-year career, the novelist won several literary awards, including the UK's Man Booker Prize.

그녀는 40년이 넘게 소설가로 활동하면서 영국 맨 부커상을 포함한 몇 개의 문학상을 받았다.

0287 sociology
[sòusiálədʒi]

ⓝ 사회학

This new course focuses on the sociology of the family unit — specifically, how it changes over time.

이 새로운 과정은 가족 단위의 _____, 특히 시간이 흐름에 따라 어떻게 변하는지에 초점을 맞추고 있다.

0288 alternative
[ɔːltə́ːrnətiv]

alternatively ad 그 대신에

ⓐ 대체의, 대안의 ⓝ 대안

Vehicles must take an alternative route through the city because the bridge has collapsed.

다리가 붕괴되었기 때문에 차량은 도시를 통과하는 _____ 도로를 선택해야만 한다.

0289 colleague
[káliːg]

ⓝ (같은 직종에 종사하는) 동료

One reason I have stayed at this company is because of my wonderful colleagues.

내가 이 회사에 머무는 한 가지 이유는 나의 훌륭한 _____ 때문이다.

0290 vacuum
[vǽkjuəm]

ⓝ 진공 ⓥ 진공청소기로 청소하다

This morning, your brother vacuumed under the furniture; now I'd like you to dust the shelves.

오늘 아침 네 남동생이 가구 밑을 진공청소기로 청소했다. 이제 네가 선반 위의 먼지를 털었으면 한다.

0291 originate
[ərídʒənèit]

origin ⓝ 근원, 기원
origination ⓝ 시작; 기점

ⓥ 유래하다; 고안하다

Basketball is thought to have originated in Canada, but many sports fans in the U.S. dispute this claim.

농구는 캐나다에서 _____ 것으로 생각되지만, 미국의 많은 스포츠팬은 이 주장에 반박한다.

0287 사회학   0288 대체   0289 동료   0291 유래한

DAY 08

0292

habitat
[hǽbətæt]

ⓝ 서식지, 거주지

With woodland areas being cut down so quickly, many species of wildlife are losing their natural habitats.

숲 지역이 매우 빠르게 줄어들면서 많은 야생동물의 종들은 자신들의 자연 _____ 를 잃어가고 있다.

0293

exist
[igzíst]

existent ⓐ 존재하는
existence ⓝ 존재, 실재

ⓥ 존재하다

Despite attempts to eliminate it, poverty still exists in this otherwise wealthy country.

가난은 그것을 뿌리 뽑으려는 시도에도 불구하고 여전히 다른 면에서는 부유한 이 나라에 존재하고 있다.

0294

vast
[væst]

vastly [ad] 대단히, 엄청나게

ⓐ 방대한, 어마어마한

Investors who failed to see the stock market crash coming in 2008 lost vast amounts of money.

2008년에 주식 시장 붕괴가 도래할 것을 내다보지 못한 투자자들이 _____ 돈을 잃었다.

Yet the vast majority of Americans remain stubbornly monolingual. [수능]

그러나 대다수 미국인은 고집스럽게 단일어 사용을 계속 한다.

= huge

0295

patch
[pætʃ]

ⓝ (주변과는 다른) 작은 부분, 조각

Drivers are warned to take extra care as there are lots of icy patches on the road this morning.

오늘 아침 도로 상에 얼음이 언 부분이 많기 때문에 운전자들은 각별한 주의가 요구된다.

0296

enable
[enéibl]

ⓥ 할 수 있게 하다, 가능하게 하다

The reason the Internet has become indispensible for most businesspeople is that it enables them to function more effectively.

인터넷이 대부분의 사업가들에게 필수불가결해진 이유는 인터넷으로 인해 더욱 효과적으로 일할 수 있게 되었기 때문이다.

0297

wetland
[wétlænd]

ⓝ 습지

A plant common to wetlands, it grows quickly and blocks boating and irrigation routes.

_____ 에 흔한 식물은 빠르게 자라고 보트 타기와 관개수로를 방해한다.

0292 서식지   0294 어마어마한   0297 습지대

0298 throughout
[θruːàut]

prep ~동안 계속, 내내

Campus protests were common throughout the latter half of the 60s and into the early 70s.

60년대 후반과 70년대 초반 내내 대학 내 시위가 흔했다.

0299 eliminate
[ilímənèit]

elimination **n** 제거

v 제거하다

If you want to eliminate fridge odor, try common baking soda; it removes all sorts of organic smells.

냉장고 냄새를 _____ 싶다면, 일반 베이킹 소다를 사용해 보십시오. 그것은 온갖 종류의 유기물 냄새를 없애줍니다.

0300 threaten
[θrétn]

threatening **a** 협박하는

v 위협[협박]하다

The student council has threatened to resign unless its demands are met.

학생위원회는 자신들의 요구가 관철되지 않으면 사임하겠다고 협박했다.

0301 shrink
[ʃriŋk]

shrinkage **n** 줄어듦; 축소

v 줄어들다

If you wash that wool sweater in warm water, it will shrink to about half its original size.

그 양모 스웨터를 더운물에서 빨면 그 크기가 원래 크기의 절반 정도로 줄어들 것이다.

⬅➡ grow 커지다

0302 consequence
[kánsikwèns]

consequent **a** ~의 결과로 일어나는

n 결과; 영향

The consequences of poor building construction can be devastating for residents in a natural disaster.

건물 부실 공사의 _____ 는 자연재해 속에서 거주자들에게 치명적일 수 있다.

0303 conceal
[kənsíːl]

concealment **n** 숨김, 은폐

v 가리다, 감추다

This product conceals mild outbreaks of acne and other common skin blemishes.

이 제품은 가볍게 난 여드름과 기타 일반 잡티들을 가려준다.

⬅➡ reveal 드러내다

0304 preview
[príːvjùː]

n 예고편; 시사회; 미리 보기

Hurry or we'll be late; I love watching the previews before the movie starts.

서둘러. 그렇지 않으면 우린 늦을 거야. 난 영화 시작 전에 _____ 보는 걸 정말 좋아한단 말이야.

0299 제거하고   0302 결과   0304 예고편

DAY 08

0305
review
[rivjú:]

ⓥ 검토하다 ⓝ 검토; 비평

The tax department will **review** your case, but to avoid penalties you should pay the amount due now.

세무서는 당신의 사례를 _____ 것입니다. 그러나 벌금을 내지 않으려면 현재 부과된 금액을 내야 합니다.

0306
masterpiece
[mǽstərpìːs]

ⓝ 걸작

The *Mona Lisa* is widely considered to be Leonardo da Vinci's **masterpiece**.

'모나리자'는 레오나르도 다빈치의 _____ 으로 널리 간주된다.

0307
labor
[léibər]

ⓝ 노동 ⓥ 일하다; 노력하다

Tending a small farm requires a lot of time and manual **labor**.

작은 목장을 운영하려면 많은 시간과 육체_____ 이 요구된다.

0308
correct
[kərékt]

correction ⓝ 정정, 수정

ⓐ 옳은, 정확한 ⓥ 바로잡다

Only one **correct** answer per question is possible on the revised test.

개정된 시험에서는 한 문제 당 하나의 정답만 가능하다.

After noticing several spelling mistakes, she **corrected** her essay with the help of a dictionary.

몇몇 철자 오류를 발견한 다음 그녀는 사전의 도움을 받아 자신의 수필을 바로잡았다.

= rectify 바로잡다 ⬌ incorrect 정확하지 않은

0309
anatomy
[ənǽtəmi]

ⓝ (해부학적) 구조; 해부학

A correct and comprehensive understanding of animal **anatomy** is important to a veterinarian.

동물 해부에 관한 정확하고 포괄적인 이해는 수의사에게 중요하다.

0310
unjust
[ʌndʒʌ́st]

ⓐ 부당한

Native groups have often experienced **unjust** treatment from those seeking to colonize their lands.

원주민 집단들은 종종 자신들의 땅을 식민지화하려는 자들로부터 _____ 대우를 경험했다.

= unfair

0305 검토할   0306 걸작   0307 노동   0310 부당한

0311 evergreen
[évərgrìːn]

ⓝ 상록수

By far the most common types of trees in this forest are **evergreens**.

지금까지 이 숲에서 가장 흔한 나무의 종은 _____ 이다.

접두어 en- '~ 되게 하다'

0312 enrich
[enrítʃ]

ⓥ 풍요롭게 하다

The company boasts that it **enriches** all of its breakfast cereal products with extra vitamins and minerals.

그 회사는 자사의 모든 아침 식사용 시리얼 제품에 비타민과 미네랄을 더욱 많이 첨가했다고 자랑한다.

0313 enlighten
[enláitn]

enlightening ⓐ 깨우치는, 계몽적인

ⓥ 깨우치다, 교화[계몽]하다

If you're still unclear after the tutorial, I will **enlighten** you as best I can.

개별 지도 후에도 아직 확실히 이해가 안 된다면 내가 최선을 다해 설명해 줄게.

0314 encounter
[enkáuntər]

ⓥ 맞닥뜨리다, 마주하다

Rebel forces have **encountered** strong resistance in their attempt to retake the city.

반란 세력들은 도시를 탈환하려는 시도에서 완강한 저항과 _____.

혼동 어휘

0315 advent
[ǽdvent]

ⓝ 출현, 나타남

For some, the **advent** of smart phones has not been without security concerns.

어떤 면에서는 스마트폰의 _____ 으로 보안에 대한 우려가 있어왔다.

0316 advert
[ǽdvəːrt]

ⓝ 광고

The caller saw our **advert** in the paper and wanted to know how much we wanted for our old car.

전화를 건 사람은 신문에서 우리의 _____ 를 보고, 우리가 중고차 가격으로 얼마를 원하는지 알고 싶어 했다.

= advertisement

0311 상록수   0314 맞닥뜨렸다   0315 출현   0316 광고

DAY 08

의외의 뜻을 가진 어휘

0317

shoulder
[ʃóuldər]

Ⓥ (책임, 잘못을) 떠맡다

Radio absorbed the majority of state resources, and the French government was reluctant to shoulder the financial burden of developing national networks for television broadcasting. 수능
라디오에 대부분의 국가 재정을 쏟아 부어서, 프랑스 정부는 TV 방송을 위한 전국 네트워크를 개발하는 데 있어 재정적인 부담을 _____ 것을 꺼렸다.

Richard decided that as the head of customer service, he should shoulder the blame for the loss of customers.
Richard는 고객 서비스의 책임자로서 고객이 감소한 것에 대한 책임을 자신이 떠맡아야 한다고 결정했다.

= accept 받아들이다

Tips shoulder를 '어깨'라는 뜻으로만 알고 있었다면 '(책임, 잘못 을) 떠맡다'라는 뜻도 함께 알아두자!

숙어 / 이어동사

0318

when it comes to

~에 관한 한

Most people are willing to accommodate the elderly when it comes to jumping a queue.
대부분의 사람들은 새치기_____ 기꺼이 노인들을 받아들인다.

0319

have ~
in common

~을 공통으로 지니다

On the first day of work, Don discovered that he and Sean had something in common — they both loved old black and white films.
일을 시작한 첫날 Don은 자신과 Sean이 무언가 공통점이 있다는 것을 발견했다.
그들은 둘 다 흑백영화를 아주 좋아했다.

Jazz and classical music have a number of things in common. 수능
재즈와 클래식 음악은 공통점이 많다.

0320

go broke

파산하다

Many insurance companies could go broke if the government doesn't change its policy soon.
정부가 그 정책을 조만간 바꾸지 않으면 많은 보험 회사가 _____ 될 수 있다.

0317 떠맡는   0318 에 관한 한   0320 파산하게

072

DAILY TEST

A 다음 영어를 우리말로, 우리말을 영어로 쓰시오.

1 advent _____
2 advert _____
3 alternative _____
4 anatomy _____
5 colleague _____
6 consequence _____
7 context _____
8 encyclopedia _____
9 enrich _____
10 evergreen _____

11 작은 부분, 조각 _____
12 검토(하다); 비평 _____
13 노동; 일하다; 노력하다 _____
14 문학의, 문학적인 _____
15 사회학 _____
16 습지 _____
17 예고편; 시사회; 미리 보기 _____
18 위협(협박)하다 _____
19 진공 _____
20 파산하다 _____

B 다음 빈칸에 알맞은 말을 쓰시오.

1 shoulder = _____
2 vast = _____
3 shrink ⬌ _____
4 conceal ⬌ _____

5 respond ⓝ _____
6 exist ⓝ _____
7 procedure ⓥ _____
8 originate ⓝ _____

C 다음 빈칸에 들어갈 알맞은 말을 |보기| 에서 고르시오.

보기	vary enable habitat throughout when it comes to

1 _____ diversity refers to the variety of places where life exists. 수능

2 Television picture tubes _____ viewers to see the image that is formed inside the tube. 수능

3 The United States remains an underdeveloped country _____ language skills. 수능

4 Moles are dark spots on human skin. They can _____ in color from light to dark brown or black. 수능

5 The only thing students should be required to do is to study a broad range of subjects _____ middle and high school. 수능

Day 08 _ 073

DAY 09

0321

incredible
[inkrédəbl]

incredibly **ad** 엄청나게

ⓐ 믿기 어려운; 놀라운

It was an **incredible** stroke of good luck running into you today!
널 오늘 우연히 만난 것은 _____ 뜻밖의 행운이야!

⟺ credible 믿을 수 있는

0322

environment
[inváiərənmənt]

environmental ⓐ 환경의,
환경과 관련된

ⓝ 환경

Some believe that **environment** is the single most important
influence in a child's life.
어떤 사람들은 _____이 아이의 삶에서 유일무이하게 가장 중요한 영향을 준다고 믿는다.

0323

contribute
[kəntríbjut]

contribution ⓝ 기여; 기부(금)

ⓥ 기여하다; ~의 원인이 되다

Workers **contribute** to state and private pensions so they can
live a comfortable life in retirement.
근로자들은 국가 연금 및 개인연금에 기여하므로 은퇴 시 편안한 삶을 살 수 있다.

0324

dense
[dens]

density ⓝ 밀도
densely **ad** 빽빽이

ⓐ 밀집한; 짙은; 난해한

The reading was **dense**; it contained a lot of technical terms
that I couldn't understand.
그것은 읽기가 난해했다. 그것은 내가 이해하지 못하는 수많은 전문 용어를 담고 있었다.

⟺ sparse 밀도가 낮은

0325

structure
[strΛ́ktʃər]

structural ⓐ 구조적인

ⓝ 구조; 조직; 건물 ⓥ 구성하다, 조직하다

The **structure** was designed to support more than a thousand
athletes training around the clock.
그 건물은 온종일 운동하는 천 명이 넘는 운동선수들을 지원하기 위해 설계되었다.

The new history professor **structured** the course around three
key learning principles.
그 신임 역사교수는 세 개의 주요한 학습 원리를 중심으로 강의를 _____.

0326

resist
[rizíst]

resistible ⓐ 저항할 수 있는
resistance ⓝ 저항(력)

ⓥ 저항하다; 견디다

But there are other diseases that our bodies cannot successfully
resist on their own. 수능
그러나 우리 몸이 스스로 잘 _____ 못하는 다른 질병도 있다.

= oppose 반대하다

0327

resistant
[rizístənt]

ⓐ ~에 강한, 저항하는

Scientists are busy developing disease-**resistant** varieties of fruits and vegetables for the developing world.

과학자들은 개도국을 위해 질병_____ 다양한 과일과 채소를 개발하느라 분주하다.

0328

invade
[invéid]

invasion ⓝ 침입, 침략
invader ⓝ 침략자

ⓥ 침입하다

Villagers from the south **invaded** their neighbors to the north in a surprise attack early yesterday morning.

어제 아침 일찍 남쪽 지역의 마을 사람들이 북쪽 지역의 이웃을 기습적으로 침입했다.

0329

potential
[pouténʃəl]

potentially ⓐⓓ 잠재적으로

ⓐ 잠재적인 ⓝ 가능성, 잠재력

Travelers should be alerted to **potential** dangers before they make holiday plans.

여행자들은 휴가 계획을 세우기 전에 _____ 위험에 주의해야 한다.

When you clean out your storage room, don't throw out any "junk" until you determine its **potential** as a collectible. [수능]

당신의 창고 방을 청소할 때 수집할 가치가 있는 것으로 그것의 가능성을 결정할 때까지 "쓰레기"를 버리지 마라.

0330

decay
[dikéi]

ⓥ (시체, 치아 등이) 썩다; (체계 등이) 퇴화하다

Your teeth will **decay** quickly if you do not brush them after eating sweets like chocolate.

초콜릿 같은 단 음식을 먹은 다음 이를 닦지 않으면 치아가 빨리 _____ 것이다.

= rot 썩다

0331

harsh
[hɑːrʃ]

ⓐ 가혹한, 혹독한

Several journalists interviewed for this report complained of **harsh** treatment by the authorities.

이 조사를 위해 인터뷰에 응한 몇몇 언론인들은 당국의 _____ 처우에 대해 불평했다.

= severe

0332

surround
[səráund]

surrounding ⓐ 인근의, 주위의

ⓥ 둘러싸다

Photographers finally **surrounded** the star as she tried to quickly make her way through the crowd.

그 스타가 군중 사이를 재빨리 뚫고 나가려 하던 차에, 사진기자들이 결국 그녀를 둘러쌌다.

0327 에 강한   0329 잠재적인   0330 썩을   0331 가혹한

DAY 09

0333

vital
[váitl]

vitalize ⓥ 생기를 불어넣다
vitality ⓝ 활력

ⓐ 필수적인

Another **vital** factor is increasing one's responsiveness to the markets by providing products suited for the local communities that make up the market. 수능

또 다른 _____ 요소는 시장을 구성하는 지역 사회에 꼭 맞는 제품을 제공함으로써 시장에 대한 사람들의 대응을 증가시키는 것이다.

= crucial

0334

sturdy
[stɔ́:rdi]

ⓐ 튼튼한, 힘센

Before you attempt to climb a mountain, make sure you have a pair of **sturdy** hiking boots.

산을 오르려고 하기 전에 _____ 하이킹 부츠를 가지고 있는지 확인하라.

0335

diagnose
[dáiəgnòus]

ⓥ (질병의 원인을) 진단하다

After giving her patient a thorough medical exam, the doctor **diagnosed** the problem.

의사는 환자를 철저하게 검진하고 나서 문제에 대해 진단했다.

0336

gender
[dʒéndər]

ⓝ 성(性), 성별

It is difficult for non-experts to determine the **gender** of some species of rare reptiles.

비전문가가 희귀 파충류 일부 종의 _____ 을 판단하기는 어렵다.

= sex

0337

rural
[rúərəl]

ⓐ 지방의, 시골의

I grew up in a **rural** area with plenty of fresh air and places to play.

나는 신선한 공기를 듬뿍 마시고 놀 장소가 많은 _____ 지역에서 자랐다.

⇤ urban 도시의

0338

urban
[ɔ́:rbən]

ⓐ 도시의

Some say an **urban** environment is not the best setting to raise young children.

몇몇 사람들은 _____ 환경이 어린 자녀들을 키우기에 최고의 장소는 아니라고 말한다.

⇤ rural 시골의

0333 필수적인   0334 튼튼한   0336 성별   0337 시골   0338 도시

0339
attack
[ətǽk]

ⓥ 공격하다

The shark **attacked** its prey with such ferocity that even the trainer was taken by surprise.

상어가 조련사도 깜짝 놀랄 만큼 잔인하게 먹잇감을 _____.

0340
approach
[əpróutʃ]

ⓥ 접근하다, 다가가다 **ⓝ** 접근법; 다가옴

As the day-hikers **approached** the waterfall, they were reminded to take out their cameras.

폭포에 접근한 도보 여행자들은 카메라를 꺼낼 생각을 해냈다.

Artists grow and change in their **approach** to a character based on their own life experiences and their moods. 수능

예술가들은 자기 삶의 경험과 기분에 따라 등장인물에 대한 _____을 성장시키고 변화시킨다.

0341
miserable
[mízərəbl]

miserably **ad** 비참하게, 초라하게

ⓐ 비참한; (날씨가) 고약한

The weather is **miserable** at that time of year; perhaps you should make other travel plans.

일 년 중 그맘때는 날씨가 고약하므로, 아마도 다른 여행 계획을 세워야 한다.

0342
particular
[pərtíkjələr]

particularly **ad** 특히

ⓐ 특별한; 특정한

It's not that I had any **particular** plans for that pencil, but I didn't want to be unprepared. 수능

내가 그 연필을 가지고 특별하게 할 일이 있는 것은 아니었지만, 준비되지 않은 채로 있고 싶지 않았다.

0343
martial art

martial artist **ⓝ** 무술가

ⓝ 무술

Training in the **martial arts** typically lasts for many years and requires much dedication.

_____ 연마는 일반적으로 여러 해 동안 계속 되고, 많은 노력을 기울여야 한다.

Experienced **martial artists** use their experience as a filter to separate the essential from the irrelevant. 수능

능숙한 _____는 자신의 경험을 필요한 것과 불필요한 것을 분리하는 여과장치로 사용한다.

0339 공격했다   0340 접근법   0343 무술 / 무술가

0344

relevant
[réləvənt]

relevance ⑪ 타당성, 적절

ⓐ 적절한; 관련 있는

The young executive impressed his superiors by making a **relevant** point about the company's financial strategy.
그 젊은 중역은 회사의 재정 전략에 대한 _____ 주장을 해서 상사들에게 깊은 인상을 남겼다.

⬌ irrelevant 관련 없는

0345

absorb
[əbsɔ́:rb]

absorption ⑪ 흡수

ⓥ 흡수하다

These cleaning pads **absorb** up to thirty percent more spillage than other brands.
이 청소포는 다른 제품에 비해 엎지른 것을 30%까지 더 _____.

0346

filter
[fíltər]

ⓥ 여과하다, 거르다

The earth's ozone layer is important because it **filters** harmful ultraviolet radiation.
지구의 오존층은 해로운 방사선을 걸러내기 때문에 중요하다.

0347

separate
[sépərèit]

separation ⑪ 분리, 구분
separately ⓐⓓ 따로

ⓥ 분리하다, 나누다 ⓐ 분리된; 서로 다른

Before you have a garage sale, call an antique dealer to help you **separate** the valuable from the worthless junk. 수능
중고 가정용품 염가판매를 하기 전에 골동품 판매상을 불러서 가치 있는 것과 쓸모없는 쓰레기를 분리하는 것을 돕게 하라.

0348

mistaken
[mistéikən]

mistakenly ⓐⓓ 실수로

ⓐ 잘못 알고 있는

I'm sorry, but I think you're **mistaken**; I clearly remember leaving my bag here on the shelf.
미안하지만 나는 당신이 잘못 알고 있다고 생각해요. 내가 여기 선반 위에 내 가방을 올려 놓았던 것을 분명히 기억해요.

═ wrong

0349

supply
[səplái]

ⓥ 공급하다 ⑪ 공급, 제공

Mills Farm **supplies** all of the restaurants in town with fresh produce daily.
Mills Farm은 도시에 있는 모든 음식점에 신선한 농산물을 매일 _____.

It is wise to keep a **supply** of batteries at home in case of an emergency.
비상사태에 대비하기 위해 집에 건전지를 비축해 놓는 것이 현명하다.

⬌ demand 요구; 수요

0344 적절한   0345 흡수한다   0349 공급한다

0350 demand
[diménd]

ⓥ 요구하다 ⓝ 요구; 수요

This is a very difficult math problem; it **demands** a lot of concentration.
이것은 매우 어려운 수학문제로 많은 집중력을 요한다.

Demand for LCD tablet displays far exceeds supply, and this trend is expected to continue.
LCD 태블릿 디스플레이에 대한 _____ 가 공급을 훨씬 초과하고, 이러한 경향은 계속될 전망이다.

➡ supply 공급, 제공

0351 resource
[rí:sɔ:rs]

ⓝ 자원

Before the firm can expand into the global marketplace, it needs to secure additional financial **resources**.
그 기업은 세계 시장으로 사세를 확장하기 전에 추가로 재정 _____ 을 확보할 필요가 있다.

접두어   en- '~ 되게 하다'

0352 endanger
[endéindʒər]

ⓥ 위험에 빠뜨리다

You must believe that I would never intentionally do anything to **endanger** the lives of the children.
너는 내가 그 아이들의 생명을 위협하려고 일부러 무슨 일을 하려고 한 적이 없다는 것을 믿어야 한다.

0353 enlarge
[enlá:rdʒ]

enlargement ⓝ 확대, 확장

ⓥ 확대[확장]하다

You cannot **enlarge** the photo any further without making it too blurry to recognize.
그 사진을 더 확대하면 너무 흐릿해져서 인식하기가 불가능하다.

≒ expand 확장하다

0354 encourage
[enkɔ́:ridʒ]

ⓥ 격려하다, 자극[고무]하다

The freshman's tutor **encouraged** him to read widely and take extensive notes during class lectures.
그 대학 1학년생의 지도 교수는 그에게 폭넓게 읽고 강의 시간에 필기를 많이 하라고 독려했다.

Instead of focusing on immigrants' disabilities in English, why not **encourage** them to maintain their abilities in their mother tongues while they learn English? 수능
이주자들이 영어를 못하는 것에 집중하는 대신에, 그들이 영어를 배우면서 모국어 실력을 유지할 수 있도록 _____ 것은 어떨까?

0350 수요   0351 자원   0354 격려하는

DAY 09

혼동 어휘

0355

except
[iksépt]

prep ~을 제외하고

Many years ago, psychologists performed an experiment in which they put a number of people in a room, alone except for a ring toss set. 수능

수년 전에 심리학자들이 많은 사람을 고리 던지기 기구_____ 아무것도 없는 방에 넣는 실험을 했다.

0356

accept
[əksépt]

acceptable ⓐ 받아들여지는
acceptance ⓝ 수락, 승인

ⓥ 받아들이다, 수락하다

It is almost impossible to find a store these days that does not accept credit cards.

요즘 신용카드를 _____ 않는 가게를 찾기는 거의 불가능하다.

If they do not accept our values, we become annoyed and angry. 수능

만일 그들이 우리의 가치를 받아들이지 않는다면 우리는 짜증 나고 화가 날 것이다.

⟺ reject 거부하다, 거절하다

숙어 / 이어동사

0357

regardless of

~에 상관없이

Regardless of the applicant's nationality, a background check is required prior to acceptance.

지원자들의 국적_____ 합격에 앞서 신원 조회가 필요하다.

0358

make it

시간 약속을 지키다, (바라던 일을) 이루다

At the halfway mark of the marathon, I was so tired that I thought I would not make it.

마라톤 중간 지점에서 나는 너무 지쳐서 해내지 못할 거라고 생각했다.

0359

run out of

~을 다 써 버리다, ~을 바닥내다

Supermarkets across the country have run out of basic necessities such as eggs, cooking oil, and milk.

전국의 슈퍼마켓에서 계란, 기름, 우유 같은 생필품이 동이 났다.

0360

take place

일어나다; 개최되다

The session of Congress dedicated to passing the new healthcare reform law is set to take place this fall.

새로운 의료 개혁법을 통과시키기 위한 의회 회의를 이번 가을에 _____ 했다.

= happen

0365 를 제외하고   0356 받지   0357 에 상관없이   0360 개최하기로

DAILY TEST

A 다음 영어를 우리말로, 우리말을 영어로 쓰시오.

1 contribute _____
2 diagnose _____
3 environment _____
4 invade _____
5 make it _____
6 resistant _____
7 run out of _____
8 structure _____
9 sturdy _____
10 surround _____

11 무술 _____
12 비참한; (날씨가) 고약한 _____
13 성(性), 성별 _____
14 썩다; 퇴화하다 _____
15 여과하다, 거르다 _____
16 위험에 빠뜨리다 _____
17 자원 _____
18 잘못 알고 있는 _____
19 특별한; 특정한 _____
20 흡수하다 _____

B 다음 빈칸에 알맞은 말을 쓰시오.

1 harsh = _____
2 vital = _____
3 incredible ⬌ _____
4 dense ⬌ _____

5 urban ⬌ _____
6 relevant ⬌ _____
7 supply ⬌ _____
8 accept ⬌ _____

C 다음 빈칸에 들어갈 알맞은 말을 |보기|에서 고르시오.

보기	resists	attack	vital	separate	particular

1 My coworker usually _____ any attempt to celebrate her birthday in a special way.

2 It is _____ that the donor's blood be the same type as the organ recipient's.

3 So the leopard began to _____ dogs and cattle in the village. 수능

4 I'm looking for a _____ style of jacket, one that isn't too flashy or trendy.

5 The dogs were kept in _____ cages so they wouldn't fight with one another.

DAY 10

01 02 03 04 05 06 07 08 09 **10** 11 12 13 14 15 16 17 18 19 20 21 22 23 24 25

0361 beyond
[bijánd]

prep ~너머, ~지나

The best place to practice your snowboarding is just **beyond** the starter hill and to the right.

스노보드를 연습할 가장 좋은 장소는 초급자용 언덕 바로 _____ 오른쪽이다.

0362 genetics
[dʒənétiks]

n 유전학

Scientists working in the field of **genetics** make many new discoveries about the human body every year.

_____ 분야에서 일하는 과학자들은 매년 인체에 대해 새로운 사실을 발견한다.

0363 unlock
[ʌnlák]

v 열다; (비밀이) 드러나다

You may be able to **unlock** a frozen car door by spraying some oil into the mechanism.

기계에 기름을 약간 뿌리면 언 자동차 문을 열 수 있을지 모른다.

⬌ lock 잠그다

0364 knowledge
[nálidʒ]

know **v** 알다

n 지식

Our guide has an intimate **knowledge** of Rome, where she has lived for 20 years.

우리 가이드는 자신이 20년 동안 살고 있는 로마에 조예 깊은 _____ 이 있다.

0365 multiple
[mʌ́ltəpl]

a 많은, 다양한

Although the skier suffered **multiple** injuries in the fall, he is expected to make a full recovery.

스키를 탄 사람은 떨어지면서 여러 군데 상처를 입었지만 완전하게 회복할 것으로 예상된다.

0366 several
[sévərəl]

a 몇몇의

Several young actors auditioned for the part, but we were unable to find a suitable candidate.

여러 젊은 배우가 그 역을 맡기 위해 오디션을 치렀지만, 우리는 적당한 지원자를 찾을 수 없었다.

0367 recall
[rikɔ́ːl]

v 회상하다; 소환하다

I **recall** having eaten at this restaurant before, but I can't remember who with.

예전에 이 음식점에서 식사했던 기억은 나지만 누구와 식사를 했는지는 생각나지 않는다.

0361 너머   0362 유전학   0364 지식

0368

nerve
[nə:rv]

nervous ⓐ 불안한;
신경질적인

ⓝ 용기; 불안; 긴장; 신경

It takes a lot of **nerve** to be a successful search-and-rescue worker.
수색에 성공하고 노동자들을 구조하려면 대단한 ＿＿＿＿＿가 필요하다.

= courage 용기

0369

strategy
[strǽtədʒi]

ⓝ 전략

Several different **strategies** for organizing your time are presented in the author's latest book.
시간을 계획하는 다른 ＿＿＿＿＿ 몇 가지가 저자의 최근 책에 소개되어 있다.

0370

argue
[áːrgjuː]

argument ⓝ 말다툼, 논쟁

ⓥ 다투다; 주장하다; 입증하다

They even **argue** over which film to see; I've never seen a less compatible couple.
그들은 어떤 영화를 볼지를 놓고도 말다툼을 벌인다.
그들은 내가 본 중에서 가장 사이가 좋지 않은 커플이다.

0371

appropriate
[əpróuprièit]

appropriately ⓐⅾ 적당하게

ⓐ 적절한

I didn't think it was **appropriate** for her to scold the children like that in public.
나는 사람들 앞에서 자녀를 그렇게 야단치는 그녀의 행동이 ＿＿＿＿＿ 않다고 생각했다.

⟺ inappropriate 부적절한

0372

describe
[diskráib]

description ⓝ 서술, 묘사
descriptive ⓐ 서술[묘사]
하는

ⓥ 묘사[설명]하다, 말하다

Her previous teacher **described** her as an outgoing, positive influence in class.
그녀의 예전 교사는 그녀가 학급에서 사교적이고 긍정적인 영향을 미친다고 말했다.

0373

perhaps
[pərhǽps]

ⓐⅾ 아마도

Perhaps we'd better find another parking spot; this one looks too small for the car.
＿＿＿＿＿ 다른 주차 공간을 찾는 것이 좋겠다. 이곳은 주차하기에 너무 작아 보인다.

= maybe

0368 용기   0369 전략   0371 적절하지   0373 아마도

DAY 10

01 02 03 04 05 06 07 08 09 **10** 11 12 13 14 15 16 17 18 19 20 21 22 23 24 25

0374 conflict
[kánflikt]

ⓝ 갈등 ⓥ 상충하다

Israel's **conflict** with the Palestinians dates back more than half a century.
팔레스타인과 이스라엘의 _____ 은 반세기 이상으로 거슬러 올라간다.

= clash 충돌을 일으키다

0375 accurate
[ǽkjərit]

accuracy ⓝ 정확(도)
accurately **ad** 정확히

ⓐ 정확한

The government has no **accurate** knowledge of the cost of military operations in the fight against terrorism.
정부는 테러리즘에 대항할 때 드는 군사작전 비용에 대해 _____ 지식을 갖고 있지 않다.

= precise ⟷ inaccurate 부정확한

0376 attempt
[ətémpt]

ⓝ 시도, 노력 ⓥ 시도[노력]하다

A few hundred teens **attempted** to break a Guinness World Record for the loudest outdoor cheer.
수백 명에 이르는 십 대 청소년들이 야외에서 가장 시끄럽게 함성을 지르는 것으로 기네스 세계 신기록을 깨려고 _____.

0377 inform
[infɔ́ːrm]

information ⓝ 정보
informative ⓐ 유익한

ⓥ 알리다

The company said that it would **inform** successful applicants when a decision had been reached.
그 회사는 결정이 되면 합격한 지원자에게 _____ 주겠다고 말했다.

0378 definite
[défənit]

define ⓥ 정의[규명]하다
definitely **ad** 확실히, 분명히

ⓐ 확실한, 분명한

Competing against professionally trained athletes is a **definite** disadvantage to amateurs.
전문적으로 훈련을 받은 운동선수와 경쟁하는 것은, 아마추어에게는 분명히 불리하다.

0379 trick
[trik]

tricky ⓐ 곤란한

ⓥ 속임수를 쓰다 ⓝ 속임수, 요령

The boy **tricked** his classmates into believing that class had been canceled.
그 소년은 반 친구들을 속여서 수업이 취소되었다고 믿게 했다.

0374 갈등　0375 정확한　0376 시도했다　0377 알려

0380 discipline
[dísəplin]

disciplinary ⓐ 징계의

ⓥ 징계[훈육]하다 ⓝ 훈련; 징계, 훈육

Pets will respond to their owners best when the discipline given is consistent.

애완동물은 _____이 일관성 있을 때 주인에게 가장 잘 반응할 것이다.

0381 influence
[ínfluəns]

influential ⓐ 영향력 있는

ⓥ 영향을 미치다 ⓝ 영향(력)

The wonderful weather conditions influenced my decision to move to this part of the country.

멋진 날씨가 나라의 이쪽 지역으로 이사를 오겠다는 나의 결정에 _____.

0382 promote
[prəmóut]

promotion ⓝ 승진; 홍보

ⓥ 촉진하다; 승진시키다; 홍보하다

Getting sufficient rest and engaging in regular exercise will promote your general health.

충분히 휴식을 취하고 규칙적으로 운동하면 건강이 전반적으로 좋아질 것이다.

0383 split
[split]

ⓥ 나뉘다, 분열되다 ⓝ 분열, 분할

I've brought more than I can eat; let's split my lunch in two and share.

나는 내가 먹을 수 있는 양보다 더 많이 가져왔어. 내 점심을 둘로 나눠서 같이 먹자.

0384 characterize
[kǽriktəràiz]

ⓥ 특징짓다

How would you characterize your dog's behavior before she bit your friend?

당신의 개가 당신의 친구를 물기 전에 보이는 행동을 어떻게 _____ 수 있을까요?

0385 evaluate
[ivǽljuèit]

evaluation ⓝ 평가

ⓥ 평가하다

The essays were evaluated against very strict criteria set by the teachers at the institute.

그 수필들은 학회의 교사들이 세운 매우 엄격한 기준으로 _____.

= assess

CUSTOMER SERVICE
☑ OUTSTANDING
☐ Excellent
☐ Very Good
☐ Average
☐ Below Average

0380 훈련   0381 영향을 미쳤다   0384 특징지을   0385 평가되었다

DAY 10

0386

satisfying
[sǽtisfàiiŋ]

satisfy ⓥ 만족시키다
satisfaction ⓝ 만족

ⓐ 만족스러운

The meal was delicious, but it wasn't very
satisfying; I'm still a little hungry.
식사는 맛있었지만 그다지 ＿＿＿＿＿ 않았다.
나는 여전히 배가 약간 고프다.

0387

hunger
[hʌ́ŋgər]

hungry ⓐ 배고픈

ⓝ 배고픔, 굶주림; 갈망

News reports said the lost hikers finally collapsed from hunger
and thirst on the third day.
뉴스 보도에 따르면 길을 잃은 도보 여행자들이 셋째 날에 결국 ＿＿＿＿＿ 과 갈증으로
쓰러졌다.

＝ starvation 굶주림

0388

increase
[inkríːs]

increasing ⓐ 증가하는
increasingly ad 점점 더

ⓥ 증가하다 ⓝ 증가

The company has decided to increase production of its
newest, most popular model.
그 기업은 가장 인기가 많은 최신 모델의 생산을 늘리기로 결정했다.

The increase in China's electricity consumption was the second
largest among the five countries. 수능
중국의 전기 소비 ＿＿＿＿＿ 는 다섯 나라 중에서 두 번째로 높다.

＝ rise ⬌ decrease 감소(하다)

0389

decrease
[díːkriːs]

decreasing ⓐ 감소하는
decreasingly
ad 점점 더 줄어

ⓥ 감소하다 ⓝ 감소

Total unemployment has decreased in the past year, but youth
unemployment remains high.
지난해 전체 실업은 감소했지만, 청년 실업은 여전히 높다.

In laboratory experiments, people exposed to 110-decibel
bursts of noise experienced a decrease in their ability to solve
problems. 수능
실험실에서의 실험에서, 110데시벨의 파열음에 노출된 사람들은 문제 풀이 능력의
＿＿＿＿＿ 를 경험하였다.

⬌ increase 증가(하다)

0390

remove
[rimúːv]

removal ⓝ 제거

ⓥ 지우다; 제거하다

The new law stipulates that citizens must **remove** any veil covering the face before voting.

새 법률은 시민들이 투표하기 전에 얼굴을 가리고 있는 베일을 벗어야 한다고 명기하고 있다.

0391

typical
[típikəl]

typicality ⓝ 전형적임
typically ad 일반적으로

ⓐ 전형적인, 늘 하는 행동의

Happiness is a **typical** first reaction after receiving praise or unexpected good news.

행복은 칭찬이나 예상하지 못했던 좋은 소식을 들었을 때 맨 처음 나타나는 _____ 반응이다.

0392

crunchy
[krʌ́ntʃi]

ⓐ 바삭바삭한

This brand of peanut butter comes in two varieties: extra smooth and extra **crunchy**.

이 땅콩버터 제품은 매우 부드럽거나 매우 바삭바삭한 두 가지 형태로 나온다.

≒ crisp

혼동 어휘

0393

conference
[kɑ́nfərəns]

confer ⓥ 상의하다

ⓝ 회의, 회담

The World Health Organization held its annual **conference** in New York this year.

세계 보건기구는 올해 뉴욕에서 연례 _____ 를 개최했다.

0394

reference
[réfərəns]

refer ⓥ 언급[참조]하다

ⓝ 언급, 참조; 인용 문헌

The ratios were calculated by **reference** to the most recent nationwide census.

비율은 가장 최근에 실시한 전국 인구조사를 _____ 해서 산정되었다.

0395

interference
[ìntərfíərəns]

interfere ⓥ 간섭[개입]하다

ⓝ (원치 않은) 간섭, 개입, 방해

I left the company because I had to put up with constant **interference** from my boss.

나는 상사의 끊임없는 _____ 을 견뎌내야 했기 때문에 회사를 떠났다.

0391 전형적인   0393 회의   0394 참조   0395 간섭

DAY 10

다의어

0396 bark
[bɑːrk]

ⓥ (개가) 짖다

Villagers heard a deer barking in the distance, but they were not the only ones to hear it. 수능
마을 사람들은 멀리서 사슴이 우는 소리를 들었는데, 그들이 그 소리를 들은 유일한 사람들은 아니었다.

ⓝ 나무껍질

Bark provides the inner wood of a tree with protection from extreme temperatures as well as natural predators such as bugs.
_____ 은 벌레 같은 천적뿐만 아니라 극단적인 온도로부터 나무의 안쪽을 보호해준다.

숙어 / 이어동사

0397 in person

직접, 몸소

Just use your caller's name far more often than you would in person. 수능
_____ 만나서 얘기할 때보다 통화할 때 훨씬 더 많이 통화하는 상대방의 이름을 사용하라.

0398 in advance

미리

The host warned us in advance that his infant son would become fussy as the evening progressed.
그 주인은 우리에게 그의 갓난 아들이 밤이 깊어지면 신경질적으로 될 거라고 _____ 주의를 주었다.

0399 make sense

의미가 통하다, 잘 이해가 되다

Even after rereading the assembly kit instructions, I didn't think they made much sense, so I threw them away.
나는 조립세트 설명서를 다시 읽은 후에도 이해가 안 되어서 그것들을 버렸다.

0400 come across

우연히 마주치다

Simmons was studying eagles in Africa when he came across a pair of male giraffes locked in combat. 수능
Simmons가 아프리카에서 독수리를 연구하고 있을 때 싸움 중인 수컷 기린 두 마리와 _____ .

0396 나무껍질   0397 직접   0398 미리   0400 우연히 마주쳤다

DAILY TEST

A 다음 영어를 우리말로, 우리말을 영어로 쓰시오.

1 argue _____
2 beyond _____
3 influence _____
4 interference _____
5 make sense _____
6 multiple _____
7 nerve _____
8 split _____
9 trick _____
10 typical _____

11 몇몇의 _____
12 미리 _____
13 시도[노력](하다) _____
14 알리다 _____
15 유전학 _____
16 전략 _____
17 지우다; 제거하다 _____
18 징계[훈육](하다) _____
19 특징짓다 _____
20 회의, 회담 _____

B 다음 빈칸에 알맞은 말을 쓰시오.

1 unlock ⟺ _____
2 appropriate ⟺ _____
3 accurate = _____
4 increase ⟺ _____

5 knowledge ⓥ _____
6 nerve ⓐ _____
7 describe ⓝ _____
8 accurate ⓝ _____

C 다음 빈칸에 들어갈 알맞은 말을 |보기|에서 고르시오.

보기	knowledge	accurate	bark	describes	promoted

1 Your skills led to your being _____ to executive secretary in 1992. 수능

2 Guard dogs are trained to _____ at strangers as a warning sign to their owners.

3 _____ of writing was confined to professionals who worked for the king or temple. 수능

4 Aristotle's theory may be bad physics, but it _____ reasonably well what we can see in the real world. 수능

5 In 1761, Englishman John Harrison perfected a clock that worked at sea and put _____ time in a navigator's pocket. 수능

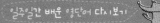

일주일간 배운 영단어 다시보기

1	absorb		34	discipline
2	accurate		35	distract
3	active		36	due to
4	advent		37	earnest
5	advert		38	enable
6	alternative		39	encyclopedia
7	anatomy		40	endanger
8	announce		41	enrich
9	argue		42	environment
10	assemble		43	evergreen
11	assure		44	expand
12	attach		45	expense
13	attack		46	experiment
14	attempt		47	extent
15	attract		48	fate
16	bark		49	filter
17	beyond		50	finite
18	characterize		51	flow
19	colleague		52	gender
20	come across		53	genetics
21	conference		54	go broke
22	consequence		55	habitat
23	context		56	hence
24	contribute		57	in advance
25	cope with		58	in favor of
26	deal with		59	in person
27	decay		60	infinite
28	demand		61	influence
29	describe		62	inform
30	desirable		63	innovate
31	detach		64	instruct
32	devote		65	interference
33	diagnose		66	internal

67	invade		102	resistant
68	knowledge		103	resource
69	labor		104	review
70	liable		105	run out of
71	limitless		106	scan
72	literary		107	selfless
73	make it		108	separate
74	make sense		109	several
75	martial art		110	share
76	master		111	significant
77	meaningless		112	sociology
78	miserable		113	sorrow
79	mistaken		114	split
80	multiple		115	stall
81	nerve		116	strategy
82	numerous		117	structure
83	obvious		118	sturdy
84	opportunity		119	subject
85	opposite		120	supply
86	paralyze		121	surround
87	particular		122	terrify
88	passage		123	threaten
89	patch		124	throughout
90	perhaps		125	tremble
91	preview		126	trick
92	previous		127	typical
93	procedure		128	vacuum
94	promote		129	vary
95	rational		130	vast
96	receptive		131	visual
97	regard		132	vital
98	reject		133	wetland
99	reluctant		134	when it comes to
100	remove		135	worthwhile
101	resist			

DICTATION

1   As illustrated in the study, the high performers _____ more importance on social bonds than the low performers, resulting in their high rate of success. 수능

2   A British study has shown that there may be a relationship between sleeping position and _____ . 수능

3   In other words, they deliberately _____ themselves between frustration on the one hand and boredom on the other. 수능

4   Many people believe that it is critical to share similar, if not identical, beliefs and values with someone with whom they have a _____ . 수능

5   At the end of the _____ of introductions, the students were asked to write down the names of as many other students as they could remember. 수능

6   But I _____ your order will be delivered in a week. 수능

7   Pop-up ads are all over the Internet. They're really _____ . 수능

8   Thus, our understanding of context compensates for lack of detail in the feature _____ process. 수능

9   It appears that cookie-producing companies are becoming aware of some other influences and, as a result, are delivering to the market products resulting from their _____ . 수능

10 The salesclerk _____ the receipt from the cash register and handed it to his customer.

11 Hence, the contemporary child must travel much further than the offspring of primitive man to _____ the world view of his elders. 수능

12 Not unlike many successful graduates in our long history, your children will go out into the world, and successfully _____ in the fields of politics, economics, culture, and education. 수능

---

1 연구에서 예시된 바와 같이, 성과가 높은 사람들은 성과가 낮은 사람들보다 사회적 결속에 더 큰 중요성을 두었으며, 이것은 그들의 높은 성공률을 가져왔다. 2 영국에서의 한 연구는 잠자는 자세와 성격 사이에 어떤 관계가 있을지도 모른다고 밝혔다. 3 다시 말해서, 그들은 의도적으로 자신들을 한편으로는 좌절감에 다른 한편으로는 지루함 사이에 두었다. 4 많은 사람이 자신과 관계를 맺고 있는 사람과 똑같지는 않더라도 비슷한 믿음과 가치를 공유하는 것이 중요하다고 믿는다. 5 한 차례의 소개 후에 학생들은 자신이 기억할 수 있는 한 많은 학생의 이름을 적으라고 요청 받았다. 6 그렇지만 저는 당신이 주문한 물건이 일주일 후에 배송될 것을 보장합니다. 7 팝업 광고는 인터넷 곳곳에 있습니다. 그것들은 정말 성가십니다. 8 따라서 우리가 전후 관계를 이해하는 것이 특징 인지 과정에서 세부사항의 결핍을 보완한다. 9 쿠키 제조 회사들은 몇몇 다른 영향들을 인지해 가고 있으며, 그 결과, 그 인식에서 기인한 상품을 시장에 내놓는 것처럼 보인다. 10 판매원이 금전 등록기에서 영수증을 뽑아서 고객에게 건네주었다. 11 따라서 현대의 아이는 어른의 세계관을 습득하기 위해 원시의 아이보다 더 깊이 있는 탐구를 해야 한다. 12 우리 학교의 긴 역사를 통해 배출된 많은 성공한 졸업생들과 마찬가지로, 귀하의 자녀도 세계로 나가서 정치, 경제, 문화, 그리고 교육의 분야에 성공적으로 참여하게 될 것입니다.

Day3~4

1 _____ on one of the pictures, she took a step back and hit the small table, tipping it over. 수능

2 These relatively new product offerings are usually referred to as 'soft' or 'chewy' cookies, to _____ them from the more typical crunchy varieties. 수능

3 On the other hand, halfhearted individuals are seldom distinguished for courage even when it involves their own _____. 수능

4 In this _____, it is best to assume nothing and treat the problem as if you have never seen anything like it before. 수능

5 The most common _____ made by amateur photographers is that they are not physically close enough to their subjects. 수능

6 Since no bat can be certain of success on any given night, it is likely that the _____ will itself eventually need help from some nest-mate. 수능

7 Wilkinson showed that the blood donors are typically sharing their _____ and, in so doing, are saving unsuccessful foragers that are close to starvation. 수능

8 Dissent was far more _____ in the high-performing clubs. 수능

9 Why is it necessary to buy the _____ cooperation of children with rewards and treats? 수능

10 Contrary to what we usually believe, the best moments in our lives are not the passive, receptive, relaxing times — although such experiences can also be enjoyable, if we have worked hard to _____ them. 수능

11 We _____ the future as if we found it too slow in coming and we were trying to hurry it up. 수능

12 Comparing the remembered carefree past with his immediate problems, the mature man thinks that troubles _____ only to the present. 수능

---

1 그녀는 사진 중 하나에 열중하면서 한 걸음 뒤로 물러나다가 작은 탁자에 부딪혀서 그것을 쓰러트렸다. 2 비교적 신상품인 이것들은 대개 '부드러운'이나 '쫄깃한' 쿠키라고 불리는데, 이것은 전형적인 바삭한 종류의 쿠키와 구별하기 위한 것이다. 3 반면에, 열정이 없는 사람들은 자신의 행복과 관계가 있을 때조차 용기를 내어 드러내지 않는다. 4 이런 상황에서는 아무것도 가정하지 않고 마치 예전에 한 번도 그와 같은 문제를 본 적 있었던 것처럼 그 문제를 다루는 것이 최선이다. 5 아마추어 사진작가들이 저지르는 가장 흔한 실수는 물리적으로 피사체에 충분히 가까이 접근하지 않는다는 것이다. 6 어떤 박쥐도 어떤 특정한 밤에 성공을 장담할 수 없으므로 기증자(혈액 제공 박쥐) 자신도 결국에는 둥지 친구들(동료 박쥐들)에게 도움을 받아야 할 가능성이 있다. 7 Wilkinson 씨에 따르면 혈액 기증자들(혈액 제공 박쥐)은 일반적으로 자기에게서 남는 것을 나누고, 그렇게 해서 아사 직전의 먹이 사냥에 실패한 박쥐들을 구한다고 한다. 8 반대 의견은 높은 성과를 올리는 클럽에서 훨씬 더 빈번했다. 9 보상과 대접을 통해서 아이들의 최소한의 협동을 얻어내는 것이 왜 필요할까? 10 우리가 보통 믿는 것과는 대조적으로, 우리의 삶에서 최고의 순간은 수동적이고, 수용적이고, 편한 시간이 아니다. 그런 것들을 얻기 위해서 열심히 노력했다면 그런 경험들도 즐거울 수는 있지만. 11 우리는 마치 미래가 너무 느리게 와서 빨리 오게 하려고 하는 것처럼 미래를 기대한다. 12 회상되는 걱정 없던 과거와 자신의 당면한 문제를 비교하며, 그 성인 남자는 문제는 오로지 현재에만 속한다고 생각한다.

1 Big words are _____ by persons who don't understand them. 수능

2 This hole helps the kite fly fast regardless of the wind speed by _____ the wind on days when the wind is light, and letting it pass through when the wind is blowing hard. 수능

3 In order to generate enough electricity from solar electric panels on the tops of its wings, the craft will need a wingspan of 80 meters; at the same time, however, its weight cannot _____ 2,000 kilograms. 수능

4 "Mr. Gonzales has helped people find a _____ for their spirits," wrote the Livingstone Committee. 수능

5 Two irresistibly romantic gardens — the Villa Rufolo and the Villa Cimbrone — _____ its reputation as 'the place where poets go to die.' 수능

6 _____, the time spent on regular examinations is a sensible investment in good health. 수능

7 Asch _____ groups of twelve university students and announced that they were taking part in an experiment on visual perception. 수능

8 The precision of Huygens' clock allowed scientists to use it for their physics _____, and shopkeepers to open and close at fixed hours. 수능

9 It was sort of embarrassing, because someone I had been _____ to told me that I looked like I was in elementary school. 수능

10 They are our advance scouts, going secretly over the border to bring back _____ information to help the world to come. 수능

11 Most people attack a new problem by _____ heavily _____ the tools and skills that are most familiar to them. 수능

12 After such a long walk in this heat, you must be _____ ; sit down and relax awhile.

---

1 과장된 말은 그 말을 이해하지 못하는 사람들을 화나게 한다. 2 이 구멍은 바람이 약한 날에는 바람을 모으고, 바람이 세게 불 때는 바람을 통과하게 함으로써 풍속에 관계없이 연이 빠르게 날도록 한다. 3 날개 위에 있는 태양 전지판에서 충분한 전기를 생산하기 위해서 비행기는 날개 길이가 80미터여야 하지만, 동시에 무게가 2,000킬로그램을 초과할 수는 없다. 4 Livingstone 위원회는 "Gonzales 씨는 사람들이 영혼을 위한 쉼터를 찾도록 도왔습니다."라고 썼다. 5 거부할 수 없을 정도로 낭만적인 두 정원 the Villa Rufolo와 the Villa Cimbrone는 '시인들이 죽으러 가는 곳'으로 스스로의 명성을 정당화한다. 6 그러므로 정기 검진에 쓰는 시간은 건강을 위한 현명한 투자이다. 7 Asch는 12명의 대학생 집단을 모으고, 그들이 시각적 인지에 관한 실험에 참여하게 될 거라고 발표했다. 8 Huygens가 만든 시계의 정확성은 과학자들이 물리학 실험을 할 때 그것을 사용하고, 가게 주인들이 정해진 시간에 문을 열고 닫을 수 있게 하였다. 9 그것은 조금 당혹스러운 일이었다. 왜냐하면, 내가 관심이 있었던 사람이 내가 초등학생 같다고 말했기 때문이다. 10 그들은 다가올 세상을 돕기 위한 매우 귀중한 정보를 가져오기 위해 비밀스럽게 경계를 넘나드는 우리의 선발 정찰병이다. 11 대부분의 사람은 새로운 문제를 자신에게 가장 친숙한 수단과 기술에 크게 의지해서 대처한다. 12 이런 열기에서 그렇게 오래 걸으면 분명 피곤할 것이다. 앉아서 잠시 쉬어라.

Day7 ~ 8

1   They _____ it is extremely difficult to determine what should and should not be retouched. 수능

2   Upon closer analysis, "emerging" countries are not only vastly different from one another, they are also composed of _____ unique individuals and communities. 수능

3   He _____ that in contests of this type, males with the longest, thickest necks usually won. 수능

4   How much one can earn is important, of course, but there are other equally important considerations, _____ of which may produce frustration in later years. 수능

5   Social definitions of the body are _____ in social relations and influenced by those with the power to promote agreement about what should be considered 'natural' when it comes to the body. 수능

6   Even now, remembering that team, which no longer _____, I can recite the names of nearly every baseball player on the team. 수능

7   Yet the _____ majority of Americans remain stubbornly monolingual. 수능

8   The United States seeks to _____ these same skills among ethnic minorities by reducing existing bilingual programs, out of misplaced fears of diversity or haste to force their assimilation. 수능

9   Your first experience with Rigoletto and Tosca is only your introduction to those _____. 수능

10 Upon entering a record store, one _____ a wide variety of genres from easy listening to jazz and classical music. 수능

11 The amateur singers _____ as the results of their auditions were about to be announced.

12 The child prodigy had _____ the game of chess by the age of five.

---

1 그들은 무엇을 수정하고 무엇을 수정하지 말아야 하는지를 결정하기가 몹시 어렵다는 것을 인정한다. 2 좀 더 상세히 분석해 보면 "신흥"국가들은 서로 엄청나게 다를 뿐 아니라, 그들은 또한 수많은 독특한 개인과 공동체로 구성되어 있다. 3 그는 이런 종류의 시합에서 가장 길고 굵은 목을 가진 수컷이 주로 이기는 것을 목격했다. 4 돈을 얼마나 버는지도 물론 중요하지만, 똑같이 중요한 다른 고려 사항이 있는데, 이것을 등한시하는 것은 후에 좌절감을 낳을 수도 있다. 5 신체에 대한 사회적인 정의는 사회적인 관계에 토대를 두고 있으며, 신체에 관해서 무엇이 "자연적인" 것으로 여겨져야 하는지에 대한 합의를 이끌어내는 힘이 있는 사람들에게 영향을 받는다. 6 심지어 지금도 나는 더는 존재하지 않는 그 팀을 떠올리면 그 팀에 속한 거의 모든 야구 선수의 이름을 나열할 수 있다. 7 그러나 대다수 미국인은 고집스럽게 단일어 사용을 유지한다. 8 미국은 다양성에 대한 잘못된 두려움 또는 그들을 강제로 동화시키려는 서두름 때문에 현존하는 이중언어 프로그램을 줄임으로써 소수 민족 간의 이러한 같은 기술들을 제거하려고 한다. 9 당신이 Rigoletto와 Tosca를 처음 접한 것은 이런 걸작에 입문한 것에 지나지 않는다. 10 음반 가게에 들어서자마자 듣기 편한 음악에서부터 재즈, 클래식 음악까지 다양한 장르를 마주한다. 11 그 아마추어 가수들은 오디션 결과가 곧 발표된다고 하자 몸이 굳어졌다. 12 그 신동은 다섯 살의 나이에 체스 게임을 완전히 익혔다.

Day9~10

1 On special days like Valentine's Day, the cost of a dozen roses rose twofold or more as a result of high _____ . 수능

2 The event will _____ _____ , rain or shine, with lots of entertainment and foods from different countries. 수능

3 The goal of medicine as it is currently practiced is to develop procedures and drugs that work equally well on all patients, _____ _____ gender, age, or genetics. 수능

4 As the day-hikers _____ the waterfall, they were reminded to take out their cameras.

5 When you clean out your storage room, don't throw out any "junk" until you determine its _____ as a collectible. 수능

6 As an adult, the artist visited Japan, where, he _____ , food was "almost too beautiful, and without humor. Food should be a joy." 수능

7 _____ the greatest thing about being a devoted operagoer is that there is so much room for growth. 수능

8 We may go to school, participate in sports, drive cars, and sometimes become involved in _____ . 수능

9 When he moved to Marysville, Kansas, after a successful career as a barber in Los Angeles, he noticed a widespread _____ for reading in the community. 수능

10 Simmons was studying eagles in Africa when he _____ _____ a pair of male giraffes locked in combat. 수능

11 After giving her patient a thorough medical exam, the doctor _____ the problem.

12 Some say an _____ environment is not the best setting to raise young children.

---

1 밸런타인데이처럼 특별한 날에는 높은 수요의 결과로 장미 열두 송이의 가격이 두 배 이상 오른다. 2 이 행사는 날씨에 관계없이 많은 오락거리와 다양한 나라의 음식과 함께 개최될 것이다. 3 의학 목표는 현재 실행되고 있듯이 성별, 나이, 유전에 상관없이 모든 환자에게 똑같이 효과가 있는 치료법과 약품을 개발하는 것이다. 4 폭포에 도달한 도보 여행자들은 카메라를 꺼낼 생각을 해냈다. 5 당신의 창고방을 청소할 때 수집할 가치가 있는 것으로 그것의 가능성을 결정할 때까지 "쓰레기"를 버리지 마라. 6 성인이 되어 그 예술가는 일본을 방문했는데 그곳에서 그는 "음식이 거의 너무 아름다웠고 유머가 없었다. 음식은 즐거움이어야 한다."라고 회상한다. 7 헌신적인 오페라 애호가로서 가장 좋은 점은 아마도 성장할 가능성이 매우 많다는 것이다. 8 우리는 학교에 갈 수도 있고, 스포츠에 참여할 수도 있고, 차를 운전할 수도 있고, 그리고 가끔은 갈등에 연루될 수도 있다. 9 그가 로스앤젤레스에서 이발사로서 성공적인 경력을 쌓은 후에 캔자스 주 메리스빌로 이사했을 때, 그는 지역 사회에 널리 퍼진 독서를 향한 갈망에 주목했다. 10 Simmons가 아프리카에서 독수리를 연구하고 있을 때 싸움 중인 수컷 기린 두 마리와 우연히 마주쳤다. 11 의사는 환자를 철저하게 검진하고 나서 문제에 대해 진단했다. 12 몇몇 사람들은 도시 환경이 어린 자녀를 키우기에 최고의 장소는 아니라고 말한다.

DAY 11
—
DAY 20

DAY 11

0401

fuss
[fʌs]

ⓝ 호들갑, 야단

That child over there is making quite a **fuss** about not wanting to sit in the baby chair.
저쪽에 있는 아이가 유아용 의자에 앉기 싫다며 호들갑을 떨고 있다.

0402

apparent
[əpǽrənt]

apparently ad 보아 하니, 분명

ⓐ 명백한, 분명한

It's **apparent** to me now that I made the wrong choice; I should have listened to your advice.
내가 잘못된 선택을 했다는 사실이 이제 분명해졌다. 나는 너의 충고를 들었어야 했다.

Apparently assuming you will recognize her voice, she does not provide any verbal content which would help you identify her. 수능
그녀는 당신이 분명히 자신의 목소리를 알 거라고 가정하고 당신이 그녀를 식별하는 데 도움이 될 어떤 말도 제공하지 않는다.
= clear

0403

appeal
[əpíːl]

ⓥ 호소하다; 관심을 끌다 ⓝ 호소; 매력

The prime minister **appealed** to the public for calm following the deadly earthquake.
국무총리는 치명적인 지진이 발생하고 나서 사람들에게 침착하라고 _____.

0404

melt
[melt]

ⓥ 녹다

If you leave your dessert on top of the table like that, it's going to **melt**.
디저트를 그렇게 탁자 위에 놓아두면 _____ 것이다.

0405

primitive
[prímətiv]

ⓐ 원시적인

Some so-called **primitive** cultures still exist in the world — for example, in regions of South America.
소위 원시 문화라고 불리는 것의 일부가 세계에, 예를 들어 남아메리카 지역에 여전히 존재한다.

0406

imitate
[ímitèit]

imitation ⓝ 모방; 모조품

ⓥ 모방하다, 흉내 내다

Birds are able to **imitate** people's speech, but that doesn't mean they can "talk."
새는 사람의 말을 _____ 수 있지만 그렇다고 해서 '말'을 할 수 있다는 뜻은 아니다.
= mimic

0403 호소했다   0404 녹을   0406 흉내 낼

0407 **cultivate** [kʌ́ltəvèit] cultivation ⓝ 경작, 재배	ⓥ 경작하다, 재배하다 She **cultivated** an image as a tough, but fair, high school teacher. 그녀는 거칠지만 공정한 고등학교 교사로서의 이미지를 가꿨다.

0408 **harvest** [háːrvist]	ⓝ 추수(기); 수확(량) With the **harvest** finished, agricultural workers around the country took some time off. 전국의 농부들이 _____ 가 끝나고 얼마간의 휴식기를 가졌다.

0409 **industry** [índəstri] industrial ⓐ 산업의 industrialize ⓥ 산업화하다	ⓝ 산업 The government is trying to attract **industry** to the area by lowering corporate tax rates. 정부는 기업 세율을 낮춤으로써 그 지역에 _____ 을 유치하려 애쓰고 있다.

0410 **owe** [ou]	ⓥ 빚지다, 신세를 지다, ~ 덕분이다 If you keep spending money so freely, soon you'll **owe** more money than you earn. 돈을 계속 그렇게 펑펑 쓰면 조만간 버는 것보다 더 많이 _____ 될 것이다.

0411 **debt** [det]	ⓝ 빚, 신세 World governments are trying to reduce **debt** now that the recession has ended. 세계 정부는 불경기가 끝났으므로 부채를 줄이려 노력하고 있다.

0412 **contemporary** [kəntémpərèri]	ⓐ 현대의, 동시대의 ⓝ 동년배 I like looking at **contemporary** art, but it's often very difficult for me to understand. 나는 현대 예술작품 감상하기를 좋아하지만, 이해하기 어려울 때가 종종 있다.

0413 **offspring** [ɔ́(ː)fsprìŋ]	ⓝ 자식, (동물의) 새끼 Birds push their young **offspring** out of the nest in an effort to get them to fly. 새들은 _____ 를 날게 하려고 둥지에서 밀어낸다. 

0408 추수   0409 산업   0410 빚지게   0413 새끼

DAY 11

0414 world view

ⓝ 세계관

I grew up in a different country, so naturally I have a very different **world view**.
나는 다른 나라에서 성장했기 때문에 당연히 매우 다른 _____ 을 갖고 있다.

0415 imaginary
[imǽdʒənèri]

imagine ⓥ 상상하다, 그리다

ⓐ 상상의, 가상의

Fairy tales are always set in **imaginary** worlds; that's part of their appeal to children.
동화는 언제나 _____ 세계를 배경으로 한다. 이것이 아이들의 마음을 끄는 점이다.

0416 identical
[aidéntikəl]

identity ⓝ 유사성
identically ad 꼭 같게

ⓐ 똑같은, 동일한

Many of the buildings in an apartment complex look **identical** from the outside.
아파트 단지에 있는 많은 건물은 밖에서 보면 _____ 보인다.

0417 preferable
[préfərəbl]

prefer ⓥ 선호하다

ⓐ 더 좋은, 더 나은

Staying home alone is **preferable** to going out with someone I don't like very much.
내가 그다지 좋아하지 않는 사람과 외출하기보다는 집에 혼자 있는 편이 _____.

0418 overlook
[òuvərlúk]

ⓥ 간과하다; 내려다보다

There's one key fact that you've **overlooked**: no one here is trained to operate that equipment.
당신이 _____ 중요한 사실이 하나 있다. 여기에 있는 그 누구도 저 장비를 작동하는 훈련을 받지 못했다는 것이다.

0419 harmonious
[haːrmóuniəs]

harmony ⓝ 조화, 화합
harmoniously ad 조화롭게

ⓐ 조화로운

The two families have a **harmonious** relationship, so they often take vacations together.
두 가족은 _____ 관계를 맺고 있어서 자주 휴가를 함께 보낸다.

0420 economical
[ì:kənámikəl]

economy ⓝ 경제; 절약

ⓐ 경제적인, 실속 있는

It would be more **economical** to take the subway to school than a taxi.
학교에 갈 때 택시보다 지하철을 타는 편이 더 경제적이다.

0414 세계관   0415 상상의   0416 똑같아   0417 더 낫다   0418 간과하는   0419 조화로운

0421
political
[pálitikəl]

politics ⓝ 정치

ⓐ 정치적인

My father is a **political** reporter for a national newspaper, so he knows many people in government.
우리 아버지는 전국 단위 신문의 정치 기자여서 정부에서 일하는 사람들을 많이 알고 있다.

0422
ethnic
[éθnik]

ethnicity ⓝ 민족성

ⓐ 민족의

There is a variety of **ethnic** groups there, including Irish, Egyptian and Argentinians.
그곳에는 아일랜드인, 이집트인, 아르헨티나인을 포함한 다양한 민족 집단이 있다.

0423
respect
[rispékt]

respectful ⓐ 존경심을
보이는

ⓥ 존경[존중]하다

She is a world-famous expert in her field, so I **respect** her a great deal.
그녀가 자기 분야에서 세계적으로 유명한 전문가이므로 나는 그녀를 무척 _____.

0424
frustrate
[frʌ́streit]

frustration ⓝ 불만, 좌절감

ⓥ 좌절시키다, 불만스럽게 하다

The weather **frustrated** the rescuers' attempts to free the 10 miners trapped underground.
지하에 갇힌 10명의 광부를 구출하려는 구조대원들이 날씨 때문에 좌절했다.

0425
mere
[miər]

merely ⓐⓓ 단지, 한낱

ⓐ 겨우, 단지

The ferry sank a **mere** five minutes after leaving the terminal, but no passengers were injured.
터미널을 출발한 지 _____ 5분 만에 페리가 침몰했지만 다친 승객은 없었다.

0426
intellectual
[ìntəléktʃuəl]

intellect ⓝ 지적 능력

ⓐ 지적인, 지능의

A new UN report states that an estimated 200 million people live with **intellectual** disabilities worldwide.
새로운 유엔 보고서를 보면, 전 세계적으로 2억 명에 달하는 사람이 지적 장애를 안고 살아간다고 기술되어 있다.

0427
realistic
[ríːəlistik]

realistically
ⓐⓓ 현실적으로 말해서

ⓐ 현실적인, 사실적인

The navy needs to conduct **realistic** training exercises to ensure that it is fully prepared to defend the country.
해군은 나라를 방어하기 위한 준비를 온전하게 하기 위해 _____ 훈련을 수행할 필요가 있다.

0423 존경한다   0425 겨우   0427 현실적인

DAY 11

0428
remain
[riméin]

ⓥ 계속 ~이다, 남다

Our school's ice-hockey team remains unbeaten this year;
let's hope it wins the championship!
우리 학교의 아이스하키팀은 올해 계속 지지 않고 있다. 그들이 우승하기를 희망하자!

As a result, their goals often remain unfocused, and therefore
unrealized. 수능
결과적으로 그들의 목표는 계속 불분명하고, 그래서 실현되지 않는다.

0429
philosophy
[filásəfi]

ⓝ 철학

Many bosses have a philosophy that workers have to come
into work early and leave late.
노동자는 직장에 일찍 출근하고 늦게 퇴근해야 한다는 _____ 을 가진 사장이 많다.

0430
unique
[juːníːk]

ⓐ 독특한, 특이한

The restaurant serves many kinds of natural ice cream, each
with its own unique flavor.
그 음식점은 많은 종류의 천연 아이스크림을 제공하는데, 각각 _____ 맛을 지닌다.

The introduction of unique products alone does not guarantee
market success. 수능
_____ 제품의 도입만으로는 시장에서의 성공이 보장되지 않는다.

0431
grasp
[græsp]

ⓥ 꼭 쥐다; 이해하다

The theories covered in the physics lecture were far too difficult
for me to grasp.
물리학 강의에서 다루는 이론은 내가 _____ 에는 너무 어렵다.

0432
theme
[θiːm]

ⓝ 테마, 주제

Most Hollywood dramatic films nowadays are all variations on
the same theme.
오늘날 대부분의 할리우드 영화는 같은 _____ 를 다루면서 형태가 다양하다.

0433
remind
[rimáind]

remindful ⓐ 생각나게 하는

ⓥ 상기시키다, 떠오르게 하다

Give the dental assistant your e-mail address, and she will
remind you of your next appointment.
치과의사의 조수에게 이메일 주소를 주면, 그녀가 당신의 다음 진료 예약에 대해
알려줄 것이다.

0429 철학   0430 독특한 / 독특한   0431 이해하기   0432 주제

접두어   trans- '변화하여', '이전하여'

0434

transfer
[trænsfə́:r]

ⓥ 옮기다, 이동하다

With online banking, it's now easier than ever before to **transfer** money from one bank to another.
요즈음 온라인 뱅킹을 이용하면 한 은행에서 다른 은행으로 돈을 이체하기가 예전보다 쉽다.

0435

transport
[trænspɔ́:rt]

transportation **ⓝ** 수송

ⓥ 수송하다, 이동시키다 **ⓝ** 수송, 운송

The prisoners were kept under constant surveillance while they were **transported** between prisons.
죄수들은 다른 감옥으로 이송되는 동안 계속 감시를 당했다.

Two-thirds of CO_2 emissions arise from **transportation** and industry. 수능
이산화탄소 배출의 3분의 2는 _____ 과 산업에서 발생한다.

> **Word Plus+** 수송(transport) 관련 어휘
>
> aisle 통로   conveyance 수송   crash 충돌[추락] 사고   crew 승무원   departure 출국
> destination 목적지   fare 요금   motion sickness 멀미   navigation 항해, 운항   round-trip 왕복
> shipping 배송   steering wheel 핸들   transfer 환승

0436

transplant
[trænsplǽnt]

ⓥ 이식하다 **ⓝ** 이식

He had a heart **transplant** three years ago, and now he's in the best shape of his life.
그는 3년 전에 심장 _____ 을 받았고, 지금은 평생 최고의 건강 상태를 유지하고 있다.

의외의 뜻을 가진 어휘

0437

pretty
[príti]

ad 꽤, 상당히

After hearing about how Steve crashed my bike, I was **pretty** angry at him.
Steve가 내 자전거를 어떻게 부셨는지 듣고 나서 나는 그에게 _____ 화가 났다.

= quite, rather

> **Tips** pretty를 '예쁜'이라는 뜻으로만 알고 있었다면 '꽤, 상당히'라는 뜻도 함께 알아두자!

0435 운송   0436 이식   0437 상당히

DAY 11

숙어 / 이어동사

0438

on behalf of

~을 대표[대신]해서

Tom Greene gave an acceptance speech **on behalf of** the 250 army veterans who had gathered at the medal awards ceremony.

Tom Greene은 훈장 수여식에 모인 250명의 참전 용사를 _____ 수락 연설을 했다.

On behalf of the school, I would like to extend our invitation to you and your family. 수능

학교를 _____ 당신과 당신의 가족을 초대하고 싶습니다.

0439

look forward to

~을 고대하다

The 6th graders in Randy's class are **looking forward to** the upcoming field trip they will be making.

Randy 반의 6학년들은 그들이 가게 될 다가오는 현장 학습을 _____ 있다.

0440

figure out

이해하다; 생각해 내다

I am still trying to **figure out** why my younger brother likes skateboarding so much.

나는 남동생이 왜 그렇게 스케이트보드를 좋아하는지 이해하려고 아직도 노력 중이다.

DAILY TEST

A 다음 영어를 우리말로, 우리말을 영어로 쓰시오.

1	figure out	11	경작하다, 재배하다
2	grasp	12	녹다
3	look forward to	13	더 좋은, 더 나은
4	mere	14	똑같은, 동일한
5	philosophy	15	빚, 신세
6	political	16	세계관
7	remind	17	원시적인
8	theme	18	자식, (동물의) 새끼
9	transfer	19	추수(기); 수확(량)
10	transplant	20	호들갑, 야단

B 다음 빈칸에 알맞은 단어를 쓰시오.

1 apparent = _____

2 imitate = _____

3 pretty = _____

4 primitive ⬌ _____

5 industry ⓥ _____

6 imaginary ⓥ _____

7 preferable ⓥ _____

8 political ⓝ _____

C 다음 빈칸에 들어갈 알맞은 말을 |보기| 에서 고르시오.

보기	appeal	owe	overlooking	respected	contemporary

1 We _____ it to a few writers of old times that the people in the Middle Ages could slowly free themselves from ignorance. 수능

2 Someone who reads only newspapers and books by _____ authors looks to me like a near-sighted person. 수능

3 One summer night a man stood on a low hill _____ a wide expanse of forest and field. 수능

4 One major reason for this is that the men's professional game has lost some of its _____ . 수능

5 For the past 25 years you have been a valued and _____ employee of this company. 수능

DAY 12

0441
compose
[kəmpóuz]

composition ⓝ 구성, 작곡

ⓥ 구성하다; 작곡하다

The audience was **composed** mainly of teenage girls and their mothers.
관객은 주로 10대 소녀와 그들의 엄마들로 _____.

= make up 구성하다

0442
recognize
[rékəgnàiz]

recognition ⓝ 인식, 인정

ⓥ 알아보다, 인지하다

Professional musicians are trained to **recognize** the different sounds of various instruments.
전문 음악가들은 다양한 악기의 서로 다른 소리를 인식하도록 훈련받는다.

0443
advise
[ædváiz]

advice ⓝ 조언, 충고

ⓥ 조언하다, 권고하다

She is in a powerful position; she often **advises** the president on matters of foreign policy.
그녀는 막강한 자리에 있다. 그래서 대통령에게 외교 정책 문제에 대해 종종 _____.

0444
dozen
[dʌ́zn]

ⓝ 12개짜리 한 묶음, 여러 개

Eggs are normally packaged by the **dozen**, but you can buy them in other quantities too.
계란은 대개 _____ 단위로 포장되지만 당신은 다른 개수로도 살 수 있다.

0445
blend
[blend]

ⓥ 섞다, 혼합하다

To make the perfect smoothie, **blend** a mixture of tropical fruits into a smooth paste.
스무디를 완벽하게 만들려면 여러 열대과일을 부드러운 반죽 상태로 _____.

0446
sufficient
[səfíʃənt]

sufficiency ⓝ 충분한 양
sufficiently ⓐⓓ 충분히

ⓐ 충분한

Our manager is not convinced that we have **sufficient** funds to do this project.
우리의 관리자는 우리가 이 프로젝트를 추진할 _____ 자금이 있다고 장담하지 못한다.

⇄ insufficient 불충분한

0441 구성되었다   0443 조언한다   0444 열두 개   0445 섞는다   0446 충분한

0447

deficient
[difíʃənt]

deficiency ⓝ 부족, 결핍, 결함

ⓐ 부족한

Evidence exists that some Americans are **deficient** in calcium and other important minerals and vitamins.
일부 미국인에게 칼슘을 비롯한 기타 중요한 무기물과 비타민이 부족하다는 증거가 존재한다.

= lacking

0448

rhythmic(al)
[ríðmik(əl)]

ⓐ 율동적인, 리드미컬한

The artist's music became famous around the world for its low **rhythmic** beat.
그 예술가의 음악은 낮고 _____ 박자 덕분에 전 세계적으로 유명해졌다.

0449

curious
[kjúəriəs]

curiosity ⓝ 호기심

ⓐ 호기심이 많은, 궁금한

Babies are **curious** about everything around them; that's how they learn about the world.
아기들은 자기 주변의 온갖 것에 _____. 아기들은 이러한 방식으로 세상에 대해 배운다.

0450

deadline
[dédlàin]

ⓝ 기한, 마감

The **deadline** for submitting your application has passed, but you can try again next year.
너의 지원서 제출 _____ 이 지났지만, 내년에 다시 지원할 수 있다.

0451

symptom
[símptəm]

ⓝ 증상

As the boy described his **symptoms** to the nurse, she wrote them down in a small notebook.
소년이 자신의 _____ 을 묘사하자 간호사는 그것을 작은 메모장에 적었다.

0452

dizzy
[dízi]

dizziness ⓝ 어지러움, 현기증

ⓐ 어지러운

Riding a rollercoaster always makes me feel **dizzy**, like I'm about to fall over.
롤러코스터를 타면 곧 넘어질 것처럼 늘 _____

0453

expose
[ikspóuz]

exposure ⓝ 노출; 폭로

ⓥ 노출시키다; 폭로하다

The reporter won an award after he **exposed** the corporation's plan to deceive its shareholders.
그 기자는 주주들을 속이려는 기업의 계획을 _____ 나서 상을 받았다.

0448 율동적인   0449 호기심이 많다   0450 기한   0451 증상   0452 어지럽다   0453 폭로하고

DAY 12

0454

prescription
[priskrípʃən]

prescribe ⓥ 처방을 내리다

ⓝ 처방(전), 처방약

Before you can buy this particular medication, you need to get a **prescription** from your doctor.
이 특정 약품을 사려면 먼저 의사에게 _____을 받아야 한다.

0455

represent
[rèprizént]

ⓥ 나타내다, 대표하다

In the U.S., a person may **represent** him- or herself in a court of law.
미국에서는 개인이 법정에서 자신을 _____ 수 있다.

0456

representative
[rèprizentèitiv]

ⓝ 대표(자), 대리인

The e-mail noted that a **representative** from the tour company would meet me at the hotel check-in.
여행사 대표가 호텔 카운터에서 나를 만날 것이라 이메일에 적혀 있었다.

0457

facility
[fəsíləti]

facilitate ⓥ 용이하게 하다;
가능하게 하다

ⓝ 시설, 설비

More than 700 people gathered this morning outside the new nuclear research **facility** to protest.
700명이 넘는 사람이 시위를 하려고 오늘 아침 새 핵 연구 _____ 밖에서 모였다.

0458

temperature
[témpərətʃər]

ⓝ 기온, 온도

The **temperature** outside will continue to rise until later this afternoon, when showers are expected.
소나기가 내릴 것으로 예상되는 오늘 오후 늦게까지 바깥 _____은 계속 올라갈 것이다.

0459

glue
[glu:]

ⓥ (접착제로) 붙이다 ⓝ 접착제, 풀

I read about a man who **glued** over a million matchsticks together to make the model of a ship.
나는 성냥개비 백만 개를 붙여서 배 모형을 만든 사람의 이야기를 읽었다.

0460

compete
[kəmpíːt]

competition ⓝ 경쟁
competitive ⓐ 경쟁하는

ⓥ 경쟁하다, 겨루다

The students, aware that they had to **compete** for the few A-grades the teacher could give, all tried their best.
선생님이 줄 수 있는 소수의 A를 위해 _____ 한다는 것을 안 그 학생들은 최선을 다했다.

0454 처방전   0456 대표할   0457 시설   0458 기온   0460 경쟁해야

0461
qualify
[kwálǝfài]

qualification ⓝ 자격(증)

ⓥ 자격을 얻다[주다]

In order to **qualify** for the position of Lifeguard applicants must possess both the first aid and senior water skills certificates.
수영장 안전요원 _____ 위해서 지원자들은 응급처치 및 상급 해양훈련 자격증을 둘 다 소지해야 한다.

0462
participant
[pɑːrtísǝpǝnt]

participate ⓥ 참가하다

ⓝ 참가자

The most outstanding **participant** in this year's mock UN Security Council will be awarded a prize at the dinner on the last evening.
올해 모의 UN 안전보장이사회에서 가장 두드러진 _____ 는 마지막 날 저녁 만찬에 서 상을 받을 것이다.

0463
statistics
[stéitistiks]

ⓝ 통계, 통계학

In analyzing the **statistics** gathered from university graduates, an alarming trend of low employment was evident, even among the high achievers.
대학 졸업자들로부터 수집한 _____ 분석에는 우등생들 사이에서조차 고용 부진이라 는 놀라운 경향이 분명히 나타난다.

0464
sadden
[sǽdn]

sad ⓐ 슬픈

ⓥ 슬프게 하다

As not to **sadden** the joyous occasion, the host kept the bad news she heard about their friend until after the party.
즐거운 행사를 슬퍼지게 하지 않으려고 여주인은 친구들에 관해 자신이 들은 나쁜 소식을 파티가 끝날 때까지 발설하지 않았다.

Julie becomes deeply **saddened**. 수능
Julie는 몹시 슬퍼졌다.

0465
deserve
[dizə́ːrv]

deserved ⓐ 받아 마땅한, 응당한

ⓥ ~을 누릴 자격이 있다, ~할 자격이 있다

After all the hard work the staff members put in over the holiday season, they certainly **deserve** the bonuses they will receive.
그 힘든 일을 휴가철 내내 했으니, 그 직원들은 앞으로 받게 될 그 보너스를 누릴 자격이 분명히 있다.

She thinks that all life is precious and **deserves** a chance to live. 수능
그녀는 모든 생명이 소중하고, 살 기회를 _____ 생각한다.

0461 자격을 얻기   0462 참가자   0463 통계   0465 누릴 자격이 있다고

DAY 12

0466

legal
[líɡəl]

legalize ⓥ 합법화하다
legally ⓐⓓ 합법적으로, 법률상

ⓐ 법과 관련된; 합법적인

Although it's **legal** to drive at 80 kilometers an hour on these streets, people should use common sense and extra caution during school hours.

이 거리에서 시속 80킬로미터로 운전하는 것이 _____ 이기는 하지만, 학교가 운영되는 시간에는 사람들이 상식을 발휘하여 더 많은 주의를 기울여야 한다.

⇦➡ illegal 불법인

0467

enforce
[enfɔ́ːrs]

enforcement ⓝ 강요, 집행

ⓥ 강요하다; 집행[시행]하다

If the manager doesn't **enforce** the restaurant closing times, customers will happily stay all night, and the staff members will not be happy.

매니저가 레스토랑의 영업 마감 시간을 시행하지 않는다면, 고객들은 기꺼이 밤새도록 머물 것이고 직원들은 달가워하지 않을 것이다.

0468

chemistry
[kémistri]

chemical ⓐ 화학의 ⓝ 화학 물질

ⓝ 화학, 화학적 성질

Studying **chemistry** teaches us more about the physical world, its composition and reactions.

_____ 공부는 물리적 세계, 그 구성과 반응들에 관해 더 많은 것을 우리에게 가르쳐 준다.

0469

assignment
[əsáinmənt]

ⓝ 과제, 숙제; 임무

Following the alleged thief was the latest **assignment** given to the detectives, who were happy to get out of the office and into the streets.

그 절도 용의자를 쫓는 것이 그 형사들에게 주어진 가장 최근의 _____ 였는데, 그들은 사무실을 나와 거리로 출동하게 되어 기뻤다.

0470

offense
[əféns]

offend ⓥ 기분 상하게 하다, 범죄를 저지르다
offensive ⓐ 모욕적인

ⓝ 범죄

Pleading guilty to the **offense** of littering, the boy had to spend his next three lunch breaks cleaning up trash from the school grounds.

쓰레기 버리기 위반에 대한 유죄를 인정하고 나서, 그 소년은 그다음 세 번의 점심시간을 학교 운동장의 쓰레기를 치우는 데 보내야 했다.

= crime

0471 absent

[ǽbsənt]

absence ⓝ 부재, 결석, 결근

ⓐ 부재인, 결석[결근]한

Should any student be **absent** from more than four classes without good reason, a failing grade may be given.

합당한 이유 없이 네 번 이상 수업에 _____ 어떤 학생에게든 낙제 점수가 주어질 것이다.

접두어   trans- '변화하여', '이전하여'

0472 transform

[trænsfɔ́ːrm]

transformation ⓝ 변형, 변화, 변신

ⓥ 변형시키다

The new park will **transform** the area into a lively center for kids to play outdoors.

새 공원으로 그 지역은 아이들이 야외에서 노는 활기찬 공간으로 바뀔 것이다.

The great loneliness — like the loneliness a caterpillar endures when she wraps herself in a silky cocoon and begins the long **transformation** to butterfly. 수능

애벌레가 자신을 매끄러운 고치로 둘러싸고 나비가 되기 위한 긴 _____ 을 시작하는 것과 같은 그런 커다란 고독.

0473 transact

[trænsǽkt]

transaction ⓝ 거래, 매매

ⓥ 거래하다

Only a few years ago the use of the Internet to **transact** stock trades was rare.

불과 몇 년 전만 해도 주식을 _____ 위해 인터넷을 사용하는 것은 드문 일이었다.

0474 transmit

[trænsmít]

transmission ⓝ 전송, 전파

ⓥ 전송하다

Future cellular phone networks will **transmit** data at speeds much faster than today's 3G networks.

미래의 휴대 전화 네트워크는 현재의 3G 네트워크보다 훨씬 더 빠른 속도로 자료를 _____ 것이다.

It is the technology that does the **transmitting**. 수능

그것은 전송하는 과학 기술이다.

혼동 어휘

0475 noble

[nóubl]

nobility ⓝ 귀족

ⓐ 고귀한, 귀족의

Everyone who knew him agreed that Abraham Lincoln was a man of **noble** character.

그를 알았던 사람들은 모두 에이브러햄 링컨이 고결한 성격의 소유자였다는 사실에 동의했다.

0471 결석하는   0472 변신   0473 거래하기   0474 전송할

DAY 12

01 02 03 04 05 06 07 08 09 10 11 **12** 13 14 15 16 17 18 19 20 21 22 23 24 25

0476

novel
[návəl]

novelty ⓝ 참신함

ⓝ 소설 ⓐ 참신한

The students in the Russian Literature class have just finished reading a **novel** by Dostoyevsky.
러시아 문학 수업을 듣는 학생들은 도스토옙스키가 쓴 _____ 한 권 읽기를 막 끝냈다.

Nicole won the board's praise for suggesting a **novel** approach to the problem.
Nicole은 그 문제에 대해 _____ 접근 방법을 제안해서 위원회의 칭찬을 받았다.

숙어 / 이어동사

0477

in comparison to[with]

~와 비교하여

In comparison with her sister Anna, Jane is a very well-behaved child.
동생 Anna와 비교하면 Jane은 아주 품행이 단정한 아이다.

0478

on the other hand

반면에, 다른 관점에서

If we buy a house, we won't have to pay monthly rent, but **on the other hand** I don't think we can afford a mortgage on my salary.
우리가 집을 산다면 매달 집세를 낼 필요는 없지만, 반면 우리 월급으로 담보 대출금을 감당할 수 있을 것 같지 않다.

0479

throw up

토하다

The patient who was **throwing up** blood was finally sent to the emergency room.
피를 _____ 환자는 결국 응급실로 보내졌다.

= vomit

0480

free of charge

무료로

The advertisement promised to repair all cars that were bought in the coming week **free of charge** for the next year.
그 광고는 돌아오는 주에 구입한 모든 자동차를 내년 한 해 동안 _____ 고쳐준다고 약속했다.

0476 소설 / 참신한   0479 토하고 있던   0480 무료로

DAILY TEST

A 다음 영어를 우리말로, 우리말을 영어로 쓰시오.

1	absent	_____	11	거래하다	_____
2	assignment	_____	12	반면에, 다른 관점에서	_____
3	blend	_____	13	변형시키다	_____
4	deadline	_____	14	슬프게 하다	_____
5	dizzy	_____	15	자격을 얻다[주다]	_____
6	dozen	_____	16	전송하다	_____
7	enforce	_____	17	증상	_____
8	free of charge	_____	18	참가자	_____
9	glue	_____	19	처방(전), 처방약	_____
10	noble	_____	20	통계, 통계학	_____

B 다음 빈칸에 알맞은 단어를 쓰시오.

1 compose　＝　_____　　　5 advise　ⓝ　_____

2 throw up　＝　_____　　　6 sufficient　ⓝ　_____

3 sufficient　⬌　_____　　　7 curious　ⓝ　_____

4 legal　⬌　_____　　　8 expose　ⓝ　_____

C 다음 빈칸에 들어갈 알맞은 말을 |보기|에서 고르시오.

보기	facility　competed　sufficient　recognized　represented

1 His efforts came to be _____ nationwide and he won the Livingstone Award in 2003. 수능

2 When you're making a decision, following your instincts is necessary but not _____ . 수능

3 They wanted objects in paintings to be _____ with accuracy. 수능

4 In the qualifying round, 60 participants representing 15 countries _____ .

5 A new _____ is now available to make your visit to our concert hall more pleasant. 수능

DAY 13

0481

negative
[négətiv]

negativity ⓝ 부정적 성향
negatively <u>ad</u> 부정적으로

ⓐ 부정적인

The teacher, not wanting to focus on the negative aspects of the test scores, praised her students for their hard work and dedication.
시험 성적의 _____ 측면에 초점을 맞추기를 원치 않았던 그 교사는 열심히 공부하고 헌신한 데 대하여 자기 학생들을 칭찬했다.

➡ positive 긍정적인

0482

positive
[pázətiv]

positivity ⓝ 확실함, 적극성

ⓐ 긍정적인

Recent studies on the science of happiness find that people who focus on positive things tend to thrive in all areas of their lives.
행복학에 관한 최근의 연구는 _____ 것에 관심을 집중하는 사람들이 생활의 모든 면에서 성공하는 경향이 있음을 발견하고 있다.

➡ negative 부정적인

0483

furnish
[fə́:rniʃ]

ⓥ 가구를 비치하다; 제공하다

The new apartment is small, but it's close to the university, shopping center and park, and the owner will furnish it to your taste.
새 아파트는 작지만, 대학, 쇼핑센터와 공원에 가까우며, 아파트 주인은 당신의 취향에 맞게 그것에 가구를 비치할 것이다.

0484

norm
[nɔ:rm]

ⓝ 규범, 표준

In Japan, people bow to each other in greeting, but in New Zealand hugging your friends is the norm — traveling can teach us so much about different cultures.
일본에서는 사람들이 인사를 하면서 고개를 숙이지만, 뉴질랜드에서는 친구들과 껴안는 것이 일반적이다. 여행은 우리에게 아주 많은 다른 문화를 가르쳐준다.

0485

population
[pàpjəléiʃən]

ⓝ 인구; 주민

It's strange that such big countries often have a small population — for example, Canada has fewer people than Korea.
그처럼 큰 나라가 종종 적은 _____ 를 가진 것은 이상하다. 예를 들어 캐나다는 한국보다도 적은 인구를 가지고 있다.

0486

manned
[mænd]

ⓐ 유인(有人)의, 사람이 하는

While manned space missions are more costly than unmanned ones, they are more successful.
_____ 우주선은 무인 우주선보다 더 비싸지만, 더 성공적이다.

➡ unmanned 무인(無人)의

0481 부정적인   0482 긍정적인   0485 인구   0486 유인

0487 astronaut
[ǽstrənɔ̀ːt]

ⓝ 우주비행사

Of all the children who dream of being an **astronaut** and traveling to the moon, only a lucky, dedicated few will make it through the tough program.
_____가 되어 달 여행을 갈 것을 꿈꾸는 모든 아이 중에서 운 좋은 헌신적인 소수만이 그 힘든 프로그램을 통과할 것이다.

> **Word Plus+** '우주', '별'과 관련된 어휘를 만드는 접두사 astro-
>
> **astro**logy 점성술   **astro**nomy 천문학   **astro**nomer 천문학자   **astro**physics 천체물리학

0488 operate
[ápərèit]

operation ⓝ 수술, 작동, 운용

ⓥ 조작[가동]하다; 경영하다

The government, hoping to encourage small-business enterprises, has initiated a loan scheme for those wishing to **operate** their own businesses.
중소기업들을 독려하기를 희망하는 정부는 독자적인 사업을 _____ 원하는 중소기업들을 위한 대출 계획을 제안했다.

0489 geographic(al)
[dʒìːəgrǽfik(əl)]

geography ⓝ 지리, 지리학

ⓐ 지리적인; 지리학의

Armed with nothing but a few provisions and an in-depth **geographical** knowledge of the mountains, the man set off on his solo journey.
단지 약간의 식량과 그 산에 대한 상세한 _____ 지식만으로 무장한 채 그 남자는 자신의 단독 여행을 시작했다.

0490 capable
[kéipəbl]

capability ⓝ 능력, 역량

ⓐ ~을 할 수 있는

It's not that my brother isn't **capable** of cleaning his own room; it's that he is so lazy that my mother does it for him.
내 남동생은 자신의 방을 청소할 수 없는 것이 아니다. 그가 너무 게을러서 엄마가 그 대신 해주는 것이다.

= competent, able   ⟷ incapable ~을 할 수 없는

0491 urge
[əːrdʒ]

urgent ⓐ 긴급한
urgency ⓝ 긴급, 급박

ⓥ 설득[권고]하다

Every year, the teachers **urge** the students to join the math club, and every year the same 10 students are the only members.
매년 교사들은 학생들에게 수학 클럽에 참여하라고 설득하며, 매년 같은 10명의 학생들만이 유일한 회원들이다.

0487 우주비행사   0488 경영하기   0489 지리적

DAY 13

0492

muscle
[mʌ́sl]

muscular ⓐ 근육질의

ⓝ 근육

After finishing the walk along the Great Wall, the group could feel pain in all the muscles they hadn't used in a long time.

만리장성을 따라 쭉 걷기를 마친 후, 그 단체의 사람들은 오랫동안 사용하지 않았던 모든 _____이 아픈 것을 느낄 수 있었다.

0493

involve
[inválv]

involvement ⓝ 관련, 개입

ⓥ 포함하다; 관련시키다

Detox diets involve cutting certain foods and substances out of your diet for several days.

해독 다이어트는 당신의 일상의 음식물에서 특정한 음식과 재료를 며칠간 빼는 것을 _____.

0494

fist
[fist]

ⓝ 주먹

The fist fight at lunch time was a short one, with the teacher stopping the boys and taking them to the office.

점심시간의 그 _____다짐은 선생님께서 소년들을 제지시키고 교무실로 데려가면서 짧게 끝났다.

0495

scratch
[skrætʃ]

scratchy ⓐ 긁는 소리가 나는

ⓥ 긁다, (긁어서) 새기다

The kitten made it clear she didn't like being cuddled, leaving a long scratch down the arm of her new owner.

그 고양이는 새 주인의 팔에 할퀸 상처를 길게 남기며 자기가 안기는 것을 좋아하지 않는다는 것을 분명히 했다.

0496

rub
[rʌb]

ⓥ 문지르다, 비비다

The ointment works well to relieve muscle aches, but remember to wash your hands after you rub it in.

그 연고는 근육통을 줄이는 효과가 있으나, 그것을 바른 후에 손을 씻어야 한다는 것을 명심하라.

0497

pat
[pæt]

ⓥ 쓰다듬다

Before you pat an unfamiliar dog, experts say it's good to hold your hand out for them to smell first.

낯선 개를 _____ 전에 먼저 냄새를 맡을 수 있도록 개들에게 손을 펼치는 게 좋다고 전문가들은 말한다.

0498

tempt
[tempt]

temptation ⓝ 유혹

ⓥ 유혹하다; 유도하다

Even after the big meal, the waitress managed to tempt all of us with dessert!

거한 식사 이후에도 그 여종업원은 디저트를 가지고 우리 모두를 용케 _____!

0492 근육   0493 포함한다   0494 주먹   0497 쓰다듬기   0498 유혹했다

0499 sore
[sɔ:r]

soreness ⓝ 아픔, 쓰림

ⓐ 따가운, 아픈

Even after several months of training, runners will usually wake up really **sore** after a marathon.
수개월간의 훈련 뒤에도 달리기 선수들은 마라톤을 한 번 뛰고 나면 대개 심한 통증을 느끼며 잠에서 깨어나곤 한다.

0500 infect
[infékt]

infection ⓝ 감염, 전염병
infectious ⓐ 전염성의

ⓥ 감염시키다

As not to **infect** local farms and crops, most countries won't allow visitors to bring in animal or plant products.
지역의 농장과 농작물을 _____ 않으려고 대부분의 나라는 방문객들이 동물이나 식물 제품을 들여오는 것을 불허한다.

0501 itchy
[ítʃi]

ⓐ 가려운, 간질간질한

For some people, even the smallest mention of bugs will make them **itchy** and uncomfortable.
어떤 사람들에게는 벌레들에 관한 가장 최소한의 언급조차도 그들을 _____ 불편하게 만든다.

0502 discomfort
[diskΛmfərt]

ⓝ 불편

It's natural to feel some **discomfort** after the operation, but please see your doctor if the pain gets worse.
수술 후에 _____ 을 느끼는 것은 당연하지만, 통증이 점점 더 심해지면 의사를 찾으십시오.

= uneasiness ⟷ comfort 편안함

0503 immediate
[imí:diət]

immediately ad 즉시, 즉각

ⓐ 즉각적인

Her **immediate** response to the accident was to call the ambulance service — a move that saved his life.
그 사건에 대한 그녀의 _____ 반응은 구급차 서비스를 부르는 것이었다. 그 조처가 그의 목숨을 구했다.

= instant

0504 delay
[diléi]

ⓝ 지연, 연기 ⓥ 미루다, 연기하다

Although there was a troubling **delay**, the main stadium was finished just in time for the Grand Final.
골치 아픈 지연이 있기는 했지만, 주경기장은 최종 결승전에 딱 맞추어 완공되었다.

= postpone 연기하다

0500 감염시키지 · 0501 가려고 · 0502 불편 · 0503 즉각적인

DAY 13

0505 grant
[grænt]

ⓥ 주다 ⓝ (정부) 보조금

The constitutions of many countries **grant** all citizens equal rights and privileges.
많은 나라에서 헌법은 시민에게 동등한 권리와 특권을 부여한다.

Victims of Hurricane Katrina received government **grants** to rebuild their homes and restart their businesses.
허리케인 카트리나의 희생자들은 집을 재건하고 사업을 다시 시작할 정부 _____ 을 받았다.

= give 주다

0506 virtue
[vɔ́ːrtʃuː]

virtuous ⓐ 도덕적인

ⓝ 선, 미덕

Mother always said, "patience is a **virtue**," but maybe she just wanted me to stop asking her questions!
어머니는 항상 "인내는 _____ 이다."라고 말씀하셨지만, 아마도 어머니는 내가 그저 질문하는 것을 그만두길 바라셨던 것 같다!

= goodness 선 ⟷ vice 악

0507 ambitious
[æmbíʃəs]

ambition ⓝ 야망, 야심

ⓐ 야심 있는

Ambitious as he was, Colin was never going to sacrifice his family time for a promotion.
Colin은 야심이 있었지만 절대 승진을 위해 가족과 함께 있는 시간을 희생하려 하지는 않았다.

0508 modest
[mάdist]

modesty ⓝ 겸손
modestly ⓐⓓ 겸손하게

ⓐ 보통의; 겸손한

Their house may have been **modest** in size, but it was their first home and they were very proud of it.
그들의 집은 _____ 크기였지만, 첫 번째 집이라서 그 집을 무척 자랑스러워했다.

0509 diligent
[dílədʒənt]

diligence ⓝ 근면, 성실
diligently ⓐⓓ 부지런히

ⓐ 부지런한, 근면한

Sean was **diligent** in all his studies — he worked really hard — but he never managed to get the grades for medical school.
Sean은 모든 과목에서 성실했다. 그는 정말로 열심히 공부했다. 하지만 의대를 갈 만한 성적은 결코 얻지 못했다.

0510 prevalent
[prévələnt]

prevail ⓥ 만연[팽배]하다
prevalence ⓝ 널리 퍼짐

ⓐ 널리 퍼져 있는

Smoking is still **prevalent** around the world, although the practice is slowly becoming unacceptable in public places.
흡연은 공공장소에서 서서히 수용되지 않는 추세이지만, 여전히 전 세계적으로 만연해 있다.

0505 보조금   0506 미덕   0508 보통

0511 **conventional** [kənvénʃənəl]

convention ⓝ 관습, 관례

ⓐ 관습적인, 전통적인

While making muffins in a microwave is possible, they usually taste much better using a **conventional** oven to bake them.
전자레인지로 머핀을 만드는 것이 가능하지만, 재래식 오븐을 사용하여 굽는 것이 일반적으로 훨씬 더 맛이 있다.

= traditional ↔ unconventional 비인습적인

0512 **shift** [ʃift]

ⓝ 변화, 이동; 교대 근무 ⓥ (의견, 정책 등이) 바뀌다

The public **shift** towards recognizing global warming presented a funding windfall for the scientific community.
지구 온난화를 인지하는 쪽으로의 대중의 ________는 과학계에 뜻밖의 재정적 횡재를 가져다주었다.

The night staff had to stay and work an extra **shift** when the victims from the train accident started to arrive at the hospital.
열차 사고 희생자들이 병원에 도착하기 시작하자 야간 근무조는 머물면서 연장 근무를 해야 했다.

0513 **ignore** [ignɔ́ːr]

ignorance ⓝ 무지, 무식
ignorant ⓐ 무지한, 무식한

ⓥ 무시하다

School bullies will always be around, but their power decreases when people **ignore** them.
학교 깡패들은 언제나 주변에 있겠지만, 사람들이 그들을 무시하면 그들의 힘은 줄어든다.

혼동 어휘

0514 **advertise** [ǽdvərtàiz]

advertisement ⓝ 광고, 선전

ⓥ 광고하다, 선전하다

The pizzeria's business increased after it began to **advertise** on the radio.
그 피자 가게의 사업 실적은 라디오에 ________ 시작한 후로 늘어났다.

0515 **adverse** [ædvə́ːrs]

adversely ad 반대로, 불리하게

ⓐ 불리한, 부정적인, 좋지 않은

Adverse publicity can cause celebrities' popularity to suffer if it is not carefully managed.
________ 평판은 조심스럽게 다루지 않으면 유명 인사의 인기에 피해를 줄 수 있다.

↔ favorable 호의적인

0512 변화 0514 광고하기 0515 불리한

DAY 13

0516

advance
[ədvǽns]

advancement ⓝ 발전, 진보

ⓥ 진격하다; 증진되다; 선불로 주다 ⓝ 선금; 전진; 발전

The basketball team was unable to **advance** the ball up the court because of its opponents' tight defense.
농구팀은 상대방의 밀착 수비 때문에 코트에서 볼을 전진시킬 수 없었다.

= progress 진전을 보이다 ⬌ retreat 후퇴, 퇴보

다의어

0517

firm
[fə:rm]

firmly **ad** 단호히, 확고히

ⓐ 단단한, 굳은

An unripe mango is **firm** and should not be squeezed or it will become bruised.
덜 익은 망고는 단단하고, 손으로 꼭 쥐어서는 안 되는데 그러면 멍이 들게 된다.

= secure 단단한 ⬌ soft 부드러운

ⓝ 회사

Many law **firms** hire new graduates to do their paperwork for very little pay.
다수의 법률 _____ 는 아주 적은 급여를 주고 서류 작업을 할 갓 졸업한 대학생들을 고용한다.

= company

숙어 / 이어동사

0518

by far

훨씬; 단연

Mr. Jefferson is **by far** the tallest man I've ever seen.
Jefferson 씨는 내가 지금까지 본 중에 _____ 가장 키가 큰 사람이다.

0519

so far

지금까지

For a child, it could be placing with trembling fingers the last block on a tower she has built, higher than any she has built **so far**. 수능
어린아이에게 그것은 자신이 _____ 만든 그 어느 것보다 더 높은 탑 위에 떨리는 손가락으로 마지막 블록을 놓는 것일 수도 있다.

0520

be[get] caught up in

~에 사로잡히다, 휘말려 들다

Some contemporary artists share this feeling, but they **are** also **caught up in** the system of art exhibition, the selling of their art, and the requirements of an art market. 수능
몇몇 현대 예술가들은 이 느낌에 공감하지만, 그들은 또한 예술 전시회라는 시스템, 자신의 작품 판매, 예술 시장의 자격 요건에 사로잡혀 있다.

0517 회사   0518 단연   0519 **지금까지**

DAILY TEST

매일매일 영단어 복습하기

A 다음 영어를 우리말로, 우리말을 영어로 쓰시오.

1	astronaut		11	가려운, 간질간질한	
2	fist		12	광고하다, 선전하다	
3	furnish		13	따가운, 아픈	
4	geographic(al)		14	무시하다	
5	involve		15	문지르다, 비비다	
6	operate		16	보통의; 겸손한	
7	population		17	부지런한, 근면 성실한	
8	scratch		18	쓰다듬다	
9	shift		19	야심 있는	
10	urge		20	훨씬; 단연	

B 다음 빈칸에 알맞은 단어를 쓰시오.

1	negative	⬌	5	urge	ⓐ
2	capable	=	6	muscle	ⓐ
3	immediate	=	7	infect	ⓝ
4	virtue	⬌	8	prevalent	ⓥ

C 다음 빈칸에 들어갈 알맞은 말을 |보기|에서 고르시오.

보기	firm	get caught up	norm	manned	granted

1 The record for the longest ever _____ space flight mission was set in 1996.

2 Since you started in the mail room in 1979, your contributions to this _____ have been invaluable. 수능

3 Yet parent-infant 'co-sleeping' is the _____ for approximately 90 percent of the world's population. 수능

4 There now, said the gods, "all your wishes are _____, and you will now live as you've wished all your life." 수능

5 I don't want to _____ in the commercial aspects of Christmas.

DAY 14

0521

personalize
[pə́:rsənəlàiz]

ⓥ (일반적인 문제를) 개인화하다

The students responded well to the teacher who decided to
personalize the class by playing all of their favorite songs.
수업을 개인의 필요에 맞추기로 한 그 교사에게 학생들은 자신들이 좋아하는 모든 노래를
연주함으로써 잘 부응했다.

0522

develop
[divéləp]

development ⓝ 개발, 발달

ⓥ 개발하다; (필름을) 현상하다

Car companies are competing to **develop**
greener technologies, but they are too
expensive for most customers.
자동차 업체들은 친환경 기술을 _____ 위해 경쟁하고
있지만, 그것들은 대다수의 고객에게 너무 비싸다.

0523

reverse
[rivə́:rs]

reversely ⓐⓓ 거꾸로, 이에
반하여

ⓥ 정반대로 바꾸다, 뒤집다

It was a long process, but the Supreme Court finally **reversed**
the lower court's decision.
그것은 오랜 과정이었지만, 대법원은 결국 하급 법원의 판결을 _____.

0524

odd
[ɑd]

oddity ⓝ 이상함, 이상한 사람
oddly ⓐⓓ 이상하게

ⓐ 이상한; (수가) 홀수의

She was clearly a talented painter, even if her refusal to speak
seemed a little **odd**.
말하기를 거부하는 것이 조금은 _____ 보였더라도, 그녀는 분명히 재능 있는 화가였다.

═ peculiar ⟺ even (수가) 짝수의

0525

auditory
[ɔ́:ditɔ̀:ri]

ⓐ 청각의

An **auditory** device such as a hearing aid can help a person
regain his or her sense of hearing.
보청기 같은 _____ 기기는 청력을 회복하는 데 도움을 줄 수 있다.

0526

demonstrate
[démənstrèit]

demonstration
ⓝ 시위, 설명, 입증

ⓥ 보여 주다; 입증[설명]하다, 시위하다

The doctor will now **demonstrate** how to properly treat and
bandage an injured leg.
그 의사가 이제 상처 난 다리를 어떻게 적절히 치료하고 붕대로 감는지 보여줄 것이다.

═ show 보여 주다, prove 입증하다, protest 시위하다

0522 개발하기   0523 뒤집었다   0524 이상해   0525 청각

0527

burst
[bə:rst]

ⓥ 터지다, 파열하다

Without warning, the pipe **burst** and sprayed water all over the people waiting for the bus.

느닷없이 파이프가 터져서 버스를 기다리던 사람들 위로 온통 물을 뿌려댔다.

0528

alter
[ɔ́:ltər]

alteration ⓝ 변화, 변경

ⓥ 변하다, 바꾸다, 고치다

The dress was a size too big, but it was perfect for the dance and her neighbor could **alter** it to fit well.

그 드레스는 큰 치수였으나 댄스용으로는 완벽했고, 그녀의 이웃이 그것을 몸에 잘 맞게 고칠 수 있었다.

= change

0529

majority
[mədʒɔ́(:)riti]

major ⓐ 주요한

ⓝ 대다수

A **majority** of staff members came to the Christmas party this year, and most brought their families too.

직원들 _____ 가 올해 크리스마스 파티에 왔으며, 그들 대부분은 가족도 데려왔다.

⬅ minority 소수

0530

minority
[minɔ́:riti]

ⓝ 소수

The people who didn't drink the free beer were in the **minority**, but they still had a good time.

공짜 맥주를 마시지 않은 사람들은 _____ 였으나 그들 역시 즐거운 시간을 보냈다.

⬅ majority 대다수

0531

interrupt
[ìntərʌ́pt]

ⓥ 방해하다, 중단시키다

Please feel free to **interrupt** and ask questions any time during the presentation.

발표 도중 언제라도 자유롭게 _____ 시키고 질문해주시기 바랍니다.

0532

perceptual
[pə:rséptjuəl]

perception ⓝ 지각, 자각

ⓐ 지각의

Perceptual data are gained from the sensations we receive by using our senses, such as sight, hearing and taste.

지각 자료는 시각, 청각, 미각 등과 같은 감각을 사용해서 받아들인 느낌에서 얻어진다.

0529 대다수   0530 소수   0531 중단

DAY 14

0533
react
[ri:ǽkt]

reaction ⑪ 반응; 반작용
reactive ⓐ 반응을 보이는

ⓥ 반응하다

The small dog didn't react well to strangers, but after some time she was friendly with most people.
그 작은 개는 낯선 사람들에게 잘 _____ 하지 않았지만, 시간이 좀 지나자 대부분의 사람과 친해졌다.

= respond

0534
analyze
[ǽnəlàiz]

analysis ⑪ 분석

ⓥ 분석[해석]하다

When giving a presentation, it's important to make eye contact with your audience to help analyze their reactions.
발표를 할 때에는 반응을 _____ 위해 청중들과 눈을 마주치는 것이 중요하다.

0535
cue
[kju:]

⑪ 신호; 계기

Despite months of practicing, the musicians were still sometimes missing their cues about when to start playing.
수 개월간의 연습에도 불구하고 그 음악가는 아직도 가끔 연주 시작 _____ 를 놓친다.

0536
author
[ɔ́:θər]

⑪ 저자, 작가

While her stories were quite famous, the author preferred her private life to remain just that.
그녀에 관한 이야기들은 아주 유명했지만, 그 _____ 는 자신의 사생활이 그대로 유지되기를 더 원했다.

0537
automatic
[ɔ̀:təmǽtik]

automatically ad 자동으로, 무의식적으로

ⓐ 자동의

After driving for a long time, checking mirrors and fastening the seatbelt becomes automatic.
그 자동차는 한동안 달리고 나면, 반사경을 점검하고 안전벨트를 조이는 것이 자동으로 이루어진다.

On most subway trains, the doors open automatically at each station. 수능
대부분의 지하철 열차는 역마다 _____ 문이 열린다.

0538
manner
[mǽnər]

mannerly ad 예의 바르게

⑪ 방식, 태도

It wasn't what she said, but the manner in which she said it that made me think she was angry.
그녀가 한 말이 아니라 그녀의 말하는 방식 때문에 나는 그녀가 화가 났다고 생각했다.

0533 반응   0534 분석하기   0535 신호   0536 저자   0537 자동으로

0539

onstage
[ànstéidʒ]

ⓐ 무대 위의 **[ad]** 무대 위에서, 관객 앞에서, 공연 중에

It was only **onstage**, with the spotlight shining, that she shared her beautiful voice.

그녀가 자신의 아름다운 목소리를 들려주는 것은 조명이 빛나는 _____에서뿐이다.

➠ offstage 무대 밖에서

0540

epic
[épik]

ⓝ 서사

It's a great film, but to watch an **epic** like *Gone with the Wind* you will need to drink a lot of coffee.

그것은 위대한 영화지만, '바람과 함께 사라지다'와 같은 _____ 작품을 보려면 커피를 많이 마셔야 할 것이다.

0541

scatter
[skǽtər]

ⓥ 흩뿌리다

Somehow, the baby managed to **scatter** his toys all through the house.

어떻게 했는지 그 아이는 용케도 자기 장난감을 온 집안에 흩어 놓았다.

0542

narrative
[nǽrətiv]

narrate ⓥ 이야기를 하다

ⓝ 이야기, 서술

The film was a heartfelt **narrative** about the pain felt by parents after losing a child.

그 영화는 자식을 잃은 후 부모가 느끼는 고통에 관한 진심에서 우러난 _____였다.

0543

comment
[kámənt]

commentary ⓝ 해설; 비판

ⓥ 견해를 밝히다 ⓝ 논평; 비판

If you care to **comment** about the problems faced in your division, please e-mail management by the day's end.

당신의 부서가 당면한 문제점들에 관한 _____ 싶다면 오늘까지 경영진에게 이메일을 보내주십시오.

0544

pile
[pail]

ⓥ 쌓다 ⓝ 더미

After dinner he built a fire, going out into the weather for wood he had **piled** against the garage. 수능

저녁 식사 후에 그는 비바람을 무릅쓰고 밖으로 나가서 차고에 기대어 쌓아 둔 나무를 가져와 불을 피웠다.

The **pile** of dirty dishes after the dinner party was huge, but luckily the guests helped to clear them away.

그 저녁 파티 후에 더러운 음식 _____가 엄청났지만, 다행히 손님들이 치우는 것을 도와주었다.

= heap, mound 더미

0539 무대 위   0540 서사   0542 이야기   0543 견해를 밝히고   0544 더미

DAY 14

0545

garage
[gərá:ʒ]

ⓝ 차고, 주차장

All of my belongings are in my parents' **garage**, so now their car is on the street.
내 물건이 전부 부모님의 _____ 에 있어서 이제 부모님의 차는 길에 주차해 있다.

> **Tips** 미국은 차고에 차뿐만 아니라 잘 쓰지 않는 잡동사니를 넣어 보관한다. 집에서 쓰지 않는 물건을 자기 집 차고 앞에 늘어놓고 싼값에 파는 것을 garage sale이라고 한다.

> **Word Plus+** 집(house) 관련 어휘
>
> driveway 차고 앞 진입로   front yard 앞마당   porch 현관, 베란다   attic 다락방   fireplace 벽난로
> lounge 거실

0546

gaze
[geiz]

ⓥ 응시하다, 가만히 바라보다

She couldn't help but **gaze** at the handsome man as he walked through the park with his dog.
잘생긴 남자가 개와 함께 공원을 걸어가자 그녀는 그를 쳐다보지 않을 수 없었다.

0547

cone
[koun]

ⓝ 원뿔

With a black **cone**-shaped hat and a long, black cape, the girl looked the perfect little witch in her costume.
검은 _____ 모양 모자를 쓰고 길고 검은 망토를 두른 그 소녀는 그렇게 입으니 완전히 마녀처럼 보였다.

0548

dew point

ⓝ 이슬점, 노점

The **dew point** relates to the humidity or dryness of the air.
_____ 은 공기의 습도나 건조한 상태와 관련이 있다.

0549

measure
[méʒər]

measurement ⓝ측정, 치수

ⓝ 측정[계량]; 척도 ⓥ 측정하다

The old Sumerian cuneiform could not be used to write normal prose but was a mere telegraphic shorthand, whose vocabulary was restricted to names, numerals and units of **measure**. 수능
고대 수메르 설형 문자는 보통의 산문을 쓰는 데는 사용될 수가 없었고 단지 전신 속기였는데, 이것의 단어는 이름, 숫자, 측정 단위에 한정되어 있었다.

We forgot to **measure** the length of the new bookshelves, but luckily they fit in our living room.
우리는 새 책장의 길이를 재는 것을 깜빡했지만, 다행히도 그것은 우리 집 거실에 들어맞았다.

0545 차고   0547 원뿔   0548 이슬점

0550

intense
[inténs]

intensity ⓝ 강도, 세기
intensive ⓐ 집중[집약]적인

ⓐ 강렬한, 격렬한

The interviews were long and intense, but worth it when she got the job she wanted.
그 면접은 길고 치열했지만, 그녀가 원하는 일자리를 구했을 때에는 가치가 있었다.

접두어	dis- '반대', '부정'

0551

disappear
[dìsəpíər]

disappearance ⓝ 사라짐, 소실

ⓥ 사라지다

Making the coin disappear from his hand was my uncle's favorite magic trick.
손에서 동전을 사라지게 하는 것은 우리 삼촌이 가장 좋아하는 마술이었다.

= vanish

0552

disapprove
[dìsəprú:v]

disapproval ⓝ 못마땅함

ⓥ 못마땅해하다

Many people initially disapproved of the council's decision to build a new swimming pool.
새 수영장을 짓는다는 위원회의 결정에 많은 사람이 처음에는 _____.

⟺ approve 괜찮다고 생각하다

0553

disable
[diseibl]

disability ⓝ 장애

ⓥ (사고 등이) 장애를 입히다

The injury did more than disable her — it took away her ability to do the job she so loved.
그 상처는 단지 그녀에게 _____ 것 이상이었다. 그녀가 그토록 좋아하던 일을 할 수 있는 능력을 앗아간 것이었다.

0554

disagree
[dìsəgrí:]

disagreement ⓝ 의견 충돌, 불일치

ⓥ 동의하지 않다, 일치하지 않다

It was hard for the teenage girl to disagree with her friends, even when she didn't like what they were saying.
십대 소녀들은 친구들이 말하는 것이 자기 마음에 들지 않을 때조차도 친구들의 의견에 _____ 것이 어렵다.

⟺ agree 동의하다

0555

dishonest
[disánist]

dishonesty ⓝ 부정직, 부정행위

ⓐ 정직하지 못한

The dishonest nature of the election campaign caused the mayor to lose his job.
그 시장은 선거 운동의 부정직한 본질 탓에 시장직을 상실했다.

⟺ honest 정직한

0552 못마땅해했다   0553 장애를 입힌   0554 동의하지 않는

DAY 14

혼동 어휘

0556

pray
[prei]

prayer ⓝ 기도

ⓥ 기도하다

The lost climber **prayed** that he would have the strength to go on.
길 잃은 등산객은 계속 나아갈 힘을 갖게 해달라고 _____.

0557

prey
[prei]

ⓝ 먹이

Lions normally stalk their **prey** for several hours before finally closing in for the kill.
사자는 마침내 먹잇감을 죽이는 순간에 가까워지기 전까지 몇 시간 동안 먹잇감에 몰래 다가간다.

숙어 / 이어동사

0558

in particular

특히

Youngsters **in particular** are very impressionable as a result of their immaturity.
젊은이들은 _____ 미성숙의 결과로 매우 감상적이다.

= particularly

0559

all at once

갑자기, 난데없이

Never shake a bottle of champagne before opening it or the contents will come out **all at once**.
샴페인을 열기 전에 절대로 흔들지 말아야 한다. 그렇지 않으면 내용물이 _____ 나올 것이다.

= suddenly

0560

fall off

(질, 양이) 줄다; 떨어지다[분리되다]

Participation in the weekly book club for young parents has **fallen off** since the start of spring.
젊은 부모들을 위한 주간 독서회 참여가 봄이 시작된 이후에 줄고 있다.

0556 기도했다   0558 특히   0559 갑자기

DAILY TEST

A 다음 영어를 우리말로, 우리말을 영어로 쓰시오.

1 comment _____
2 develop _____
3 garage _____
4 gaze _____
5 measure _____
6 narrative _____
7 personalize _____
8 pray _____
9 prey _____
10 reverse _____

11 신호; 계기 _____
12 방식, 태도 _____
13 방해하다, 중단시키다 _____
14 서사 _____
15 자동의 _____
16 저자, 작가 _____
17 지각의 _____
18 청각의 _____
19 터지다, 파열하다 _____
20 흩뿌리다 _____

B 다음 빈칸에 알맞은 단어를 쓰시오.

1 demonstrate = _____
2 alter = _____
3 disappear = _____
4 all at once = _____

5 majority ⬌ _____
6 onstage ⬌ _____
7 disapprove ⬌ _____
8 dishonest ⬌ _____

C 다음 빈칸에 들어갈 알맞은 말을 |보기|에서 고르시오.

보기	prey	analyze	dew point	fall off	odd

1 Use your experience to _____ the situation. 수능

2 I hope my beard doesn't _____ while I'm jumping. 수능

3 Deer were its natural _____, but there weren't many left in this area. 수능

4 Aristotle developed an entire theory of physics that physicists today find _____ and amusing. 수능

5 When the mirror temperature is above _____ and the intensity of the transmitted light is 10mW/cm², the intensity of the observed light is the same. 수능

DAY 15

0561

reputation
[rèpjətéiʃən]

ⓝ 평판

Once lost, a good **reputation** may be hard to regain.

좋은 _____ 은 한 번 잃으면 회복하기 어렵다.

0562

crash
[kræʃ]

ⓝ 사고, 충돌

Luckily, both drivers walked away from the **crash** uninjured.

다행히도 두 운전자는 다치지 않고 _____ 에서 벗어났다.

= accident 사고

0563

coverage
[kávəridʒ]

ⓝ (방송, 신문의) 보도, (책 등에 실린 정보의) 범위

Most news programs provided extensive **coverage** of the election results.

대부분의 뉴스 프로그램은 선거 결과에 대한 폭넓은 _____ 를 제공했다.

0564

defect
[difékt]

defective ⓐ 결함이 있는

ⓝ 결함, 흠

The **defect** caused the computer to turn off at strange times, and the problem needed to be fixed.

그 _____ 때문에 컴퓨터가 아무 때나 꺼져서 그 문제는 수리가 필요했다.

= imperfection

0565

beverage
[bévəridʒ]

ⓝ 음료

With such a long **beverage** list, it was hard to decide but finally the couple chose a bottle of French champagne.

_____ 목록이 너무 많아서 결정하기가 어려웠지만, 결국 그 부부는 프랑스 샴페인 한 병을 선택했다.

= drink

0566

attitude
[ǽtitjùːd]

attitudinal ⓐ 태도의,
　　　　　 사고방식의

ⓝ 태도, 사고방식

A positive **attitude** towards a class is a key factor in achieving high grades.

수업에 대한 적극적인 _____ 는 높은 성적을 받는 핵심 요소이다.

0561 평판　　0562 사고　　0563 보도　　0564 결함　　0565 음료　　0566 태도

26 27 28 29 30 31 32 33 34 35 36 37 38 39 40 41 42 43 44 45 46 47 48 49 50

0567

massive
[mǽsiv]

massively **ad** 육중하게

ⓐ 거대한, 매우 큰

The extent of the damage after the typhoon was **massive**, but the residents remained hopeful about their future.

태풍 후의 피해 정도가 매우 컸지만, 거주자들은 여전히 자신들의 미래에 대해 희망적이었다.

= huge

0568

neutral
[njúːtrəl]

neutralize **ⓥ** 중화시키다, 상쇄시키다
neutrality **ⓝ** 중립

ⓐ 중립적인; 중성의

Although most of the class had a strong opinion about smoking in public, the teacher remained a **neutral** observer.

학급 대부분이 흡연에 대해 강력한 의견을 가지고 있었으나, 그 교사는 _____ 참고인으로 남았다.

0569

valid
[vǽlid]

validate **ⓥ** 입증[승인]하다
validity **ⓝ** 유효함, 타당성

ⓐ 유효한, 타당한

Gift vouchers are great gift ideas for people who have everything, and are usually **valid** for one year.

상품권은 모든 것을 가진 사람들에게 훌륭한 선물 아이디어이며, 대개는 1년 동안 _____ 하다.

0570

biased
[báiəsd]

bias **ⓝ** 편견, 선입견 **ⓥ** 편견을 갖게 하다

ⓐ 선입견이 있는, ~에 치중하는

Tom admitted he was **biased** when he claimed his girlfriend was the world's most beautiful woman.

Tom은 자신의 여자친구가 세상에서 가장 예쁜 여자라는 자신의 주장이 편견에 치우쳤음을 인정했다.

= prejudiced

0571

humanity
[hjuːmǽnəti]

human **ⓐ** 인간의, 인간적인
humanitarian **ⓝ** 인도주의적인

ⓝ 인류; 인간성

Showing great **humanity**, she donated her life savings to help the fight against hunger in Africa.

그녀는 훌륭한 _____ 을 보여주며 아프리카에서 기아와 맞서 싸우는 데 도움을 주고자 평생 모은 돈을 기부했다.

0568 중립적인   0569 유효   0571 인간성

0572
construct
[kənstrʌ́kt]

construction ⓝ 건설; 건축물

ⓥ 만들다, 건설하다; 구성하다
The boys decided to **construct** a model volcano for their science project.
그 소년들은 과학 연구 과제로 모형 화산을 _____.
= build 짓다, create 만들다

0573
enemy
[énəmi]

ⓝ 적; 장애물
Teenagers often see their parents as the **enemy**, even when they know their parents care greatly about them.
십대들은 종종 자기 부모가 자신들을 매우 걱정한다는 것을 알 때조차도 그들을 _____ 으로 본다.

Tips natural enemy는 '천적'이라는 뜻이다.

0574
ultimate
[ʌ́ltəmit]

ultimatum ⓝ 최후통첩
ultimately **ad** 궁극적으로, 근본적으로

ⓐ 궁극적인, 근본적인; 최고의
Going snorkeling was interesting, but the **ultimate** fun was the day we went scuba diving!
스노클 잠수를 가는 것은 재미있었지만, 최고로 재미있었던 건 스쿠버 다이빙을 갔던 날이었다!
= eventual 궁극적인, fundamental 근본적인

0575
suitable
[súːtəbl]

suitably **ad** 적합하게, 적절하게

ⓐ 적합한, 알맞은
The rental car drove well and was **suitable** for short trips, but it wasn't comfortable for long journeys.
임대 자동차는 잘 나갔고 짧은 여행에 _____ 했지만, 장기 여행에는 불편했다.

0576
seek
[siːk]

ⓥ 찾다, 추구하다
The Saturday newspaper is a great place to look if you **seek** a new place to rent.
새로 세 들어 살 곳을 _____ 있다면 토요일 신문이 참고할 만하다.

0577
pause
[pɔːz]

ⓥ 중단하다
With only a small **pause** to regain her thoughts, the lawyer gave her closing argument with great conviction.
생각을 정리하기 위해 아주 잠깐 멈추었다가, 그 변호사는 커다란 확신을 가지고 최후 변론을 진행했다.

0572 만들었다   0573 적   0575 적합   0576 찾고

0578

fill
[fil]

ⓥ 채우다, 충족시키다

Who knew it would be so expensive to **fill** your car with fuel these days?

요즘 차에 기름을 넣는 것이 그렇게 비쌀 줄 누가 알았겠니?

⟺ empty 비우다

0579

float
[flout]

ⓥ (물 위, 공중에서) 떠가다

The Dead Sea is so salty, people visit it just to **float** around in it all day.

사해는 너무 염분이 많아서 사람들은 온종일 둥둥 떠다니려고 그곳을 방문한다.

0580

element
[éləmənt]

elementary ⓐ 초급의, 근본적인

ⓝ 요소, 성분

Each **element** of the recipe was important to master if the soufflé was to be a success.

수플레를 성공적으로 만들려면 요리법의 각 _____를 익히는 것이 중요했다.

= factor 요소, component 성분

0581

ecosystem
[í:kousìstəm]

ⓝ 생태계

The desert **ecosystem** supports species that are adapted to both low water and extreme heat.

사막 _____는 적은 물과 극심한 열 모두에 적응한 종들을 지탱시킨다.

0582

so-called
[sóukɔːld]

ⓐ 소위, 이른바

Working on the problem of the missing teddy bear, the **so-called** Detective Club started its first important case.

잃어버린 테디 베어 문제를 해결하려 공을 들이며, _____ '탐정 클럽'은 자신들의 첫 주요 사건을 시작했다.

0583

mineral
[mínərəl]

ⓝ 미네랄, 무기물, 광물

Some companies have falsely claimed that their bottled water has **mineral** qualities, even when it's from the tap.

어떤 회사들은 자신들의 생수가 수도에서 나온 것일 때에도 _____ 성분이 들어 있다고 거짓으로 주장한다.

0580 요소   0581 생태계   0582 소위   0583 미네랄

DAY 15

0584
output
[áutpùt]

ⓝ 생산[산출]량, 결과

The factory **output** was so high that they couldn't sell the products fast enough.

그 공장의 _____ 이 너무 많아 그들은 그 제품을 충분히 빨리 판매할 수가 없었다.

= productivity 생산성

0585
productivity
[pròudʌktívəti]

productive ⓐ 생산하는,
생산적인

ⓝ 생산성

Having rest breaks during the day is one way to boost staff **productivity**.

일과 중 휴식시간을 갖는 것은 직원들의 _____ 을 높이는 한 가지 방법이었다.

= output 생산량

0586
display
[displéi]

ⓥ 보여 주다, 전시하다, 드러내다

Chocolates on **display** next to the cashier always sold the fastest.

계산대 옆에 진열된 초콜릿은 항상 가장 빨리 팔렸다.

= show 보여 주다, exhibit 전시하다

0587
decline
[dikláin]

ⓝ 감소, 축소 ⓥ 감소[축소]하다

Although the TV program was popular, the **decline** in viewers was likely due to the movie special that was also showing.

비록 그 TV 프로그램은 인기가 좋았지만, 시청률 _____ 는 동시에 방영된 특집 영화 때문인 듯했다.

0588
still
[stil]

stillness ⓝ 고요, 정적

ⓐ 고요한; 정지한; 잔잔한

The walkers remained **still** as the snake moved across their path.

뱀이 길을 가로질러 가자 걷던 사람들은 정지해 있었다.

= quiet 조용한

0589
weed
[wi:d]

ⓝ 잡초; 수초

She was sad to learn that the flower she loved so much was a **weed** that didn't belong in the area.

그녀는 자신이 그토록 좋아했던 꽃이 그 지역에 없는 _____ 라는 것을 알고 슬펐다.

0584 생산량   0585 생산성   0587 감소   0589 잡초

0590 ideally
[aidí:əli]

ideal ⓐ 이상적인

ⓐ 이상적으로, 완벽하게; 원칙적으로

Ideally, the candidate will have a masters degree and three to five years of postgraduate experience.
원칙적으로 후보자는 석사 학위와 3년에서 5년의 대학원 재학 경험을 보유할 것이다.

= perfectly 완벽하게

0591 bunch
[bʌntʃ]

ⓝ 다발, 무리, 많음

We had a great time camping on the beach with a **bunch** of classmates over the summer vacation.
우리는 여름 방학 동안 한 _____의 반 친구들과 함께 해변에서 캠핑하며 즐거운 시간을 보냈다.

= lot 많음

0592 solitary
[sɑ́litèri]

solitude ⓝ 고독

ⓐ 고독한, 혼자 하는, 홀로 있는

Working in the lighthouse was a **solitary** life, but the beauty of the area made up for some of this.
등대에서 일하는 것은 _____ 생활이었지만, 그 지역의 아름다움이 이 고독한 생활을 일부 만회해주었다.

혼동 어휘

0593 assume
[əsjú:m]

assumption ⓝ 추정; (권력) 장악

ⓥ 추정하다; (권력, 책임을) 갖다

I **assumed** my brother was coming to the party, so I was surprised when he didn't show up.
나는 남동생이 파티에 오리라 추측했다. 그래서 그가 나타나지 않자 놀랐다.

= presume 추정하다

0594 resume
[rizú:m]

ⓥ 다시 시작하다; 자기 자리로 돌아가다

The baseball game was allowed to **resume** after the rain stopped.
야구 경기는 비가 그치고 난 후에 _____ 하기로 승인이 떨어졌다.

0595 résumé
[rézumèi]

ⓝ 요약, 개요; 이력서

Yo Yo Ma's musical **résumé** includes performances at Carnegie Hall and a tour with the New York Philharmonic.
요요마의 음악 이력에는 카네기 홀에서 열렸던 공연과 뉴욕 필하모니와 함께 했던 순회공연이 포함되어 있다.

= summary 요약

0591 무리　0592 고독한　0594 다시 시작

DAY 15

다의어

0596

deposit
[dipázit]

n 보증금, 착수금

When buying a large item on credit, a deposit of 10 to 20 percent is normally required.

외상으로 큰 물건을 살 때에는 보통 10~20%의 _____ 이 요구된다.

= down payment 착수금

v 침전시키다; 예금하다

Part of my salary is deposited directly into a savings account every month.

내 급여의 일부분은 매달 보통예금으로 바로 _____.

⬅ withdraw 인출하다

숙어 / 이어동사

0597

at all costs

무슨 수를 써서라도, 기필코

As a result, they put pressure on them to perform at high levels, win at all costs, and keep playing, even when they get hurt. 수능

그 결과, 그들은 아이들에게 높은 수준의 실력을 발휘하고, _____ 이기고, 다쳤을 때조차 계속 뛰라고 압박한다.

0598

hang out with

~와 어울리다

I am planning to hang out with my best friend this weekend when he returns from abroad.

나는 가장 친한 친구가 외국에서 돌아오면 이번 주에 같이 놀기로 했다.

0599

take action

조치를 취하다

The president reminded the lawmakers that if they failed to take action, many innocent people would suffer because of it.

대통령은 입법자들에게 만약 _____ 못하면, 다수의 무고한 사람들이 그 것 때문에 고통받을 것임을 상기시켰다.

0600

by contrast

그에 반해서

By contrast, Picasso's The Three Musicians is more vibrant than his earlier works of art.

_____ 피카소의 'The Three Musicians'라는 작품은 그의 초기 예술 작품보다 더 생기가 넘친다.

0596 보증금 / 예금된다   0597 무슨 수를 써서라도   0599 조치를 취하지   0600 그에 반해서

DAILY TEST

A 다음 영어를 우리말로, 우리말을 영어로 쓰시오.

1 attitude _____
2 beverage _____
3 coverage _____
4 enemy _____
5 humanity _____
6 neutral _____
7 reputation _____
8 seek _____
9 suitable _____
10 valid _____

11 (물 위, 공중에서) 떠가다 _____
12 ~와 어울리다 _____
13 감소[축소](하다) _____
14 그에 반해서 _____
15 미네랄, 무기물, 광물 _____
16 생태계 _____
17 소위, 이른바 _____
18 잡초; 수초 _____
19 조치를 취하다 _____
20 중단하다 _____

B 다음 빈칸에 알맞은 단어를 쓰시오.

1 defect   =   _____
2 massive =   _____
3 fill   ⟺   _____
4 deposit ⟺   _____

5 valid   ⓝ   _____
6 biased   ⓝ   _____
7 solitary ⓝ   _____
8 element ⓐ   _____

C 다음 빈칸에 들어갈 알맞은 말을 |보기|에서 고르시오.

보기	at all costs	defect	bunch	resume	crash

1 If our situation changes, we will call you to _____ delivery. 수능

2 My secret mission was to retrieve the stolen briefcase from the spy _____.

3 Smallmouth bass often school up, which means that if you catch one, you can catch a _____.

4 The reputation of an airline, for example, will be damaged if a survey is conducted just after a plane _____. 수능

5 A computer company lost its reputation in company surveys just after major news coverage about a _____ in its products. 수능

1	absent		34	diligent
2	advertise		35	discomfort
3	alter		36	dizzy
4	ambitious		37	dozen
5	analyze		38	ecosystem
6	appeal		39	enemy
7	assignment		40	enforce
8	astronaut		41	epic
9	attitude		42	facility
10	auditory		43	figure out
11	author		44	fist
12	automatic		45	float
13	beverage		46	free of charge
14	biased		47	furnish
15	blend		48	fuss
16	burst		49	garage
17	by contrast		50	gaze
18	by far		51	geographic(al)
19	capable		52	glue
20	comment		53	grant
21	construct		54	grasp
22	contemporary		55	hang out with
23	coverage		56	harvest
24	crash		57	humanity
25	cue		58	identical
26	cultivate		59	ignore
27	curious		60	imitate
28	deadline		61	interrupt
29	debt		62	involve
30	decline		63	itchy
31	defect		64	look forward to
32	deficient		65	majority
33	develop		66	manned

67	manner		102	primitive	
68	massive		103	qualify	
69	measure		104	react	
70	melt		105	recognize	
71	mere		106	remain	
72	mineral		107	remind	
73	minority		108	represent	
74	modest		109	reputation	
75	narrative		110	respect	
76	negative		111	reverse	
77	neutral		112	rub	
78	noble		113	sadden	
79	norm		114	scatter	
80	odd		115	scratch	
81	offspring		116	seek	
82	on behalf of		117	shift	
83	on the other hand		118	so-called	
84	operate		119	sore	
85	output		120	statistics	
86	overlook		121	sufficient	
87	owe		122	suitable	
88	participant		123	symptom	
89	pat		124	take action	
90	pause		125	temperature	
91	perceptual		126	theme	
92	personalize		127	transact	
93	philosophy		128	transfer	
94	pile		129	transform	
95	political		130	transmit	
96	population		131	transplant	
97	positive		132	ultimate	
98	pray		133	urge	
99	preferable		134	valid	
100	prescription		135	weed	
101	prey				

DAY 16

01 02 03 04 05 06 07 08 09 10 11 12 13 14 15 **16** 17 18 19 20 21 22 23 24 25

0601
vertical
[və́:rtikəl]

vertically **ad** 수직으로

ⓐ 수직의

The vertical mountain looked impossible to climb at first.
그 수직으로 선 산은 처음에 등반하기에 불가능해 보였다.

⬌ horizontal 수평의

0602
horizontal
[hɔ̀:rəzántl]

horizontally **ad** 수평으로

ⓐ 수평의

English writing practice is easier using the horizontal lines of the notepaper.
영어 쓰기 연습은 메모지의 가로 줄을 이용하면 더 쉽다.

⬌ vertical 수직의

0603
continuous
[kəntínjuəs]

continue ⓥ 계속되다
continuously **ad** 계속해서, 끊임없이

ⓐ 계속되는, 거듭된

It was a continuous cycle of classes, homework, and sleep for many weeks — but relief came after the last exams.
몇 주 동안은 수업을 듣고, 숙제하고, 잠자는 생활이 계속해서 반복되었다. 하지만 잠깐의 긴장 완화가 기말고사 후에 찾아왔다.

0604
gravity
[grǽvəti]

ⓝ 중력

The law of gravity was first proposed by Isaac Newton in his 1687 treatise Principia.
_____의 법칙은 1687년에 아이작 뉴턴의 논문 '프린키피아(Principia: 법칙)'에서 최초로 제안되었다.

> **Word Plus+** ▶ 물리(physics) 관련 어휘
>
> atom 원자   molecule 분자   chain reaction 연쇄 반응   fission 핵분열   ultrasound 초음파
> mushroom cloud (핵폭발 후) 버섯구름   radiation 방사선   pivot 회전   radio wave 전파
> reactor 원자로

0605
wasteland
[wéistlæ̀nd]

ⓝ 황무지, 불모지

The vision of the architect turned the abandoned wasteland into a park loved by the whole community.
그 건축가의 비전은 버려진 _____를 지역 사회 전체가 좋아하는 공원으로 바꾸어놓았다.

0606
trial and error

시행착오

Through trial and error, she found the perfect shortcut to school.
그녀는 _____를 통해 학교로 가는 완벽한 지름길을 찾아냈다.

0604 중력   0605 황무지   0606 시행착오

0607

architecture
[ɑ́:rkətèktʃər]

architect ⓝ 건축가, 설계자

ⓝ 건축(학)

No trip to Chicago would be complete without a tour of the city's famous **architecture**.
도시의 유명 건축물을 돌아보지 않고서는 시카고 여행을 마쳤다고 할 수 없을 것이다.

0608

practical
[prǽktikəl]

practice ⓝ 실천, 관행, 관습

ⓐ 현실[실제]적인; 타당한; 실용적인

While they may look great, high heels certainly aren't the most **practical** shoes to walk around in.
하이힐은 좋아 보이기는 하지만, 분명히 걸어 다니기에 가장 _____ 신발은 아니다.

= down-to-earth 현실적인 ⟷ impractical 비현실적인

0609

restore
[ristɔ́:r]

restoration ⓝ 복원, 부활

ⓥ 회복시키다, 복원하다

After her client's hair turned bright purple, the stylist worked hard to **restore** it to the original color.
고객의 머리가 밝은 보라색으로 변한 후, 그 스타일리스트는 그것을 원래의 색깔로 돌려놓느라 애썼다.

Painting **restorers** are highly trained in their techniques, but they would have to be the original painter to know exactly what to do with the work at hand. 수능
그림 복원가들은 기술에 있어서 고도로 훈련되어 있지만, 눈앞에 있는 작품을 어떻게 복원해야 할지를 알기 위해서는 원작가가 되어야만 할 것이다.

0610

vague
[veig]

vagueness ⓝ 분명치 않음
vaguely ad 모호하게

ⓐ 모호한, 애매한

The instructions for the model airplane were so **vague** that the final result looked nothing like the picture on the box.
그 모형 비행기의 제품 설명서가 너무 _____ 해서 최종 결과물은 상자의 그림과 전혀 달라 보였다.

In practical situations where there is no room for error, we have learned to avoid **vagueness** in communication. 수능
우리는 오류가 용납되지 않는 실제 상황에서 의사소통의 모호함을 피하는 법을 배워 왔다.

⟷ precise 정확한

0611

clarity
[klǽrəti]

ⓝ 명확성, 명료성

With surprising **clarity**, the young girl explained her project to the scholarship committee.
놀라운 명석함으로 그 어린 소녀는 자신의 연구 계획을 장학위원회에 설명했다.

0608 실용적인   0610 모호

DAY 16

0612

absolute
[ǽbsəlùːt]

absolutely **ad** 틀림없이;
전혀

ⓐ 완전한; 절대적인

It was an **absolute** victory for the home team, which won the game 4-1.
그것은 홈팀의 _____ 승리였고, 4대 1로 이겼다.

= complete

0613

issue
[íʃuː]

ⓥ 발표하다; 발행하다 ⓝ 화제, 이슈

The public had no choice but to **issue** a warning to the President — fix the economy or call an election.
대중은 대통령에게 경제를 바로잡든지 아니면 선거를 실시하라는 경고를 _____ 하는 것 이외에는 선택의 여지가 없었다.

Poverty in Africa is always an **issue**, but sometimes it's overshadowed by other world problems.
아프리카의 빈곤은 언제나 _____ 이지만, 그것은 때때로 세계의 다른 문제들에 의해 가려진다.

= put out 발표하다

0614

specific
[spisífik]

specify ⓥ 구체적으로 명시
하다
specifically **ad** 분명히,
특별히

ⓐ 특정한; 구체적인

The singer was quite **specific** about what food she wanted to eat before the concert.
그 가수는 콘서트 전에 자기가 어떤 음식을 먹고 싶은지에 대해 매우 _____ 이었다.

= particular 특정한

0615

state
[steit]

statement ⓝ 진술; 서술

ⓥ 말하다, 진술하다 ⓝ 상태

The judge ordered the man to **state** his name, age, and place of birth to the courtroom.
판사는 그 남자에게 법정에서 이름, 나이, 그리고 출생지를 _____ 명령했다.

The apartment was in such a bad **state** that the owner had to replace all of the wallpaper and furniture.
그 아파트는 너무나도 안 좋은 _____ 여서 집주인은 모든 벽지와 가구를 교체해야 했다.

0616

namely
[néimli]

ad 다시 말해, 즉

Good health requires work — **namely**, eating the right foods and regular exercise.
좋은 건강은 노력, _____, 적절한 음식과 규칙적인 운동을 필요로 한다.

0612 완전한   0613 발표 / 화제   0614 구체적   0615 진술하라고 / 상태   0616 다시 말해서

0617
draw
[drɔ:]

ⓥ 끌다; (커튼 등을) 치다[걷다]

The girls had to **draw** their friend away from the bargain table before she bought one of everything.

그 소녀들은 모든 것들 중 하나를 구매하기 전에 협상 테이블에서 자신들의 친구를 끌어내야 했다.

= pull

0618
accessible
[æksésəbl]

access ⓝ 접근; 입장

ⓐ 접근 가능한

Thanks to some recent renovations, all of the movie cinemas had become **accessible** to wheelchairs.

최근의 일부 수리 덕분에 모든 영화관은 이제 휠체어가 들어갈 수 있게 되었다.

0619
scenery
[síːnəri]

ⓝ 풍경, 경치

The amazing underwater **scenery** was hard to describe without using photos as proof.

그 놀라운 물속 _____ 은 증거로 사진을 사용하지 않고 말로 설명하기가 어려웠다.

0620
suggestion
[səgdʒéstʃən]

suggest ⓥ 제안하다, 암시하다

ⓝ 제안; 암시

At the **suggestion** of his wife, the man went to see a doctor about his painful neck.

아내의 _____ 에 그 남자는 아픈 목에 대해 진찰을 받으러 갔다.

0621
property
[prápərti]

ⓝ 재산, 부동산; (사물의) 속성

The **property** line was clearly marked by a long, wire fence.

그 부동산 경계선은 긴 전선 울타리로 분명히 표시되어 있었다.

0622
tribe
[traib]

tribal ⓐ 부족의, 종족의

ⓝ 부족, 집단

The Apalachee are an Indian **tribe** of people that live in the area around what is now called Florida.

아팔라치 족은 현재 플로리다로 불리는 지역 일대에 사는 인디언 _____ 이다.

0623
exhibition
[èksəbíʃən]

exhibit ⓥ 전시하다, 보이다

ⓝ 전시(회); (감정, 기교 등의) 표현

The **exhibition** of the children's posters was attended by all of the parents.

아이들의 포스터 _____ 에 모든 부모들이 참석했다.

0619 풍경   0620 제안   0622 부족   0623 전시회

DAY 16

0624

purpose
[pə́:rpəs]

ⓝ 목적, 목표

The **purpose** of the new regulations was to improve staff health and safety.

새로운 규칙의 _____ 은 직원들의 건강과 안전을 증진하려는 것이었다.

= aim, objective, goal

0625

tension
[ténʃən]

tense ⓐ 긴장한

ⓝ 갈등; 긴장

Public protests have caused much **tension** within the government, with many wanting the leader to resign immediately.

대중의 저항은 지도자가 즉시 사임하기를 원하는 사람들이 많아지면서 정부 내에서 큰 _____ 을 초래했다.

0626

precious
[préʃəs]

ⓐ 귀중한, 소중한

The pearl was particularly **precious** due to its perfect shade of pink.

그 진주는 그 완벽한 핑크 색조 때문에 특히 값이 비쌌다.

= valuable

0627

charm
[tʃɑ:rm]

ⓝ 매력

While not strikingly handsome, the man had a **charm** that never failed to win the hearts of ladies everywhere.

눈에 띄게 잘생기진 않았지만, 그 남자는 어디에서나 여자들의 마음을 얻는 데 실패한 적이 없는 _____ 이 있었다.

0628

aspect
[ǽspekt]

ⓝ 측면, 양상

The most important **aspect** of the new house's design was its low environmental impact.

새 집의 설계의 가장 중요한 _____ 은 환경에 미치는 영향이 낮다는 것이었다.

0629

vivid
[vívid]

vividly ⓐⓓ 생생하게, 선명하게

ⓐ 선명한; (색이) 화려한

The novel described the scene in such **vivid** detail that the reader could imagine being there.

그 소설은 그 장면을 아주 생생하게 자세히 묘사해서 읽는 사람은 자신이 그곳에 있다고 상상할 수 있을 정도였다.

0624 목적   0625 갈등   0627 매력   0628 측면

0630
striking
[stráikiŋ]

strikingly **ad** 두드러지게,
눈에 띄게

ⓐ 두드러진; 빼어난

The most **striking** part of the garden was the large collection of rare orchids.

그 정원의 가장 _____ 부분은 엄청난 수의 희귀한 난초 수집품들이었다.

0631
evidence
[évidəns]

evident **ⓐ** 분명한

ⓝ 증거; 증언; 흔적

Chocolate all over his face and hands was definite **evidence** that the boy ate the cookies.

그 소년의 얼굴과 손에 온통 묻어 있는 초콜릿이 그가 쿠키를 먹었다는 명백한 _____였다.

접두어   in-, im-, ir-, il-   '부정', '반대'

0632
imperfect
[impə́:rfikt]

imperfection **ⓝ** 결함

ⓐ 불완전한

The cake may have looked a little **imperfect**, but the guests agreed it was the best they have ever tasted.

그 케이크는 다소 _____ 것처럼 보였지만, 손님들은 자기들이 맛본 가장 맛있는 케이크라는 데 동의했다.

➟ perfect 완전한

0633
immoral
[imɔ́(:)rəl]

immorality **ⓝ** 부도덕 (행위)

ⓐ 부도덕한, 비도덕적인

While it was certainly not illegal, many people thought the age difference of the couple to be somewhat **immoral**.

전혀 불법이 아니기는 하지만, 많은 사람이 그 부부의 나이 차이가 다소 _____이라고 생각했다.

0634
illogical
[ilάdʒikəl]

illogicality **ⓝ** 부조리, 불합리
illogically **ad** 비논리적으로

ⓐ 비논리적인, 불합리한

The decision to leave the cake on the table only seemed **illogical** after the dog ate it all.

그 케이크를 테이블 위에 놓아두기로 한 결정은 그 개가 그것을 전부 먹어 치운 후엔 터무니없어 보였다.

= irrational, unreasonable

0635
irrelevant
[iréləvənt]

irrelevance **ⓝ** 무관함

ⓐ 상관없는, 무관한

It was **irrelevant** who broke the table; the problem now was finding a replacement.

그 탁자를 누가 망가뜨렸는지는 _____. 문제는 이제 그것을 대체할 것을 찾는 것이었다.

➟ relevant 관계있는

0630 두드러진   0631 증거   0632 불완전한   0633 비도덕적   0634 상관없었다

DAY 16

혼동 어휘

0636

principle
[prínsəpl]

ⓝ 원리, 원칙

Greg's financial strategy is based on the **principle** that stocks offer the best returns for first-time investors.
Greg의 재정 전략은 주식이 첫 투자가에게 최고의 수익을 안겨준다는 _____ 을 바탕으로 한다.

0637

principal
[prínsəpəl]

ⓐ 주된 ⓝ 교장선생님

Vegetables and beef are the **principal** ingredients in this soup.
채소와 소고기가 이 스프의 _____ 재료이다.

The new **principal** spent most of her first day on the job trying to locate her office.
신임 _____ 은 부임 첫 날의 대부분을 자기 사무실의 위치를 정하는 데 썼다.

= main, chief 주된

숙어 / 이어동사

0638

in terms of

~에 관해서는, ~면에서

In terms of the cost of living, small towns offer numerous benefits to newly married couples.
생활비에 _____ 신혼부부에게 작은 마을들이 수많은 이익을 제공한다.

0639

at hand

가까이 (있는)

With the Christmas holiday season **at hand**, everyone is too excited to get much work done.
크리스마스 시즌이 다가오면 모두들 너무 흥분해서 일이 잘 되지 않는다.

0640

break out

(전쟁이) 발발하다; (화재가) 발생하다

Police reported that they suspect it was no accident that fire **broke out** in the lobby of the Intercontinental Hotel.
경찰은 인터콘티넨탈 호텔 로비에서 _____ 화재는 우연 때문이 아니라는 의심이 간다고 보고했다.

0636 원칙   0637 주된 / 교장선생님   0638 관해서는   0640 발생한

DAILY TEST

A 다음 영어를 우리말로, 우리말을 영어로 쓰시오.

1   at hand _____
2   evidence _____
3   exhibition _____
4   immoral _____
5   property _____
6   striking _____
7   suggestion _____
8   principle _____
9   tribe _____
10 vivid _____

11 건축(학) _____
12 계속되는, 거듭된 _____
13 다시 말해, 즉 _____
14 명확성, 명료성 _____
15 불모지 _____
16 시행착오 _____
17 접근 가능한 _____
18 중력 _____
19 풍경, 경치 _____
20 회복시키다, 복원하다 _____

B 다음 빈칸에 알맞은 단어를 쓰시오.

1   specific = _____
2   practical = _____
3   vague ⬌ _____
4   vertical ⬌ _____

5   continuous ⓥ _____
6   restore ⓝ _____
7   irrelevant ⓝ _____
8   tension ⓐ _____

C 다음 빈칸에 들어갈 알맞은 말을 |보기| 에서 고르시오.

| 보기 | aspects | issue | namely | precious | irrelevant |

1   A fire chief, for example, needs to _____ his orders with absolute clarity. 수능

2   Technical _____ of the work, such as dirt removal, are quite straightforward. 수능

3   What has been preserved of their work belongs among the most _____ possessions of mankind. 수능

4   Beginners to any art don't know what is important and what is _____, so they try to absorb every detail. 수능

5   This idea of centrality may be locational, _____ that a city lies at the geographical center of England, Europe, and so on. 수능

DAY 17

0641
superior
[səpíəriər]

superiority ⓝ 우월성

ⓐ 우월한; 상급의; 우수한

The 2009 model is still the superior choice for people serious about great sound quality.

2009년도 모델은 여전히 훌륭한 음질을 중요시하는 사람들에게 _____ 선택이다.

↔ inferior 열등한, 하급의

0642
inferior
[infíəriər]

inferiority ⓝ 열등함

ⓐ 열등한, 하급의

Seeing native people as inferior was a grave mistake of early explorers to the country.

원주민들을 _____ 하게 본 것은 그 나라를 초기에 탐험한 자들의 중대한 실책이었다.

↔ superior 우월한; 상급의; 우수한

0643
automobile
[ɔ́:təməbì:l]

ⓝ 자동차

America's automobile industry was badly damaged by the recent economic crisis.

미국의 _____ 산업은 최근의 경제 위기로 인해 심각한 타격을 입었다.

0644
role model

ⓝ 동경의 대상, 역할 모델

Always a good role model, the soccer player never drank or took drugs.

언제나 훌륭한 _____ 인 그 축구선수는 음주나 마약을 전혀 하지 않았다.

0645
admire
[ædmáiər]

admiration ⓝ 존경; 감탄
admiring ⓐ 찬양하는;
감탄하는

ⓥ 좋아하다, 존경하다

Love it or hate it, you have to admire the Apple company and its innovations.

좋든 싫든, 당신은 애플(Apple)사와 그들의 혁신을 존경해야만 한다.

0646
parental
[pəréntl]

parent ⓝ 부모

ⓐ 부모의

The movie poster recommended parental guidance for children under thirteen years of age.

그 영화 포스터는 13세 이하 어린이들에게는 _____ 지도를 권고했다.

0647

upright
[ʌ́prài̯t]

ⓐ 똑바른, 꼿꼿한; 곧은

Once your baby sits **upright**, it's only a matter of time before crawling begins.
당신의 아기가 똑바로 앉는다면 기어 다니기 시작하는 것은 시간문제이다.

0648

deliberate
[dilíbərèit]

deliberately **ad** 고의적으로

ⓐ 의도적인, 고의의

The cheap flights were a **deliberate** ploy by the airline to gain popularity in the new country.
저렴한 항공료는 새로운 나라에서 인기를 얻기 위한 그 항공사의 _____ 책략이었다.

= intentional

0649

boredom
[bɔ́:rdəm]

ⓝ 권태, 지루함

Boredom can often lead to snacking on sugary foods, so it's important to stay active.
_____는 종종 단 음식의 섭취로 이어질 수 있으므로 활동성을 유지하는 것이 중요하다.

0650

alternate
[ɔ́:ltərnit]

alternation ⓝ 교대
alternately **ad** 교대로, 번갈아

ⓐ 번갈아 하는, 교대의

See the *Pink Panthers* play live on **alternate** Friday nights at the Royal Hotel.
로열 호텔에서 격주 금요일 밤마다 라이브 공연하는 '핑크 팬더'를 보라.

0651

exotic
[igzátik]

ⓐ 이국적인

It was an **exotic** sight — elephants, lions and zebras so close you could almost touch them.
그것은 _____ 광경이었다. 코끼리, 사자, 그리고 얼룩말들이 손닿을 듯 가까이 있었다.

0652

desperate
[déspərit]

despair ⓝ 절망 ⓥ 절망하다
desperately
ad 절망적으로, 필사적으로

ⓐ 필사적인, 간절히 원하는

It seemed a **desperate** act, but jumping out of the building certainly saved his life.
그것은 _____ 행위 같았지만, 그 빌딩에서의 낙하가 확실히 그의 목숨을 구했다.

We **desperately** need people who can foretell the future. 수능
우리는 미래를 예언할 수 있는 사람이 절실히 필요하다.

0648 의도적인　　0649 권태　　0651 이국적인　　0652 필사적인

DAY 17

0653

remote
[rimóut]

remotely **ad** 멀리서

ⓐ 멀리 떨어진

The School of the Air began to help educate children living on **remote** farming properties.

방송 통신 학교는 _____ 농장 지대에 사는 아이들을 교육하는 것을 돕기 시작했다.

= distant

0654

benefit
[bénəfìt]

beneficial **ⓐ** 이로운, 유익한

ⓝ 혜택, 이득 **ⓥ** 이득을 보다, 유익하다

Free lunch for all staff members is just one **benefit** of the many provided by the company.

전 직원 무료 점심은 그 회사가 제공하는 많은 _____ 가운데 하나에 불과하다.

= profit 이익[이득]을 얻다

0655

convince
[kənvíns]

ⓥ 납득시키다, 설득하다

Her parents had set her curfew at 11:30 p.m., and she could not **convince** them to change it.

그녀의 부모는 그녀의 통금 시간을 11시 30분으로 정했고, 그녀는 그들이 그것을 바꾸도록 _____ 못했다.

= persuade

0656

bumpy
[bʌ́mpi]

bump **ⓝ** 요철

ⓐ 울퉁불퉁한

It was a fairly uneventful flight, although it got a little **bumpy** toward the end.

끝날 때쯤에 다소 흔들렸지만, 그것은 상당히 평온무사한 비행이었다.

⬌ smooth 매끄러운

0657

long
[lɔːŋ]

ⓥ 애타게 바라다 (for)

I found a way to satisfy my **longing** for new friends. 수능

나는 새로운 친구를 향한 나의 애타는 바람을 만족시킬 방법을 찾았다.

0658

homey
[hóumi]

ⓐ 아늑한, 포근한

For a modern design, the apartment still managed to feel quite **homey**.

그 아파트는 현대적인 디자인에도 불구하고 여전히 꽤 _____ 기분이 들었다.

= cozy

0653 멀리 떨어진   0654 혜택   0655 납득시키지   0658 아늑한

0659

unattractive
[ʌ̀nətrǽktiv]

ⓐ 매력 없는, 좋지 않은

Most of the graffiti was **unattractive**, but something about the new picture on the wall interested the store owner.

대부분의 낙서는 흥미롭지 않았지만, 담벼락의 새로운 그림에 관한 뭔가는 가게 주인의 흥미를 끌었다.

↔ attractive 매력 있는

0660

crooked
[krúkid]

ⓐ 구불구불한, 곧지 않은

The main attraction of Lombard St. in San Francisco is driving down the **crooked** section.

샌프란시스코에 있는 롬바르드 거리의 주요 명소는 _____ 부분을 운전해 내려가는 것이다.

↔ straight

0661

mass produce

mass production
ⓝ 대량 생산

ⓥ 대량 생산하다

The company would like to **mass produce** the prototype it developed last year.

그 회사는 작년에 개발한 견본을 _____ 하기를 원한다.

0662

overhear
[òuvərhíər]

ⓥ 엿듣다

Customers had no choice but to **overhear** the argument between the couple in the quiet café.

고객들은 조용한 카페에서 그 커플 사이의 말다툼을 _____ 수밖에 없었다.

0663

spectacular
[spektǽkjələr]

spectacle ⓝ 장관, 광경

ⓐ 굉장한, 극적인

The stage production was quite **spectacular** and well worth the high cost of admission.

그 무대 연출은 매우 극적이었고 비싼 입장료의 값어치가 있었다.

0664

regret
[rigrét]

regretful ⓐ 후회하는

ⓥ 후회하다, 유감이다

It's with much **regret** that I write to inform you about our decision to reject your application.

당신의 지원을 거절하기로 한 우리의 결정을 알리는 글을 쓰게 되어 무척 _____ 입니다.

0660 구불구불한   0661 대량 생산   0662 엿들을   0664 유감

DAY 17

0665

engage
[engéidʒ]

engagement ⓝ 약속, 약혼

ⓥ 사로잡다, 끌다; 관계를 맺다; 약속하다

To really engage the students in the topic, a field trip to a local farm was organized.
그 학생들을 진정으로 그 주제로 끌어들이기 위하여 지역 농장으로의 답사를 계획했다.

0666

release
[rilí:s]

ⓝ 발표, 개봉, 석방 ⓥ 풀어주다; (대중에) 발표하다

The release of the movie was perfectly timed to coincide with the awards season.
그 영화의 _____ 은 수상 시즌과 같은 시기에 일치하도록 시기를 완벽히 맞춘 것이었다.

＝ set free 풀어주다, publish 발표하다

0667

distribute
[distríbju:t]

distribution ⓝ 분배, 배급

ⓥ 분배하다, 배포하다

As a final touch, distribute the remaining strawberries on the top of the cake for decoration.
마무리로 남은 딸기를 장식을 위해 케이크 위에 나눠 놓으세요.

＝ give out

0668

compare
[kəmpέər]

comparison ⓝ 비교, 비유

ⓥ 비교하다

Both were amazing, and it was impossible to compare the two meals and choose which was the best.
둘 다 놀라워서 두 음식을 _____ 해서 어떤 것이 최고인지 정하는 것은 불가능했다.

0669

rectangular
[rektǽŋgjələr]

rectangle ⓝ 직사각형

ⓐ 직사각형의

Advances in construction technology mean that buildings are no longer confined to being built in rectangular shapes.
건축 기술에서의 발전은 건물들이 더 이상 _____ 모양으로 건축되는 것에 한정되지 않는다는 것을 의미한다.

0670

ingredient
[ingrí:diənt]

ⓝ 재료, 원료

Cashew nuts were the ingredient that tied all the flavors together.
캐슈너트는 모든 맛을 한데로 묶어주는 _____ 였다.

0671

pharmacy
[fá:rməsi]

pharmacist ⓝ 약사

ⓝ 약국

The local pharmacy also sold a range of gifts, which was convenient for last-minute shopping.
동네 _____ 에서는 또한 다양한 선물을 판매했는데, 그것이 늦장 쇼핑을 하기에 편리했다.

0666 개봉   0668 비교   0669 직사각형   0670 재료   0671 약국

0672
organ
[ɔ́:rgən]

ⓝ (신체) 장기, 기관

Your heart is an important **organ** that needs to be looked after with healthy food and regular exercise.
당신의 심장은 건강한 음식과 규칙적인 운동으로 보살핌을 받아야 하는 중요한
_____이다.

> **Word Plus+** 신체 장기(organ) 관련 어휘
>
> heart 심장　　lungs 폐　　liver 간　　kidneys 신장　　stomach 위, 배　　bladder 방광
> small[large] intestines 소장[대장]　　brain 뇌

혼동 어휘

0673
fare
[fɛər]

ⓝ (교통) 요금

I asked a young woman to lend me some coins for the bus **fare**.
나는 버스 _____을 내려고 동전을 몇 개 빌려 달라고 한 젊은 여성에게 부탁했다.

0674
fair
[fɛər]

fairness ⓝ 공정; (피부가) 흰

ⓐ 공정한, 타당한; (양, 정도 등이) 상당한; (안색이) 창백한; (날씨가) 좋은

It's not **fair** that my colleague gets to leave work early and I don't.
내 동료는 일찍 퇴근하고 나는 퇴근하지 못한다는 것은 공평하지 않다.

A **fair** number of students will have taken a foreign language by the time they graduate from high school.
상당한 수의 학생들은 고등학교를 졸업할 때까지 한 가지 외국어를 습득하게 될 것이다.

I think it is rather **unfair** to decide our children's career paths based on the results of an aptitude test taken when they are 11 or 12 years old. 수능
나는 아이의 진로를 11~12살에 보는 적성 검사의 결과를 바탕으로 정하는 것이 꽤 부당하다고 생각한다.

⟹ unfair 부당한

0675
fear
[fiər]

fearful ⓐ 무서운
fearless ⓐ 두려움을 모르는

ⓝ 공포, 두려움　ⓥ 두려워하다, 염려하다

For some strange reason, my grandfather has always had a **fear** of flying.
몇 가지 이상한 이유로 우리 할아버지는 늘 비행을 _____.

They **fear** that these climbers may try to climb the biggest and tallest trees if they learn their exact locations. 수능
그들은 이 나무 타는 사람들이 그것들의 정확한 위치를 알게 되면 가장 크고 높은 나무들에 오르기 위해 노력할지도 모른다고 _____.

0672 장기　　0673 요금　　0675 두려워하셨다 / 염려한다

DAY 17

의외의 뜻을 가진 어휘

0676

run
[rʌn]

ⓥ (사업체, 기관 등을) 운영[경영]하다

John Lasseter **runs** the animation studio Pixar from its office in California.

John Lasseter는 캘리포니아에 위치한 사무실에서 만화 영화 제작 스튜디오인 픽사를
_____.

> **Tips** run을 '달리다'라는 뜻으로만 알고 있었다면 위의 뜻도 함께 알아두자!

숙어 / 이어동사

0677

out of fashion

시대에 뒤진, 구식인

Jeans with flared cuffs have been **out of fashion** since the mid-1970s.

나팔 청바지는 1970년대 중반 이후로 구식이 되었다.

0678

ahead of

~보다 앞에, ~보다 빨리

Drivers must be conscious of the safety distance between them and the car directly **ahead of** them on the highway.

운전자들은 고속도로에서 자신의 차와 바로 _____ 있는 차와의 안전거리를 의식해야만 한다.

= before

0679

call for

요구하다, 필요로 하다

The current crisis in China **calls for** strong leadership and timely action.

중국의 현재 위기는 강력한 통솔력과 시기적절한 조치를 _____.

0680

on the contrary

대조적으로

On the contrary, the GRE test is not easy, and not all students pass.

_____, GRE 시험은 쉽지 않아서 모든 학생이 합격하지 못한다.

0676 운영한다   0678 앞에   0679 필요로 한다   0680 대조적으로

DAILY TEST

A 다음 영어를 우리말로, 우리말을 영어로 쓰시오.

1 admire _____
2 call for _____
3 desperate _____
4 fear _____
5 ingredient _____
6 on the contrary _____
7 organ _____
8 out of fashion _____
9 pharmacy _____
10 rectangular _____

11 똑바른, 꼿꼿한; 곧은 _____
12 대량 생산하다 _____
13 동경의 대상, 역할 모델 _____
14 부모의 _____
15 비교하다 _____
16 엿듣다 _____
17 이국적인 _____
18 권태, 지루함 _____
19 사로잡다; 관계를 맺다 _____
20 후회하다, 유감이다 _____

B 다음 빈칸에 알맞은 단어를 쓰시오.

1 deliberate = _____
2 remote = _____
3 superior ⬌ _____
4 bumpy ⬌ _____

5 alternate ⓝ _____
6 benefit ⓐ _____
7 spectacular ⓝ _____
8 superior ⓝ _____

C 다음 빈칸에 들어갈 알맞은 말을 |보기| 에서 고르시오.

| 보기 | engages | rectangular | longs | overheard | fare |

1 A woman approached them and _____ my friend's wife say, "I can't believe how beautiful this is." 수능

2 One particular Korean kite is the _____ "shield kite,"which has a unique hole at its center. 수능

3 Every day each of us _____ in many types of complex activities. 수능

4 Children from ages 2 through 11 get 40% off the standard _____. 수능

5 She _____ for the day that her baby sleeps through the night.

DAY 18

0681
equipment
[ikwípmənt]

equip ⓥ 장비를 갖추다

ⓝ 장비, 용품

A pen and notebook was all the equipment needed to start work on her first novel.
펜 한 자루와 공책 하나가 그녀의 첫 번째 소설 작업을 시작하기 위해서 필요한 _____ 의 전부였다.

0682
presentation
[prèzəntéiʃən]

ⓝ 발표; 제시; 상연[상영]

Although he was interested in the presentation, he really only came for the free gift.
그는 발표에 관심이 있었지만, 실제로는 단지 무료 선물 때문에 왔다.

After all the scenes have finally been joined in the correct order, the film is ready for presentation. 수능
모든 장면이 마침내 올바른 순서로 합쳐지고 나면 그 영화는 _____ 될 준비가 된다.

0683
creativity
[krì:eitívəti]

creative ⓐ 창조적인, 독창적인

ⓝ 창조력, 독창성

The pressure to succeed academically can be at the cost of nurturing creativity in many students.
학문적으로 성공하려는 중압감은 많은 학생들에게 있어서 _____ 배양을 희생시킬 수 있다.

0684
gather
[gǽðər]

ⓥ 모으다, 모이다

It didn't take long for people to gather around and enjoy the street performance.
사람들이 모여 거리 공연을 즐기는 데에는 오랜 시간이 걸리지 않았다.

＝ assemble, collect

0685
historic
[histɔ́(:)rik]

history ⓝ 역사

ⓐ 역사적인

In a historic performance, the swimmer finished the games with twelve gold and three silver medals.
_____ 성과 속에, 그 수영선수는 12개의 금메달과 3개의 은메달로 그 대회를 끝냈다.

0686
fee
[fi:]

ⓝ 요금; 수수료

A: Do I have to pay late fees as well? I know I'm a little late.

B: No. You're OK. Late fees will be charged from next week. 수능
A: 연체료도 내야 하나요? 제가 조금 늦은 것을 압니다.
B: 아니오. 괜찮습니다. 연체료는 다음 주부터 부과될 것입니다.

Tips late fee는 '연체료'라는 뜻이다.

0681 용품   0682 상영   0683 독창성   0685 역사적인

0687

register
[rédʒəstər]

registration **ⓝ** 등록; 신고

ⓥ 등록하다; 신고하다　**ⓝ** 기록부, 명부

There are only a few rooms available, so **register** early to avoid disappointment.

이용할 수 있는 방이 몇 개 밖에 없으니 실망하지 않으려면 빨리 _____ 하십시오.

0688

discover
[diskʌ́vər]

discovery **ⓝ** 발견

ⓥ 발견하다, 알게 되다

I recently renewed my driver's license and was pleased to **discover** that the picture smiling back at me looked just like a 32-year-old woman. 수능

나는 최근에 내 운전면허증을 갱신했고 나를 향해 웃고 있는 사진이 서른 두 살의 여성처럼 보인다는 것을 _____ 되어 기뻤다.

Forgetting to set her alarm clock, she woke to **discover** she had missed her morning class.

그녀는 알람시계를 맞춰 놓는 것을 잊어서 일어나서 자신이 아침 수업을 놓쳤다는 것을 _____.

= find out

0689

include
[inklúːd]

inclusion **ⓝ** 포함

ⓥ 포함하다

It's important to **include** things like food and taxis when making a holiday budget.

휴가 예산을 작성할 때에는 음식과 택시 같은 것을 _____ 것이 중요하다.

0690

accommodation
[əkámədèiʃən]

accommodate **ⓥ** 수용하다

ⓝ 숙박시설

Accommodations start at $200 per night, and includes breakfast and a free welcome cocktail.

숙박은 1박에 200달러부터이며, 아침 식사와 무료 환영 칵테일 한 잔이 포함된다.

0691

souvenir
[sùːvəníər]

ⓝ 기념품

He was told not to, but the boy took one of the rocks home as a **souvenir**.

그 소년은 하지 말라는 말을 들었지만 암석 중 하나를 _____ 으로 집에 가져갔다.

0692

fine
[fain]

ⓝ 벌금

Driving more than 5km per hour above the speed limit near the school will earn all drivers a large **fine**.

학교 근처에서 시속 5킬로미터 이상으로 운전하는 모든 운전자들에게 많은 _____ 이 부과된다.

0687 등록　　0688 발견하게 / 알게 되었다　　0689 포함하는　　0691 기념품　　0692 벌금

DAY 18

0693

allowance

[əláuəns]

allow ⓥ 허락[용납]하다

ⓝ 용돈; 수당

Walking the dog and washing dishes were jobs that helped her earn a weekly **allowance**.

개를 산책 시키고 접시를 닦는 것은 그녀가 매주 _____ 을 버는 데 도움을 주는 일들이다.

0694

skip

[skip]

ⓥ (하던 일을) 건너뛰다; 뛰어다니다

Students who **skip** more than four classes without reason will receive an automatic "F" grade.

이유 없이 수업에 4번 이상 결석한 학생들은 자동적으로 'F' 학점을 받을 것이다.

= miss

0695

photocopy

[fóutou̯kàpi]

ⓝ 복사 ⓥ 복사하다

Just to be safe, they took **photocopies** of all the travel documents they needed.

단지 안전을 위해 그들은 자신들이 필요로 하는 모든 여행 서류를 _____ 했다.

0696

second-hand

[sèkəndhǽnd]

ⓐ 중고의

The dress was **second-hand**, but she still felt like a princess.

그 드레스는 _____ 였지만, 그녀는 여전히 공주 같은 기분이었다.

0697

charity

[tʃǽrəti]

ⓝ 자선; 자선 단체

Donations to the **charity** increased greatly when the work they did was recognized by the UN.

그들이 한 일이 UN의 승인을 받자 _____ 에 대한 기부가 크게 늘었다.

0698

trash

[træʃ]

ⓝ 쓰레기, 쓸모 없는 것

Separate the recyclable goods from the **trash** and place them in the box provided.

_____ 에서 재활용품을 분리해서 제공한 상자에 넣으세요.

= rubbish

0699

treasure

[tréʒər]

ⓝ 보물, 귀중품

The boy's **treasure** box held a feather, baseball cards, family photos, and the shells he found at the beach.

그 소년의 _____ 상자에는 깃털, 야구 카드, 가족사진과 자기가 해변에서 발견한 조개껍데기들이 담겨 있었다.

0693 용돈   0695 복사   0696 중고   0697 자선 단체   0698 쓰레기   0699 보물

beat
[biːt]
beatable ⓐ 이길 수 있는

ⓥ 이기다, 물리치다; 통제하다

Anyone who could **beat** the previous record for running the marathon would win a new car.
종전의 마라톤 기록을 깨는 사람이 새로운 자동차를 타게 될 것이다.

---

refund
[ríːfʌnd]
refundable ⓐ 환불 가능한

ⓝ 환불(금) ⓥ 환불하다

Please return faulty or unwanted goods within seven days for a full **refund**.
전액 _____을 위해 일주일 내로 불량품이나 원치 않는 상품을 반환해 주십시오.

Tips ask for a refund는 '환불을 요청하다', get a refund는 '환불 받다'라는 뜻이다.

---

exchange
[ikstʃéindʒ]

ⓝ 교환 ⓥ 교환하다

After the customary **exchange** of gifts, the family sat down to a wonderful Christmas breakfast.
의례적인 선물 _____ 후에 그 가족은 근사한 크리스마스 조찬을 위해 자리에 앉았다.

---

import
[impɔ́ːrt]

ⓝ 수입(품) ⓥ 수입하다, 가져오다

The architect recommended that the couple **import** their new doors from a specialist in Italy.
그 건축가는 그 부부에게 이탈리아의 장인으로부터 새로운 문을 수입할 것을 권고했다.

Immigrants are **importing** their mother tongues at record rates.
수능
이민자들은 기록적인 비율로 자신들의 모국어를 들여오고 있다.

⟸ export 수출(하다)

---

export
[éksprt / ikspɔ́ːrt]

ⓝ 수출(품) ⓥ 수출하다, 내보내다

After the bananas were washed and packed, they were ready to be collected for **export**.
그 바나나들은 세척되고 포장된 다음 _____을 위해 집하될 준비가 되었다.

Some are concerned with the import or **export** of goods or services between one country and another. 수능
일부는 한 나라와 다른 나라 사이의 제품과 서비스의 수입이나 _____과 관련 있다.

⟸ import 수입(하다)

0701 환불   0702 교환   0704 수출 / 수출

DAY 18

0705

delightful
[diláitfəl]

delight ⋒ 기쁨, 즐거움

ⓐ 매우 기분 좋은, 유쾌한, 즐거운

It was a delightful wedding — everything was tastefully decorated, and the food was delicious.
즐거운 결혼식이었다. 모든 것이 세련되게 장식되었고 음식은 맛있었다.

0706

budget
[bʌ́dʒit]

budgetary ⓐ 예산의

ⓝ 예산 ⓥ 예산을 세우다

If they could stick to a budget for six months, they could afford to travel to Europe for the summer.
그들이 6개월 동안 _____ 을 고수할 수 있다면 여름에 유럽 여행을 할 여유가 있을 것이다.

0707

grip
[grip]

ⓥ 움켜잡다 ⓝ 통제

Putting chalk powder on your hands will make gripping the rocks easier.
손에 분필 가루를 바르면 바위를 잡기가 훨씬 더 쉬워질 것이다.

0708

estimate
[éstimət / éstəmèit]

ⓝ 추정[추산], 견적 ⓥ 추정[추산]하다

If you cannot get confirmed prices, get as many estimates as you can. 수능
확정 가격을 얻지 못했다면 가능한 한 많은 _____ 을 얻도록 해라.

We estimate your order will take 5-10 days for delivery.
당신의 주문품은 배달이 5~10일 정도 걸릴 것으로 _____ 합니다.

0709

emergency
[imə́:rdʒənsi]

ⓝ 비상[긴급] (사태)

In an emergency, please evacuate the building using the stairs, not the elevator.
_____ 시에는 엘리베이터가 아닌 계단을 이용해서 건물에서 대피하십시오.

접두어   non- '~이 아님'

0710

nonviolent
[nɑ́nváiələnt]

ⓐ 비폭력의

The nonviolent nature of the demonstrations was reflected positively in the news coverage of the event.
그 시위의 _____ 성격은 그 사건에 대한 뉴스 보도에서 긍정적으로 비춰졌다.

➡ violent 폭력적인

0706 예산   0708 견적 / 추정   0709 비상   0710 비폭력적인

0711

nonsense
[nánsens]

ⓝ 말도 안 되는 말[생각]

The little girl was sure she saw a dragon, even though her mother told her it was nonsense.
소녀의 엄마는 그녀에게 말도 안 된다고 했지만, 그 어린 소녀는 자기가 용을 보았다고 확신했다.

Today's physicists say, "This is nonsense. A moving object continues to move unless some force is used to stop it." 수능
오늘날의 물리학자들은 "이것은 말도 안 됩니다. 움직이는 물체는 그것을 멈추려는 어떤 힘이 있지 않는 한 계속 움직입니다."라고 말한다.

0712

nonfiction
[nɑnfíkʃən]

ⓝ 사실이나 실제 일어난 일을 다루는 글[문학], 실화

The fact that the story was nonfiction made it even more terrifying.
그 이야기가 _____ 라는 사실이 더욱 무서웠다.

0713

nonverbal
[nɑnvə́:rbəl]

ⓐ 비언어적인

The performance, although nonverbal, moved the audience to tears with its sad ending.
그 공연은 비록 대사는 없었지만, 비극적인 결말로 청중들의 눈물을 자아냈다.

0714

nonprofit
[nànpráfit]

ⓐ 비영리적인

The café was a popular nonprofit enterprise, using the money it made to help train disadvantaged workers.
그 카페는 수익을 교육 혜택을 받지 못한 근로자들을 돕기 위해 쓰는 _____ 기업이다.

혼동 어휘

0715

emit
[imít]

emission ⓝ 배출(물)

ⓥ (빛, 가스 등을) 내뿜다

The Hubble Telescope can easily detect rays of light emitted by distant stars and galaxies.
허블 우주 망원경은 멀리 있는 별들과 은하계에서 _____ 광선들을 쉽게 발견할 수 있다.

Tips 허블 우주 망원경은 지구 궤도를 도는 미국 항공 우주국(NASA)의 천체 관측 망원경이다.

0716

omit
[oumít]

omission ⓝ 생략, 누락

ⓥ 생략하다

I was asked not to omit any details in my report to the branch manager.
나는 지점장에게 제출할 보고서에서 어떤 세부사항도 _____ 말라는 부탁을 받았다.

⟷ include 포함하다

0712 실화   0714 비영리   0715 내뿜는   0716 생략하지

DAY 18

의외의 뜻을 가진 어휘

0717

solution
[səljúːʃən]

ⓝ 용액

The chemical **solution** we will be using in the lab has been prepared by the research assistant.
우리가 실험실에서 사용하게 될 화학 _____ 은 연구 보조에 의해 준비되었다.

> **Tips** solution을 '해결(책)'이라는 뜻으로만 알고 있었다면 '용액'이라는 뜻도 함께 알아두자!

숙어 / 이어동사

0718

out of order

고장 난; 정리가 안 된

The projector in auditorium A has been **out of order** this whole semester.
A 강당에 있는 영사기는 이번 학기 내내 _____ 있다.

I'm trying to get into our apartment, but the new doorlock seems to be **out of order**. 수능
나는 우리 아파트에 들어가려고 했으나 새 출입문 자물쇠가 고장 난 것 같다.

0719

out of control

통제할 수 없는

Inflation has been **out of control** for several months now, and observers are becoming anxious about it.
인플레이션은 이제 몇 개월째 _____, 지켜보는 사람들은 이에 대해 염려하고 있다.

0720

pull over

(차 등을) 세우다, 대다

While he was driving the car down the deserted highway, Melissa suggested that he **pull over** and look at the map.
그가 황량한 고속도로에서 운전하는 동안 Melissa는 차를 세우고 지도를 보라고 제안했다.

0717 용액   0718 고장이 나   0719 통제할 수 없고

매일매일 영단어 복습하기

A 다음 영어를 우리말로, 우리말을 영어로 쓰시오.

1	emergency		11	기념품
2	emit		12	발표; 제시; 상연(상영)
3	estimate		13	벌금
4	nonprofit		14	숙박시설
5	nonverbal		15	역사적인
6	omit		16	용돈; 수당
7	out of control		17	자선; 자선 단체
8	solution		18	장비, 용품
9	trash		19	중고의
10	treasure		20	창조력, 독창성

B 다음 빈칸에 알맞은 단어를 쓰시오.

1	gather	=		5	discover	ⓝ
2	skip	=		6	include	ⓝ
3	import	⬌		7	register	ⓝ
4	nonviolent	⬌		8	refund	ⓐ

C 다음 빈칸에 들어갈 알맞은 말을 |보기| 에서 고르시오.

보기	beat	pull over	delightful	fee	historic

1 Flying over rural Kansas in an airplane one fall evening was a _____ experience for passenger Walt Morris. 수능

2 She suddenly feels like following the trail on foot. So, she wants to ask the driver to _____ . 수능

3 Most of the entry _____ went towards keeping the park clean for visitors.

4 Understanding why _____ events took place is also important. 수능

5 Congratulations! Finally, you _____ your competitors. 수능

DAY 19

0721
cover
[kʌ́vər]

coverage ⓝ 보장; 범위

ⓥ 다루다; 포함하다; (보험으로) 보장하다

Even though the car accident was not her fault, the insurance company would not **cover** her repairs.
비록 그 교통사고는 그녀의 잘못이 아니었지만, 보험 회사는 그녀의 수리비를 _____ 하려 하지 않았다.

A suitable insurance policy should provide **coverage** for medical expenses arising from illness or accident prior to or during their vacation, loss of vacation money, and cancellation of the holiday. 수능
적절한 보험 정책은 휴가 전이나 휴가 중에 발생한 질병이나 사고로 인한 의료비, 휴가비 분실, 휴가 취소를 _____ 해야 한다.

= deal with 다루다

0722
sudden
[sʌ́dn]

suddenly ad 갑자기

ⓐ 갑작스러운

After a **sudden** drop in temperature, everyone stopped swimming and left the beach.
기온이 갑자기 떨어져서 기온 하강 후에 모든 사람들은 수영을 중단하고 해변을 떠났다.

0723
factor
[fǽktər]

ⓝ 요인, 인자

Her previous work experience was a major **factor** behind her recent job promotion.
그녀의 이전의 업무 경력은 그녀의 최근의 승진 배경에 있어서 주요한 _____ 이었다.

0724
aggressive
[əgrésiv]

aggression ⓝ 공격(성)
aggressively ad 공격적으로

ⓐ 공격적인, 적극적인

Both teams played an **aggressive** game, and it was a shame that one had to lose.
두 팀은 모두 _____ 게임을 펼쳤고 한 팀이 지는 것은 부끄러운 일이었다.

0725
mature
[mətʃúər]

maturity ⓝ 성숙함, 성인임

ⓐ 성숙한, 다 자란 ⓥ 성숙해지다

She was **mature** enough to walk away from the girls who teased her about her glasses.
그녀는 자신의 안경에 대해 놀리는 소녀들을 외면할 정도로 _____.

0726

sensibility

[sènsəbíləti]

sensible ⓐ 분별 있는

ⓝ 감정, 감수성

He showed a depth of sensibility and thoughtfulness that was rare for people of his age.

그는 자기 또래의 사람들에게는 거의 없는 깊이 있는 _____ 과 신중함을 보여 주었다.

0727

constant

[kánstənt]

constantly 【ad】 끊임없이

ⓐ 끊임없는

The constant interruptions at home forced the boy to go to the library to study.

집에서의 _____ 방해로 그 소년은 공부를 하러 도서관에 가지 않을 수 없었다.

= continual

0728

civilize

[sívəlàiz]

ⓥ 교화하다; 세련되게 하다

A civilized man, Mr. Smith always helped others and was polite to everyone he met.

세련된 Smith 씨는 항상 남을 돕고, 만나는 모든 사람들에게 정중했다.

0729

trade

[treid]

ⓝ 상거래, 교역

The book trade was a great success with more than 300 books being exchanged during the event.

그 도서 _____ 는 그 이벤트 기간 중 300권 이상이 교환되는 대성공이었다.

= commerce

0730

contain

[kəntéin]

content ⓝ 내용(물)

ⓥ ~이 들어 있다

The gift looked big enough to contain a new television.

그 선물은 새 텔레비전이 _____ 만큼 충분히 커 보였다.

0731

cuisine

[kwizí:n]

ⓝ (고유의) 요리법

Meat dishes feature heavily in French cuisine.

프랑스 요리에서는 심할 정도로 고기 요리들이 특징을 이룬다.

Word Plus+ 음식(food) 관련 어휘

appetizer 전채요리   barley 보리   blend 섞다   doggy bag 식당에서 먹고 남은 음식을 싸가는 봉지

juicy 즙이 많은   spoonful 한 숟가락   sweet potato 고구마   wholefood 자연식품   wheat 밀

flour 밀가루   yolk 노른자

0726 감수성   0727 끊임없는   0729 상거래   0730 들어 있을

DAY 19

0732

consume
[kənsúːm]

consumption ⓝ 소비(량)

ⓥ 소비하다; 먹다

Turning your computer screen off will **consume** less energy and therefore save you money.
컴퓨터 화면을 끄는 것은 에너지를 덜 _____ 것이다. 그래서 당신의 돈을 절약해 줄 것이다.

0733

consumer
[kənsúːmər]

ⓝ 소비자

Consumer prices of essential products like rice, milk, and vegetables are 10% higher than last year.
쌀, 우유, 채소와 같은 필수품의 _____ 가격은 작년보다 10%가 더 비싸다.

0734

manufacture
[mǽnjəfǽktʃər]

manufacturing ⓝ 제조업

ⓥ 제조[생산]하다 ⓝ 제조, 생산

The company was able to **manufacture** cars that emitted less pollution than before.
그 회사는 전보다 오염 물질을 덜 방출하는 차를 _____ 수 있었다.

= produce 제조[생산]하다

0735

purchase
[pə́ːrtʃəs]

ⓥ 사다 ⓝ 구입

If you **purchase** one pair of shoes, you get the second for half-price.
신발 한 켤레를 _____ 다른 신발을 반값에 살 수 있습니다.

= buy 사다

0736

portray
[pɔːrtréi]

portrait ⓝ 초상화
portrayal ⓝ (책, 연극 내에서의) 묘사

ⓥ 묘사하다

The novel *Great Expectations* **portrays** England during the Industrial Revolution.
소설 '위대한 유산'은 산업혁명기의 영국을 _____.

= depict

0737

offend
[əfénd]

offense ⓝ 모욕, 범죄
offensive ⓐ 모욕적인, 불쾌한

ⓥ 불쾌하게 하다

The young man promised not to **offend** his teacher anymore by talking in her class.
그 젊은이는 수업 중에 떠들어서 더 이상 선생님을 불쾌하게 하지 않겠다고 약속했다.

0732 소비할   0733 소비자   0734 생산할   0735 사면   0736 묘사한다

0738 hateful
[héitfəl]

ⓐ 불쾌한, 혐오스러운

The new neighbor spoke in such a **hateful** way that no one wanted to ask her to the party.

새로운 이웃은 말을 너무 불쾌하게 해서 아무도 그녀를 파티에 초대하려고 하지 않았다.

0739 feather
[féðər]

ⓝ 깃털

All birds, regardless of whether they are flightless or not, have **feathers** on their bodies.

모든 새들은, 날고 못 날고를 떠나서, 몸에 _____ 이 있다.

0740 escape
[iskéip]

ⓥ 탈출하다, 벗어나다

Camping is a great way to get back to nature and **escape** everyday life for a while.

캠핑은 자연으로 돌아가 잠시 일상생활에서 _____ 수 있는 훌륭한 방법이다.

0741 punish
[pʌ́niʃ]

punishment ⓝ 처벌, 형벌

ⓥ 처벌하다

If she is late one more time, the teacher will **punish** her with a detention.

그녀가 한 번 더 지각을 하면, 선생님은 그녀에게 방과 후에 남도록 벌을 줄 것이다.

0742 reveal
[rivíːl]

revelation ⓝ 폭로

ⓥ 밝히다, 드러내다

She didn't want to **reveal** her dress until the day of the wedding.

그녀는 결혼식 날까지 드레스를 드러내고 싶지 않았다.

⬌ conceal 감추다

0743 perspective
[pə:rspéktiv]

ⓝ 관점, 시각, 원근법

The theater company's production of *Romeo and Juliet* was told from a modern **perspective**.

그 극단의 작품 '로미오와 줄리엣'은 현대적인 _____ 에서 이야기를 들려주었다.

0744 abstract
[æbstrækt]

abstraction ⓝ 관념

ⓐ 추상적인, 관념적인

To him, hunger was an **abstract** concept as he had never missed a meal in his life.

그는 일생에 식사를 거른 적이 전혀 없었기 때문에 배고픔이 _____ 개념이었다.

⬌ concrete 구체적인

0739 깃털   0740 탈출할   0743 시각   0744 추상적인

DAY 19

0745
concrete
[kánkríːt]

concretely ad 구체적으로

ⓐ 구체적인, 실체가 있는

The strange weather we are having is a concrete example of global warming.
요즘 우리가 맞고 있는 이상한 날씨는 지구온난화의 한 _____ 예다.

⟺ abstract 추상적인

0746
convert
[kənvə́ːrt]

conversion ⓝ 전환, 전향

ⓥ 바꾸다, 전환하다

It wasn't hard to convert the sofa into an extra bed when the extra guests arrived.
추가 손님이 왔을 때 소파를 추가 침대로 _____ 것은 어렵지 않았다.

0747
comprehend
[kàmprihénd]

comprehension ⓝ 이해력
comprehensible
ⓐ 이해할 수 있는
comprehensive ⓐ 포괄적인

ⓥ 이해하다

The story was easy to comprehend, even if it was a little boring.
그 이야기는 약간 지루했지만, 이해하기에는 쉬웠다.

= understand

0748
darken
[dáːrkən]

dark ⓐ 어두운

ⓥ 어두워지다, 어둡게 하다

The sky began to darken before lunch, and the rain started not long afterwards.
하늘은 점심 식사 전에 _____ 시작했고 오래지 않아서 비가 내리기 시작했다.

⟺ lighten

0749
combine
[kəmbáin]

combination ⓝ 결합(물)

ⓥ 결합하다

Making purple paint is easy — simply combine red and blue.
보라색 물감을 만드는 것은 쉽다. 단지 빨간색과 파란색을 _____ 해라.

0750
refine
[rifáin]

refinement ⓝ 개선

ⓥ (작은 변화로) 개선하다

The committee decided to refine the interview process in the next meeting.
그 위원회는 다음 회의에 면접 과정을 _____ 하기로 결정했다.

= improve 개선하다

0745 구체적인   0746 바꾸는   0748 어두워지기   0749 결합   0750 개선

0751

outward
[áutwərd]

ⓐ 겉보기의, 표면상의

From an **outward** perspective, the position involved many positive benefits like travel and a car.
그 직책은 표면적 관점에서 여행과 자동차 같은 많은 긍정적인 혜택을 포함하고 있었다.

0752

policy
[páləsi]

ⓝ 정책, 방책; 보험증서

Saving paper is a **policy** of this office, so we encourage staff members not to print if they don't need.
종이를 절약하는 것은 이 사무실의 _____ 이다. 따라서 우리는 필요한 경우가 아니면 인쇄를 하지 말라고 직원들에게 장려한다.

Please keep your insurance **policy** and emergency contact details with you at all times. 수능
보험 _____ 와 긴급 연락처를 항상 휴대하고 다녀라.

0753

associate
[əsóuʃièit / əsóuʃiət]

association ⓝ 연관, 연계, 협회

ⓥ 연관 짓다 ⓝ (직장) 동료

She would **associate** red shoes with the movie *The Wizard of Oz* throughout her childhood.
그녀는 어린 시절 내내 빨간 구두를 영화 '오즈의 마법사'와 연관 짓곤 했다.

After a lunch meeting with a work **associate**, she left the office to collect the daily mail.
그녀는 직장 _____ 와 점심 미팅 후에 그날의 우편물을 수거하기 위해 사무실을 나섰다.

= colleague 동료

0754

hesitate
[hézətèit]

hesitation ⓝ 주저, 망설임

ⓥ 주저하다, 망설이다

She did **hesitate** for a minute when she saw the handsome man, but she went ahead and greeted him.
그녀는 그 잘생긴 남자를 보고 잠시 _____ 했지만, 그에게 가서 인사했다.

혼동 어휘

0755

favor
[féivər]

favorable ⓐ 호의적인

ⓝ 호의; 지지 ⓥ 선호하다

Everyone at the office thinks that Frank is trying to earn the boss's **favor** by working late every night.
사무실에 있는 사람들 모두 Frank가 매일 밤늦게까지 일해서 상사의 _____ 를 사려 한다고 생각한다.

0752 정책 / 증서   0753 동료   0754 주저   0755 호의

0756

flavor
[fléivər]

ⓝ 맛

The gelato place on the corner of First and Amsterdam in New York sells more than 30 **flavors** of ice cream.

뉴욕의 1번가와 암스테르담가가 만나는 코너에 위치한 젤라또 가게는 서른 가지가 넘는 _____의 아이스크림을 판매한다.

다의어

0757

complex
[kámpleks/kəmpléks]

complexity ⓝ 복잡함

ⓐ 복잡한

Nuclear reactors are **complex** systems that require hundreds of people to work properly.

원자로는 수백 명의 사람들이 제대로 일해야 하는 _____ 장치이다.

= complicated ⟺ simple 단순한

ⓝ 단지, 복합 건물

The housing **complex** I grew up in was recently demolished to make way for a golf course.

내가 자란 주택 _____는 최근에 골프장에 자리를 내주기 위해 철거되었다.

숙어 / 이어동사

0758

give birth to

(아이를) 낳다; 〈비유적〉 일으키다, 발생시키다

Andrew asked to be present when his wife **gave birth to** their daughter, and the doctors agreed.

Andrew는 아내가 딸을 _____ 때 옆에 있게 해달라고 부탁했고 의사들을 동의했다.

0759

by all means

반드시

If you do not understand the lecture, then **by all means** ask the professor questions.

당신이 그 강의가 이해되지 않는다면, _____ 교수님에게 질문하세요.

0760

flood in[into]

몰려들다, 쇄도하다

Starting in the 1960s, people began **flooding into** Chattanooga, a former factory town, to explore its caves, rivers, and cliffs. 수능

1960년대부터 사람들은 동굴, 강, 절벽을 탐사하기 위해 이전에는 공장 도시였던 Chattanooga로 몰려들기 시작했다.

0756 맛   0757 복잡한 / 단지   0758 낳을   0759 반드시

DAILY TEST

A 다음 영어를 우리말로, 우리말을 영어로 쓰시오.

1 aggressive _____
2 civilize _____
3 consume _____
4 contain _____
5 cuisine _____
6 factor _____
7 manufacture _____
8 mature _____
9 purchase _____
10 sensibility _____

11 겉보기의, 표면상의 _____
12 결합하다 _____
13 깃털 _____
14 반드시 _____
15 불쾌하게 하다 _____
16 정책, 방책; 보험증서 _____
17 처벌하다 _____
18 탈출하다, 벗어나다 _____
19 불쾌한, 혐오스러운 _____
20 호의; 지지; 선호하다 _____

B 다음 빈칸에 알맞은 단어를 쓰시오.

1 trade = _____
2 portray = _____
3 reveal ⬌ _____
4 abstract ⬌ _____

5 contain ⓝ _____
6 consume ⓝ _____
7 offend ⓐ _____
8 comprehend ⓝ _____

C 다음 빈칸에 들어갈 알맞은 말을 |보기| 에서 고르시오.

| 보기 | reveal | sudden | flooded into | consumers | flavor |

1 At that moment, a _____ inspiration took hold. 수능

2 Bottles can _____ their contents without being opened. 수능

3 Teas will be judged according to color, smell, and _____ . 수능

4 Ordinary _____ can own a copy of the highly valued originals. 수능

5 When I woke up this morning, memories about my dream _____ my mind.

DAY 20

0761

consist
[kənsíst]

ⓥ (~로) 이루어져 있다; (~에) 있다

The meeting was to **consist** only of the three managers and the secretary, but 10 people came along.

그 회의는 세 명의 관리자와 비서만으로 이루어지도록 되어 있었지만, 10명이 따라 들어왔다.

0762

burden
[bə́:rdn]

ⓝ 짐, 부담

Being the class president was a great experience, but the extra work was a **burden** during exam time.

반장이 된 것은 큰 경험이지만, 시험 중에는 별도의 업무가 _____ 이었다.

0763

offer
[ɔ́(:)fər]

ⓥ 제안[제의]하다 **ⓝ** 제안, 제의

The company **offered** me a job, but I rejected it.

그 회사는 내게 일자리를 제안했지만, 나는 그것을 거절했다.

0764

optimistic
[àptəmístik]

optimist **ⓝ** 낙관론자

ⓐ 낙천적인; 낙관하는

The college application was difficult, but she was **optimistic** about her chances of being accepted.

그 대학 지원은 어려웠으나, 그녀는 자신이 받아들여질 기회에 대해 _____ 했다.

⟺ pessimistic 비관적인

0765

string
[stríŋ]

ⓝ 줄, 끈

A tight violin **string** can be viewed as composed of many individual pieces that are connected in a chain as in the above two figures. 수능

위의 두 그림에서 보는 바와 같이 팽팽한 바이올린 _____ 은 체인 형태로 연결된 많은 개별적인 부분의 합으로 볼 수 있다.

Tips no strings attached는 '아무 조건 없이'라는 뜻이다.

The Internet advertisement promised "**no strings attached**," but I later learned of the high interest rate.

그 인터넷 광고는 '조건 없음'이라고 약속했지만, 나는 이자율이 높다는 것을 나중에 알게 되었다.

0766

vibrate
[váibreit]

vibration **ⓝ** 진동

ⓥ 진동하다, 떨다

It was some time before she felt the phone **vibrate** in her bag.

어느 정도 시간이 지나서야 그녀는 가방 안에서 전화기가 _____ 것을 느꼈다.

0762 부담   0764 낙관   0765 줄   0766 진동하는

0767

interpret
[intə́:rprit]

interpretation ⓝ 해석, 이해

ⓥ 이해하다, 해석[통역]하다

The results of the X-ray were difficult to **interpret**.

그 엑스레이 결과는 _____ 하기에 어려웠다.

0768

slightly
[sláitli]

slight ⓐ 약간의, 조금의

ad 약간

The vegetables were still **slightly** crunchy, which really brought out their flavors.

그 야채들은 여전히 _____ 아삭거렸으며, 그것이 진정으로 풍미를 냈다.

0769

equal
[í:kwəl]

equality ⓝ 평등, 균등
equally ad 동일하게, 균등하게

ⓐ 같은, 동등한

Although the twins were exactly **equal** in height, they looked nothing like each other.

그 쌍둥이는 정확히 키가 같았지만, 그들은 서로 전혀 닮아 보이지 않았다.

0770

curtained
[kə́:rtənd]

ⓐ 커튼이 쳐진

I've always wanted to know what's behind the **curtained** door.

나는 _____ 문 뒤에 무엇이 있는지 늘 알고 싶었다.

⟺ uncurtained 커튼이 쳐지지 않은

She looked automatically again at the high, **uncurtained** windows. 수능

그녀는 무의식적으로 다시 높이 있는 _____ 창을 바라보았다.

0771

tax
[tæks]

ⓝ 세금

After the 10% **tax** was added to the dinner bill, it was a surprise to the couple who didn't budget for it.

저녁식사 계산서에 10%의 _____ 이 추가되자 그것을 예산에 넣지 않은 그 부부는 놀랐다.

> **Word Plus+** 세금(tax) 관련 어휘
>
> consumption tax 소비세　　corporate tax 법인세　　income tax 소득세　　inheritance tax 상속세
> property tax 재산세　　tariff 관세　　value added tax(VAT) 부가가치세

0772

complain
[kəmpléin]

complaint ⓝ 불평, 항의

ⓥ 불평하다, 항의하다

After the third day with no lunch break, the employee decided to **complain** about the extra workload.

점심시간이 없어진 지 3일 후에 직원들은 추가 업무 대해 _____ 하기로 했다.

0767 이해　　0768 약간　　0770 커튼이 쳐진 / 커튼이 쳐지지 않은　　0771 세금　　0772 항의

DAY 20

0773

function
[fʌ́ŋkʃən]

functional ⓐ 기능적인,
실용적인

ⓝ 기능 ⓥ 기능을 하다

The **function** of the committee is to investigate the recent complaints received by employees.
그 위원회의 ＿＿＿＿＿ 은 직원들을 통해 받은 최근의 불만 사항을 조사하는 것이다.

With regular maintenance and care, your new car should drive and **function** well for many years to come.
정기적인 정비와 관리를 해주면 당신의 새 차는 앞으로 몇 년 동안 잘 달리고 제 기능을 할 것입니다.

0774

athletic
[æθlétik]

athlete ⓝ 운동선수

ⓐ 운동 경기의; 몸이 튼튼한

While her parents were proud of her **athletic** success, they still wanted her to achieve high grades.
그녀의 부모는 그녀가 운동에서 성공한 것을 자랑스러워했지만, 아직도 그녀가 좋은 성적을 얻기를 바랐다.

0775

overall
[óuvərɔ́:l]

ⓐ 종합적인 ⓐⓓ 전반적으로

It was a good day **overall**, and all the children went home proud of their performances.
＿＿＿＿＿ 괜찮은 날이었고, 모든 아이들은 자신의 연주에 대해 자랑스러워하며 집으로 갔다.

0776

resemble
[rizémbl]

resemblance ⓝ 닮음,
유사함

ⓥ 닮다

It's amazing how closely some fake handbags **resemble** the expensive designer ones.
일부 가짜 핸드백이 디자이너가 만든 값비싼 핸드백을 얼마나 흡사하게 빼닮았는지 놀라울 정도다.

0777

curve
[kə:rv]

curvy ⓐ 굴곡이 많은

ⓥ 곡선으로 나아가다 ⓝ 곡선

The ball **curved** cleanly into the basket, stiffly popping the chain-link net. 수능
공은 골대 안으로 깨끗하게 곡선을 그리며 나아가서 굵은 철사로 엮인 골망으로 빳빳하게 들어갔다.

0778

spectator
[spékteitər]

spectate ⓥ 지켜보다,
구경하다

ⓝ 관중

It's exciting to see a **spectator** who catches a baseball during the game.
게임 도중 ＿＿＿＿＿ 이 야구공을 잡는 것을 보는 것은 흥미진진하다.

0773 기능   0775 전반적으로   0778 관중

0779 depression

[dipréʃən]

depress ⓥ 우울하게 만들다, 침체시키다

depressive ⓐ 우울증의

ⓝ 우울(증); 경기 침체

On the contrary, over forty years ago, controlled studies showed that fits of anger are more likely to intensify anger, and that tears can drive us still deeper into **depression**. 수능

반면에, 40여 년 전에 대조 연구는 발끈하는 것은 화를 더욱 강화시키기 쉽고, 눈물은 훨씬 더 깊은 _____ 에 빠지게 한다는 것을 보여 주었다.

= slump 경기 침체

0780 found

[faund]

foundation ⓝ 토대, 재단

ⓥ 설립하다

The first campus, **founded** by the original families in the area, was opened in 1906.

그 지역에 원래부터 거주하던 가문들에 의해 _____ 최초의 캠퍼스는 1906년에 문을 열었다.

= establish

Tips 동사 find의 과거형, 과거분사형 found와 혼동하지 않도록 유의하자!

0781 progressive

[prəgrésiv]

progress ⓥ 진전을 보이다

ⓐ 진보적인; 점진적인

He had always had **progressive** ideas, so he was happy to stay home with the baby.

그는 항상 _____ 생각을 가지고 있어서 아기와 함께 집에 있는 것을 좋아했다.

= gradual 점진적인　⟷ conservative 보수적인, sudden 급진적인

0782 justice

[dʒʌ́stis]

ⓝ 정의, 정당성

The family struggled to see the **justice** behind the judge's decision.

그 가족은 그 판사의 결정 배후에 있는 _____ 를 보기 위해 애를 썼다.

= legitimacy

0783 branch

[bræntʃ]

ⓝ 나뭇가지; (회사의) 지점, 분점

Please visit our central city **branch** for easy banking in more than ten languages.

열 개 이상의 언어로 편리하게 은행 업무를 보시려면 우리의 시 중앙 _____ 을 방문해 주십시오.

0784 sacred

[séikrid]

ⓐ 신성한, 성스러운

The area was **sacred** to the native people who had lived there for thousands of years.

그 지역은 그곳에서 수천 년을 살아온 원주민들에게는 _____ 곳이었다.

0779 우울증　0780 설립된　0781 진보적인　0782 정의　0783 지점　0784 신성한

DAY 20

0785

mediate
[míːdièit]

mediator ⓝ 중재인, 조정자
mediation ⓝ 중재, 조정

ⓥ 중재하다, 조정하다

A special security meeting was called to try to mediate the growing tensions between the companies.
회사들 간의 고조되는 긴장감을 _____ 위한 시도로 특별 보안 회의가 소집되었다.

0786

dispute
[dispjúːt]

ⓝ 분쟁, 논쟁 ⓥ 반박하다, 반론하다

There was much dispute over the painting, with many calling it a fake.
많은 사람들이 그 그림을 가짜라고 말하면서 그에 대한 많은 _____ 이 있었다.

0787

official
[əfíʃəl]

officially ⓐ 공식적으로

ⓐ 공식적인, 공무상의 ⓝ 관리

Finally it was official — the council had approved plans for the new building.
드디어 공식으로 위원회는 새로운 건물 건설 계획을 승인했다!

A government official gave a statement on behalf of the Prime Minister, who was then ill.
한 정부 _____ 가 당시 병석에 있는 국무총리를 대신해서 성명을 발표했다.

⟺ unofficial 비공식적인

0788

regulate
[régjəlèit]

regulation ⓝ 규정, 규제

ⓥ 규제[단속]하다; 조절하다

To regulate the temperature, use the controls on the main control panel.
온도를 _____ 하려면 주 제어판에 있는 제어기를 이용하시오.

0789

heat
[hiːt]

ⓥ 뜨겁게 하다, 데우다 ⓝ 열

When the salad was finished, all that was left to do was heat the sauce and decorate the cake.
샐러드가 완성되자 남은 일은 소스를 _____ 케이크를 장식하는 일뿐이었다.

0790

blossom
[blásəm]

ⓝ 꽃 ⓥ 꽃이 피다

The beautiful pink blossoms meant that spring had finally arrived.
아름다운 분홍색 _____ 들은 드디어 봄이 왔다는 것을 의미했다.

= bloom

0785 중재하기   0786 논쟁   0787 관리   0788 조절   0789 데우고   0790 꽃

0791

aroma
[əróumə]

ⓝ 향기

It was impossible not to be hungry with the aroma of freshly baked bread coming from the kitchen.

부엌에서 풍겨오는 갓 구운 빵의 _____에 배고파지지 않는다는 것은 불가능했다.

0792

weakness
[wíːknis]

ⓝ 약점, 약함

Chocolates were always the teacher's weakness, and her students bought her some each week.

초콜릿은 언제나 그 선생님의 _____이었으며, 그녀의 학생들은 매주 그녀에게 초콜릿을 조금 사주었다.

0793

bend
[bend]

bent ⓐ 구부러진

ⓥ 구부리다

Each time the baby threw something, the poor mother had to bend over and pick it up again.

아기가 뭔가를 던질 때마다 가엾은 엄마는 허리를 굽히고 그것을 다시 주워야 했다.

0794

constitute
[kánstətjùːt]

constituent ⓝ 구성 요소
ⓐ ~을 구성하는

ⓥ ~으로 여겨지다; ~을 구성하다

Talking during the exam may constitute a charge of cheating, so please remain quiet.

시험 도중 말을 하면 부정행위로 여겨질 수 있으니 조용히 해주시기 바랍니다.

= comprise 구성하다

혼동 어휘

0795

access
[ǽkses]

accessible ⓐ 접근 가능한

ⓝ 접근; 입장 ⓥ 접근하다; 접속하다

All students have free Internet access at the local library.

학생 전원은 지역 도서관에서 무료로 인터넷에 _____할 수 있다.

0796

excess
[iksés / eksés]

exceed ⓥ 넘다, 초과하다
excessive ⓐ 지나친, 과도한

ⓝ 과잉, 초과량 ⓐ 초과한

The routine medical tests found an excess of sodium in his body.

정기 건강검진 결과, 그의 체내에 소금이 지나치게 많다는 사실이 밝혀졌다.

= surplus 과잉(의)

0791 향기　0792 약점　0795 접속

DAY 20

다의어

0797 address
[ədrés]

ⓥ (문제에 대해) 고심하다, 다루다

Today the language policies in the United States **address** this problem primarily with efforts to teach "foreign" languages to monolingual Americans. 수능

오늘날 미국의 언어 정책은 한 언어만 쓰는 미국인들에게 '외국'어를 가르치려는 노력을 통해서 주로 이 문제를 _____.

ⓥ 연설하다, 부르다, 말하다

The speaker **addressed** his audience slowly and in a strong voice.

그 연설자는 청중들에게 천천히, 그리고 강한 목소리로 _____.

숙어 / 이어동사

0798 to begin with

처음에, 우선

Studying to become a life guard is difficult; **to begin with**, you need to be a powerful swimmer.

안전 요원이 되기 위해 공부하는 것은 어렵다. _____, 여러분은 수영을 잘해야 한다.

= at first

0799 one by one

차례로

The candidates for the junior management position in Hyundai were interviewed **one by one**.

현대의 하급 관리직 지원자들은 _____ 면접을 보았다.

0800 drop out

(참여하던 것에서) 빠지다

One is constantly learning new facts, and old ones have to **drop out** to make way for them. 수능

사람은 계속해서 새로운 사실을 배우고, 오래된 사실은 새로운 것에 자리를 내주기 위해 빠져야 한다.

Bill Gates is just one of several people who **dropped out** of college in their 20s and became extremely successful.

빌 게이츠는 20대에 대학을 중퇴하고 크게 성공한 몇몇 사람 가운데 한 사람일 뿐이다.

0797 다룬다 / 연설했다   0798 우선   0799 차례로

DAILY TEST

A 다음 영어를 우리말로, 우리말을 영어로 쓰시오.

1	access	11	곡선(으로 나아가다)
2	bend	12	관중
3	blossom	13	닮다
4	branch	14	불평하다, 항의하다
5	drop out	15	약간
6	heat	16	약점, 약함
7	mediate	17	제안(제의)(하다)
8	one by one	18	줄, 끈
9	regulate	19	짐, 부담
10	sacred	20	향기

B 다음 빈칸에 알맞은 단어를 쓰시오.

1	optimistic	⬌		5	equal	⓷
2	depression	=		6	vibrate	⓷
3	progressive	⬌		7	athletic	⓷
4	justice	=		8	resemble	⓷

C 다음 빈칸에 들어갈 알맞은 말을 |보기| 에서 고르시오.

보기	address	athletic	interpret	function	overall

1 The _____ change in the enrollment rate from 1980 to 1990 was smaller for youth ages 14-17 than for youth ages 18-19. 수능

2 Design, on the other hand, is primarily concerned with problem solving, the _____ of a product. 수능

3 The first grade teachers all agreed that they needed to _____ their students' poor reading skills.

4 Nowadays, we can enjoy _____ competition of every kind without leaving our homes. 수능

5 We rarely _____ marks on paper as references to the paper itself. 수능

WEEKLY TEST

1	accessible		34	exotic	
2	architecture		35	fear	
3	at hand		36	ingredient	
4	clarity		37	mass produce	
5	continuous		38	on the contrary	
6	evidence		39	organ	
7	exhibition		40	out of fashion	
8	gravity		41	overhear	
9	immoral		42	parental	
10	namely		43	pharmacy	
11	property		44	rectangular	
12	restore		45	regret	
13	scenery		46	role model	
14	striking		47	upright	
15	suggestion		48	superior	
16	tension		49	inferior	
17	trial and error		50	deliberate	
18	tribe		51	alternate	
19	vivid		52	remote	
20	wasteland		53	homey	
21	vertical		54	crooked	
22	horizontal		55	accommodation	
23	vague		56	allowance	
24	absolute		57	charity	
25	specific		58	creativity	
26	purpose		59	emergency	
27	precious		60	emit	
28	admire		61	equipment	
29	boredom		62	estimate	
30	call for		63	fine	
31	compare		64	historic	
32	desperate		65	nonprofit	
33	engage		66	nonverbal	

67	omit		102	sudden
68	out of control		103	trade
69	presentation		104	portray
70	second-hand		105	reveal
71	solution		106	abstract
72	souvenir		107	concrete
73	trash		108	comprehend
74	treasure		109	access
75	gather		110	aroma
76	discover		111	bend
77	fee		112	blossom
78	include		113	branch
79	skip		114	burden
80	budget		115	complain
81	nonviolent		116	curve
82	aggressive		117	drop out
83	by all means		118	heat
84	civilize		119	mediate
85	combine		120	offer
86	consume		121	one by one
87	contain		122	regulate
88	cuisine		123	resemble
89	escape		124	sacred
90	factor		125	slightly
91	favor		126	spectator
92	feather		127	string
93	hateful		128	weakness
94	manufacture		129	optimistic
95	mature		130	tax
96	offend		131	athletic
97	outward		132	depression
98	policy		133	overall
99	punish		134	found
100	purchase		135	constitute
101	sensibility			

DICTATION

1   As a result, their goals often _____ unfocused, and therefore unrealized. 수능

2   The introduction of _____ products alone does not guarantee market success. 수능

3   _____ _____ _____ the school, I would like to extend our invitation to you and your family. 수능

4   The prisoners were kept under constant surveillance while they were _____ between prisons.

5   In order to prevent such diseases, it is _____ that everyone over the age of twenty-five should have a regular physical examination. 수능

6   I set his room _____ higher than the other rooms but it doesn't seem to be helping. 수능

7   She thinks that all life is precious and _____ a chance to live. 수능

8   Ever since the coming of television, there has been a rumor that the _____ is dying, if not already dead. 수능

9   "Look there," he said, "those chokecherry trees are small and weak _____ _____ _____ this cottonwood. 수능

10 The dizziness may even result in _____ _____. 수능

11 If you leave your dessert on top of the table like that, it's going to _____.

12 Fairy tales are always set in _____ worlds; that's part of their appeal to children.

13 Only a few years ago, the use of the Internet to _____ stock trades was rare.

14 To make the perfect smoothie, _____ a mixture of tropical fruits into a smooth paste.

---

1 결과적으로 그들의 목표는 종종 불분명한 채로 남겨져 실현되지 않는다. 2 독특한 제품의 도입만으로는 시장에서의 성공이 보장되지 않는다. 3 학교를 대신해서 당신과 당신의 가족을 초대하고 싶습니다. 4 죄수들은 다른 감옥으로 이송되는 동안 계속 감시를 당했다. 5 이와 같은 질병을 예방하기 위해서 25세 이상이라면 누구든지 정기 건강 검진을 받아야 한다고 권고한다. 6 나는 그의 방 온도를 다른 방보다 더 높게 설정했지만 도움이 되지는 않는 것 같다. 7 그녀는 모든 생명이 소중하고, 살 기회를 누릴 자격이 있다고 생각한다. 8 텔레비전의 출현 이래로 소설이 이미 사라진 것이 아니라면, 사라질 거라는 소문이 있었다. 9 그는 "저기를 봐, 저 산벚나무들은 이 미루나무와 비교하면 작고 약해."라고 말했다. 10 어지러움은 구토를 유발할 수도 있다. 11 디저트를 그렇게 식탁 위에 놓아두면 녹을 것이다. 12 동화는 언제나 상상의 세계를 배경으로 한다. 이것이 아이들의 마음을 끄는 점이다. 13 불과 몇 년 전만 해도 인터넷을 이용한 주식 거래는 드물었다. 14 스무디를 완벽하게 만들기 위해서는 열대과일을 부드러운 반죽 상태로 섞어라.

Day13 ~ 14

1　However, when subjects either could predict when the bursts of noise would occur or had the ability to terminate the noise with a "panic button," the _____ effects disappeared. 수능

2　He _____ pumpkin buyers to create their own zoos this Halloween. 수능

3　Rarer cases _____ people selling paintings that were actually painted by famous painters. 수능

4　The first preserved example of Greek alphabetic writing, _____ onto an Athenian wine jar of about 740 B.C., is a line of poetry announcing a dancing contest. 수능

5　If there's a pencil in your pocket, there's a good chance that one day you'll feel _____ to start using it. 수능

6　It was a long process, but the Supreme Court finally _____ the lower court's decision.

7　Despite months of practicing, the musicians were still sometimes missing their _____ about when to start playing.

8　Outside, snow continued to fall quietly in the _____ of light cast by the streetlights. 수능

9　The old Sumerian cuneiform could not be used to write normal prose but was a mere telegraphic shorthand, whose vocabulary was restricted to names, numerals and units of _____ . 수능

10　In Figure A, light is transmitted from a laser and reflected off the mirror onto a receiver that measures the _____ of the observed light. 수능

11　It's strange that such big countries often have a small _____ — for example, Canada has fewer people than Korea!

12　As not to _____ local farms and crops, most countries won't allow visitors to bring in animal or plant products.

---

1 하지만, 피실험자가 파열음이 언제 발생할지를 예상할 때나 '비상 단추'로 소음을 멈출 수 있을 때에는 부정적인 영향이 사라졌다. 2 그는 호박을 사는 사람들에게 이번 핼러윈에 자신만의 동물원을 만들어 보라고 권고한다. 3 드문 경우는 사람들이 실제로 유명한 화가가 그린 그림을 파는 경우를 포함한다. 4 최초로 보존된 그리스 알파벳으로 쓰인 글은 기원전 740년경에 아테네의 포도주 항아리 위에 새겨진 것인데 댄스 대회를 알리는 시의 한 행이다. 5 호주머니 안에 연필이 있다면, 어느 날 그것을 사용하고 싶어지는 유혹을 느낄 가능성이 크다. 6 그것은 오랜 절차였고, 대법원은 마침내 하급 법원의 판결을 뒤집었다. 7 수 개월간의 연습에도 불구하고 그 음악가는 여전히 가끔 연주를 시작하는 신호를 놓친다. 8 밖에는 가로등이 드리우는 원뿔 모양의 빛 속으로 눈이 조용히 계속 내리고 있었다. 9 고대 수메르 설형 문자는 보통의 산문을 쓰는 데는 사용할 수가 없었고 단지 전신 속기였는데, 이것의 단어는 이름, 숫자, 측정 단위에 한정되어 있었다. 10 그림 A에서는 레이저로부터 빛이 나와서 거울에 반사되어 관찰된 빛의 강도를 측정하는 수신 장치로 향한다. 11 그처럼 큰 나라가 종종 인구가 적은 것은 이상하다. 예를 들어, 캐나다는 한국보다도 더 인구가 적다. 12 지역의 농장과 농작물을 감염시키지 않으려고 대부분의 나라에서는 방문객들이 동물이나 식물 제품을 가져오는 것을 불허할 것이다.

1   In _____ context, a more valid survey can be conducted about an
    organization's reputation, products, or services. 수능

2   It may not be _____ to assume that the media make our time distinct from the
    past, because we know relatively little about how information was shared in the past. 수능

3   Dutch astronomer Christian Huygens _____ the first pendulum clock,
    revolutionizing timekeeping. 수능

4   Every _____ in an ecosystem depends on every other _____,
    even the so-called nonliving _____ such as minerals, oxygen, and sunlight. 수능

5   Whereas the largemouth likes slow or _____ water with lots of food-holding
    weeds, the smallmouth prefers clean, rocky bottoms and swifter water, ideally in the
    range of 65° to 68°F. 수능

6   The room was warm and clean, the curtains _____, the two table lamps lit —
    hers and the one by the empty chair opposite. 수능

7   This means that the city has an abundance of cultural activities, such as restaurants,
    theater, ballet, music, sport, and _____. 수능

8   Heavy reliance on _____ taxes to fund public schools have encouraged much
    more car-reliant and spread-out urban areas, where eight in ten Americans now live. 수능

9   Sheets of paper exist almost entirely for the _____ of carrying information, so
    we tend to think of them as neutral objects. 수능

10 We can resist the _____ of separate realities and remain frustrated and angry
    over the fact that no one seems to conform to our way of thinking. 수능

11 When you look at other photographers' work, pay attention to how they _____
    the frame. 수능

12 The 1960-1969 period _____ the highest growth rate of total output of all the
    periods in the graph. 수능

---

1 중립적인 상황에서 단체의 평판, 제품, 서비스에 관한 더욱 타당한 조사가 수행될 수 있다. 2 대중 매체가 현재를 과거와 구분 짓는다
고 가정하는 것은 타당하지 않을 수도 있다. 왜냐하면, 우리는 상대적으로 과거에 어떻게 정보가 공유되었는지 거의 알지 못하기 때문이
다. 3 네덜란드의 천문학자 Christian Huygens는 최초의 추시계를 만들어 시간 기록의 혁신을 이루었다. 4 생태계의 모든 요소는 다른
모든 요소에 의존한다. 심지어 미네랄, 산소, 태양광 같은 소위 살아 있지 않은 요소에도 의존한다. 5 큰입배스는 먹이를 지니고 있는 잡
초가 많은 유속이 느리고 잔잔한 물을 좋아하는 반면, 작은입배스는 깨끗하고 돌이 많은 바닥과 유속이 더 빠른 물을 좋아하며, 화씨 65
도에서 68도 사이의 온도가 이상적이다. 6 방은 따뜻하고 깨끗했으며, 커튼이 드리워져 있었고, 그녀의 램프와 맞은편 비어 있는 의자
곁에 있는 2개의 테이블 램프에는 불이 켜져 있었다. 7 이것은 그 도시가 식당, 극장, 발레, 음악, 스포츠, 경치 같은 문화적 활동이 풍부
하다는 것을 의미한다. 8 공립 학교에 자금을 대기 위해 재산세에 크게 의존하는 것은 훨씬 더 차에 의존하게 하고 도시 지역의 확장을
부추기는데, 미국인 중 열에 여덟은 현재 이 도시 지역에 살고 있다. 9 종이는 거의 전부가 정보를 나르기 위한 목적으로 존재하므로 우
리는 종이를 중립적인 물체로 여긴다. 10 우리는 별개의 실체의 원칙에 저항하고 어느 누구도 우리의 사고방식에 따르지 않는 것처럼 보
인다는 사실에 계속 좌절하고 분노할 수 있다. 11 당신은 다른 사진가들의 작품을 볼 때 그들이 어떻게 프레임을 채우는지에 집중하십
시오. 12 1960년에서 1969년까지의 기간은 그래프에 있는 모든 기간의 총 생산 증가율 중에서 가장 높은 증가율을 보였다.

Day17~18

1 Since it manufactured its first car in 1955, Korea has grown to be the sixth largest
   _____ producer in the world. 수능

2 Simmons became _____ that this competition for mates, not stretching for
   treetop food, was what drove the evolution of the neck. 수능

3 The _____ produce such as crooked carrots and odd-looking tomatoes was
   not valuable to the grocery store, where only 'perfect' produce was sold. 수능

4 People who _____ sports camps think of the children first. 수능

5 I don't understand how you couldn't see a tree _____ _____ you. 수능

6 After all the scenes have finally been joined in the correct order, the film is ready for
   _____. 수능

7 I recently renewed my driver's license and was pleased to _____ that the
   picture smiling back at me looked just like a 32-year-old woman. 수능

8 However, now that the economy is characterized more by the _____ of
   information than by hard goods, geographical centrality has been replaced by attempts
   to create a sense of cultural centrality. 수능

9 Today's physicists say, "This is _____. A moving object continues to move
   unless some force is used to stop it." 수능

10 Plan your _____ in advance to give yourself time to research the costs fully. 수능

11 We _____ need people who can foretell the future. 수능

12 They _____ that these climbers may try to climb the biggest and tallest trees if
   they learn their exact locations. 수능

13 'What's happening?' he wondered as he _____ the armrests. 수능

14 I'm trying to get into our apartment, but the new doorlock seems to be _____
   _____. 수능

---

1 1955년에 최초의 자동차를 생산한 이후로, 한국은 세계에서 여섯 번째로 큰 자동차 생산국으로 성장해 왔다. 2 Simmons는 나무 꼭대기의 음식을 향해 뻗기 위함이 아니라 짝을 얻기 위한 경쟁이 목의 진화를 촉진시킨 것이라고 확신하게 되었다. 3 구부러진 당근이나 이상하게 생긴 토마토 같은 좋지 않은 제품은 식료품점에서 가치가 없었다. 그곳에선 '완벽한' 제품만 판매되기 때문이다. 4 스포츠 캠프를 운영하는 사람들은 아이들을 우선으로 생각한다. 5 나는 네가 어떻게 네 앞에 있는 나무를 보지 못했는지 이해가 안 된다. 6 모든 장면이 마침내 올바른 순서로 합쳐지고 나면 그 영화는 상영될 준비가 된다. 7 나는 최근에 내 운전면허증을 갱신했고 나를 향해 웃고 있는 사진이 서른 두 살의 여성처럼 보인다는 것을 발견하게 되어 기뻤다. 8 하지만, 경제는 내구 소비재보다 정보의 교환으로 특징지어지기 때문에 지리적 중심성은 문화적 중심성이라는 개념을 만들어내는 시도에 의해 대체되고 있다. 9 오늘날의 물리학자들은 "이것은 말도 안 된다. 움직이는 물체는 그것을 멈추려는 어떤 힘이 있지 않는 한 계속 움직입니다."라고 말한다. 10 여러분 스스로가 그 비용을 충분히 조사하기 위한 시간을 줄 수 있도록 미리 예산안을 짜세요. 11 우리는 미래를 예언할 수 있는 사람이 절실히 필요하다. 12 그들은 이런 나무 타는 사람들이 가장 크고 가장 높은 나무들의 정확한 위치를 알게 되면 오히려 할지도 모른다고 염려한다. 13 그는 팔걸이를 움켜쥐며 '무슨 일이지?'라고 궁금해했다. 14 나는 우리 아파트에 들어가려고 했으나 새 출입문 자물쇠가 고장 난 것 같다.

1   I'm not very successful in business, because I'm the youngest child and thus less
    _____ than my older brothers and sisters. 수능

2   In other words, birth order may define your role within a family, but as you
    _____ into adulthood, accepting other social roles, birth order becomes
    insignificant. 수능

3   Roman doll-makers continued to use technology developed by the Egyptians and
    Greeks, but in line with the artistic _____ of their culture, they were constantly
    trying to make dolls more elegant and beautiful. 수능

4   Mathematics was used to _____ the essential form of objects in perspective,
    as they appeared to the human eye. 수능

5   If others see how angry, hurt, or _____ you become when they tell you the
    truth, they will avoid telling it to you at all costs. 수능

6   Either way, your _____ experience will have been a fun one, and you will have
    avoided being merely a passive observer. 수능

7   Its mission is to move the nation and the world towards social, racial, and economic
    _____ . 수능

8   It has succeeded in registering hundreds of thousands of voters, helped elect many
    officials, _____ labor disputes, affected public policy in Haiti, and helped
    secure professional positions for minorities in a number of different fields. 수능

9   A water plant called the _____ lotus regulates its temperature in order to
    benefit insects that it needs to reproduce. 수능

10 The heat releases an _____ that attracts certain insects, which fly into the
    flower to feed on nectar and pollen. 수능

11 The huge growth in the understanding of civilization raised awareness of other
    important roles of _____ . 수능

---

1 나는 사업에 실패했습니다. 왜냐하면, 나는 막내라서 형들과 누나들보다 덜 적극적이기 때문입니다. 2 다시 말해서, 태어난 순서는 가족 내에서 당신의 역할을 규정할지는 모르지만, 당신이 성인으로 성장하고 다른 사회적인 역할을 받아들이면서 태어난 순서는 덜 중요해진다. 3 로마의 인형 제조업자들은 이집트인과 그리스인에 의해 발전된 기술을 계속해서 사용했는데, 그들의 문화의 예술적 감수성에 따라 인형을 더욱 우아하고 아름답게 만들기 위해 끊임없이 노력했다. 4 수학은 사물이 인간의 눈에 보이는 것처럼, 원근법으로 사물의 본질적인 형태를 묘사하는 데 사용되었다. 5 그들이 당신에게 진실을 말할 때 당신이 얼마나 화나고, 기분이 상하고, 혐오스러워 하는지를 본다면, 그들은 무슨 수를 써서라도 그것을 당신에게 말하지 않으려고 할 것이다. 6 어느 쪽이든 관중으로서 당신의 경험은 즐거울 것이고 단순히 수동적인 관찰자가 되지 않으려 할 것이다. 7 그것의 임무는 사회적, 인종적, 경제적 정의를 향하여 국가와 세계를 움직이게 하는 것이다. 8 그것은 수십만의 투표자를 등록하는 데 성공했고, 많은 공무원을 선출하는 것을 도왔고, 노동 분쟁을 중재했으며, 아이티에서는 공공정책에 영향을 주었고, 많은 다양한 분야에서 소수자들에게 전문적인 지위를 획득하도록 도왔다. 9 신성한 연꽃이라고 불리는 수생 식물은 번식을 위해 필요한 곤충을 이롭게 하기 위해서 온도를 조절한다. 10 열은 특정한 곤충들을 끌어들이는 향을 방출하는데, 그 곤충은 꽃 안으로 날아와서 꿀과 꽃가루를 먹고 산다. 11 문명의 이해가 크게 성장하면서 교역의 다른 중요한 역할에 대한 인식을 높였다.

DAY 21
—
DAY 30

DAY 21

0801

reward
[riwɔ́:rd]

ⓝ 보상, 사례 ⓥ 보상[사례]하다

The dinner was a small but welcome **reward** for all the workers who volunteered their time.
그 저녁 식사는 조촐했지만, 자발적으로 시간을 내어준 모든 일꾼에게는 고마운 _____ 이었다.

0802

stable
[stéibl]

stabilize ⓥ 안정시키다
stability ⓝ 안정(성)

ⓐ 안정적인, 차분한

It was rare to have **stable** employment in such difficult economic times.
이렇게 어려운 경제적 시기에 _____ 고용은 드문 경우이다.

⇔ unstable 불안정한

0803

enhance
[enhǽns]

enhancement ⓝ 향상, 상승

ⓥ 향상시키다, 높이다

Using special computer programs, photographers are able to easily **enhance** the quality of their images.
사진가들은 특수한 컴퓨터 프로그램들을 사용해서 사진의 품질을 쉽게 _____ 수 있다.

0804

mate
[meit]

ⓥ (동물이) 짝짓기하다 ⓝ 친구, 짝

Some species of lemurs in Madagascar can only **mate** for two days each year.
마다가스카르의 몇몇 여우원숭이 종은 매년 단 이틀간만 _____ 수 있다.

= pal 친구, partner 짝

0805

gesture
[dʒéstʃər]

ⓥ 몸짓을 하다; (몸짓으로) 가리키다 ⓝ 몸짓, 제스처

She couldn't see the person trying to **gesture** her to stay away.
그녀는 자기에게 떨어져 있으라고 _____ 하는 사람을 보지 못했다.

0806

soak
[souk]

soaking ⓐ 흠뻑 젖은

ⓥ 흠뻑 적시다

It's important to **soak** the beans overnight before you use them in the soup.
콩으로 수프를 만들기 전에 하룻밤 물에 적시는 것이 중요하다.

0801 보상   0802 안정적인   0803 향상시킬   0804 짝짓기할   0805 몸짓

0807

chemical
[kémikəl]

chemistry ⓝ 화학,
화학적 성질

ⓐ 화학의 ⓝ 화학 물질

Bubbles and flames are properties that can happen during a **chemical** reaction.
거품과 불꽃은 _____ 반응 도중에 일어날 수 있는 특성들이다.

0808

drain
[drein]

drainage ⓝ 배수 (시설)

ⓥ 물을 빼내다 ⓝ 배수관

The solution is **drained** off to a separate tank, where the caffeine is drawn out from it. 수능
용액을 분리된 탱크로 빼내고, 그 탱크에서 카페인을 뽑아낸다.

The **drain** pipe was blocked, causing a flood of rainwater in the street near their house.
그 _____ 이 막혀서 집 근처 도로로 빗물이 넘쳤다.

0809

solid
[sálid]

solidity ⓝ 견고함

ⓐ 단단한, 견고한 ⓝ 고체

The houses were of **solid** construction, but none could withstand the strong earthquake.
그 집들은 _____ 하게 지어졌지만, 어느 집도 그 강력한 지진을 견뎌내지 못했다.

⟺ liquid 액체

0810

loosen
[lúːsən]

loose ⓐ 헐거워진, 느슨한

ⓥ 느슨하게 하다, 풀다

He was happy to **loosen** his tie as soon as the work day ended.
그는 업무일이 종료되자마자 즐겁게 넥타이를 느슨하게 했다.

⟺ tighten 꽉 조이다

0811

circulate
[sə́ːrkjəlèit]

circulation ⓝ (혈액) 순환,
유통

ⓥ 순환하다; 유포하다

When on long flights, it's important to exercise to **circulate** the blood.
오랜 비행 시에는 혈액을 _____ 시키기 위해 운동이 중요하다.

= spread 유포하다

0812

acoustic
[əkúːstik]

acoustically ⓐⓓ 청각적으로

ⓐ 음향의; 청각의

According to McLuhan, television is fundamentally an **acoustic** medium. 수능
McLuhan에 따르면 텔레비전은 본질적으로 _____ 매체이다.

0807 화학   0808 배수관   0809 견고   0811 순환   0812 음향

DAY 21

0813

adjust
[ədʒʌ́st]

adjustment ⓝ 수정; 적응

ⓥ 적응하다; 조절[조정]하다

The kind people and delicious food made it easy for Kate to **adjust** to the new culture.
Kate는 친절한 사람들과 맛있는 음식 덕분에 새로운 문화에 쉽게 _____.

= adapt

0814

survey
[sə:rvéi]

ⓝ 설문조사 ⓥ 점검하다, 조사하다

A recent **survey** indicated that 80% of people living in the area were in favor of the new sports center being built.
최근의 _____는 그 지역에 사는 사람 중 80%가 새로운 스포츠센터 건립에 찬성했다는 것을 보여주었다.

0815

deaf
[def]

deafen ⓥ 귀를 먹게 만들다

ⓐ 청각 장애가 있는

In his old age, he had become almost completely **deaf**, although he was still able to listen to music.
그는 노년에 이르러 여전히 음악을 들을 수는 있었지만, 거의 완전히 청력을 상실했다.

0816

triumph
[tráiəmf]

ⓝ 승리 ⓥ 승리하다

Marcus Antonius returned to Rome after his glorious **triumph** over the tribal army at Pharsalus in ancient Greece.
마르쿠스 안토니우스는 고대 그리스의 파르살루스에서 부족 군대에 빛나는 _____를 거둔 후 로마로 귀환했다.

0817

magnify
[mǽgnəfài]

magnification ⓝ 확대

ⓥ (현미경 등을 이용해서) 확대하다; 과장하다

The kids could **magnify** the head of the bugs with a special glass, and it looked like a giant monster!
그 아이는 특수 돋보기를 가지고 벌레의 머리를 _____ 수 있었으며, 그것은 거인 괴물처럼 보였다!

= exaggerate 과장하다

0818

lid
[lid]

ⓝ 뚜껑

Forgetting to replace the **lid** on the food basket can attract bugs and other pests on a picnic.
소풍 갔을 때 음식 바구니의 _____을 덮는 것을 잊으면 개미와 다른 해충을 끌어들일 수 있다.

0813 적응했다　　0814 설문조사　　0816 승리　　0817 확대할　　0818 뚜껑

0819 stem
[stem]

ⓝ 줄기 **ⓥ** (사건 등이) ~에서 유래하다

Wine, milk, mineral water, or olive oil bottles look particularly good with one or two **stems** in them. 수능
포도주, 우유, 생수, 올리브기름 병은 꽃을 한두 송이 꽂아 놓으면 특히 보기 좋다.

It was obvious that some debt would **stem** from the car accident, but the actual amount seemed very high.
일부 부채는 그 자동차 사고에서 비롯된 것이 분명했지만, 실제 금액은 대단히 많아 보였다.

= stalk 줄기

0820 square
[skwεər]

ⓐ 정사각형 모양의 **ⓝ** 정사각형; 광장

A **square** has four sides of equal length and is easiest to draw using a ruler.
_____은 길이가 같은 네 측면을 지니고 있으며 자를 사용하면 그리기가 더 쉽다.

Each Saturday, the sports center had special events for children in the town **square**.
토요일마다 그 스포츠센터는 마을 _____에서 동네 아이들을 위한 특별 행사를 열었다.

0821 urgent
[ə́:rdʒənt]

urgency **ⓝ** 긴급, 위급
urgently **ad** 급히

ⓐ 급한

We're in the middle of an **urgent** job right now, so it will take about two hours. 수능
우리는 지금 _____ 일을 하는 중이라서 두 시간 정도 걸릴 것이다.

For **urgent** mail, it's best to use the special express envelopes.
긴급 우편은 특별 특급 봉투를 사용하는 것이 가장 좋다.

0822 hire
[háiər]

ⓥ 고용[채용]하다; 빌리다

The bride had no choice but to **hire** her brother's rock band for the wedding when the original musician canceled.
원래 하기로 한 음악가가 취소하자 신부는 결혼식에 자기 동생의 록밴드를 _____ 것 외에는 선택의 여지가 없었다.

0823 chore
[tʃɔ:r]

ⓝ (해야 하지만 따분한) 일, 잡일

Each **chore** she completed saw her one step closer to needing a nap.
따분한 일거리를 하나씩 끝낼 때마다 그녀는 낮잠 생각이 더욱 간절해졌다.

0820 정사각형 / 광장　　0821 급한　　0822 고용하는

DAY 21

0824

incident
[ínsədənt]

ⓝ 불쾌한 일, 사기, 사건

The police responded quickly to the traffic incident, and luckily no one was hurt.

경찰은 그 교통_____에 신속히 대응했으며, 다행히 아무도 다치지 않았다.

0825

errand
[érənd]

ⓝ 심부름

Sue was happy to run an errand for her boss as long as she could also get herself some lunch.

Sue는 점심을 챙겨 먹을 수만 있다면 상사의 _____을 기꺼이 했다.

> **Tips** run an errand for는 '~의 심부름을 하다'라는 뜻이다.

0826

persist
[pə:rsíst]

persistent ⓐ 집요한, 끈질긴
persistence ⓝ 고집

ⓥ 고집스럽게 계속하다

As long as her cough persists, she needs to take her medicine.

기침이 계속되는 한 그녀는 약을 먹을 필요가 있다.

0827

contrast
[kántræst]

ⓝ 대비, 차이, 대조 ⓥ 대조하다

Black on yellow provides the most easily seen color contrast.

노란색 바탕에 검은색은 가장 쉽게 색상 대비를 보여준다.

0828

steep
[sti:p]

steepen ⓥ 더 가팔라지다
steeply ⓐⓓ 가파르게

ⓐ (경사가) 가파른, 급격한

The number of nurses available to work was in steep decline, and more needed to be trained immediately.

일할 수 있는 간호사의 수가 _____하게 줄어서 더 많은 간호사가 당장 교육을 받아야 했다.

= sharp 급격한

0829

undeveloped
[ʌndivéləpt]

ⓐ 개발되지 않은, 미개발된

Local people worked very hard to protect the undeveloped forest from being destroyed.

마을 사람들은 _____ 숲이 파괴되지 않도록 열심히 노력했다.

0830

compact
[kəmpǽkt]

ⓐ 소형의, 작은

Compact vehicles are a great solution for those who live in urban areas.

_____ 자동차는 도시 지역에 사는 사람들에게 훌륭한 해결책이다.

0824 사고   0825 심부름   0828 급격   0829 개발되지 않은   0830 소형

0831

suburb
[sʌ́bəːrb]

suburban ⓐ 교외의

ⓝ 교외

Most houses in the suburb were lucky to have large gardens for the children to play in.
_____ 에 있는 대부분의 집은 아이들이 놀 수 있는 커다란 정원이 있어서 다행이었다.

Cities in Western Europe tend to be economically healthy compared with their suburbs. 수능
서유럽의 도시는 주변 도시와 비교하면 재정적으로 튼튼하다.

0832

reform
[riːfɔ́ːrm]

reformation ⓝ 개혁, 개선

ⓝ 개혁 ⓥ 개혁하다

Reform that is pushed forward without the consent of the population it impacts often fails.
그것이 영향을 미칠 주민의 동의 없이 추진된 _____ 은 종종 실패한다.

Artists during the Renaissance reformed painting. 수능
르네상스 시대의 예술가들이 그림을 _____.

접두어   co- '함께'

0833

coed
[kóuèd]

ⓐ 남녀공학의, 남녀공용의

It was not until the 1960s that coed colleges became more widespread in North America.
북미에서 _____ 대학이 더 광범위해진 것은 1960년대에 이르러서이다.

0834

coexist
[kòuigzíst]

coexistent ⓐ 공존하는
coexistence ⓝ 공존

ⓥ 공존하다

Throughout known history, humans have struggled to coexist peacefully.
알려진 역사를 통해서 인간은 평화적으로 _____ 위해 애써왔다.

0835

cooperate
[kouápərèit]

cooperative ⓐ 협력[협동]
하는
cooperation ⓝ 협력, 협동

ⓥ 협력[협동]하다

Teams that cooperate with each other have a higher rate of success than those that compete with each other.
서로 협력하는 팀들은 서로 경쟁하는 팀들보다 성공할 확률이 높다.

0831 교외   0832 개혁 / 개혁했다   0833 남녀공학   0834 공존하기

DAY 21

혼동 어휘

0836 lie
[lai]

ⓥ 있다; 눕다; 놓여 있다

Stonehenge **lies** in the English county of Wiltshire, several hours' drive from London.
스톤헨지는 런던에서 자동차로 몇 시간 떨어진 영국 윌트셔 카운티에 _____.

Now, as always, cities are desperate to create the impression that they **lie** at the center of something or other. 수능
항상 그렇듯이 지금 도시들은 무언가의 중심에 있다는 인상을 주기 위해 필사적이다.

0837 lay
[lei]

ⓥ 놓다, 두다; (알을) 낳다

I tried to **lay** the baby gently down in her crib when she had fallen asleep, but she woke up once more.
나는 아기가 잠들자 살그머니 침대에 눕히려 했지만 아기는 또 깼다.

숙어 / 이어동사

0838 call it a day

일을 그만하다

After playing together for twenty years, the band has finally decided to **call it a day** and split up.
이십 년간 함께 연주하고 나서 그 밴드는 결국 그만두고 해체하기로 했다.

0839 now and then

가끔

We visit our cousins in Toronto **now and then**, but not as often as we used to.
우리는 토론토에 있는 우리의 사촌들을 _____ 방문하지만,
예전만큼 자주 방문하지는 않는다.
= occasionally

0840 get through

극복하다; 겪다

It was pure determination that allowed us to **get through** the crisis.
순수한 의지 덕분에 우리가 위기를 _____ 수 있었다.

0836 있다   0839 가끔   0840 극복할

DAILY TEST

A 다음 영어를 우리말로, 우리말을 영어로 쓰시오.

1	call it a day	11	급한
2	coexist	12	뚜껑
3	incident	13	보상[사례](하다)
4	lay	14	소형의, 작은
5	lie	15	순환하다; 유포하다
6	persist	16	심부름
7	reform	17	대비, 차이, 대조(하다)
8	square	18	고용[채용]하다; 빌리다
9	stem	19	화학의; 화학 물질
10	undeveloped	20	흠뻑 적시다

B 다음 빈칸에 알맞은 단어를 쓰시오.

1	magnify =	5	drain ⓝ
2	steep =	6	urgent ⓝ
3	solid ⬌	7	cooperate ⓐ
4	loosen ⬌	8	deaf ⓥ

C 다음 빈칸에 들어갈 알맞은 말을 |보기| 에서 고르시오.

보기	enhance	gone through	contrast	chores	gestured

1 Old Hawk _____ up at the tall, old cottonwood. 수능

2 The _____ between Western Europe and America is particularly sharp. 수능

3 Activities like these also _____ the value of hard work and persistence. 수능

4 Every day, opportunities exist in the form of errands, meal preparation, and _____ . 수능

5 You might think this is unusual, but they have _____ an extremely difficult time. 수능

DAY 22

01 02 03 04 05 06 07 08 09 10 11 12 13 14 15 16 17 18 19 20 21 **22** 23 24 25

0841

effortless
[éfərtlis]

effort ⋒ 수고, 애

ⓐ 노력하지 않는, 힘들지 않는

Her gold-medal win was an **effortless** performance.
그녀의 금메달 획득은 수월하게 이루어진 성과였다.

= easy 쉬운

0842

flip
[flip]

ⓥ 손가락으로 튀기다; 휙 젖히다

The acrobats would **flip** and turn in the air for the excited audience.
그 곡예사들은 흥분한 관객들을 위해 공중으로 젖히고 회전했다.

0843

witness
[wítnis]

ⓝ 목격자, 증인 ⓥ 목격하다

The judge ordered the next **witness** to speak to the courtroom.
그 판사는 다음 _____에게 법정 진술을 명했다.

The fans were happy to **witness** such an amazing performance for themselves.
그 팬들은 그 놀라운 공연을 봐서 즐거웠다.

= see 보다, 목격하다

0844

awkward
[ɔ́ːkwərd]

awkwardness ⋒ 어색함
awkwardly ad 어색하게

ⓐ 불편한, 어색한; 서투른

Listening to the argument was **awkward** enough, but being asked to choose sides was very unfair.
그 논쟁을 듣는 것도 _____했지만, 편을 선택하라는 요구는 매우 부당한 일이었다.

= uncomfortable 불편한

0845

robbery
[rάbəri]

rob ⓥ 도둑질하다

ⓝ 강도 사건

No one was ever charged with the **robbery**, and the cash and jewelry were never recovered.
아무도 그 _____으로 기소되지 않았으며, 현금과 보석을 결코 되찾지 못했다.

> **Word Plus+** 범죄(crime) 관련 어휘
>
> assault and battery 폭행(죄)   hijack (비행기 등을) 납치하다   embezzle 횡령하다   felony 중죄
> hit-and-run 뺑소니의   kidnap 유괴하다   murder (고의적) 살인   manslaughter (고의가 아닌) 살인
> vandalism 공공 기물 파손

0843 증인   0844 불편   0845 강도 사건

196

0846

present
[prizént/prézənt]

presence ⓝ 존재, 참석
presentation ⓝ 수여, 증정;
발표

ⓥ 주다, 제시하다 ⓐ 현재의, 있는

The President arrived to **present** the soldiers with medals of bravery.
대통령은 그 군인들에게 용기의 메달을 수여하기 위해 도착했다.

When your attention is not on the **present** moment but on something else, you will tend to compare even good experiences with others. 수능
당신의 관심이 지금 이 순간이 아니라 다른 데에 있다면, 당신은 좋은 경험조차도 다른 것들과 비교하려고 할 것이다.

= give 주다, current 현재의

0847

method
[méθəd]

ⓝ 방법

Using the **method** described in the manual, he was able to fix the problem with his computer.
그는 그 사용설명서에 기술된 _____으로 컴퓨터의 문제를 해결할 수 있었다.

0848

assist
[əsíst]

assistant ⓝ 조수
assistance ⓝ 도움, 원조

ⓥ 도움이 되다

If anyone can **assist** with the festival planning, please write your name on the sign-up sheet.
축제 기획을 도울 수 있는 사람은 참가신청서에 이름을 적어주십시오.

= help 돕다

0849

factual
[fǽktʃuəl]

fact ⓝ 사실, 실제

ⓐ 사실에 근거한

Although his work could be **factual** and dry, the writer's stories displayed his understanding of the subject.
그의 작품은 _____해서 무미건조할 수도 있었지만, 그 작가의 이야기는 그 주제에 대한 그의 이해를 보여주었다.

0850

secretary
[sékrətèri]

ⓝ (정부 부처의) 장관, 비서, (협회 등의) 총무

The U.S. **Secretary** of State made it clear during her visit that the friendship between the nations was strong.
미국 국무_____은 그녀의 방문 기간 중 양국의 우호 관계가 튼튼하다는 것을 확실히 했다.

For further information, contact David, the **secretary** of the club. Thank you. 수능
더 많은 정보를 원하시면, 이 모임의 _____인 David에게 연락하세요. 고맙습니다.

0847 방법   0849 사실에 근거   0820 장관 / 총무

DAY 22

0851

store

[stɔːr]

storage ⓝ 보관(소), 저장(고)

ⓥ 보관[저장]하다 ⓝ 저장고

Leafy vegetables can be difficult to **store** in the freezer.

잎채소는 냉장고에 _____ 하기 어려울 수 있다.

= keep 저장하다

0852

flexible

[fléksəbl]

flexibility ⓝ 유연성; 융통성
flexibly ad 유연하게;
　　　　 융통성 있게

ⓐ 유연한; 융통성 있는

Please wear **flexible** clothing and bring a mat to the yoga class.

요가 수업에는 신축성이 좋은 옷을 입고 매트를 가지고 오십시오.

= adaptable 융통성 있는, 새로운 환경에 잘 적응하는

0853

format

[fɔ́ːrmæt]

ⓝ 구성 방식

The **format** for this evening's proceedings can be found in the program.

오늘 저녁 행사의 구성 방식은 행사 계획표에서 확인할 수 있습니다.

0854

concern

[kənsə́ːrn]

ⓝ 걱정, 우려 ⓥ 걱정스럽게 만들다

His behavior was a little strange but not enough to cause great **concern** for his family.

그의 행동은 약간 이상했지만, 그의 가족의 큰 _____ 을 불러일으킬 정도는 아니었다.

= worry 걱정

0855

ups and downs

우여곡절; 성쇠

All relationships have their **ups and downs**, and it's really important to stay focused on the positive times.

모든 관계에는 _____ 이 있고 긍정적인 시기에 초점을 맞추는 것이 아주 중요하다.

0856

expert

[ékspəːrt]

ⓝ 전문가

Everyone knew Karen was an **expert** at finding a bargain, and they begged her to go shopping with them.

모든 사람은 Karen이 특가품을 찾아내는 데 _____ 라는 것을 알아서 자신과 같이 쇼핑하러 가자고 그녀에게 부탁했다.

= specialist

0851 보관　　0854 걱정　　0855 우여곡절　　0856 전문가

198

0857 **repeatedly** [ripí:tidli] repeated ⓐ 반복되는	**ad** 여러 차례, 되풀이하여 After failing **repeatedly** for two years, Mr. Jones finally passed his driving test. 2년간 _____ 실패한 후에 마침내 Jones 씨는 운전면허 시험에 합격했다.
0858 **occasion** [əkéiʒən] occasional ⓐ 가끔의	ⓝ 때, 행사, 경우 Dressing nicely shows respect for an important function or **occasion**. 옷을 잘 입는 것은 중요한 직무나 행사에 대한 존중을 나타낸다.
0859 **chief executive officer (CEO)**	ⓝ 최고경영자 The **CEO** had been away for a few days before news of his replacement was released to the office. 그 _____ 는 자신의 교체 소식이 회사에 공개되기 전에 며칠 동안 자리를 비웠다.
0860 **on-the-spot** [ánðəspàt]	ⓐ 현장의, 즉석의 Police are targeting speeding drivers with **on-the-spot** penalties during the holiday period. 경찰은 휴일 동안 과속 운전자를 겨냥해서 과태료를 현장 부과하고 있다.
0861 **outlook** [áutlùk]	ⓝ 전망, 관점 The economic **outlook** seems positive for the new year with interest rates finally stabilizing globally. 마침내 이자율이 전 세계적으로 안정화되면서 새해에는 경제 _____ 이 낙관적일 것이다. ＝ prospect 관점
0862 **awful** [ɔ́:fəl]	ⓐ 끔찍한, 〈강조〉 엄청 She didn't have the heart to tell him the dessert was **awful**, especially as he was so proud. 무엇보다도, 그가 너무 자랑스러워 해서 그녀는 그 디저트가 끔찍했다고 말할 용기가 없었다. ＝ dreadful, terrible 끔찍한, tremendous 엄청나게 큰, 대단한
0863 **draft** [dræft]	ⓝ 초안, 원고 ⓥ 초안을[원고를] 쓰다 Improvement and hard work was evident in each **draft** of the paper he presented. 그가 제출한 원고 _____ 마다 발전과 노력이 역력하다.

0857 여러 차례　0859 최고경영자　0861 전망　0863 초안

0864

messy
[mési]

mess ⓝ 엉망인 상태

ⓐ 엉망인, 지저분한

The party had left the house a little messy, but there were some helpers willing to clean it up.
그 일행이 집을 약간 어질러 놓았지만, 기꺼이 청소하려는 몇몇 도움을 주는 사람들이 있었다.

0865

junk
[dʒʌŋk]

ⓝ 쓰레기

While it seemed like a pile of old junk at first, she was excited to find a rare collection of books in the box.
그것은 처음에는 낡은 _____ 더미처럼 보였지만, 그녀는 그 상자 안에서 희귀한 도서 모음을 발견하고 흥분했다.

0866

renew
[rinjú:]

renewal ⓝ 재개, 연장, 갱신

ⓥ 재개하다, 갱신하다

When it came time to renew her yearly health club membership, she decided to do some research.
자신의 연간 헬스클럽 회원권을 _____ 할 때가 다가오자 그녀는 조사를 좀 해보기로 했다.

= resume 재개하다

0867

wooden
[wúdn]

wood ⓝ 나무, 목재

ⓐ 나무로 된

The wooden dining table was easily scratched, so playing games on it wasn't allowed.
그 목재 식탁은 쉽게 긁혔기 때문에 그 위에서 노는 것은 허락되지 않았다.

0868

manual
[mǽnjuəl]

manually ad 손으로

ⓐ 손으로 하는, 육체노동의 ⓝ 안내서

Even though he was used to manual work, he wasn't prepared for the enormous cleaning job after the storm.
비록 그는 _____ 노동에 익숙했지만, 폭풍 후의 어마어마한 청소 작업을 할 준비는 되어 있지 않았다.

Did you follow the instructions in the manual carefully? 수능
_____ 에 있는 지시사항을 꼼꼼히 따라 했습니까?

0869

technician
[tekníʃən]

ⓝ 기술자

A technician is available during office hours to answer any problems or queries.
업무 시간에는 _____ 가 어떠한 문제나 질문에도 대답해 줄 수 있습니다.

0865 쓰레기   0866 갱신   0868 육체 / 안내서   0869 기술자

0870 tutor
[tʲúːtər]

ⓝ 가정교사, 강사

While at the university, she worked with high school math students as a **tutor**.

그녀는 대학에 다니면서 _____로서 수학을 공부하는 고등학생들을 가르쳤다.

0871 session
[séʃən]

ⓝ (특정) 기간[시간], 학기

Many classes will not be offered during the summer study **session**.

하계 계절 _____에는 많은 수업이 제공되지 않을 것이다.

0872 book
[buk]

ⓥ 예약하다

Luckily, she had called to **book** a table in advance as it was a busy evening at the restaurant.

그 레스토랑은 저녁에 분주했지만, 다행히도 그녀는 전화로 미리 테이블을 _____.

= reserve

0873 attraction
[ətrǽkʃən]

attract ⓥ 마음을 끌다
attractive ⓐ 매력적인

ⓝ 명소, 명물; 매력

The Grand Canyon is definitely my favorite **attraction** on my vacation.

그랜드캐니언은 분명히 휴가 때 내가 가장 가고 싶은 _____이다.

혼동 어휘

0874 receipt
[risíːt]

ⓝ 영수증

It is smart to keep your **receipt** for two weeks in case you need to return anything.

환불해야 할 때를 대비해서 2주 동안 _____을 보관하는 것이 현명하다.

0875 recipe
[résəpìː]

ⓝ 조리법

The **recipe** for brownies called for butter, but I used oil instead.

브라우니 _____에는 버터가 들어가지만 나는 버터 대신 기름을 사용했다.

0870 가정교사   0871 학기   0872 예약했다   0873 명소   0874 영수증   0875 조리법

DAY 22

다의어

0876

cell
[sel]

cellular ⓐ 세포의

ⓝ 세포

A **cell** is the smallest unit of life that is classified as a living thing by biologists.

_____는 생물학자들에 의해 살아 있는 것으로 분류되는 가장 작은 생명의 단위이다.

ⓝ 감방

Prison **cells** are usually about two by three meters in size with steel or brick walls and one door that locks from the outside.

감방은 보통 강철과 벽돌로 된 벽에 가로 2미터 세로 3미터 정도의 크기로 밖에서 잠그는 문 한 개가 있다.

숙어 / 이어동사

0877

in the end

결국, 마침내

The two brothers spent their whole childhood in competition with each other, but **in the end** they realized working together was better.

그 두 형제는 어린 시절 내내 서로 경쟁하면서 보냈지만, _____ 협동하는 것이 더 낫다는 것을 깨달았다.

= finally

0878

run[bump] into

~와 우연히 마주치다

As I was walking through the departure lounge in Heathrow Airport, I **ran into** Sarah, my old classmate from middle school.

나는 히스로 공항의 출국 로비를 걸어가다가 중학교 때 같은 반 친구였던 Sarah와

_____

0879

take a risk

위험을 무릅쓰고 시도하다

Investing money requires individuals to **take a risk**, but the return on investment sometimes makes up for it.

돈을 투자하는 것은 개인이 위험을 감수해야 하지만 투자 수익률이 종종 그것을 보상해준다.

0880

give off

발산하다, 내뿜다

Garbage that is left alone for several days tends to **give off** a very unpleasant smell.

며칠 동안 내버려둔 쓰레기는 아주 불쾌한 냄새를 내뿜는 경향이 있다.

0876 세포   0877 결국   0878 우연히 마주쳤다

DAILY TEST

A 다음 영어를 우리말로, 우리말을 영어로 쓰시오.

1	concern		11	(특정) 기간(시간), 학기
2	factual		12	가정교사, 강사
3	flip		13	기술자
4	format		14	나무로 된
5	messy		15	도움이 되다
6	occasion		16	명소, 명물; 매력
7	repeatedly		17	발산하다, 내뿜다
8	run[bump] into		18	방법
9	store		19	영수증
10	witness		20	조리법

B 다음 빈칸에 알맞은 단어를 쓰시오.

1	effortless	=		5	robbery	Ⓥ
2	present	=		6	messy	ⓝ
3	outlook	=		7	renew	ⓝ
4	flexible	=		8	cell	ⓐ

C 다음 빈칸에 들어갈 알맞은 말을 |보기|에서 고르시오.

보기	ups and downs	junk	on-the-spot	draft	present

1 There was nothing but _____ and old equipment. 수능

2 This year's special event will be a(n) _____ photo contest. 수능

3 Teenagers are supposed to experience emotional _____ . 수능

4 If you _____ your ticket, there will be no charge for this service. 수능

5 I can send you a first _____ of our plan and the estimate within two days. 수능

DAY 23

0881

consequently
[kánsikwəntli]

consequent ⓐ ~의 결과로
일어나는

ad 그 결과, 따라서

Michigan's economy is not doing very well; consequently,
many college graduates are forced to move out of state in order
to find jobs.

미시간의 경제가 별로 좋지 않다. _____ 많은 대학 졸업생이 직장을 구하기 위해
그곳을 떠날 수밖에 없다.

= as a result

0882

literature
[lítərətʃər]

literary ⓐ 문학의

ⓝ 문학

Joe has read many of the famous works of
Italian literature.

Joe는 많은 유명한 이탈리아 _____ 서적을 읽었다.

> **Word Plus+** ▶ 문학(literature) 관련 어휘
>
> chapter 장　　draft 원고　　epic 서사　　fairy tale 동화　　fiction 소설　　lyric 서정시, 가사
> metaphor 비유　　monologue 독백　　plot 줄거리　　subtitle 부제목　　comedy 희극　　tragedy 비극

0883

unforgettable
[Ànfərgétəbl]

unforgettably ⓐ 잊을 수
없게

ⓐ 잊을 수 없는

The car accident was an unforgettable event, but even with
her injuries she tried not to think about it too much.

그 자동차 사고는 잊을 수 없었지만, 그녀는 상처를 입었음에도 사고에 대해 너무 많이 생
각하지 않으려고 했다.

0884

saw
[sɔ:]

ⓥ 톱으로 자르다　ⓝ 톱

Some trees were so big that two people had to use a giant saw
to cut them down.

몇몇 나무는 너무 커서 그것들을 베어내기 위해 두 사람이 커다란 _____ 을 사용해야
했다.

0885

stupid
[stjú:pid]

stupidity ⓝ 어리석음,
어리석은 짓

ⓐ 어리석은

She didn't tell her father about her new tattoo as she knew he
would think it a stupid decision.

그녀는 아버지에게 자신의 새 문신에 대해 말하지 않았다. 아버지가 그것을 _____
결정이라고 생각할 것을 알기 때문이었다.

= foolish, silly

0881 그 결과　　0882 문학　　0884 톱　　0885 어리석은

0886

native
[néitiv]

ⓐ 태어난 곳의, 원주민의

Many parents are keen for their children to study French with a **native** speaker.
많은 부모는 자기 아이가 원어민과 함께 프랑스어 공부하기를 열망한다.

0887

deliver
[dilívər]

delivery ⓝ 배달;
(연설 등) 발표

ⓥ 배달하다; (연설을) 하다

The President was able to **deliver** a brief message of hope via the television before visiting the devastated town himself.
대통령은 그 황폐해진 마을을 직접 방문하기 전에 TV를 통해 짤막한 희망의 메시지를 전할 수 있었다.

0888

unfortunately
[ʌ̀nfɔ́:rtʃ ənitli]

unfortunate ⓐ 불운한

ad 불행히도

Unfortunately, today's performance will not be given by the star singer, who has lost her voice.
_____, 오늘 공연에는 목 상태가 좋지 않은 그 인기가수가 출연하지 않을 것입니다.

= regrettably

0889

recover
[rikʌ́vər]

recovery ⓝ 회복, 되찾음

ⓥ 회복하다, 되찾다

Rest will help people **recover** quickly from seasonal illnesses like cold or flu.
휴식은 사람들이 감기나 독감 같은 계절성 질병에서 빨리 _____ 도울 것이다.

= retrieve. regain 되찾다

0890

duty
[djú:ti]

ⓝ 업무, 의무, 임무

It was the receptionist's **duty** to set the morning tea in the room before the meeting began.
회의를 시작하기 전에 방에 아침 차를 준비해 놓는 것이 접수 담당자의 _____ 였다.

0891

fit
[fít]

ⓐ 알맞은, 건강한

By the time the canal was finished, the railroad had been established as the **fittest** technology for transportation. 수능
운하가 완성될 즈음에 철로는 수송에 가장 적합한 기술로서의 명성을 확고히 했다.

Even after training for three months, he still wasn't sure he was **fit** enough for the race.
3개월간의 훈련 이후에도 그는 여전히 자신이 그 경주를 할 만큼 건강한지 확신할 수 없었다.

⬅ unfit 부적합한, 건강하지 못한

0888 불행히도   0889 회복하도록   0890 업무

DAY 23

0892
whisper
[hwíspər]

ⓥ 귓속말을 하다

She leaned closer, so her friend could **whisper** the name of the boy she liked.
그녀가 더 가까이 기대고 있어서 친구가 자신이 좋아하는 소년의 이름을 귓속말로 말할 수 있었다.

0893
food poisoning

ⓝ 식중독

Even a mild case of **food poisoning** can ruin your holiday, so be careful about your choice of food.
가벼운 _____ 이라도 당신의 휴일을 망칠 수 있다. 그러므로 음식 선택에 주의하라.

0894
fund-raising
[fΛndrèiziŋ]

ⓝ 자선 모금

Fund-raising efforts over the course of the semester had raised enough to send the class to Disneyland.
학기 중의 _____ 으로 그 반이 디즈니랜드에 갈 충분한 돈이 모였다.

0895
orphan
[ɔ́:rfən]

orphanage ⓝ 고아원

ⓝ 고아

No longer alone, the **orphan** was surprised to meet so many new friends on his first day at school.
더는 혼자가 아닌 그 _____ 는 등교 첫날에 그토록 많은 새 친구들을 만나서 놀랐다.

0896
account
[əkáunt]

ⓝ 계좌, 계정

In order to earn the maximum interest rate, funds must remain in the **account** for twelve months or more.
그 예금은 최대의 이자율을 얻기 위해서 12개월 이상 _____ 에 있어야 한다.

0897
sustain
[səstéin]

sustained ⓐ 한결같은, 지속된

ⓥ 지탱하다, 유지하다

In order to **sustain** long-term economic growth, the government plans to regulate household debt-to-equity ratios.
장기적인 경제 성장을 유지하기 위해서 정부는 가계 빚 대 자기 자본 비율을 규제할 계획이다.

0898
terrific
[tərífik]

ⓐ 아주 좋은

The presentation was **terrific**, and the clients walked away happy with the work of the agency.
그 발표는 아주 좋았고, 고객은 업체의 노력에 만족하며 돌아갔다.

= great

0893 식중독　　0894 자선 모금　　0895 고아　　0896 계좌

0899

audience
[ɔ́:diəns]

ⓝ 관객, 청중

Whenever Rain has a concert in Seoul, he attracts an **audience** of thousands of screaming fans.
비는 서울에서 콘서트를 할 때마다 소리를 지르는 수천 명의 팬 _____ 을 끌어들인다.

0900

nap
[næp]

ⓝ 낮잠 ⓥ 낮잠을 자다

Some say a 20-minute **nap** can help energize you to face the rest of the day.
어떤 이들은 20분간의 _____ 이 나머지 일과를 마주할 활력을 줄 수 있다고 말한다.

0901

essential
[isénʃəl]

essence ⓝ 본질

ⓐ 필수적인

Vitamin C, which is found in most fruits, is an **essential** part of a healthy diet.
비타민 C는 과일 대부분에서 발견되는데 건강식의 _____ 부분이다.

= crucial, fundamental

0902

form
[fɔ:rm]

formation ⓝ 형성
formal ⓐ 격식을 차린, 공식적인

ⓥ 형성시키다 ⓝ 종류, 형태

When the temperature drops below zero, ice crystals **form** on the windows of cars and homes.
기온이 0도 이하로 떨어지면 자동차나 집 창문에 얼음 결정이 _____.

0903

pitch
[pitʃ]

ⓝ 정도, 정점; 음높이 ⓥ 힘껏 내던지다

Unfortunately, the opera singer was unable to achieve the proper **pitch** during the most important song.
불행하게도, 그 오페라 가수는 가장 중요한 노래를 부르는 도중에 제대로 된 _____ 를 낼 수가 없었다.

Whenever my friends and I play baseball, I have to **pitch** because I am the only one who is good at it.
친구들과 내가 야구를 할 때마다 내가 공을 던져야 했다. 왜냐하면, 내가 유일하게 투구를 잘하는 사람이기 때문이다.

0904

graduate
[grǽdʒuèit/grǽdʒuit]

graduation ⓝ 졸업(식)

ⓥ 졸업하다 ⓝ 대학 졸업생, 대학원생

Most major companies only accept applications from university or college **graduates**.
대부분의 대기업은 대학이나 전문대 _____ 지원자만 받는다.

0899 관객   0900 낮잠   0901 필수적인   0902 형성된다   0903 음높이   0904 졸업생

DAY 23

0905

creep
[kri:p]

ⓥ 천천히 움직이다; (식물이) 벽을 타고 오르다

The cat is happiest when it can **creep** around the house in search of birds or mice.
그 고양이는 새나 쥐를 찾아 집 주변을 천천히 움직일 수 있을 때가 가장 행복하다.

Creeping plants cover the polished silver gate and the sound of bubbling water comes from somewhere. [수능]
덩굴 식물들은 윤이 나는 은색 대문을 덮고 있고, 거품을 내며 흐르는 물소리가 어디에선가 들려온다.

0906

polish
[páliʃ]

ⓥ (광이 나도록) 닦다, 다듬다

These old shoes are still very comfortable; I just need to **polish** them, and they'll look like new.
이 오래된 신발은 여전히 편하다. 광이 나도록 _____ 새것처럼 보일 것이다.

0907

breeze
[bri:z]

ⓥ 미풍, (부드러운) 바람

The only relief from the long, hot summers of Daegu is the occasional **breeze** that quietly cools everything.
길고 무더운 대구의 여름에서 유일한 위안은 모든 것을 식혀주는 이따금 부는 부드러운 _____ 이다.

0908

weaken
[wíːkən]

ⓥ 약화시키다, 약화하다

Many politicians believe that the free trade agreement will **weaken** the national economy and be bad for the country.
많은 정치인이 자유무역협정이 내수 경제를 _____ 시키고 국가에 해로울 거로 믿는다.

⟷ strengthen 강화하다

0909

grade
[greid]

ⓥ (등급을) 나누다

His job was simple; he had to inspect and **grade** the beef before it could be sold in stores.
그의 일은 간단하다. 쇠고기가 가게에서 팔리기 전에 그것을 검사하고 등급을 나누는 일이다.

0910

antique
[æntíːk]

ⓝ 골동품

If you visit Boston, you should go shopping for **antiques** because there are lots of good antique shops there.
보스턴을 방문하면, 반드시 _____ 쇼핑을 해라. 그곳엔 훌륭한 _____ 가게가 많기 때문이다.

0906 닦으면   0907 바람   0908 약화   0910 골동품 / 골동품

0911 rough
[rʌf]

roughen ⓥ 거칠게 만들다
roughness ⓝ 거칠음

ⓐ 거친, 고르지 않은

After many hours at sea, the waters became rough and the waves began crashing into the side of the boat.
많은 시간이 흐른 뒤, 바다는 거칠어졌고 파도는 보트의 측면을 때리기 시작했다.

Personally, I don't like the bitter taste and roughness of fruit peel, though I understand that it has some nutritious value and contains dietary fiber. 수능
나는 개인적으로 과일 껍질의 쓴맛과 거친 느낌을 좋아하지 않지만, 그것이 영양가가 있고 식이섬유를 함유하고 있다는 것을 알고 있다.

⟺ smooth 매끈한, gentle 부드러운

0912 blank
[blæŋk]

blankly ad 멍하니, 우두커니

ⓐ 텅 빈; 멍한 ⓝ 빈칸

He noticed that the whiteboard was blank when he walked in the classroom.
그는 교실 안으로 들어왔을 때, 화이트보드에 아무 것도 쓰여 있지 않은 것을 발견했다.

0913 trap
[træp]

entrap ⓥ 함정에 빠뜨리다

ⓥ 가두다 ⓝ 덫, 함정

The net was designed to trap only tuna, but dolphins often became stuck in it.
그 그물은 참치만 _____ 위해 설계되었으나, 종종 돌고래가 거기에 걸리곤 했다.

While walking through the woods near the house, he was injured by a bear trap.
그는 집 근처 숲 속을 관통하여 걷다가 곰 _____ 에 의해 부상을 당했다.

혼동 어휘

0914 insect
[ínsekt]

ⓝ 곤충

Many insects, such as those that transmit diseases or destroy agricultural goods, are considered pests.
질병을 옮기거나 농산품을 파괴하는 많은 _____ 은 해충으로 여겨진다.

0915 insert
[insə́:rt]

insertion ⓝ 삽입, 첨가

ⓥ 삽입하다

When typing a formal letter, it is important to insert a space between paragraphs.
공식적 서신을 칠 때는 문단 사이에 공간을 _____ 것이 중요하다.

0913 가두기 / 덫   0914 곤충   0915 삽입하는

DAY 23

0916
insult
[ínsʌlt]

ⓥ 모욕하다 ⓝ 무례한 말

She felt they had **insulted** her by repeatedly ignoring her questions.
그녀는 그들이 자신의 질문을 거듭 무시함으로써 자신을 _____ 했다고 느꼈다.

다의어

0917
term
[təːrm]

ⓝ 용어, 명칭

Adolescent is a **term** for someone who is no longer a child but is not yet an adult.
청소년은 더는 아이도 아니지만, 아직 어른도 아닌 사람을 뜻하는 _____ 이다.

ⓝ 기간

American presidents are elected to four-year **terms**.
미국 대통령은 4년을 임기로 선출한다.

숙어 / 이어동사

0918
come up with

(해답 등을) 찾아내다; ~을 제안하다

Instead of treating different patients that display similar symptoms with the same drugs, doctors should identify root causes of disease to **come up with** a personalized treatment.
[수능]
의사들은 비슷한 증상을 보이는 다른 환자들을 같은 약으로 치료하는 대신에 개인화된 치료법을 찾아내기 위해서 질병의 근본 원인을 규명해야 한다.

0919
go out of business

파산하다

Seven subprime lenders have **gone out of business** in the past three months.
지난 3개월 간 7개의 서브프라임 대출 기관들이 _____.

Tips subprime(서브프라임)은 '비우량 주택담보대출'로, 미국에서 저소득층을 대상으로 최우대 대출 금리보다 낮은 금리의 주택담보대출을 말한다.

0920
take up

차지하다

Because all the used books were **taking up** too much space in my office, I decided to donate them to charity.
내 사무실에 있는 모든 중고 책이 너무 많은 공간을 차지해서 자선단체에 기부하기로 했다.

0916 모욕   0917 용어   0919 파산했다

DAILY TEST

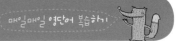

A 다음 영어를 우리말로, 우리말을 영어로 쓰시오.

1 antique _____
2 deliver _____
3 duty _____
4 form _____
5 grade _____
6 nap _____
7 polish _____
8 sustain _____
9 unforgettable _____
10 whisper _____

11 가두다; 덫, 함정 _____
12 계좌, 계정 _____
13 고아 _____
14 곤충 _____
15 관객, 청중 _____
16 모욕하다; 무례한 말 _____
17 삽입하다 _____
18 식중독 _____
19 차지하다 _____
20 파산하다 _____

B 다음 빈칸에 알맞은 단어를 쓰시오.

1 consequently = _____
2 stupid = _____
3 rough ⬌ _____
4 fit ⬌ _____

5 literature ⓐ _____
6 essential ⓝ _____
7 rough ⓥ _____
8 unfortunately ⓐ _____

C 다음 빈칸에 들어갈 알맞은 말을 |보기|에서 고르시오.

| 보기 | weaken | blank | pitching | term | come up with |

1 Suddenly, your mind may seem as _____ as the paper. 수능

2 Creative designers for Motorola have _____ a revolutionary smart phone design.

3 In general, one's memories of any period necessarily _____ as one moves away from it. 수능

4 In ancient Egypt, _____ stones was children's favorite game, but a badly thrown rock could hurt a child. 수능

5 Paul Ekman uses the _____ 'display rules' for the social agreement about which feelings can be properly shown when. 수능

DAY 24

0921

nonetheless
[nÀnðəlés]

ad 그럼에도 불구하고

Detroit has been changing for the better; **nonetheless**, no one has been too surprised by the recent increase in crime.
디트로이트는 더 나은 쪽으로 바뀌고 있지만, _____ 아직도 최근에 범죄가 증가한 것에 대해 많이 놀라는 사람은 아무도 없다.

= nevertheless

0922

occupation
[àkjəpéiʃən]

occupational **a** 직업의

n 직업

A common mistake in talking to celebrities is to assume that they don't know much about anything else except their **occupations**. 수능
유명인에게 이야기할 때 하는 흔한 실수는 그들이 자신의 _____ 외에는 아무것도 모를 거라고 가정하는 것이다.

= job, profession

Word Plus+ 직업(occupation) 관련 어휘

accountant 회계사   blacksmith 대장장이   botanist 식물학자   coastguard 해안 경비대
correspondent 특파원   ghost writer 대필 작가   stockbroker 증권 중개인   usher 좌석 안내원

0923

revise
[riváiz]

revision **n** 수정, 정정

v (계획을) 수정하다; (책을) 개정하다

Although she thought it was perfect, her boss insisted that she **revise** several pages of her report.
그녀는 자신의 보고서가 완벽하다고 생각했지만, 그녀의 상사는 몇몇 페이지를 _____ 한다고 주장했다.

= change 바꾸다, 수정하다

0924

bind
[baind]

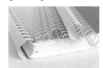

v 묶다; 의무를 지우다

It was a very boring job; all he seemed to do was to **bind** stacks of newspapers together with string.
그것은 아주 지루한 일이었다. 그가 할 일이라곤 신문 더미를 끈으로 한데 묶기만 하면 되어 보였다.

The new international agreement will **bind** Korea to reduce its air pollution by ten percent.
그 새로운 국제 협정은 대기오염을 10%까지 줄이도록 대한민국을 속박할 것이다.

0921 그럼에도 불구하고   0922 직업   0923 수정해야

0925

reduce
[ridʒúːs]

reduction ⓝ 축소, 감소

ⓥ 줄이다, 낮추다

The local government is encouraging public transportation in an effort to **reduce** the number of cars on city streets.

지역 정부는 시의 도로에서 자동차 수를 _____ 위한 노력으로 대중교통을 독려하고 있다.

⟺ increase 늘리다, 높이다

0926

workable
[wɔ́ːrkəbl]

workability ⓝ 실행 가능성

ⓐ 실행[운용] 가능한

Mary is a good program director because she often develops **workable** solutions to difficult problems.

Mary는 훌륭한 프로그램 책임자이다. 왜냐하면, 종종 어려운 문제에 대해 _____ 해결책을 개발하기 때문이다.

= practicable 실행 가능한 ⟺ unworkable 실행 불가능한

0927

abuse
[əbjúːz]

abusive ⓐ 폭력적인, 학대하는

ⓥ 학대하다; 남용[오용]하다 ⓝ 학대; 남용[오용]

Unfortunately, it is friends and family who are most likely to **abuse** children, not strangers.

불행하게도 가장 쉽게 아이들을 _____ 할 것 같은 이들은 낯선 사람들이 아니라 친구와 가족이다.

Although most people think child **abuse** is mainly physical in nature, it can take many forms.

사람들 대부분은 아동 _____ 가 성격상 주로 육체적일 것이라고 생각하지만, 많은 형태를 띨 수 있다.

0928

realm
[relm]

ⓝ (활동, 지식 등의) 영역

Although they seemed unbelievable when James described them, his dreams were quite within the **realm** of possibility.

James가 그들에게 자신의 꿈을 설명할 때 그들은 믿기 어려워했지만, 그의 꿈은 꽤 실현 가능한 _____ 내에 들어와 있었다.

0929

boundary
[báundəri]

ⓝ 경계, 한계

Baekdu Mountain, which sits near the **boundary** of North Korea and China, is a volcano.

백두산은 북한과 중국의 국경 근처에 자리 잡고 있고, 화산이다.

In some mountainous areas of Europe, it is difficult to say where the national **boundaries** are drawn.

유럽의 일부 산악 지대에서는 어디에 국경선이 그려져 있는지 말하기가 어렵다.

= border, frontier 경계

0925 줄이기　0926 실행 가능한　0927 학대 / 학대　0928 영역

DAY 24

0930
efficient
[ifíʃənt]

efficiency ⓝ 효율(성), 능률
efficiently ⓐⓓ 능률적으로

ⓐ 효율적인, 효율성이 높은
From a mechanical point of view, the energy produced by modern-day engines is not an **efficient** use of fossil fuel.
기계적인 관점에서 볼 때 현대의 엔진에서 생산되는 에너지는 _____ 화석 연료의 사용이 아니다.

0931
simplify
[símpləfài]

simplification ⓝ 단순화, 간소화
simple ⓐ 단순한, 간단한

ⓥ 단순화하다
It can be challenging to take a complex idea and **simplify** it so that it can be easily understood.
복잡한 아이디어를 잡아 이해하기 쉽도록 _____ 것은 의욕적인 일일 수 있다.

Design generally seeks **simplification** and essentiality. 수능
디자인은 일반적으로 단순성과 본질을 추구한다.

↞ complicate 복잡하게 하다

0932
underwater
[ʌndərwɔ́:tər]

ⓐ 수중의 ⓐⓓ 수중에서
The human body loses heat **underwater** at a rate two or three times faster than in air of the same temperature.
수중에서 인체는 같은 온도의 대기에서보다 두 배에서 세 배 더 빠른 속도로 열을 잃는다.

0933
acknowledge
[əknálidʒ]

ⓥ 인정하다
One way of listening actively is to **acknowledge** and empathize with the speaker's feelings about what he or she is saying.
적극적으로 듣기의 한 가지 방법은 말하고 있는 것에 관련된 화자의 감정을 _____ 공감하는 것이다.

= recognize 알아보다: 인정하다

0934
instinct
[ínstiŋkt]

instinctive ⓐ 본능적인

ⓝ 본능
My **instinct** tells me that I shouldn't buy the used car that this salesman is trying to sell me for half price.
나의 _____ 은 이 판매원이 나에게 반값으로 팔려고 애쓰는 중고차를 사면 안 된다고 말한다.

= intuition 직감

0935
depict
[dipíkt]

depiction ⓝ 묘사, 서술
depictive ⓐ 묘사[서술]적인

ⓥ 묘사하다, 서술하다
Many movies **depict** violent historical events as being glamorous.
많은 영화가 폭력적인 역사적 사건들을 매혹적으로 _____.

= describe

0930 효율적인   0931 단순화하는   0933 인정하고   0934 본능   0935 묘사한다

0936

specialty
[spéʃəlti]

ⓝ 전문, 장기, 특성

My doctor's **specialty** is dealing with back problems caused by sports injuries.

내 주치의는 운동 경기 중의 부상에서 비롯된 척추 문제를 다루는 것이 _____ 이다.

0937

reply
[riplái]

ⓥ 대답[응답]하다

I often **reply** to my mother's handwritten letters by e-mail, which bothers her a great deal.

나는 종종 우리 어머니가 손으로 쓴 편지에 이메일로 답변하는데, 이것이 어머니를 매우 성가시게 만든다.

= answer

0938

swallow
[swálou]

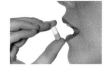

ⓥ 삼키다

Patients with a sore throat are unable to **swallow** without a minor amount of pain.

인후염 환자들은 무엇을 삼킬 때마다 조금이라도 고통을 느낀다.

When I came back, I **swallowed hard** at what I saw. 수능

내가 돌아왔을 때 나는 내가 본 것을 받아들이기 어려웠다.

Tips swallow hard 는 '받아들이기 어렵다'라는 뜻이다.

0939

horrific
[hɔːrífik]

ⓐ 무시무시한

My brother had a motorcycle accident, and his injuries were **horrific**.

내 남동생이 오토바이 사고를 당했는데 그 부상은 끔찍했다.

0940

ritual
[rítʃuəl]

ⓝ 의식, 의례

The monks performed the Buddhist **rituals** of lighting the candles and praying.

그 수도승들은 초에 불을 붙이고 기도를 하는 불교 _____ 을 거행했다.

0941

irritable
[írətəbl]

irritate ⓥ 짜증나게 하다

ⓐ 짜증을 잘 내는

Mike is often tired and **irritable** after a long day at work.

Mike는 온종일 일한 후 종종 피곤해하고 _____.

0942

lower
[lóuər]

ⓥ 낮추다, 떨어뜨리다

I often ask my friends to **lower** the temperature in their house to save energy.

나는 자주 친구들에게 에너지를 절약하기 위해 실내 온도를 _____ 부탁한다.

0936 전문   0940 의식   0941 짜증을 잘 낸다   0942 낮추라고

DAY 24

0943

multiply
[mʌ́ltəplài]

ⓥ 증가시키다

Smoking can multiply the risk of lung cancer and other diseases.

흡연은 폐암과 다른 질병의 위험을 _____ 수 있다.

= increase

0944

overweight
[óuvərwèit]

ⓐ 비만의, 과체중의; 중량 초과의

My luggage on the flight home was more than twenty-five kilograms overweight.

귀국 비행기의 내 수하물은 25킬로그램 이상 _____ 였다.

0945

authority
[əθɔ́:riti]

authorize ⓥ 권한을 부여하다
authoritative ⓐ 권위 있는

ⓝ 권한, 권위; 당국

After I was arrested for no apparent reason, I demanded to speak to the authorities.

내가 아무런 명백한 이유 없이 체포당한 후 _____ 과 이야기하게 해달라고 요구했다.

0946

mindful
[máindfəl]

ⓐ 의식하는, 염두에 두는, 잊지 않는

Parents must be mindful of their responsibilities to their children.

부모는 자신의 아이에 대한 책임을 잊지 않아야 한다.

= aware

0947

commute
[kəmjú:t]

commuter ⓝ 통근자

ⓥ 통근하다

I decided to take a job close to where I live because I did not want to commute.

나는 _____ 하고 싶지 않아서 내가 사는 곳에서 가까운 직장을 택하기로 결정했다.

0948

evolve
[iválv]

evolution ⓝ 진화; 발전

ⓥ 발달하다; 진화하다

If you spend time living in a foreign culture, your understanding of the customs and traditions will evolve.

외국 문화권에서 살면서 시간을 보내면 관습과 전통에 대한 이해가 _____ 것이다.

0949

cherish
[tʃériʃ]

ⓥ 소중히 하다, 중요하게 여기다

I cherish the memory of the day that I first met my wife.

나는 내가 처음 아내를 만난 날의 기억을 소중히 여긴다.

= treasure

0943 증가시킬   0944 중량 초과   0945 당국   0947 통근   0948 발달할

0950

disastrous
[dizǽstrəs]

disaster ⓝ 재난, 재앙

ⓐ 처참한, 피해가 막심한

I just planted strawberries in my back yard, and it would be
disastrous if a snowstorm hit.

나는 방금 뒷마당에 딸기를 심었는데 눈보라가 친다면 ＿＿＿＿＿＿ 것이었다.

= catastrophic 큰 재앙의, 비극적인

0951

differ
[dífər]

different ⓐ 다른
difference ⓝ 다름, 차이

ⓥ 다르다

Men and women **differ** from each other in their ability to handle
stress.

남자와 여자는 스트레스를 다루는 능력이 서로 ＿＿＿＿.

0952

harness
[há:rnis]

ⓝ 마구(馬具); 벨트 ⓥ (자원 등을) 이용하다, 통제하다

Energy companies are increasingly trying to **harness**
the limitless power of the wind and the sun.

전력 회사들은 바람과 태양의 무한한 에너지를 점점 더 많이 ＿＿＿＿＿
노력한다.

어근 　ceive '취하다'

0953

receive
[risí:v]

receptive ⓐ 수용적인

ⓥ 받다

I was unable to **receive** a tax refund this year because I was
late in filing my taxes.

나는 내 세금을 제출하는 데 늦었기 때문에 올해에는 세금 환급을 ＿＿＿＿ 못했다.

= get

0954

conceive
[kənsí:v]

conception ⓝ 구상; 이해

ⓥ (생각을) 마음속에 품다

It would be almost impossible to **conceive** of this award without
all the support my colleagues gave me these past two years.

지난 2년 동안 내 동료가 나에게 해준 모든 지원이 없었더라면 이 상은 거의 상상하지도
못했을 것이다.

0955

perceive
[pərsí:v]

perception ⓝ 지각; 통찰력

ⓥ 인지하다, 알아차리다

Young students who do poorly in school often incorrectly
perceive themselves to be failures.

학교에서 잘 생활하지 못하는 어린 학생들은 종종 자신을 패배자라고 잘못 인지한다.

0950 피해가 막심할　0951 다르다　0952 이용하려고　0953 받지

DAY 24

01 02 03 04 05 06 07 08 09 10 11 12 13 14 15 16 17 18 19 20 21 22 23 **24** 25

0956

deceive
[disíːv]

deception ⓝ 속임수, 사기
deceptive ⓐ 기만적인

ⓥ 속이다, 기만하다

Don't try to **deceive** the police interrogator with dishonest answers; you will be given a lie-detector test.
부정직한 대답으로 경찰 심문자를 _____ 하지 마라. 거짓말 탐지기 조사를 받게 될 것이다.

다의어

0957

coin
[kɔin]

coinage ⓝ 주화, 통화; 신조어

ⓝ 동전

Coins smaller than one dollar are more expensive to produce than their face value.
1달러보다 작은 _____ 은 액면가보다 생산하는 데 돈이 더 많이 든다.

ⓥ 새로운 말을 만들다

The word "stress" is thought to have been **coined** in the late 1950s.
'스트레스'라는 단어는 1950년대 후반에 _____ 것으로 여겨진다.

숙어 / 이어동사

0958

save face

체면을 세우다

In order to **save face**, the airline lied that the flight was merely delayed and not canceled.
그 항공사는 체면을 세우려고 비행기가 단지 지연된 것이며 취소된 것이 아니라고 거짓말했다.

0959

on earth

도대체

How **on earth** Robert had survived in the desert without water for two full weeks puzzled his rescuers.
_____ 어떻게 Robert가 꼬박 2주 동안 물 없이 사막에서 살아남았는지가 구조원들을 어리둥절하게 만들었다.

0960

roll off

(대량) 생산되다

Supervisors at the BMW factory estimate that around 4,500 cars **roll off** its floor every month.
BMW 공장에 있는 관리자들은 매달 약 4,500대의 차가 생산되는 것으로 추정했다.

0956 속이려고   0957 동전 / 만들어진   0959 도대체

A 다음 영어를 우리말로, 우리말을 영어로 쓰시오.

1	bind	_____	11	다르다 _____
2	efficient	_____	12	도대체 _____
3	lower	_____	13	묘사하다, 서술하다 _____
4	perceive	_____	14	무시무시한 _____
5	realm	_____	15	속이다, 기만하다 _____
6	reduce	_____	16	의식, 의례 _____
7	reply	_____	17	인정하다 _____
8	specialty	_____	18	짜증을 잘 내는 _____
9	swallow	_____	19	체면을 세우다 _____
10	underwater	_____	20	통근하다 _____

B 다음 빈칸에 알맞은 단어를 쓰시오.

1	workable	= _____	5	abuse	ⓐ _____
2	boundary	= _____	6	irritable	ⓥ _____
3	instinct	= _____	7	evolve	ⓝ _____
4	simplify	⬌ _____	8	revise	ⓝ _____

C 다음 빈칸에 들어갈 알맞은 말을 |보기| 에서 고르시오.

보기	rolled off	mindful	overweight	receive	occupation

1 Doctors warn about the increasing number of _____ children. 수능

2 It is important to be _____ about every single aspect of purchasing food. 수능

3 Please state you name, address and _____ on the insurance application form.

4 It usually took five weeks for Benjamin Franklin in Paris to _____ a letter sent from Philadelphia. 수능

5 It derives from the prevalent belief that all of us are similar bio-mechanical units that _____ the same assembly line. 수능

DAY 25

0961

eventually
[ivéntʃuəli]

eventual ⓐ 최종적인

ad 결국

Researchers are positive that they will **eventually** succeed in discovering a cure for cancer.
연구원들은 그들이 _____ 암 치료법을 발견하는 데 성공할 거라고 긍정적으로 생각한다.

= finally

0962

bravery
[bréivəri]

brave ⓐ 용감한

ⓝ 용감함, 용감한 행동

William Wallace's acts of **bravery** won the battle of Stirling.
William Wallace의 용기 있는 행동이 스털링 전투를 승리로 이끌었다.

= courage

0963

wound
[wu:nd]

ⓝ 상처 ⓥ 상처를 입히다

Five people were **wounded** in the attack on the bank.
은행 습격 사건으로 다섯 명이 _____.

0964

commerce
[kámə:rs]

commercial ⓐ 상업의,
상업적인

ⓝ 무역, 상거래, 상업

The government decided to promote **commerce** and industry in the new year.
정부는 새해에는 _____과 산업을 증진하기로 결정했다.

In a **commercial** society, where having money or wealth is most important, things that can be brought by wealth, such as cars, houses, or fine clothing, are considered status symbols. 수능
상업 사회에서는 돈이나 재산을 갖는 게 가장 중요한데, 차, 집, 좋은 옷처럼 부에서 오는 것들이 높은 사회적 신분의 상징으로 여겨진다.

0965

tickle
[tíkəl]

ticklish ⓐ 간지럼을 잘 타는

ⓥ 간지럼 태우다, 간지럽다

The fur on a rabbit's nose often **tickles** it and makes it sneeze.
토끼 코에 있는 털은 종종 그것을 간질여서 재채기를 하게 만든다.

0966

unease
[ʌní:z]

uneasy ⓐ 불안한, 우려되는

ⓝ 불안, 우려

As Jerry neared the open door of his house, he felt a growing sense of **unease** that everything had been stolen.
Jerry는 열려 있는 자기 집 문으로 다가가면서 모든 것을 도둑맞았을 것이라는 _____ 감이 커지는 것을 느꼈다.

= anxiety

0961 결국   0963 상처를 입었다   0964 무역   0966 불안

0967

frequency
[frí:kwənsi]

frequent @ 잦은, 빈번한

ⓝ 빈도, 주파수

There is a higher frequency of diabetes in adults who are overweight.

체중이 많이 나가는 성인들에게서 당뇨병이 걸릴 _____ 가 더 높다.

0968

mental
[méntl]

mentally ad 정신적으로

ⓐ 마음의, 정신적인

The local medical center provides help for people who are suffering from mental illnesses.

지역의 의료센터는 정신적 질병으로 고통받는 사람들에게 도움을 준다.

0969

govern
[gʌ́vərn]

government ⓝ 정부, 정권

ⓥ 다스리다, 지배하다

Leaders who govern a country must be aware of the needs and wants of their citizens.

나라를 다스리는 지도자들은 시민이 필요로 하고 원하는 것을 알아야 한다.

= rule

0970

generation gap

ⓝ 세대차이

When I was a teenager, I often felt that because of the generation gap my parents did not understand me.

내가 십대였을 때, 나는 종종 _____ 때문에 우리 부모님이 나를 이해하지 못한다고 느꼈다.

0971

light
[lait]

ⓥ 빛을 비추다; 불을 붙이다

The detective stopped to light a cigarette under the glow of the streetlamp.

그 탐정은 담배에 불을 붙이기 위해 가로등 불빛 아래에서 멈췄다.

0972

stare
[stɛ́ər]

ⓥ 응시하다 ⓝ 응시

In some cultures, it is very rude to stare at a stranger in public.

어떤 문화권에서는 공공연히 낯선 사람을 _____ 하는 것은 아주 무례한 일이다.

0973

lack
[læk]

ⓝ 결핍 ⓥ ~이 부족하다

Many young teachers are treated with a lack of respect by their older colleagues.

나이가 많은 동료는 나이가 어린 젊은 교사들을 존중하는 마음 없이 대한다.

0967 빈도   0970 세대차이   0972 응시

DAY 25

0974
despair
[dispéər]

desperate ⓐ 자포자기한

ⓝ 절망 ⓥ 체념하다
To the **despair** of the workers, the factory
decided to close.
근로자들에게는 _____스럽게도 공장을 폐쇄하기로 결정했다.

0975
rule
[ru:l]

ⓥ 통치[지배]하다
Alexander the Great **ruled** over a large empire, but only for a
very short time.
알렉산더 대왕은 거대한 제국을 _____했지만, 그 기간은 짧은 시간에 불과했다.

0976
imprison
[imprízən]

imprisonment ⓝ 투옥, 구금

ⓥ 투옥하다, 갇히게 하다
After being convicted of the crime, she was **imprisoned**
for 10 years.
그녀는 유죄를 선고받고 나서 10년 동안 복역했다.

0977
notion
[nóuʃən]

ⓝ 생각, 관념
The **notion** of marriage originated thousands of years ago.
결혼이라는 _____은 수천 년 전에 유래되었다.
= idea

0978
bear
[bɛər]

ⓥ 견디다, 감당하다; (아기를) 낳다
Customers in restaurants can be insulting, but servers just have
to **bear** with it.
레스토랑의 손님들은 무례하게 굴 수 있지만, 웨이터들은 그것을 참아야 한다.
Women over the age of fifty are rarely able to **bear** children.
50세가 넘는 여성들은 아이를 _____어렵다.

0979
biological
[bàiəládʒikəl]

biology ⓝ 생물학

ⓐ 생물학의
Because they are so dangerous, there is an international ban on
biological weapons.
생물학적 무기는 매우 위험하기 때문에 국제적으로 금지되어 있다.

0980
servant
[sə́:rvənt]

ⓝ 하인, 고용인
In the early 1900s, many young women became domestic **servants**.
1900년대 초에는 많은 젊은 여성들이 집안일을 하는 하인이 되었다.

0974 절망   0975 통치   0977 개념   0978 낳기

0981

colony
[kάləni]

colonize ⓥ 식민지로 만들다
colonial ⓐ 식민지의

ⓝ 식민지

India was a British **colony** until the movement for independence was won.
인도는 독립 운동이 성공을 거두기 전까지는 영국의 _____ 였다.

0982

distinctive
[distíŋktiv]

ⓐ 독특한, 특색 있는

If you heard Michael Jackson sing, you know he was a singer with a **distinctive** voice.
마이클 잭슨이 노래하는 것을 들었다면 그가 독특한 목소리를 가진 가수였다는 것을 안다.

0983

feature
[fíːtʃər]

ⓝ 특징, 특성 ⓥ 특징으로 삼다

Most new cars have front and side airbags as a standard **feature** in all models.
대부분의 신차는 전 차종에 표준 사양으로 전면과 측면 에어백이 있다.

The latest exhibition at the arts center **features** paintings and sculptures by the artist Botero.
그 예술 회관의 가장 최근 전시회는 화가 Botero의 그림과 조각을 특집으로 하고 있다.

0984

religious
[rilídʒəs]

religion ⓝ 종교

ⓐ 종교적인

Ever since childhood, I have adhered to my parents' **religious** views.
어린 시절부터 나는 부모님의 종교관을 따랐다.

I've seen people from different **religions** come together for a strong, lasting bond. 수능
나는 다른 _____ 의 사람들이 강하고 지속적인 결속력으로 함께 어우러지는 것을 보았다.

0985

roar
[rɔːr]

ⓥ (큰 짐승이) 으르렁거리다, 굉음을 내다

We heard the lion **roar** from several hundred feet away, and we were terrified.
우리는 몇 백 발자국 앞에서 사자가 _____ 소리를 듣고 공포에 질렸다.

0986

beloved
[bilΛvid]

ⓐ 사랑 받는, 인기 많은

These days he spends so much time playing on his **beloved** computer.
그는 요즘 자기가 좋아하는 컴퓨터를 가지고 노는 데 매우 많은 시간을 보낸다.

0981 식민지   0984 종교   0985 으르렁거리는

0987

orbit
[ɔ́ːrbit]

orbital ⓐ 궤도의

ⓝ 궤도 ⓥ 궤도를 돌다

The moon's **orbit** around the earth is not a perfect circle but follows more of an oval shape.
지구를 도는 달의 _____ 는 완전한 원형이 아니라 타원형에 더 가깝다.

The new satellite **orbits** the earth once every 48 hours.
그 새로운 인공위성은 48시간마다 지구 주위의 _____.

= circle 궤도를 돌다

0988

irresistible
[ìrizístəbl]

ⓐ 거부할 수 없는

The proposal to cut taxes by fifteen percent seems almost **irresistible** to voters in this city.
세금을 15%까지 삭감하자는 제안은 이 도시의 유권자들에게 거의 _____ 것 같다.

0989

smooth
[smuːð]

ⓐ 부드러운, 매끄러운

The stone steps of some old cathedrals are worn **smooth** from so much use.
몇몇 오래된 성당 앞 돌 계단은 너무 많이 사용해서 매끄럽게 닳았다.

⟺ rough 거친

0990

direct
[dirékt]

ⓥ 겨냥하다; 지휘하다 ⓐ 직접적인

The underwater machine **directs** powerful sound waves upwards and outwards.
그 수중 기계는 강력한 음파를 위와 전방으로 내보낸다.

I haven't been in **direct** contact with my college professors for over a decade.
나는 10년이 넘도록 나의 대학교수님과 _____ 연락하지 않았다.

= aim 겨냥하다   ⟺ indirect 간접적인

0991

duration
[djuəréiʃən]

ⓝ 지속 기간

A jeep is available for you to rent for the **duration** of your holiday here in Zimbabwe.
지프는 당신이 이곳 짐바브웨에서 휴일을 보내는 기간 동안 대여할 수 있다.

0987 궤도 / 궤도를 돈다   0988 거부할 수 없는   0990 직접

0992

surgeon
[sə́:rdʒən]

surgical ⓐ 수술의

ⓝ 외과 전문의

Worldwide, the education and training required to become a **surgeon** is very demanding.

전 세계적으로 _____ 가 되기 위한 교육과 훈련은 몹시 힘들다.

During the Revolution, in 1792, he joined the Army of the North as a military **surgeon**. 수능

프랑스 대혁명 중이던 1792년에 그는 군의관으로 북부 군에 입대했다.

Word Plus+ 의학(medicine) 관련 어휘

autopsy 부검   diagnosis 진단   general hospital 종합병원   health care 의료 보험
pediatrician 소아과 의사   prescription 처방전   over-the-counter 처방전 없이 살 수 있는
psychiatrist 정신과 의사   pharmacist 약사   pharmacy 약국

0993

modify
[mádəfài]

modification ⓝ 수정, 변경

ⓥ 수정하다, 바꾸다

She decided to **modify** the way she behaved toward her peers, and the success was astounding.

그녀는 동료를 향한 행동 방식을 바꾸기로 했고, 그 성공은 놀라웠다.

0994

faucet
[fɔ́:sit]

ⓝ 수도꼭지

The bathrooms of suites in five-star hotels are often fitted with solid-gold **faucets**.

5성급 호텔의 스위트룸 화장실은 종종 순금 _____ 가 설치되어 있다.

혼동 어휘

0995

bold
[bould]

ⓐ 용기 있는, 과감한

Very few Democrats have been **bold** enough to oppose the plan to cut taxes.

세금을 삭감하는 계획에 반대할 만큼 _____ 민주당원들은 매우 드물다.

= brave   ⇔ timid 수줍은

0996

bald
[bɔ:ld]

ⓐ 대머리인, 대머리의

All the males in my family have gone completely **bald** by the time they turned thirty.

우리 가족의 남자들은 모두 서른 살이 될 때쯤에 완전히 _____ 가 되었다.

0992 외과 전문의   0994 수도꼭지   0995 용기 있는   0996 대머리

다의어

0997
lead
[liːd / led]

ⓥ 이끌다

Although we tried to lead the horses into the barn, they refused to follow us.

우리가 마구간으로 말들을 이끌려고 했지만 우리를 따라오는 것을 거부했다.

ⓝ 납

The use of lead in plumbing is no longer permitted in many countries.

수도 시설에 _____ 을 사용하는 것은 많은 나라에서 더는 허용되지 않는다.

숙어 / 이어동사

0998
get along with

~와 잘 지내다

It is unlikely that Ashley and Shirley will get along with each other; after all, Shirley stole Ashley's boyfriend.

Ashley와 Shirley가 _____ 것 같지 않다. 결국에는 Shirley가 Ashley의 남자친구를 빼앗았다.

0999
in response to

~에 대응하여

The county spokesperson released an official statement in response to the shocking rumors about the mayor's past.

그 자치주 대변인은 시장의 과거에 대한 충격적인 소문에 _____ 공식 성명을 발표했다.

1000
take over

인수하다, 인계하다

My mother asked me to take over stirring the spaghetti sauce while she started making the salad for dinner.

어머니는 저녁 식사를 위해 샐러드를 만들기 시작하면서 나에게 스파게티 소스 젓는 것을 이어서 하라고 부탁했다.

A 다음 영어를 우리말로, 우리말을 영어로 쓰시오.

1	beloved	11	~와 잘 지내다
2	colony	12	대머리인
3	distinctive	13	빈도, 주파수
4	imprison	14	세대차이
5	mental	15	수도꼭지
6	religious	16	외과 전문의
7	servant	17	응시하다; 응시
8	take over	18	절망; 체념하다
9	tickle	19	지속 기간
10	wound	20	통치(지배)하다

B 다음 빈칸에 알맞은 단어를 쓰시오.

1	bravery	=	5	commerce	ⓐ
2	unease	=	6	despair	ⓐ
3	direct	⬌	7	religious	ⓝ
4	bold	⬌	8	modify	ⓝ

C 다음 빈칸에 들어갈 알맞은 말을 |보기|에서 고르시오.

보기	leads	modified	in response to	irresistible	lack

1 In the game, the players use a broomstick to throw an old bicycle tire that has been specially _____ to make it floppy. 수능

2 The tension is due to physical contact, the _____ of control, and the fear of whether it will tickle or hurt. 수능

3 All of a sudden, he had a(n) _____ urge to go to see his beloved wife and his two sons. 수능

4 The exclusion of new technology generally _____ to social change that will soon follow. 수능

5 This honor is given _____ past achievements. 수능

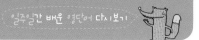

1	account	
2	acknowledge	
3	acoustic	
4	adjust	
5	antique	
6	assist	
7	attraction	
8	audience	
9	awkward	
10	bald	
11	beloved	
12	bind	
13	boundary	
14	bravery	
15	call it a day	
16	chemical	
17	circulate	
18	coexist	
19	colony	
20	commerce	
21	commute	
22	compact	
23	concern	
24	consequently	
25	contrast	
26	deceive	
27	deliver	
28	depict	
29	despair	
30	differ	
31	distinctive	
32	duration	
33	duty	
34	efficient	
35	effortless	
36	enhance	
37	errand	
38	essential	
39	eventually	
40	expert	
41	factual	
42	faucet	
43	flexible	
44	flip	
45	food poisoning	
46	form	
47	format	
48	frequency	
49	generation gap	
50	get along with	
51	give off	
52	go out of business	
53	govern	
54	grade	
55	hire	
56	horrific	
57	imprison	
58	incident	
59	insect	
60	insert	
61	insult	
62	irresistible	
63	irritable	
64	junk	
65	lack	
66	lay	

67	lid	_____
68	lie	_____
69	literature	_____
70	loosen	_____
71	lower	_____
72	mental	_____
73	messy	_____
74	method	_____
75	mindful	_____
76	nap	_____
77	native	_____
78	nonetheless	_____
79	occasion	_____
80	occupation	_____
81	on earth	_____
82	on-the-spot	_____
83	orphan	_____
84	overweight	_____
85	perceive	_____
86	persist	_____
87	polish	_____
88	realm	_____
89	receipt	_____
90	recipe	_____
91	reduce	_____
92	reform	_____
93	religious	_____
94	repeatedly	_____
95	reply	_____
96	revise	_____
97	reward	_____
98	ritual	_____
99	rule	_____
100	run[bump] into	_____
101	save face	_____

102	saw	_____
103	servant	_____
104	session	_____
105	soak	_____
106	solid	_____
107	specialty	_____
108	square	_____
109	stable	_____
110	stare	_____
111	stem	_____
112	store	_____
113	stupid	_____
114	surgeon	_____
115	sustain	_____
116	swallow	_____
117	take over	_____
118	take up	_____
119	technician	_____
120	tickle	_____
121	trap	_____
122	triumph	_____
123	tutor	_____
124	underwater	_____
125	undeveloped	_____
126	unease	_____
127	unforgettable	_____
128	ups and downs	_____
129	urgent	_____
130	weaken	_____
131	whisper	_____
132	witness	_____
133	wooden	_____
134	workable	_____
135	wound	_____

DAY 26

1001

device
[diváis]

ⓝ 장치

Sarah's company makes **devices** that can measure the amount of pollution in the air.
Sarah의 회사는 대기 중의 오염의 양을 측정할 수 있는 _____ 를 만든다.

The latest **devices** are fun to use for many tasks like browsing cyber space, but it is important to keep your distance from them as well. [수능]
최신 _____ 는 사이버 공간을 탐색하는 것과 같은 많은 일을 하는 데 사용하기 재미 있지만, 그것들로부터 거리를 두는 것 또한 중요하다.

1002

appliance
[əpláiəns]

ⓝ 기구

Kitchen **appliances** account for a large amount of the electricity consumed by private households.
주방 _____ 들은 가정에서 소비되는 전기의 많은 양을 차지한다.

1003

addict
[ǽdikt]

addictive ⓐ 중독된
addiction ⓝ 중독

ⓝ (약물 등의) 중독자

My seven-year-old nephew Kody is a complete video game **addict**.
나의 7살짜리 조카 Kody는 완전히 비디오 게임 _____ 이다.

1004

plain
[plein]

ⓐ 단순한, 간단한; 무늬가 없는

I prefer **plain** interior decorations rather than colorful and fancy ones.
나는 알록달록하고 화려한 것보다는 _____ 인테리어 장식을 더 좋아한다.

➡ elaborate 정교한, 복잡한

1005

vegetarian
[vèdʒətɛ́əriən]

ⓐ 채식을 하는 ⓝ 채식주의자

One of my best friends has been a **vegetarian** since he was in middle school.
내 친한 친구 중 한 명은 중학교 때부터 _____ 이다.

1006

payment
[péimənt]

ⓝ 지급, 지불; 보답; 급여

Please make sure that the **payment** is sent to my account at National Bank and not Federal Bank.
_____ 는 페더럴 뱅크가 아닌 내셔널 뱅크에 있는 제 계좌로 보내주시기 바랍니다.

1001 장치 / 장치　　1002 기구　　1003 중독자　　1004 단순한　　1005 채식주의자　　1006 급여

230

1007

full-scale
[fúlskéil]

ⓐ 실물 크기의

The Ferrari designers made a **full-scale** model of the new F1 race car.

그 페라리 디자이너는 신형 F1 경주용 자동차의 _____ 모델을 제작했다.

1008

semester
[siméstər]

ⓝ 학기

Our spring **semester** is scheduled to begin on the first day of March and end on the last day of June.

우리의 봄 _____ 는 3월 1일에 시작해서 6월 30일에 끝날 계획이다.

1009

parallel
[pǽrəlèl]

ⓐ 평행한, 아주 유사한

The newly built high-speed rail line from New York to Miami runs **parallel** to the highway.

새로 건설된 뉴욕 발 마이애미 행 고속열차의 선로는 고속도로와 나란히 뻗어 있다.

1010

warranty
[wɔ́(ː)rənti]

ⓝ 품질 보증(서)

When I bought this laptop, I didn't realize that it only had a one-month **warranty**.

내가 이 노트북 컴퓨터를 샀을 때, 나는 _____ 기간이 겨우 한 달이라는 것을 몰랐다.

1011

volunteer
[vàləntíər]

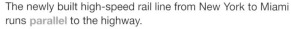

ⓥ 자진하다; 자원 봉사하다 ⓝ 자원봉사자

I **volunteered** to drive my friends home after they told me they didn't have any money for a taxi.

나는 친구들이 택시비가 없다고 내게 말했을 때 자진해서 그들을 집까지 태워다 주었다.

Later, Joan mentioned that she was looking for **volunteers** to work in a fair she was organizing. 수능

후에, Joan은 자신이 준비하는 박람회에서 일할 _____ 를 찾고 있다고 말했다.

1012

embarrass
[imbǽrəs]

embarrassment ⓝ 어색함, 난처한 상황

ⓥ 당황스럽게[난처하게] 만들다

I didn't mean to **embarrass** her by asking so many questions, but I noticed that her face turned red.

나는 그렇게 많은 질문으로 그녀를 난처하게 할 의도는 없었지만, 그녀의 얼굴이 빨개진 것을 보았다.

1007 실물 크기의   1008 학기   1010 품질 보증   1011 자원봉사자

DAY 26

01 02 03 04 05 06 07 08 09 10 11 12 13 14 15 16 17 18 19 20 21 22 23 24 25

1013

registration
[rèdʒəstréiʃən]

register ⓥ 등록[신고]하다

ⓝ 등록, (출생, 사망 등의) 신고

The **registration** fee for the driver's license exam is $75 for first-time applicants.

운전면허 시험 _____ 비는 최초의 응시자의 경우 75달러이다.

1014

landlord
[lǽndlɔ̀:rd]

ⓝ 집주인, 임대인

My **landlord** is a 70-year-old man who is one of the most warmhearted people I have ever met.

나의 _____ 은 70세 노인인데, 그는 내가 만난 가장 마음이 따뜻한 사람 중 한 명이다.

1015

tenant
[ténənt]

ⓝ 세입자, 임차인

The furniture in my house was left there by the previous **tenant**, so I decided to keep it.

우리 집에 있는 가구들은 이전 _____ 가 남겨둬서 나는 그 가구를 쓰기로 결정했다.

1016

overnight
[óuvərnàit]

ad 하룻밤 사이에

The crews spent most of the afternoon painting, then they locked the doors to let the paint dry **overnight**.

일꾼들은 오후 시간 대부분을 페인트 칠하는 데 보냈고, _____ 페인트가 마르도록 문을 잠갔다.

1017

rent
[rent]

ⓥ 임대하다, 빌리다

In many large North American cities, it is impossible to **rent** a decent apartment for less than $1,000 per month.

많은 북미 대도시에서 월 1,000달러 이하로 괜찮은 아파트를 _____ 하기는 불가능하다.

1018

reside
[ri:sáid]

resident ⓐ 거주하는
ⓝ 거주자
residence ⓝ 거주(지)

ⓥ 거주하다, 살다

Dr. David Livingstone, a native of England, **resided** in Africa for more than 20 years.

영국 태생인 David Livingstone 박사는 아프리카에서 20년이 넘도록 _____.

1019

signature
[sígnətʃər]

sign ⓥ 서명하다

ⓝ 사인, 서명; 특징

The students collected 400 **signatures** for their petition to keep the school open.

그 학생들은 학교를 유지하기 위한 청원을 위해 400명의 _____ 을 모았다.

1013 등록   1014 집주인   1015 세입자   1016 하룻밤 사이에   1017 임대   1018 거주했다   1019 서명

1020 loan
[loun]

ⓥ 빌려주다 **ⓝ** 대출(금)

Videos and DVDs can be **loaned** for two days and cannot be renewed. 수능
비디오와 DVD는 이틀 동안 대여할 수 있고 갱신될 수 없다.

My brother has agreed to give me a **loan** so that I can buy a car.
내 남동생은 내가 차를 살 수 있도록 내게 돈을 빌려주기로 합의했다.

1021 agriculture
[ǽgrikʌ̀ltʃər]

agricultural **ⓐ** 농업의

ⓝ 농업

Compared with techniques used in the early 20th century, contemporary **agriculture** has resulted in vastly increased crop yields.
20세기 초에 사용된 기술과 비교해서 현대 _____ 은 농작물 수확량을 매우 증가시켰다.

Word Plus+ 농업(agriculture) 관련 어휘

barn 헛간   cattle 소   pasture 목초지   pesticide 농약   slaughter 도축   dairy 낙농업의
mad cow disease 광우병   foot and mouth disease 구제역   cultivate 경작하다

1022 responsible
[rispánsəbl]

responsibility **ⓝ** 책임, 책무
responsibly **ad** 책임감 있게

ⓐ 책임이 있는

The boss told me that I was **responsible** for the visitors from China during their stay with us.
사장은 중국에서 온 손님들이 우리와 함께 있는 동안 내가 책임을 맡으라고 했다.

1023 swift
[swift]

swiftly **ad** 재빨리, 신속히

ⓐ 빠른, 신속한

My letter of complaint to Congressman Jones received a **swift** reply but not a positive one.
국회의원 Jones에 대한 나의 불만 서한은 _____ 답신을 받았으나, 그 내용은 긍정적이지 않았다.

Its hunting technique is not to **swiftly** pursue its victim, but to wait for it. 수능
그것의 사냥 기술은 재빨리 먹잇감을 뒤쫓지 않고 기다리는 것이다.

= quick

1024 seize
[siːz]

ⓥ 꽉 쥐다, 움켜쥐다

John **seized** Esther's hand and begged her not to leave him.
John은 Esther의 손을 _____ 자기를 떠나지 말라고 애원했다.

1021 농업   1023 빠른   1024 꽉 쥐고

DAY 26

1025

suspect
[səspékt / sáspekt]

suspicious ⓐ 수상쩍어 하는
suspicion ⓝ 혐의, 의혹

ⓥ 수상쩍어 하다 ⓝ 용의자

She strongly **suspected** that the mechanic had not checked her engine oil as he said he had.
그녀는 그 수리공이 엔진 오일을 점검했다고 말했지만, 하지 않았다고 강하게 의심했다.

Police sent out a description of the murder **suspect** to all their departments.
경찰은 살인 _____ 의 인상착의를 모든 부서로 보냈다.

1026

publish
[pʌ́bliʃ]

publication ⓝ 출간(물)

ⓥ 출판하다; 공개[발표]하다

The *New York Times*, widely regarded as the best American newspaper, is **published** daily.
미국 최고의 신문으로 널리 여겨지는 뉴욕 타임즈는 매일 발행된다.

1027

genre
[ʒá:nrə]

ⓝ 장르

My absolute favorite **genre** of movies is historical films.
내가 가장 좋아하는 영화 _____ 는 역사 영화이다.

1028

fuel
[fjú:əl]

ⓥ 연료를 넣다; 악화시키다; 부채질하다 ⓝ 연료

The leader's comments began to **fuel** anger in the group of protesters that had gathered.
그 지도자의 말은 모여든 항의자들의 화를 _____ 시작했다.

1029

awesome
[ɔ́:səm]

ⓐ 굉장한, 엄청난

I recently saw the rock band Metallica in concert, and it was **awesome**.
나는 최근에 콘서트에서 록 밴드 Metallica를 보았는데, 그 밴드는 아주 멋있었다.

I still remember the **awesome** feeling I had on that day in May when my little feet carried me up the stairs into the grandstands at the car racing stadium. 수능
나는 내 작은 발로 자동차 경주장 관람석에 이르는 계단을 오르던 5월의 그날에 느꼈던 경외감을 아직도 기억한다.

1030

laboratory
[lǽbərətɔ̀:ri]

ⓝ 실험실

There is room for one more student in the research **laboratory** on the second floor.
2층에 있는 연구 _____ 에 학생 한 명이 더 들어갈 공간이 있다.

1025 용의자   1027 장르   1028 부채질하기   1030 실험실

어근   -spir '숨 쉬다 (= breathe)'

1031 inspire
[inspáiər]

inspiration ⓝ 영감(을 주는 것)
inspiring ⓐ 고무[격려]하는

ⓥ 고무하다, 영감을 주다

The paintings of the early Impressionists have **inspired** generations of artists that have come after them.
초기 인상파 화가들의 그림은 그들의 뒤를 이은 여러 세대의 화가들에게 _____

1032 perspire
[pərspáiər]

perspiration ⓝ 땀 (흘리기)

ⓥ 땀을 흘리다

When the human body **perspires**, it is because it is trying to cool off from an excess of heat.
인간의 몸이 _____ 것은 지나친 열을 식히려고 하기 때문이다.

= sweat

1033 respire
[rispáiər]

respiration ⓝ 호흡

ⓥ 호흡하다

The patient is now able to **respire** without the aid of a machine.
그 환자는 이제 기계의 도움 없이 _____ 수 있다.

= breathe

1034 conspire
[kənspáiər]

conspiracy ⓝ 음모, 모의

ⓥ 음모를 꾸미다

There was evidence that the traitors **conspired** against the president.
그 반역자가 대통령을 몰아낼 음모를 꾸몄다는 증거가 있었다.

Tips conspiracy theory는 '음모 이론'이라는 뜻이다.

1035 aspire
[əspáiər]

aspiration ⓝ 열망, 염원

ⓥ 열망하다

In reality, he **aspires** to much greater things than his parents ever achieved.
사실 그는 자신의 부모님이 성취한 것보다 훨씬 더 큰 것을 _____.

Coins reflect both a country's history and its **aspirations**, and it is natural that collections based on place of origin should develop. 수능
동전은 한 나라의 역사와 그것의 _____ 을 반영하며, 처음 만들어진 곳에 기초를 둔 수집이 발달하는 것이 당연하다.

1031 영감을 주었다   1032 땀을 흘리는   1033 호흡할   1035 열망한다 / 열망

DAY 26

혼동 어휘

1036
occur

[əkə́ːr]

occurrence ⓝ 발생, 존재

ⓥ 발생하다, 존재하다

The solar eclipse is scheduled to occur at around noon tomorrow.

일식은 내일 정오쯤에 _____ 예정이다.

= happen 발생하다, exist 존재하다

1037
recur

[rikə́ːr]

recurrence ⓝ 반복, 되풀이
recurrent ⓐ 되풀이되는,
　　　　　　반복되는

ⓥ 다시 일어나다, 반복되다

Since this problem seems to recur quite often, we are going to have to find a way to deal with it.

이 문제가 상당히 자주 되풀이되는 것 같으므로 우리는 이 문제를 다룰 방법을 찾아야 할 것이다.

숙어 / 이어동사

1038
at large

일반적으로, 전체적으로

People living in Boston at large do not speak as quickly as most people living in New York do.

보스턴에 사는 사람들은 _____ 대부분의 뉴욕에 사는 사람들만큼 빨리 말하지 않는다.

= in general 일반적으로, as a whole 전체적으로

1039
stem from

~에서 생겨나다[기인하다]

Researchers have found that Alzheimer's may stem from a problem with the brain's ability to remove excess fluid.

연구원들은 알츠하이머병이 과량의 수분을 제거하는 뇌의 기능 문제에서 생긴 것일지도 모른다는 것을 발견했다.

1040
turn over

뒤집다

The lecturer told her students to turn the paper over and confirm their answers to the math problems.

그 강사는 자신의 학생들에게 시험지를 _____ 수학 문제에 대한 답을 확인하라고 말했다.

1036 발생할　　1038 일반적으로　　1040 뒤집어

DAILY TEST

A 다음 영어를 우리말로, 우리말을 영어로 쓰시오.

1 device _____
2 embarrass _____
3 inspire _____
4 landlord _____
5 parallel _____
6 payment _____
7 recur _____
8 rent _____
9 tenant _____
10 vegetarian _____

11 ~에서 생겨나다 _____
12 굉장한, 엄청난 _____
13 꽉 쥐다, 움켜쥐다 _____
14 농업 _____
15 뒤집다 _____
16 실물 크기의 _____
17 열망하다 _____
18 장르 _____
19 책임이 있는 _____
20 품질 보증(서) _____

B 다음 빈칸에 알맞은 단어를 쓰시오.

1 plain ⟺ _____
2 swift = _____
3 perspire = _____
4 at large = _____

5 addict ⓐ _____
6 registration ⓥ _____
7 reside ⓐ _____
8 suspect ⓝ _____

C 다음 빈칸에 들어갈 알맞은 말을 |보기| 에서 고르시오.

| 보기 | overnight | fueling | publishing | semester | laboratory |

1 Your school fees for this _____ are 4,900 dollars. 수능

2 Let's go hiking on the mountain and stay _____. 수능

3 To be a mathematician you don't need an expensive _____. 수능

4 Little did he know that he was _____ his son with a passion that would last for a lifetime. 수능

5 There is still much room for development, however, and I am afraid they are not yet appropriate for _____ in any of our current poetry journals. 수능

DAY 27

1041
shade
[ʃeid]

ⓝ 그늘, 음영

When scientists measure the ambient temperature in an outside location, they always do so in the **shade**.

과학자들은 야외에서 주변 온도를 측정할 때, 항상 _____ 에서 한다.

1042
vegetation
[vèdʒətéiʃən]

ⓝ 식물

There is an abundance of green **vegetation** on the tropical island.

그 열대 섬에는 녹색 _____ 이 풍부하다.

1043
atmosphere
[ǽtməsfìər]

ⓝ 대기; 분위기

The whole neighborhood had a very laid-back **atmosphere** that is difficult to find anywhere else in the city.

동네 전체가 그 도시의 다른 어느 곳에서도 보기 어려운 매우 냉담한 _____ 였다.

1044
emerge
[imə́:rdʒ]

emergence ⓝ 출현, 발생
emerging ⓐ 최근 생긴

ⓥ 드러나다, 부각되다

The truth about his secretive past finally **emerged** when he was questioned.

그가 질문을 받았을 때 그의 비밀스러운 과거의 진실이 마침내 _____.

1045
wealthy
[wélθi]

wealth ⓝ 부, 재산

ⓐ 부유한

The **wealthy** nations of the world should be willing to aid poorer nations that are in desperate need of aid.

세계의 _____ 나라들은 도움이 절실히 필요한 더 가난한 나라들을 기꺼이 도와야 한다.

= rich

1046
aim
[əim]

ⓥ 겨누다, 겨냥하다

I **aim** to be the owner of my own company by the time I reach 50.

나는 내가 쉰 살이 될 즈음에 내 회사의 주인이 될 것을 목표로 하고 있다.

1047
depth
[depθ]

deep ⓐ 깊은

ⓝ 깊이

Divers usually descend to a maximum **depth** of thirty meters in their first few dives.

잠수부들은 대개 처음 몇 번의 잠수에서 최대 30미터 _____ 까지 내려간다.

1041 그늘   1042 식물   1043 분위기   1044 드러났다   1045 부유한   1047 깊이

1048

brief
[bri:f]

briefly **ad** 잠시, 간단히

ⓐ 잠시 동안의, 간단한

The director announced that he would keep our future meetings **brief** so that we could complete our work.
그 관리자는 우리가 일을 끝낼 수 있도록 앞으로 있을 회의를 간단하게 하겠다고 발표했다.

= short

1049

theft
[θeft]

thieve **v** 훔치다

ⓝ 절도, 도난

The recent **theft** of the *Mona Lisa* has left
the museum extremely worried and confused.
'모나리자'의 최근 _____ 은 그 박물관을 극심한 우려와 혼란에 빠뜨렸다.

Tips identity theft는 '신분 도용'이라는 뜻이다.

1050

shortage
[ʃɔ́:rtidʒ]

short ⓐ 짧은, 부족한

ⓝ 부족, 결핍

In many countries, there is a **shortage** of fresh water due to extremely dry weather.
많은 나라에서 극심하게 건조한 날씨 때문에 신선한 물이 _____ 하다.

1051

breakdown
[bréikdàun]

ⓝ 고장; 붕괴, 와해

Corporations are increasingly concerned that employees suffering from work-related stress may experience a nervous **breakdown**.
회사들은 업무 관련 스트레스를 겪는 직원들이 신경쇠약을 경험할 수도 있다는 것을 점점 더 우려하고 있다.

Tips nervous breakdown은 '신경쇠약'이라는 뜻이다.

= collapse 붕괴, 실패

1052

destroy
[distrɔ́i]

destruction ⓝ 파괴, 파멸
destructive ⓐ 파괴적인

ⓥ 파괴하다, 부수다

Commanders of the Serbian soldiers ordered them to **destroy** the Bosnian town of Sarajevo in 1995.
세르비아 군대 지휘관들은 1995년에 그들에게 보스니아의 사라예보를 _____ 하라고 명령했다.

1053

grind
[graind]

grindingly **ad** 갈아서, 빻아서

ⓥ 갈다, 빻다

In many modern mills, automated machines **grind** wheat into flour.
많은 현대적인 방앗간에서는 자동화된 기계가 밀을 _____ 밀가루로 만든다.

1049 도난   1050 부족   1052 파괴   1053 빻아

1054

forehead
[fɔ́ːrhèd]

ⓝ 이마

The child slipped on the ice and suffered a bruise on her **forehead**.

그 아이는 얼음에 미끄러지면서 _____ 에 멍이 들었다.

1055

border
[bɔ́ːrdər]

ⓥ (경계를) 접하다 ⓝ 국경, 경계; 가장자리

Spain is the only country that **borders** the nation of Portugal.

스페인은 포르투갈과 국경을 접하는 유일한 국가이다.

= frontier 국경

1056

fur
[fəːr]

ⓝ 털, 모피

The **fur** trade was one of the primary factors which drove frontiersmen to push westward.

_____ 무역은 국경지대 주민들을 서쪽으로 나아가게 한 주요 요소 중 하나였다.

1057

ensure
[enʃúər]

ⓥ 보장하다, 지키다, 확실하게 하다

The governor set up a committee to **ensure** the agricultural budget was correctly allocated to individual communities.

그 통치자는 농업 예산이 개별 공동체에 적절히 할당되었는지 확실하게 하기 위하여 위원회를 설립했다.

1058

emphasize
[émfəsàiz]

emphasis ⓝ 강조

ⓥ 강조하다

An excellent way to **emphasize** key information in a speech is to repeat it more than once, using varied intonation.

연설에서 중요한 정보를 _____ 한 가지 훌륭한 방법은 다양한 억양을 사용해서 한 번 이상 그것을 반복하는 것이다.

1059

extraordinary
[ikstrɔ́ːrdənèri]

extraordinarily
ad 유별나게, 이례적으로

ⓐ 비범한, 놀라운

Animals are sometimes thought to have **extraordinary** abilities to sense impending changes in weather.

동물들은 때때로 급격한 날씨 변화를 감지하는 _____ 능력을 가진 것으로 생각된다.

= exceptional, remarkable 뛰어난, 비범한

1054 이마　1056 모피　1058 강조하는　1059 비범한

1060

sacrifice
[sǽkrəfàis]

🅝 희생 🅥 희생하다

Medical professionals often sacrifice their personal lives to further their careers.
의료 전문가들은 종종 자신의 경력을 확장하기 위해서 개인적인 삶을 _____.

1061

bankrupt
[bǽŋkrʌpt]

bankruptcy 🅝 파산 (상태)

🅐 파산한

Many subprime lenders have gone bankrupt due to their own dishonest business practices.
많은 서브프라임 대출 기관이 자신들의 부정직한 사업 관행으로 인해 _____.

> **Word Plus+** 경제(economics) 관련 어휘
>
> commodity 물품   embargo 금수(禁輸) 조치, 수출금지   expenditure 비용   monetary 통화의
> gross domestic product(GDP) 국내 총생산   gross national product(GNP) 국민 총생산
> standard of living 생활 수준   recession 불경기   labor-intensive 노동 집약적인

1062

electricity
[ilèktrísəti]

🅝 전기

The names of visionaries such as Faraday, Tesla, Kelvin, Volta, and Ampere are associated with early experiments in electricity.
Faraday, Tesla, Kelvin, Volta, Ampere 등과 같은 선견지명이 있는 사람들의 이름들은 초기 _____ 실험들과 관련이 있다.

1063

solitude
[sálitjùːd]

solitary 🅐 홀로 있는,
혼자 하는

🅝 고독; 혼자 살기, 독거

The woman expressed a desire for solitude in order to retain a sense of personal privacy.
그 여자는 개인 사생활이라는 감각을 유지하기 위해 _____을 갈망한다.

1064

companion
[kəmpǽnjən]

🅝 동료, 친구, 동반자

Two of the most common types of companion animals are cats and dogs.
반려 동물의 가장 흔한 두 가지 유형은 고양이와 개이다.

1065

article
[áːrtikl]

🅝 기사; 품목

The editor retracted the article due to pressure from the public.
그 편집자는 대중의 압력 때문에 그 _____를 철회했다.

1060 희생한다   1061 파산했다   1062 전기   1063 고독   1064 기사

DAY 27

1066
conscience
[kánʃəns]

ⓝ 양심

Philosophers have long debated the extent to which **conscience** informs an individual's actions.
철학가들은 _____이 개인의 행동에 영향을 미치는 정도에 대해 오랫동안 논쟁을 벌여왔다.

1067
ethical
[éθikəl]

ethics ⓝ 윤리(학)

ⓐ 윤리적인, 도덕적인

A well-planned graduate-level course in management should deal with **ethical** business practices.
잘 계획된 경영학 석사 과정은 _____ 사업 관행을 다루어야 한다.

We hope they'll learn to behave morally and **ethically**, and grow up to be honest and considerate. 수능
우리는 그들이 도덕적이고 윤리적으로 행동하는 법을 배우고 정직하고 사려 깊은 사람으로 성장하기를 바란다.

1068
pressure
[préʃər]

press ⓥ 밀다, 누르다

ⓝ 압박, 기압, 스트레스

Peer **pressure** has been identified as one of the main reasons young adults begin drinking.
동료들로부터의 _____은 젊은이들이 음주를 시작하는 이유 중 하나를 규명해주었다.

1069
dictate
[díkteit]

dictation ⓝ 받아쓰기

ⓥ (상대방이 받아쓸 수 있도록) 말하다; ~에 영향을 주다

The habit of novelists to **dictate** words into a recording device before writing them down is now a dying practice.
어떤 말을 글로 쓰기 전에 그것을 녹음기에 구술하는 소설가들의 습관은 이제 사라져 가는 관행이다.

1070
sink
[siŋk]

sinkage ⓝ 가라앉음, 함몰

ⓥ 가라앉다

A little-known fact is that it took almost three hours for the Titanic to **sink**.
잘 알려지지 않은 사실 하나는 타이타닉호가 _____까지 거의 세 시간이 걸렸다는 것이다.

⟺ float 떠오르다

1071
excel
[iksél]

excellent ⓐ 훌륭한, 탁월한
excellence ⓝ 훌륭함, 탁월함

ⓥ 뛰어나게 잘하다

Most students believe that they can **excel** through hard work and perseverance.
대부분의 학생들은 열심히 공부하고 인내하면 뛰어나게 잘할 수 있다고 믿는다.

1066 양심   1067 윤리적인   1068 압박   1070 가라앉기

1072

doubt
[daut]

ⓝ 의심, 의문 ⓥ 의심하다

She had a lot of **doubt** about her feelings for Pete after she heard her mother's advice.
그녀는 어머니의 충고를 듣고 나서 Pete를 향한 자신의 감정에 대한 _____ 으로 가득 찼다.

Joggers often **doubt** the claims of medical professionals that running is likely to cause joint disorders later in life.
조깅을 하는 사람들은 달리기가 노년에 관절 장애를 일으킬 수 있다는 의료 전문가들의 주장을 종종 _____.

⟺ trust 믿다

혼동 어휘

1073

moral
[mɔ́(:)rəl]

morality ⓝ 도덕(성)

ⓐ 도덕적인

Children's stories often try to teach important **moral** lessons at the end.
어린이용 이야기는 종종 마지막에 중요한 _____ 교훈을 가르치려 한다.

≡ ethical

1074

morale
[mouǽl]

ⓝ 사기, 의욕

The general's speech greatly boosted the **morale** of his troops.
장군의 연설은 군대의 _____ 를 크게 증진시켰다.

1075

mortal
[mɔ́:rtl]

mortality ⓝ 죽음을 피할 수 없음

ⓐ 영원히 살 수 없는, 치명적인

Richard III suffered a **mortal** wound in the Battle of Bosworth Field.
Richard 3세는 보스워스 전쟁에서 _____ 상처를 입었다.

⟺ immortal 죽지 않는, 불멸의

다의어

1076

chest
[tʃest]

ⓝ 가슴, 흉부

The doctor discovered the cause of pain in my **chest**; apparently, I have a weak heart.
그 의사는 내 _____ 통증의 원인을 밝혀냈다. 분명히 내 심장은 약하다.

ⓝ 상자, 함

Chests were often used to transport goods by ship during the centuries before planes existed.
비행기가 있기 전에는 몇 세기 동안 배로 상품을 수송하기 위해 _____ 가 종종 사용되었다.

1072 의심 / 의심한다   1073 도덕적   1074 사기   1075 치명적인   1076 가슴 / 상자

1077

will
[wil]

ⓝ 의지

The greatest inventors in the history of mankind have one thing in common — their amazing **will** to succeed.

인류 역사상 가장 위대한 발명가들에게는 한 가지 공통점이 있다. 그것은 성공하고자 하는 놀라운 _____ 이다.

ⓝ 유언(장)

My grandfather's **will** did not leave much room for doubt; all his money was to be divided between his three children.

우리 할아버지의 _____ 은 의심의 여지를 많이 남기지 않았다. 그의 모든 돈은 세 명의 자녀에게 배분되었다.

숙어 / 이어동사

1078

dish out

나눠주다, 분배하다

The White House press secretaries were **dishing out** reports as fast as they could write them up.

백악관 공보 비서들은 기사를 작성하자마자 최대한 빨리 기사를 분배하고 있었다.

= distribute

1079

to a large extent

상당히, 대단히, 매우

The collapse of the real estate bubble is, **to a large extent**, due to the unwise lending practices of many U.S. banks.

부동산 거품 붕괴는 상당 부분 많은 미국 은행들의 현명하지 못한 대출 관행 때문이다.

1080

throw ~ away

버리다, 없애다

After going through the attic all morning, we decided to **throw away** a lot of old junk that was just taking up space.

우리는 아침 내내 다락방을 살펴본 후, 공간을 차지하고 있던 많은 오래된 쓰레기를 _____ 결정했다.

1077 의지 / 유언   1080 버리기로

DAILY TEST

A 다음 영어를 우리말로, 우리말을 영어로 쓰시오.

1	aim		11	강조하다
2	article		12	고독; 혼자 살기, 독거
3	atmosphere		13	도덕적인
4	chest		14	버리다, 없애다
5	companion		15	보장하다, 지키다
6	conscience		16	상당히
7	destroy		17	식물
8	emerge		18	사기, 의욕
9	ethical		19	전기
10	will		20	털, 모피

B 다음 빈칸에 알맞은 단어를 쓰시오.

1	breakdown	=		5	depth	ⓐ
2	border	=		6	theft	ⓥ
3	extraordinary	=		7	emphasize	ⓝ
4	doubt	⬌		8	bankrupt	ⓝ

C 다음 빈칸에 들어갈 알맞은 말을 |보기| 에서 고르시오.

보기	grinding	sinking	sacrifices	shade	forehead

1 Walking down the street, you may not even notice the trees, but, according to a new study, they do a lot more than give ＿＿＿＿＿＿. 수능

2 Industrial diamonds are crushed and powdered, and then used in many ＿＿＿＿＿＿ and polishing operations. 수능

3 The hat protects the head and ＿＿＿＿＿＿ from freezing winds and has a round opening at the top. 수능

4 Cars, trucks, and buses were too heavy for it, and the bridge was ＿＿＿＿＿＿ into the Thames river. 수능

5 Their glory lies not in their achievements but in their ＿＿＿＿＿＿. 수능

DAY 28

1081
mythical
[míθikəl]

ⓐ 신화 속에 나오는; 가공의

Medusa is a **mythical** monster whose gaze was said to turn onlookers to stone.

메두사는 그것을 쳐다본 사람들을 돌로 변하게 한다는 _____ 괴물이다.

1082
brilliant
[bríljənt]

brilliantly ad 눈부시게,
찬란히

ⓐ 우수한, 훌륭한; 눈부신

Individuals who are thought to be intellectually **brilliant** are often also seen as socially inept.

지적으로 _____ 하다고 생각되는 개개인은 종종 사회적 부적응자로도 보인다.

The air feels fresher, the flowers smell sweeter, food tastes more delicious, and the stars shine more **brilliantly** in the night sky. 수능

공기는 더 상쾌하고, 꽃은 더 달콤한 향이 났으며, 음식은 더 맛있고, 밤하늘의 별은 더욱 _____ 빛난다.

1083
explore
[iksplɔ́:r]

exploration ⓝ 탐험, 탐구
exploratory ⓐ 탐사[탐구]의

ⓥ 탐험하다, 탐구하다, 탐사하다

NASA plans to launch an updated space shuttle to further **explore** the planet Mars.

미국 항공 우주국은 화성을 더 탐사하려고 최신 우주선을 발사할 계획이다.

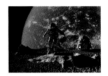

1084
continent
[kántənənt]

ⓝ 대륙

He has set foot on every **continent** in the past 30 years.

그는 지난 30년 동안 모든 _____ 에 발을 디뎠다.

1085
pave
[peiv]

pavement ⓝ 보도, 노면

ⓥ (도로를) 포장하다

The City Council decided not to **pave** the bicycle paths that wind through the forest.

시의회는 숲을 굽이굽이 통과하는 그 자전거 도로를 _____ 않기로 결정했다.

1086
worship
[wə́:rʃip]

ⓝ 숭배 ⓥ 숭배하다

My sister absolutely **worships** our mother, and she would do anything for her.

내 여동생은 우리 엄마를 절대적으로 _____. 그리고 엄마를 위해서라면 무슨 일이든 할 것이다.

1081 신화 속에 나오는   1082 우수 / 눈부시게   1084 대륙   1085 포장하지   1086 숭배한다

1087
pioneer
[pàiəníər]

ⓝ 개척자; 선구자 ⓥ 개척하다
Tim Berners-Lee was one of the original **pioneers** of the World Wide Web.
Tim Berners-Lee는 월드 와이드 웹(WWW)을 발명한 최초의 선구자 중 한 사람이었다.

1088
faith
[feiθ]
faithful ⓐ 신의 있는, 충실한

ⓝ 믿음, 신뢰; 신앙심
Showing complete **faith** in the ideas of the vice president, the president chose to order the soldiers to stand down.
대통령은 부통령의 생각에 전적인 _____ 를 보이며 병사들에게 물러나라고 명령하기로 했다.

1089
side effect

ⓝ 부작용
Those with such faith assume that the new technologies will ultimately succeed, without harmful **side effects**. 수능
이런 믿음을 가진 사람들은 새로운 기술이 해로운 _____ 없이 결국은 성공적일 것이라고 가정한다.

1090
pitiful
[pítifəl]
pity ⓝ 유감, 연민

ⓐ 측은한, 초라한
The **pitiful** little boy in ragged clothes walked barefoot across London.
누더기를 걸친 그 _____ 어린 소년은 맨발로 런던을 가로질러 걸었다.

1091
competitive
[kəmpétətiv]
competitiveness ⓝ 경쟁력

ⓐ 경쟁하는, 경쟁심이 강한; 경쟁할 수 있는
Surveys of employees in Britain show that earning a **competitive** salary is not a top priority.
영국 노동자들에 대한 설문조사는 남에게 뒤지지 않는 연봉을 받는 것이 최우선 사항은 아니라는 것을 보여준다.

Korea is expected to be among the world's top four auto-making countries by 2010 after the U.S., Japan, and Germany, in addition to its **competitiveness** in small car manufacturing, skilled human workforce, and leading information technology. 수능
한국은 소형차 제조에서 _____ 과 숙련된 인력, 선도하는 정보 기술 덕분에, 2010년쯤에는 미국, 일본, 독일에 이어 세계 4대 자동차 생산국이 될 것으로 기대된다.

1092
stir
[stə:r]

ⓥ 휘젓다, 섞다
Measure three cups of whole wheat flour and **stir** in one cup of skim milk.
통밀가루 세 컵을 재어서 탈지 우유 한 컵에 넣고 섞어라.

1088 신뢰   1089 부작용   1090 측은한   1091 경쟁력

DAY 28

1093 **exhausted**
[igzɔ́:stid]

exhaust ⓥ 기진맥진하게
만들다

ⓐ 몹시 피곤한
I hadn't slept for three days and nights, and
I was too **exhausted** to even talk.
나는 3일 밤낮을 잠을 자지 못했고, 너무 피곤해서
말할 수조차 없었다.
= worn out

1094 **insistent**
[insístənt]

insist ⓥ 주장하다, 우기다
insistence ⓝ 고집, 주장

ⓐ 주장하는, 우기는
My co-worker is very **insistent** about setting me up with her
brother.
내 동료는 나에게 자신의 오빠를 소개시켜 주려고 몹시 고집을 부린다.

1095 **panic**
[pǽnik]

ⓥ 공포에 질리다; 허둥대다 ⓝ 공황상태; 허둥지둥
In the event of engine failure while flying, it is important for
passengers not to **panic**.
비행 도중에 엔진이 고장 난 경우에는 승객들이 공포에 질리지 않는 것이 중요하다.

1096 **shore**
[ʃɔ́:r]

ⓝ 기슭; 해안
The **shores** of many island nations are susceptible to erosion
from rising sea levels.
많은 섬나라의 _____ 은 상승하는 해수면으로부터의 침식에 민감하다.

1097 **intake**
[íntèik]

ⓝ 섭취
Weight loss can only be accurately assessed by counting the
caloric **intake** as well as the amount of physical activity one gets.
체중 감소는 얻어진 운동량은 물론 칼로리 _____ 를 계산해서 정확히 측정될 수 있다.

1098 **mysterious**
[mistíəriəs]

mystery ⓝ 수수께끼

ⓐ 이해하기 힘든, 불가사의한
Crop circles are a **mysterious** phenomenon that many
scientists do not yet fully understand.
크롭 서클은 많은 과학자들이 아직도 완전하게 이해하지 못하는 _____ 현상이다.

1099 **barrel**
[bǽrəl]

ⓝ (물, 음식 등을 보관하는) 큰 통
Traditional wooden **barrels** are still made by artisans in some
communities in Europe and North America.
전통적인 나무통이 유럽과 북미의 몇몇 지역에서 일부 장인들에 의해 아직도 제작되고 있다.

1096 해안   1097 섭취   1098 불가사의한

1100

liberal
[líbərəl]

ⓐ 포용적인; 〈정치〉 진보적인; 자유주의의

Liberal politicians often berate conservatives for their viewpoints without realizing they, too, are entitled to an opinion.

_____ 정치인들은 그들 역시 어떤 의견을 낼 자격이 있다는 것을 깨닫지 못한 채 보수주의자들의 관점들에 대해 그들을 자주 질책한다.

↔ conservative 보수적인

1101

blacken
[blǽkən]

ⓥ 검어지다, 검게 만들다, (명성을) 더럽히다

As the storm got nearer, the thunder crashed, and the sky began to **blacken**.

폭풍이 다가오자, 천둥이 치고 하늘이 어두워지기 시작했다.

> **Word Plus+** 색(color)을 나타내는 다양한 어휘
>
> **burgundy** 자줏빛 붉은색   **maroon** 적갈색   **amber** 황색   **indigo** 남색   **jade** 옥색
> **coral** 산호색(분홍빛이 나는 주황색)   **magenta** 자홍색   **azure** 하늘색

1102

peel
[pi:l]

ⓝ 껍질 ⓥ 껍질을 벗기다

People in some cultures **peel** fruit through an outward cutting motion, while others do this by cutting inward.

어떤 문화권의 사람들은 밖으로 깎는 동작으로 과일 _____. 반면에 다른 문화권 사람들은 안으로 깎는 동작으로 한다.

1103

nutritious
[njuːtríʃəs]

nutrition ⓝ 영양

ⓐ 영양분이 많은

Because subjects in the experiment did not receive enough **nutritious** food, they began feeling fatigued.

실험 대상자들은 _____ 음식을 충분히 받아들이지 않았기 때문에 피곤을 느끼기 시작했다.

= nourishing

1104

pollute
[pəlúːt]

pollution ⓝ 오염 (물질)

ⓥ 오염시키다

Factories in many modern metropolises **pollute** the surrounding environment, making it unfit for human habitation.

오늘날의 많은 대도시 공장들이 주변 환경을 _____ 인간의 거주지로 부적합하게 만들고 있다.

1100 진보적인   1102 껍질을 벗긴다   1103 영양분이 많은   1104 오염시키고

DAY 28

1105

organic
[ɔːrgǽnik]

ⓐ 화학 비료를 쓰지 않는, 유기농의

Finally, I think people who eat fruit peel prefer **organic** food, which encourages farmers to use less pesticide and thus to contribute to a cleaner environment. 수능

마지막으로, 나는 과일 껍질을 먹는 사람들은 _____ 식품을 선호한다고 생각하는데, 유기농 식품은 농부들이 농약을 더 적게 쓰도록 유도해서 더 깨끗한 환경에 기여한다.

1106

pesticide
[péstəsàid]

ⓝ 농약, 살충제

You might think you're removing all the **pesticide** on the fruit when you wash it, but some chemicals are bound to remain on the surface of the peel. 수능

당신은 과일을 씻을 때 껍질에 묻은 _____ 을 전부 제거한다고 생각하겠지만, 일부 화학물질이 껍질 표면에 남아 있기 마련이다.

1107

bitter
[bítər]

ⓐ 맛이 쓴; 지독한; 격렬한

My husband doesn't like black coffee because of its **bitter** taste, but I like it for the same reason.

남편은 맛이 쓰기 때문에 블랙커피를 좋아하지 않지만, 나는 같은 이유로 그것을 좋아한다.

Tips bitter rival은 '숙원의 맞수', '강력한 적수' 등으로 해석한다.

The director of advertising was forced out of her position by her **bitter** rival, the head of the PR department.

그 광고 감독은 홍보 부서의 부서장인 자신의 숙원의 맞수에 의해 자리에서 물러날 것을 강요받았다.

1108

surface
[sə́ːrfis]

ⓝ 표면; 외관

The **surfaces** of many natural substances seem flat to the touch but are not so when seen under a microscope.

많은 천연 물질의 _____ 은 만지면 평평해 보이지만, 현미경으로 보면 그렇지 않다.

1109

detergent
[ditə́ːrdʒənt]

ⓝ 세제

Many individuals mistakenly believe that the amount of **detergent** they use is directly correlated with how clean their clothes turn out.

많은 사람들은 자기가 사용하는 _____ 의 양이 옷을 얼마나 깨끗하게 해주는지와 직접적으로 관련이 있다고 착각하고 있다.

1105 유기농   1106 농약   1108 표면   1109 세제

1110

digest
[didʒést]

digestion ⓝ 소화(력)
digestive ⓐ 소화의

ⓥ 소화하다; 소화를 돕다

It is, in fact, possible for the stomach to **digest** pieces of food that have been swallowed whole.
사실, 위가 한꺼번에 삼킨 음식물 조각을 _____ 것은 가능하다.

1111

recycle
[riːsáikl]

recyclable
ⓐ 재활용할 수 있는

ⓥ 재활용하다

Our family decided to **recycle** all of the waste that we generated.
우리 가족은 우리가 만든 모든 쓰레기를 _____ 결정했다.

1112

crucial
[krúːʃəl]

crucially **ad** 결정적으로

ⓐ 결정적인, 매우 중요한

One **crucial** piece of information was omitted from the file, which resulted in the whole case unraveling.
_____ 정보 하나가 파일에서 생략되어 있어서 사건 전체가 해결되지 못했다.

= critical

1113

satellite
[sǽtəlàit]

ⓝ (인공) 위성

Only after all the functions were double-checked was mission control ready to launch the **satellite** into orbit.
모든 기능을 이중으로 점검한 후에야 우주 관제 센터는
_____ 을 궤도로 쏘아 올릴 준비가 되었다.

혼동 어휘

1114

quit
[kwit]

ⓥ 그만두다

My sister **quit** college after one semester, even though we all advised her not to.
우리 모두가 그러지 말라고 만류했지만, 내 여동생은 한 학기를 마치고 대학을 _____.

= give up

1115

quiet
[kwáiət]

ⓐ 조용한 ⓝ 고요

I needed a little peace and **quiet**, so I decided to go for a walk in the woods.
나는 약간의 평온과 고요가 필요해서, 숲으로 산책을 가기로 결정했다.

◀》 noisy 시끄러운

1110 소화하는   1111 재활용하기로   1112 결정적인   1113 인공위성   1114 그만두었다

DAY 28

1116
quite
[kwait]

ad 꽤, 상당히; 충분히, 전적으로

I was **quite** capable of finishing all the editing by myself, but Sharon offered to help me anyway.

나는 혼자서 모든 편집 마무리를 _____ 할 수 있었지만, Sharon은 어쨌든 나를 도와주겠다고 했다.

다의어

1117
lean
[liːn]

v 기울이다; 기대다

The tour guide told us to **lean** back in our seats and enjoy the ride through the Grand Canyon.

그 여행 가이드는 우리에게 의자 등받이에 몸을 기대고 그랜드 캐니언을 지나는 여정을 즐기라고 말했다.

a 날씬한

Fashion designers prefer models that are tall, **lean**, and muscular as they consider them more attractive.

패션 디자이너들은 키가 크고, _____, 근육이 있는 모델들이 더 매력적이라고 생각하기 때문에 그들을 선호한다.

⬌ fatty 뚱뚱한

숙어 / 이어동사

1118
to an extent

부분적으로

Observers will agree **to an extent** with the Secretary of State's claims about human rights in China.

참관인들은 중국에서의 인권에 대한 국무장관의 주장에 _____ 동의할 것이다.

= partly, in part

1119
not to mention

~은 말할 것도 없고, ~은 물론이고

Henry is often late in handing in his work, **not to mention** that its quality is often poor.

Henry는 종종 과제의 질이 형편없는 것은 _____ 과제를 늦게 제출한다.

1120
bend over

몸을 굽히다

During my annual medical checkup, my doctor always makes me **bend over** and touch my knees.

매년 있는 건강 검진에서 의사 선생님은 항상 나의 몸을 굽혀서 무릎에 닿도록 한다.

1116 충분히　　1117 날씬하고　　1118 부분적으로　　1119 말할 것도 없고

DAILY TEST

A 다음 영어를 우리말로, 우리말을 영어로 쓰시오.

1 barrel _____
2 brilliant _____
3 competitive _____
4 faith _____
5 mysterious _____
6 mythical _____
7 pave _____
8 peel _____
9 pioneer _____
10 worship _____

11 (인공) 위성 _____
12 꽤, 상당히; 충분히 _____
13 대륙 _____
14 맛이 쓴; 지독한; 격렬한 _____
15 섭취 _____
16 세제 _____
17 오염시키다 _____
18 측은한, 초라한 _____
19 표면; 외관 _____
20 휘젓다, 섞다 _____

B 다음 빈칸에 알맞은 단어를 쓰시오.

1 exhausted = _____
2 nutritious = _____
3 liberal ⬌ _____
4 quiet ⬌ _____

5 exhausted ⓥ _____
6 insistent ⓥ _____
7 explore ⓐ _____
8 digest ⓐ _____

C 다음 빈칸에 들어갈 알맞은 말을 |보기| 에서 고르시오.

| 보기 | shore side effects bent over pesticides organic |

1 One of the _____ of excessive vitamin A intake in adults is osteoporosis, a weakening of the bones.

2 The overuse of chemical _____ in some countries has led to concerns about environmental contamination.

3 She told each person to take a wooden board, use it as a float, and begin kicking slowly toward _____ . 수능

4 _____ farms are continuing to grow in popularity, despite the relatively high cost of their produce.

5 Well, I _____ to pick up this box and the next thing you know, I was in so much pain. 수능

Day 28 _ 253

DAY 29

01 02 03 04 05 06 07 08 09 10 11 12 13 14 15 16 17 18 19 20 21 22 23 24 25

1121

nevertheless
[nèvərðəlés]

ad 그럼에도 불구하고

Will Smith's new movie had a predictable, but **nevertheless** entertaining, plotline.
Will Smith의 새 영화는 예측 가능하지만, ＿＿＿＿＿＿＿＿ 줄거리가 재미있다.

= nonetheless

1122

seemingly
[síːmiŋli]

ad 겉보기에는

A car can be a **seemingly** decent investment, but in reality there is a negative return on the money invested in one.
자동차는 ＿＿＿＿＿ 괜찮은 투자 같지만, 실제로는 그것에 투자된 돈에 대한 수익은 거의 없다.

1123

supplement
[sʌ́plmənt]

supplementary ⓐ 보충의, 추가의

ⓝ 보충(물) ⓥ 보충하다

Professional athletes **supplement** their diets with complex vitamins and minerals.
프로 운동선수들은 복합 비타민과 미네랄로 음식물을 ＿＿＿＿＿.

1124

precise
[prisáis]

precision ⓝ 정확(성)

ⓐ 정확한, 엄밀한

Mathematicians must ensure that they input **precise** numerical values to achieve their desired results.
수학자들은 자기가 원하는 결과를 얻기 위하여 ＿＿＿＿＿ 숫자 값을 입력해야 한다.

Renaissance artists achieved perspective using geometry, which resulted in a naturalistic, **precise**, three-dimensional representation of the real world. 수능
르네상스 시대의 예술가들은 기하학을 사용하여 원근법을 이루어 냈는데, 그 기하학은 현실 세계의 사실적이고, 정밀한 3차원적 표현을 가져왔다.

= exact, specific

1125

enclose
[enklóuz]

enclosure ⓝ 둘러쌈; 동봉

ⓥ 둘러싸다; 동봉하다

The field that was listed for sale was **enclosed** by a barbed-wire fence.
매물로 올라온 그 밭은 철조망 담장으로 둘러싸여 있었다.

1126

viewpoint
[vjú:pɔ̀int]

ⓝ 관점, 시각

Active listeners show openness to the speaker's **viewpoint** on the topic of conversation.

적극적인 청자들은 대화 주제에 대한 그 연설자의 _____ 에 개방적 태도를 보인다.

1127

classify
[klǽsəfài]

classification **ⓝ** 분류, 범주

ⓥ 분류하다

A favorite pastime of scientists is to **classify** and reclassify items into typologies.

과학자들이 가장 좋아하는 오락은 물건을 유형별로 _____ 하고 재분류하는 것이다.

1128

unpredictable
[ʌ̀npridíktəbl]

unpredictably **ad** 예측할 수 없게

ⓐ 예측할 수 없는

Environmental psychologists have long known about the harmful effects of **unpredictable**, high-volume noise. 수능

환경 심리학자들은 _____ 큰 소음의 해로운 영향에 대해서 오랫동안 알고 있었다.

1129

subtle
[sʌ́tl]

ⓐ 미묘한; 교묘한

She continued to talk about her ex-boyfriend in spite of my **subtle** hints that I was not interested.

그녀는 내가 관심이 없다는 _____ 힌트를 주었음에도 불구하고 자신의 전 남자친구에 대해서 계속해서 이야기했다.

1130

disgust
[disɡʌ́st]

disgusting **ⓐ** 역겨운, 혐오스러운

ⓝ 역겨움, 혐오감 **ⓥ** 역겹게 만들다

The eyewitness reacted in **disgust** when asked to examine photographs of the murder.

그 목격자는 살인자의 사진을 자세히 봐달라는 부탁을 받자 혐오스러워 하는 반응을 보였다.

1131

surrender
[səréndər]

ⓥ 항복하다; 양도하다, 넘겨주다

The commander stubbornly refused to **surrender** and later regretted this.

그 지휘관은 고집스럽게 _____ 하기를 거부했고 나중에 이를 후회했다.

1126 관점　　1127 분류　　1128 예측할 수 없는　　1129 미묘한　　1131 항복

DAY 29

1132

metaphor
[métəfɔ̀ːr]

n 은유, 비유

Associating a metaphor with a particular country may be one way to better understand that country.

_____를 특정한 나라와 관련시켜 생각하는 것은 그 나라를 더욱 잘 이해하는 한 방법일 수 있다.

1133

confess
[kənfés]

confession **n** 고백, 자백

v 고백[자백]하다

I'll confess that I've been worried about how we are going to afford a new house.

저는 우리가 어떻게 그 새집을 살 수 있을 것인지를 걱정하고 있었다고 _____ 예정입니다.

1134

dismay
[disméi]

n (안 좋은 사건 뒤의) 경악, 당황; 실망

To my dismay, the letter announced that my application, while strong in some areas, had been rejected.

실망스럽게도 그 편지는 나의 지원서가 몇몇 부분에서는 강력했지만, 거절되었다고 발표했다.

1135

discharge
[distʃáːrdʒ]

v 해고하다; 석방하다; 제대하다; 퇴원하다

After twenty-five years in the navy, my father was given an honorable discharge and allowed to retire.

해군에서 25년을 복무한 후 아버지는 명예 _____ 하고 은퇴를 허락받았다.

1136

command
[kəmǽnd]

v 명령하다 **n** 명령

His superior is likely to command him to deploy the rockets.

그의 상관은 그에게 로켓을 배치하도록 _____ 것 같다.

1137

radiate
[réidièit]

radiant **a** 빛나는
radiation **n** 방사선, 복사

v 내뿜다, 방출하다

In a particle-beam accelerator, electrons radiate from a magnetic core.

입자 빔 가속기에서는 자기 코어로부터 전자가 _____.

1138

ascend
[əsénd]

ascendant **a** 상승하는

v 오르다, 상승하다

As an aircraft ascends, passengers often experience a change in cabin pressure.

항공기가 _____ 할 때, 승객들은 종종 객실 압력의 변화를 경험한다.

⟺ descend 내려가다, 내려오다

1139

somewhat
[sʌ́mhwʌ̀t]

ad 다소, 약간

My brother was **somewhat** disappointed by my decision to leave home at age 18.
내 남동생은 열여덟 살에 집을 떠나기로 한 나의 결정에 _____ 실망했다.

1140

illustrate
[íləstrèit]

illustration **n** 삽화, 실례

v 설명하다, 실증하다

Visual aids are often necessary to **illustrate** the rate of increase in supply and demand.
공급과 수요에서 증가율을 _____ 위해서는 종종 시각적 도움이 필요하다.

1141

gradual
[grǽdʒuəl]

gradually **ad** 서서히

a 점진적인, 단계적인

In some studies, cancer patients who have taken up to 3,000 mg of vitamin C have shown a **gradual** improvement in health.
몇몇 연구에서는 비타민 C 3,000밀리그램을 복용한 암 환자들이 _____ 건강 개선을 보여 주었다.

An entire habitat does not completely disappear but instead is reduced **gradually** until only small patches remain. 수능
서식지 전체가 완전히 사라지는 것이 아니라, 그 대신에 _____ 줄어들어서 결국에는 작은 면적의 서식지들만이 남게 된다.

1142

instant
[ínstənt]

instantly **ad** 즉각, 즉시

a 즉각적인 **n** 순간, 잠깐

The camera's shutter was only open for an **instant**, but the shot was perfectly captured.
그 카메라의 셔터는 _____ 동안 열렸지만, 그 촬영 장면은 완벽하게 포착되었다.

1143

oval
[óuvəl]

a 타원형의

Most babies are born with imperfectly formed, **oval** heads.
대부분 아기들은 불완전하게 형성된 _____ 머리를 가지고 태어난다.

1144

incidence
[ínsədəns]

n (주로 좋지 않은 일) 발생, 출현

It was last month's **incidence** of malaria that alerted officials to the danger of a pandemic.
관리들에게 전염병의 위험을 경고한 것은 지난달의 말라리아의 _____ 이었다.

1139 다소　　1140 설명하기　　1141 점진적인 / 서서히　　1142 잠깐　　1143 타원형의　　1144 출현

1145

prehistoric
[prì:histɔ́:rik]

prehistory ⓝ 선사 시대

ⓐ 선사 시대의

Records of **prehistoric** plants and animals have at times been preserved in fossils.
_____ 식물과 동물에 대한 기록은 때때로 화석에 보존되어 있다.

> **Word Plus+** 역사(history) 관련 어휘
>
> colony 식민지   dominion 통치권   era 시대   feudalism 봉건주의   medieval 중세의   epoch 시대

1146

private
[práivit]

privacy ⓝ 사생활
privately ad 남몰래

ⓐ 개인의, 사적인

The clients of **private** bath houses have no qualms about the premium price of privacy.
개인이 운영하는 목욕탕의 고객들은 사생활 할증 가격에 대해 전혀 거리낌이 없다.

On the contrary, Greek alphabetic writing was a vehicle of poetry and humor, to be read in **private** homes. 수능
대조적으로, 그리스 알파벳으로 쓰인 글은 개인의 집에서 읽히는 시와 유머의 수단이었다.

1147

democracy
[dimάkrəsi]

democratic ⓐ 민주주의의

ⓝ 민주주의

Democracy is seen by many nations as a logical progression of modernization.
_____ 는 현대화의 합리적인 진보로서 많은 국가들에 의해 보이고 있다.

1148

priority
[praiɔ́(:)rəti]

prior ⓐ 우선하는

ⓝ 우선(권), 우선순위

This government's **priority** must be to create jobs and control the rising national debt.
이 정부의 우선 사항은 일자리를 창출하고 증가하는 국가 부채를 통제하는 것이어야 한다.

1149

open-minded
[óupənmáindid]

ⓐ 마음이 열린

My mother is one of the most **open-minded** people I know.
어머니는 내가 아는 가장 _____ 사람 중 한 명이다.

1150

endure
[endjúər]

endurance ⓝ 인내, 참을성

ⓥ 견디다, 참다

It is hard to **endure** the extreme discomfort caused by giving up cigarettes.
담배를 끊음으로써 야기되는 극심한 불안을 참기는 어렵다.

1145 선사 시대의   1147 민주주의   1149 마음이 열린

1151

premise
[prémis]

ⓝ 전제, 가정

This school was founded on the **premise** that small classes enable students to learn more effectively.

이 학교는 작은 학급에서 학생들이 더 효과적으로 배울 수 있다는 _____를 토대로 세워졌다.

1152

vanish
[vǽniʃ]

ⓥ 없어지다, 사라지다

Large numbers of wild salmon have **vanished** from their original spawning grounds.

많은 수의 야생 연어가 원래 산란 장소에서 _____.

어근   serv '지키다 (= keep)'

1153

reserve
[rizə́:rv]

reservation ⓝ 예약

ⓥ 예약하다; 따로 남겨 두다

Because we hadn't **reserved** seats on the train to Edinburgh, we had to stand the whole way.

에든버러로 가는 열차의 좌석을 예매하지 못해서 우리는 내내 서있어야 했다.

1154

preserve
[prizə́:rv]

preservation ⓝ 보존, 유지

ⓥ 보호하다, 유지하다

It is in all our interests to try to **preserve** the thousands of species of plants and animals living on our planet.

우리의 행성에 사는 수천 종의 동·식물을 _____ 하려고 노력하는 것은 우리 모두의 관심사이다.

＝ protect 보호하다, maintain 유지하다

1155

conserve
[kənsə́:rv]

ⓥ 아끼다; 보호하다

Australia requires it citizens to **conserve** the limited water resources and take very brief daily showers.

호주는 시민들에게 부족한 수자원을 아끼고 샤워는 매일 아주 간단히 할 것을 요구한다.

＝ save, preserve

혼동 어휘

1156

grow
[grou]

growth ⓝ 성장, 증가

ⓥ 성장하다; 커지다, 증대하다

Austin has continued to **grow** rapidly since the end of the recession.

오스틴은 불황이 끝난 이래로 급속하게 계속 _____.

1151 전제   1152 사라졌다   1154 보호   1156 성장했다

1157

glow
[glou]

ⓝ 은은한 빛; 홍조 ⓥ 은은하게 빛나다; 상기되다, 빨개지다

My son's favorite toy dinosaur **glows** in the dark.
우리 아들이 가장 좋아하는 공룡 장난감은 어둠 속에서 _____.

The little girl had a rosy **glow** of good health when I last saw her on her 8th birthday.
내가 그녀의 여덟 살 생일에 그녀를 마지막으로 보았을 때 그 어린 소녀는 건강해서 장밋빛 _____를 띠고 있었다.

숙어 / 이어동사

1158

put an end (to)

~을 끝내다; 없애다, 폐지하다

The Seoul government has announced a campaign to **put an end to** littering within the city limits.
서울시 당국은 시내에 쓰레기를 버리는 것을 _____ 위한 캠페인을 발표했다.

1159

by extension

더 나아가

The new education subsidies benefit all local taxpayers and, **by extension**, the local economy.
새로운 교육 보조금은 모든 지역 납세자와, _____ 지역 경제에 유익하다.

1160

get across

(의미가) ~에게 전달되다, 이해되다

The guest speaker tried very hard to **get** her point **across** to the audience, but many of them did not understand.
그 초청 연사는 청중에게 자신의 주장이 _____ 위해서 매우 열심히 노력했지만, 청중 중 대다수는 이해하지 못했다.

The more meaning you can pack into a single word, the fewer words are needed to **get** the idea **across**. 수능
한 단어에 많은 의미를 담으면 담을수록 생각이 _____ 위해서 더 적은 단어가 필요할 것이다.

1157 은은하게 빛난다 / 홍조   1158 없애기   1159 더 나아가   1160 전달되기 / 전달되기

DAILY TEST

A 다음 영어를 우리말로, 우리말을 영어로 쓰시오.

1 classify _____   11 관점, 시각 _____
2 confess _____   12 다소, 약간 _____
3 discharge _____   13 더 나아가 _____
4 dismay _____   14 마음이 열린 _____
5 enclose _____   15 선사 시대의 _____
6 gradual _____   16 없어지다, 사라지다 _____
7 metaphor _____   17 (의미가) ~에게 전달되다 _____
8 seemingly _____   18 전제 _____
9 subtle _____   19 즉각적인 _____
10 surrender _____   20 타원형의 _____

B 다음 빈칸에 알맞은 단어를 쓰시오.

1 nevertheless = _____   5 supplement ⓐ _____
2 preserve = _____   6 radiate   ⓐ _____
3 conserve = _____   7 ascend   ⓐ _____
4 precise = _____   8 private   ⓝ _____

C 다음 빈칸에 들어갈 알맞은 말을 | 보기 |에서 고르시오.

| 보기 | instant | preserve | unpredictable | priorities | commands |

1 I think you need to get your _____ straight. 수능

2 The weather in many areas of the Pacific Ocean is known for being _____.

3 The center hole also allows the kite to respond quickly to the flyer's _____. 수능

4 What its builders had not considered was that the advent of the railroad would assure the canal's _____ downfall. 수능

5 Many people take numerous photos while traveling or on vacation or during significant life celebrations to _____ the experience for the future. 수능

DAY 30

1161
suck
[sʌk]

suction ⓝ 흡입

ⓥ 빨다, 흡수하다

Mosquitoes **suck** blood from their
unsuspecting victims each time they bite.
모기들은 물 때마다 이상한 낌새를 못 채는 희생자들로부터
피를 _____.

1162
deadly
[dédli]

ⓐ 치명적인

The venom of a viper is **deadly** to both children and adults.
독사의 독은 아이와 어른 모두에게 _____ 이다.

= fatal

> **Word Plus+** -ly로 끝나는 형태의 형용사
>
> **friendly** 친절한　**manly** 남자다운　**girly** 소녀다운　**costly** 비용이 많이 드는　**earthly** 세속적인
> **lovely** 사랑스러운　**heavenly** 천국 같은

1163
degree
[digríː]

ⓝ 〈각도·온도〉 도; 정도; 학위

Earning a college **degree** can result in higher earnings over
one's lifetime.
학사 _____ 취득은 인생에서 보다 높은 소득으로 귀결될 수 있다.

1164
gust
[gʌst]

ⓝ 돌풍

A **gust** of wind can carry sand and dust a long way from its
point of origin.
돌풍은 생겨난 곳에서부터 멀리 떨어진 곳으로 모래와 먼지를 운반할 수 있다.

1165
veterinarian
[vètərənɛ́əriən]

ⓝ 수의사

Veterinarians are sometimes called on to treat
humans in extreme emergency situations.
몹시 긴급한 상황에서는 때때로 사람을 치료하기 위해
_____ 를 불러오기도 한다.

Tips veterinarian은 보통 줄여서 vet으로 쓴다.

1166
scholarship
[skálərʃip]

ⓝ 장학금

A college **scholarship** is usually awarded based on academic
results in high school.
대학 _____ 은 대개 고등학교에서의 학업 성적을 바탕으로 수여된다.

1161 빨았다　1162 치명적　1163 학위　1165 수의사　1166 장학금

1167

glance
[glæns]

ⓥ 휙 보다, 대충 보다

Could you please **glance** behind me and tell me if there is someone following me?
제 뒤를 슬쩍 보고 저를 따라오는 사람이 있는지 좀 말해주시겠습니까?

1168

cash register

ⓝ (상점의) 계산대

Robbers who cannot open the **cash register** to steal the money in it often take the whole thing out of the store.
_____를 열고 안에 있는 돈을 훔치지 못하는 강도들은 종종 통째로 가게 밖으로 가져간다.

> **Word Plus+** 상업(commerce) 관련 어휘
>
> **bargain** 염가 판매 **chain store** 체인점 **flea market** 벼룩시장 **gift certificate** 상품권 **retail** 소매 **list price** 정가 **off-the-shelf** 기성품의 **receipt** 영수증 **wholesale** 도매 **unit price** 단가

1169

proficient
[prəfíʃənt]

proficiency ⓝ 능숙, 능란

ⓐ 잘하는, 능숙한

Because she is **proficient** in many languages, she decided on a career as an interpreter.
그녀는 많은 언어에 _____ 때문에 번역가를 직업으로 결정했다.

1170

efficiency
[ifíʃənsi]

efficient ⓐ 능률적인, 효율적인

ⓝ 능률, 효율

This press can print books with much greater **efficiency** than the previous model used.
이 인쇄기는 종전에 사용된 모델보다 더 효율적으로 책을 인쇄할 수 있다.

1171

valuables
[vǽljuːəbəls]

ⓝ 귀중품

Guests in the hotel are advised not to leave their **valuables** in their rooms when they are not present.
그 호텔에 있는 손님들은 방에 없을 때에는 _____을 남겨두지 말라는 충고를 받았다.

1172

slam
[slæm]

ⓥ (문, 창문을) 쾅 닫다

The sign reminds customers not to **slam** the door as they exit the store.
그 신호는 고객들에게 가게를 나갈 때 문을 _____ 말 것을 상기시켜 준다.

1168 계산대   1169 능숙하기   1171 귀중품   1172 쾅 닫지

DAY 30

1173

indeed
[indíːd]

ad 정말, 사실

Smart self-drive software is indeed at the cutting edge of automobile technology.

스마트 자동 운전 소프트웨어는 정말 최첨단 자동차 기술이다.

1174

drastic
[drǽstik]

drastically **ad** 과감하게

ⓐ 과감한, 급격한

The new competition from that company calls for a drastic change in how we approach our advertising.

그 회사로부터의 새로운 경쟁은 광고에 대한 우리의 접근 방법의 _____ 변화를 요구한다.

1175

illusion
[ilúːʒən]

ⓝ 환상; 오해, 착각

It is an illusion to believe that youth lasts forever.

젊음은 영원하다는 것을 믿는 것은 망상이다.

1176

acorn
[éikɔːrn]

ⓝ 도토리

Acorns are gathered by squirrels in the fall and stored for their long winter hibernation.

_____는 가을에 다람쥐들에 의해 모아지고 그들의 긴 겨울잠을 위해 저장된다.

1177

humankind
[hjúːmənkàind]

ⓝ 인류, 인간

Humankind has never had to face an enemy from an extra-terrestrial planet.

_____는 외계 행성으로부터의 적을 대면해야 했던 적이 없다.

1178

orchard
[ɔ́ːrtʃərd]

ⓝ 과수원

The work of picking ripe fruit in an orchard is often still done by hand.

_____에서 익은 과일 따는 작업은 여전히 손으로 하기도 한다.

1179

man-made
[mǽnméid]

ⓐ 인공적인, 인위적인

Man-made environmental disasters have increased since the turn of the 21st century.

인간이 만든 환경 재해는 21세기로 접어든 이래로 증가했다.

= artificial

1174 과감한   1176 도토리   1177 인류   1178 과수원

1180

food chain

ⓝ 먹이 사슬

Humans are usually assumed to be at the top of the **food chain**.

인간은 대개 _____의 최상위에 있는 것으로 추정된다.

1181

ancestor
[ǽnsestər]

ⓝ 조상, 선조

Worshiping and revering one's **ancestors** is a common part of many Asian cultures.

_____을 숭배하고 존경하는 것은 많은 아시아 문화에서 일상적 부분이다.

1182

indicate
[índikèit]

indication **ⓝ** 암시, 조짐

ⓥ 나타내다, 보여 주다

A speedometer dial **indicates** the speed at which a vehicle is traveling.

속도계 숫자판은 자동차가 달리는 속도를 _____.

= show

1183

detect
[ditékt]

detective **ⓝ** 탐정, 형사
detection **ⓝ** 발견, 감지

ⓥ 발견하다, 감지하다

The Geiger counter did not **detect** any radiation in the soil.

가이거 계수기는 토양에서 어떠한 방사능도 감지하지 않았다.

= sense

1184

fake
[feik]

ⓐ 가짜의 **ⓥ** 위조하다

The market for **fake** designer goods has grown considerably in the last 20 years.

_____ 명품 시장은 지난 20년간 상당히 성장했다.

1185

dominate
[dámənèit]

dominant **ⓐ** 우월한, 지배적인
dominance **ⓝ** 우월, 지배

ⓥ 지배하다; ~에서 가장 두드러지다

The candidate absolutely **dominates** the opposition party and is likely to be elected soon.

그 후보는 절대적으로 야당을 _____ 있으며, 곧 선출될 것 같다.

1186

extinct
[ikstíŋkt]

extinction **ⓝ** 멸종, 소멸

ⓐ 멸종된, 사라진, 사화산의

The passenger pigeon has been **extinct** since the early 1900s.

나그네 비둘기는 1900년대 초 이래로 _____.

1180 먹이 사슬   1181 조상   1182 나타낸다   1184 가짜   1185 지배하고   1186 멸종되었다

DAY 30

1187

nourish
[nə́:riʃ]

nourishment ⓝ 음식물, 자양분

nourishing ⓐ 영양이 되는

ⓥ 영양분을 공급하다

Various nutrients are essential to **nourish** the human body.
인간의 몸에 _____ 위해서는 다양한 영양분이 필수적이다.

When mixed with coconut milk, it makes a delicious and **nourishing** pudding. 수능
그것을 코코넛 밀크와 섞으면 맛있고 영양가 있는 푸딩이 된다.

1188

insight
[ínsàit]

insightful ⓐ 통찰력 있는

ⓝ 통찰(력), 이해, 간파

You are being sent into the war zone to gain a deeper **insight** into what exactly is happening.
정확히 무슨 일이 벌어지는지에 대한 보다 깊은 _____ 을 얻으라고 당신을 전장으로 보내는 것이다.

1189

federal
[fédərəl]

ⓐ 연방제의, 연방 정부의

Countries such as Brazil, Germany, and India all have **federal** governments.
브라질, 독일, 인도 같은 나라들은 모두 _____ 정부를 가지고 있다.

1190

arise
[əráiz]

ⓥ 생기다, 발생하다

Problems are likely to **arise** in relationships which do not value communication.
의사소통을 중요하게 여기지 않는 인간관계에서는 문제가 _____ 쉽다.

Robots are also not equipped with capabilities like humans to solve problems as they **arise**, and they often collect data that are unhelpful or irrelevant. 수능
로봇은 또한 문제가 발생하면 문제를 해결하는 인간과 같은 능력을 갖추고 있지 않고, 도움이 되지 않거나 관계없는 정보를 수집할 때도 있다.

1191

possess
[pəzés]

possession ⓝ 소유(물), 재산

possessive ⓐ 소유욕이 강한

ⓥ 소유하다, 지니다

Applicants who **possess** a high level of creativity are preferred.
높은 수준의 창의성을 _____ 지원자들이 선호된다.

What has been preserved of their work belongs among the most precious **possessions** of mankind. 수능
그들의 작품으로부터 보존되어 온 것은 인류의 가장 귀중한 재산에 속한다.

1187 영양분을 공급하기   1188 통찰력   1189 연방   1190 생기기   1191 지닌

1192

undergo
[ʌ̀ndərgóu]

ⓥ 겪다, 경험하다, 받다

Doctors have been accused of requiring patients to **undergo** unnecessary medical tests.
의사들이 환자들에게 불필요한 의료 검사를 받도록 요구하여 기소되었다.

1193

retire
[ritáiər]

retirement ⓝ 은퇴 (생활)

ⓥ 퇴직[은퇴]하다

It is becoming increasingly difficult to **retire** without substantial savings.
많은 저축 없이는 _____ 하기가 점점 더 어려워지고 있다.

On behalf of all the executives, we wish you well and hope you enjoy your well-earned **retirement**. 수능
모든 경영진을 대신하여, 우리는 당신이 건강하고 충분히 누릴 자격이 있는 _____ 을 즐기시길 바랍니다.

혼동 어휘

1194

jealous
[dʒéləs]

ⓐ 질투하는

Rob's wife becomes very **jealous** whenever he talks to other women.
Rob의 아내는 그가 다른 여자에게 말할 때마다 몹시 _____.

1195

zealous
[zéləs]

zeal ⓝ 열의, 열성

ⓐ 열성적인

The lawyer was **zealous** in her pursuit of justice for the people who had lost their homes.
그 변호사는 집을 잃은 사람들을 위한 정의 추구에 _____.

1196

adopt
[ədápt]

adoption ⓝ 입양, 채택

ⓥ (새로운 태도, 계획 등을) 취하다; 입양하다

He was born in England, but he has **adopted** Canada as his new home.
그는 영국에서 태어났지만, 캐나다를 새 고향으로 삼았다.

1197

adapt
[ədǽpt]

adaptation ⓝ 적응, 각색
adaptive ⓐ 적응할 수 있는

ⓥ 조정하다, 적응하다

When children transfer to a different school, it often takes them a while to **adapt** to their new surroundings.
아이들이 다른 학교로 전학할 때 새 환경에 _____ 시간이 조금 걸리기도 한다.

＝ adjust, modify

1193 퇴직 / 은퇴 생활   1194 질투한다   1195 열성적이었다   1196 적응하는 데

DAY 30

다의어

1198

safe
[seif]

safety ⓝ 안전(함)

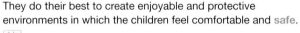

ⓐ 안전한

Schools must ensure they are a safe environment where children can learn and play.

학교는 아이들이 배우고 놀기에 _____ 환경이라는 것을 보장해야 한다.

They do their best to create enjoyable and protective environments in which the children feel comfortable and safe.
[수능]

그들은 아이들이 편안하고 안전하다고 느끼는 즐겁고 보호받는 환경을 만들기 위해 최선을 다한다.

ⓝ 금고

The police are searching for information on the missing safe.

그 경찰은 사라진 _____ 에 대한 정보를 찾고 있다.

숙어 / 이어동사

1199

in sum

요컨대

In sum, although there are many dedicated male kindergarten teachers, I feel that women are better with young children.

다수의 헌신적인 남자 유치원 선생님들이 있지만, _____ 나는 어린 아이들에게는 여자 선생님이 더 낫다고 느낀다.

In sum, classical music and jazz both aim to provide a depth of expression and detail, but they achieve their goal through different approaches. [수능]

_____, 고전 음악과 재즈는 둘 다 깊이 있는 표현과 세부사항을 제공하려고 하지만, 서로 다른 접근 방식을 통해서 목표를 성취한다.

1200

turn out

결국 ~임이 드러나다; (일·진행·절차가) 되다

Despite some problems with the truck we had rented, everything turned out well on our trip.

우리가 빌린 트럭에 약간의 문제가 있었지만, 여행을 하는 동안에는 모든 일이 잘 되었다.

1198 안전한 / 금고   1199 요컨대 / 요컨대

DAILY TEST

매일매일 영단어 복습하기

A 다음 영어를 우리말로, 우리말을 영어로 쓰시오.

1 acorn _____
2 arise _____
3 cash register _____
4 degree _____
5 fake _____
6 glance _____
7 humankind _____
8 illusion _____
9 indeed _____
10 slam _____

11 과수원 _____
12 귀중품 _____
13 돌풍 _____
14 먹이 사슬 _____
15 수의사 _____
16 연방제의, 연방 정부의 _____
17 열성적인 _____
18 장학금 _____
19 조상, 선조 _____
20 질투하는 _____

C 다음 빈칸에 알맞은 단어를 쓰시오.

1 deadly = _____
2 man-made = _____
3 adapt = _____
4 detect = _____

5 dominate ⓐ _____
6 nourish ⓝ _____
7 insight ⓐ _____
8 zealous ⓝ _____

C 다음 빈칸에 들어갈 알맞은 말을 |보기| 에서 고르시오.

| 보기 | dominate | undergo | efficiency | suck | indicate |

1 At close range the rapid opening of the leaf fish's large jaws enables it to _____ in the unfortunate individual very easily. 수능

2 The pro game has become a contest of strength, where powerful hitters with their high-tech rackets _____. 수능

3 The Erie Canal, which took four years to build, was regarded as the height of _____ in its day. 수능

4 Learning to ski is one of the most humbling experiences an adult can _____. 수능

5 You _____ in your cover letter that you intend to follow a literary career. 수능

1	acorn	
2	agriculture	
3	aim	
4	ancestor	
5	appliance	
6	arise	
7	article	
8	aspire	
9	at large	
10	atmosphere	
11	awesome	
12	barrel	
13	bitter	
14	brief	
15	brilliant	
16	by extension	
17	cash register	
18	chest	
19	classify	
20	command	
21	companion	
22	competitive	
23	confess	
24	conscience	
25	continent	
26	deadly	
27	degree	
28	destroy	
29	detect	
30	detergent	
31	device	
32	discharge	
33	dismay	

34	dominate	
35	efficiency	
36	electricity	
37	embarrass	
38	emerge	
39	emphasize	
40	enclose	
41	ensure	
42	ethical	
43	exhausted	
44	faith	
45	fake	
46	federal	
47	food chain	
48	forehead	
49	full-scale	
50	fur	
51	genre	
52	get across	
53	glance	
54	gradual	
55	grind	
56	gust	
57	humankind	
58	illusion	
59	indeed	
60	indicate	
61	inspire	
62	instant	
63	intake	
64	jealous	
65	laboratory	
66	landlord	

67	liberal	
68	man-made	
69	metaphor	
70	moral	
71	morale	
72	mysterious	
73	mythical	
74	nevertheless	
75	nutritious	
76	open-minded	
77	orchard	
78	oval	
79	parallel	
80	pave	
81	payment	
82	peel	
83	pesticide	
84	pioneer	
85	pitiful	
86	plain	
87	pollute	
88	precise	
89	prehistoric	
90	premise	
91	preserve	
92	priority	
93	publish	
94	quit	
95	quite	
96	radiate	
97	recur	
98	rent	
99	responsible	
100	satellite	
101	scholarship	

102	seemingly	
103	seize	
104	semester	
105	shade	
106	shore	
107	shortage	
108	side effect	
109	slam	
110	solitude	
111	somewhat	
112	stem from	
113	stir	
114	subtle	
115	suck	
116	surface	
117	surrender	
118	swift	
119	tenant	
120	theft	
121	throw away	
122	to a large extent	
123	turn over	
124	unpredictable	
125	valuables	
126	vanish	
127	vegetarian	
128	vegetation	
129	veterinarian	
130	viewpoint	
131	warranty	
132	wealthy	
133	will	
134	worship	
135	zealous	

DICTATION

1 It _____ insects with a stable environment that enhances their ability to eat, mate, and prepare for flight. 수능

2 The solution is _____ off to a separate tank, where the caffeine is drawn out from it. 수능

3 Now, for another minute, _____ the TV set so that you can hear the sound but you can't see any picture. 수능

4 For instance, goldfish bowls look stunning filled with flower heads or petals, _____ their contents. 수능

5 An old teapot which has lost its _____ becomes an ideal container for a bunch of roses picked from the garden. 수능

6 Cities in Western Europe tend to be economically healthy compared with their _____. 수능

7 Now, as always, cities are desperate to create the impression that they _____ at the center of something or other. 수능

8 When every now and then his kicking became _____ and noisy, Margo ordered him to stop. 수능

9 On tests of _____ comprehension, these students performed no differently from students who had watched the video with a different introduction. 수능

10 This is a simple action which indicates agreement by striking one's palms together _____. 수능

11 On some _____, it can also occur in the middle of an event. 수능

12 It's just that I was in an _____ hurry to get to the bank before they closed. 수능

13 Books can be _____ once for the original loan period unless they are on reserve. 수능

14 _____ that are produced as a result of these conditions are densely arranged. 수능

---

1 그것은 곤충들에게 먹고, 짝짓기하고 날 준비를 할 능력을 향상시키는 안정된 환경으로 보상한다. 2 용액을 분리된 탱크로 빼내고, 그 탱크에서 카페인을 뽑아낸다. 3 이제, 잠깐 TV를 조정해서 소리를 들을 수는 있지만, 어떤 영상도 볼 수 없도록 하라. 4 예를 들어, 금붕어 어항은 내용물을 확대하기 때문에, 꽃송이나 꽃잎으로 채워지면 멋져 보인다. 5 뚜껑이 사라진 오래된 찻주전자는 정원에서 꺾은 장미 한 다발을 넣을 이상적인 그릇이다. 6 서유럽의 도시는 주변 도시와 비교하면 재정적으로 튼튼하다. 7 항상 그렇듯이 지금 도시들은 무언가의 중심에 있다는 인상을 주기 위해 필사적이다. 8 가끔 그의 발차기가 서투르고 시끄러울 때, Margo는 그에게 그만 하라고 명령했다. 9 사실에 근거한 이해 실험에서 이런 학생들은 다른 지시사항을 담은 비디오를 본 학생들과 다르지 않게 수행했다. 10 이것은 두 손바닥을 서로 계속해서 침으로서 동의를 나타내는 단순한 행동입니다. 11 어떤 경우에는 사건 중간에 일어날 수도 있다. 12 나는 그저 은행이 문 닫기 전에 도착하려고 엄청 서두르고 있었을 뿐이야. 13 책은 대출 예약이 되어 있지 않다면 원래 대출 기간에 한 번 갱신할 수 있다. 14 이런 조건의 결과로 생산된 세포들은 조밀하게 조직된다.

Day23 ~ 24

1 _____, surveys should be conducted when the organization is not in the news or connected to a significant event that may influence public opinion. 수능

2 This may be one of the things that enable us to seek through _____ an enlargement of our experience. 수능

3 Are you _____ this board exactly as we planned? 수능

4 Peter will _____ a speech for the opening event and Sally will work as a stage assistant. 수능

5 The static and the sentence _____ separate perceptual streams due to differences in the quality of sound that caused them to group separately. 수능

6 The perfume of wildflowers fills the air as the grass dances upon a gentle _____. 수능

7 Over the years various systems of _____ coins have been developed by antique coin specialists. 수능

8 There will be time for _____ and polishing any ideas you want to pursue later. 수능

9 While detailed knowledge of a single area once guaranteed success, today the top rewards go to those who can operate with equal confidence in different _____. 수능

10 Not only does the 'leaf fish' look like a leaf, but it also imitates the movement of a drifting leaf _____. 수능

11 Notice that when seen as part of a face presented in Figure A, any bump or line will be sufficient to _____ a feature. 수능

12 When the students watched the film with an _____ figure present, their faces showed only the slightest hints of reaction. 수능

13 In a society that _____ honor or bravery, a battle wound would be more of a status symbol. 수능

14 The essential point here is: What we _____ as color is not made up of color. 수능

---

1 따라서 설문조사는 그 단체가 뉴스에 나오지 않거나 여론에 영향을 미칠지도 모르는 중요한 사건에 연루되지 않을 때 시행되어야 한다. 2 이것은 문학을 통해서 우리가 경험 확장을 추구하는 것을 가능하게 하는 것 중 하나일지도 모른다. 3 이 판자를 우리가 계획 한 대로 톱질하고 있습니까? 4 Peter는 개회식에서 연설할 것이고, Sally는 무대 보조로 일할 것이다. 5 잡음과 문장은 이들에게 이 둘을 따로 구분하게 한 음질의 차이 때문에 별도의 지각 흐름을 만들어 냈다. 6 잔디가 부드러운 바람에 춤추듯 움직이면서 야생화 향 기가 공기를 채운다. 7 수년간 동전의 등급을 나누는 체계는 골동품 동전 전문가들에 의해 발전했다. 8 당신이 나중에 추구하고자 하 는 생각을 수정하고 다듬을 시간이 있을 것이다. 9 한 영역의 상세한 지식이 한때는 성공을 보장했지만, 오늘날은 최고의 보상은 다 양한 영역에서 똑같이 자신 있게 수행할 수 있는 사람들에게로 돌아간다. 10 '잎 물고기'는 잎처럼 생겼을 뿐만 아니라, 수중에서 떠 다니는 잎의 움직임을 흉내 낸다. 11 움푹 파인 것이나 선이 그림 A에서 나타낸 얼굴의 부분으로 보이면 그것만으로도 특징을 묘사 하기에 충분하다는 것을 주목해라. 12 권위 있는 인물과 함께 영화를 볼 때 학생들의 표정은 최소한의 반응만 보였다. 13 명예나 용 맹함을 중요하게 여기는 사회에서는 전투에서 입은 상처가 오히려 높은 사회적 신분의 상징일 것이다. 14 중요한 포인트는 여기에 있 다. 우리가 색깔이라고 인지하는 것은 색으로 만들어진 것이 아니다.

1   Of course, it would be difficult to stay relaxed, because tickling causes tension for most of us, such as feelings of _____ . 수능

2   Since his time, we have learned that light waves are characterized by different _____ of vibration. 수능

3   The only brightness in the room was in her dark old eyes that _____ at me. 수능

4   The story starts in the world of Homer, where the stormy skies and the dark seas were _____ by the mythical gods. 수능

5   This draws on a well-established _____ that geographical centrality makes a place more accessible, easing communication and communication costs. 수능

6   _____ sailing after the storm, the aircar arrived at the orbit of the Island of Paradise. 수능

7   During the Revolution, in 1792, he joined the Army of the North as a military _____ . 수능

8   Besides, we're currently offering two _____ blankets for the price of one. 수능

9   '_____ ' is the most preferred factor for both male and female job seekers in this age group. 수능

10 Kids under 18 need their parent's signature on the _____ form to receive it. 수능

11 If you _____ in this area, you may get it free of charge. 수능

12 I feel that they show considerable promise, despite your youth and lack of experience in this _____ . 수능

13 It _____ in me countless childhood daydreams about meeting new people from exotic places. 수능

14 Innovation requires noticing signals outside the company itself: signals in the community, the environment, and the world _____ _____ . 수능

---

1 물론, 간지럼이 대부분 사람에게 불안감 같은 긴장을 유발하기 때문에 침착하게 있는 것이 어려울 것이다. 2 그가 살던 시대 이후로 우리는 빛의 파장이 서로 다른 진동 주파수로 특징지어진다고 배웠다. 3 방 안에서 빛나는 것이라고는 나를 응시하는 그녀의 짙고 나이 든 눈이었다. 4 이야기는 Homer의 세상에서 시작하는데, 그 시대는 폭풍우 치는 하늘과 어두운 바다가 신화 속 신들에 의해 지배받는 세상이다. 5 이것은 지리적 중심성이 어떤 장소에 더 접근하기 쉽게 만들어, 의사소통을 편하게 하고, 의사소통 비용을 완화할 거라는 잘 확립된 개념에 의존한다. 6 폭풍우가 지나간 후 매끄러운 항해로 에어카는 낙원의 섬의 궤도에 진입했다. 7 프랑스 대혁명 중이던 1792년에 그는 군의관으로 북부 군에 입대했다. 8 게다가 우리는 지금 무늬가 없는 담요 두 개를 한 개 가격에 제공합니다. 9 '급여'는 이 나이대의 남, 여 구직자 모두가 가장 선호하는 요인이다. 10 18세 이하의 아이들은 그것을 받기 위해서 신청서에 부모님의 서명을 받아야 한다. 11 당신이 이 지역에 거주한다면 그것을 무료로 얻을 수 있을지도 모른다. 12 저는 당신이 어리고 이 장르에 경험이 부족하지만 그럼에도 상당한 장래성을 보여준다고 생각합니다. 13 그것은 이국적인 장소에서 새로운 사람을 만나는 셀 수 없이 많은 나의 어린 시절 백일몽에 영감을 주었다. 14 혁신은 회사 밖에서 들려오는 신호들, 즉 공동체, 주변 환경, 전반적인 세계에서 들려오는 신호들을 알아채는 것을 필요로 한다.

Day27~28

1 Our guest arrived in the broadcasting studio, and I opened my show at 11:05 with a _____ introduction about his background. 수능

2 The bottom of the Nambawi is _____ with fur, and the hat is decorated with flower and bird patterns. 수능

3 Whatever their type, heroes are selfless people who perform _____ acts. 수능

4 Timed shut-offs of _____ came second in savings. 수능

5 What is so special about walking in the woods or resting in bed? _____ and relaxation. 수능

6 If you are alone you are completely yourself, but if you are accompanied by a single _____ you are half yourself. 수능

7 Every mother and father wants to raise a child with a strong _____ character. 수능

8 Most of those steps were small and difficult, but a few were _____ and beautiful. 수능

9 They all reached the beach two hours later, _____ but safe. 수능

10 But if I'd told you that, you might have _____ and none of us would have made it. 수능

11 Don't _____ up the water more than you have to. 수능

12 Suddenly the engine died, and for _____ reasons, the boat began to sink. 수능

13 Nonetheless, they usually throw away a very _____ part of the fruit — the peel. 수능

14 Fiber also helps to lessen calorie _____, because people don't feel hungry even though they eat less. 수능

---

1 초대 손님이 방송국 스튜디오에 도착하고 11시 5분에 나는 그의 배경에 관한 간단한 소개로 쇼를 시작했다. 2 남바위의 바닥 부분은 털과 접하고, 그 모자는 꽃과 새 모양으로 장식되어 있다. 3 그들이 어떤 유형이든, 영웅은 비범한 일을 하는 이타적인 사람들이다. 4 정해진 시간에 전기를 차단하는 것이 절약에 있어서 두 번째였다. 5 숲에서 산책하는 것이나 침대에 누워 쉬는 것에 있어서 무엇이 그리도 특별한 것일까? 고독과 휴식이다. 6 당신이 혼자 있을 때 당신은 완전히 나 자신이 되지만, 어느 한 사람과 함께 있을 때는 절반만 자신이 된다. 7 모든 부모는 자녀를 도덕성을 잘 갖춘 아이로 양육하기를 바란다. 8 그러한 대부분의 발걸음들은 작고 힘든 것이었지만 일부 소수의 발걸음은 빛나고 아름다운 것이었다. 9 두 시간 후에 그들은 모두 몹시 피곤했지만 안전하게 해변에 도착했다. 10 하지만 내가 그걸 너에게 말했더라면 너는 공포에 질렸을 것이고 우리 중 누구도 해내지 못했을 거야. 11 필요 이상으로 물을 휘젓지 마라. 12 갑자기 엔진이 멈추었고 알 수 없는 이유로 보트가 가라앉기 시작했다. 13 그럼에도 불구하고 그들은 보통 과일에서 매우 영양가 있는 부분인 껍질을 버린다. 14 섬유질은 열량 섭취를 줄이는 데에도 도움이 된다. 왜냐하면, 적게 먹어도 배고프다고 느끼지 않기 때문이다.

Day29~30

1 This _____ reasonable explanation has held up for over a century, but it is probably wrong. 수능

2 This will, in some cases, enhance _____ information about light versus dark differences. 수능

3 However, if the assignment were stated _____ vaguely, then you would have more room to think and be more creative. 수능

4 On the contrary, Greek alphabetic writing was a vehicle of poetry and humor, to be read in _____ homes. 수능

5 They _____ day after day, and just when they're about to make it, decide they can't take any more. 수능

6 "Because," she said to him, "for one thing, I knew it was a long way and we had to _____ our energy." 수능

7 It was made calm by the _____ of the firelight that played on familiar things that had long been unconsciously a part of him. 수능

8 The extent and rate of diffusion depend on the _____ of social contact. 수능

9 _____, print-oriented novelists seem doomed to disappear, as electronic media and computer games are becoming more influential. 수능

10 The doctor also carries out some special tests to _____ such dangerous diseases as cancer and diabetes, if necessary. 수능

11 One may wonder if literary fiction is destined to become an old-fashioned genre to be preserved in a museum like an _____ species. 수능

12 The information from both check-ups and tests provides important _____ into the patient's overall physical condition. 수능

13 Like all other industries, the rose business must _____ to changing conditions in the marketplace. 수능

---

1 이 겉보기에는 합리적인 설명은 백 년 넘게 유지됐지만 아마도 틀린 것이다. 2 이것은 어떤 경우에는 명암의 차이에 대한 미묘한 정보를 향상시킬 것이다. 3 하지만, 만약 임무가 다소 모호하게 주어진다면 생각할 여지를 갖고 더 창의적으로 다가가야 할 것이다. 4 대조적으로, 그리스 알파벳으로 쓰인 글은 개인의 집에서 읽히는 시와 유머의 수단이었다. 5 그들은 매일 견디고 이제 막 해내려고 할 때 더는 못 참겠다고 한다. 6 "왜냐하면, 일단, 갈 길이 멀기 때문에 체력을 아껴야 했어요."라고 그녀는 그에게 말했다. 7 무의식적으로 오랫동안 그의 일부가 되어 버린 친숙한 물건들에 벽난로의 은은한 불빛이 더하자 그 방은 평온해 보였다. 8 확산의 범위와 속도는 사회적인 접촉의 정도에 달려 있다. 9 전자 매체와 컴퓨터 게임이 점점 영향력을 갖게 됨에 따라 사실상, 인쇄 지향적인 소설가들은 사라져야 하는 운명에 처한 것처럼 보인다. 10 의사는 필요하다면 암, 당뇨병 같은 위험한 질병을 발견하기 위한 특수 검사를 시행할 수도 있다. 11 혹자는 이제 문학 소설이 멸종된 종처럼 박물관에 보관하는 구식 장르가 될 운명은 아닐까라고 생각할지도 모른다. 12 건강 검진과 검사로부터 얻은 정보는 환자의 전체적인 신체 상태에 대한 중요한 이해를 제공한다. 13 다른 모든 산업과 마찬가지로 장미 산업은 시장의 변화하는 조건에 적응해야 한다.

DAY 31
—
DAY 40

DAY 31

1201

installment plan

할부 판매

According to the car dealer, we can purchase this new minivan with a reasonable **installment plan**.
자동차 판매상에 따르면, 우리는 이 신형 미니밴을 합리적인 _____ 로 살 수 있다.

1202

interest-free

ⓐ 무이자의 ad 무이자로

The bank is offering me an **interest-free** loan to purchase a new vehicle.
은행은 신형 자동차를 구매하기 위한 _____ 대출을 내게 제공하고 있다.

> **Word Plus+** 대출(loan) 관련 어휘
>
> **credit rating** 신용 등급   **interest rate** 이자율   **mortgage** 주택 담보 대출   **owing** 빚이 있는
> **redeem** 상환하다   **settle** (갚을 돈의) 지불

1203

compensate
[kámpənsèit]

compensation ⓝ 보상(금)

ⓥ 배상[보상]하다

After the accident, the insurance company agreed to **compensate** us for 80% of the damages.
사고가 난 후에 보험회사는 내게 손해액의 80%를 보상하는 데 동의했다.

1204

hypothesize
[haipáθəsàiz]

hypothesis ⓝ 가설, 추정

ⓥ 가설을 세우다, 가정하다

Environmentalists have **hypothesized** about the potential future results of rising sea levels.
환경론자들은 상승하는 해수면에 대한 잠재적 미래의 결과에 대해 _____.

1205

unwitnessed
[ʌnwítnist]

ⓐ 목격되지 않은; 증인의 서명이 없는

Unfortunately, the crime was **unwitnessed** by another person and thus will not be admissible in a court of law.
불행하게도 범행이 다른 사람에게 목격되지 않아서 법적 서류는 법정에서 받아들여지지 않을 것이다.

1206

clockwise
[klákwàiz]

ad 시계 방향으로

The crankshaft of a car rotates **clockwise** when the car is moving forward.
자동차의 크랭크축은 차가 앞으로 움직이면 _____ 회전한다.

> **Tips** crankshaft(크랭크축)는 왕복 운동을 회전 운동으로 바꾸는 장치이다.

1201 할부 판매   1202 무이자   1204 가설을 세웠다   1206 시계 방향으로

1207

prudent
[prú:dənt]

prudence ⓝ 신중, 조심

ⓐ 현명한, 조심스러운, 신중한

What appeared to be a **prudent** decision at the time has turned out to be a disaster.
당시에 _____ 결정으로 여겨졌던 것은 결국 엄청난 실패로 밝혀졌다.

↔ rash, imprudent 경솔한, 성급한

So **imprudent** are we that we wander about in times that are not ours and do not think of the one that belongs to us. 수능
우리는 너무 경솔해서 우리의 것이 아닌 시간 속에서 헤매면서 우리에게 속한 시간에 대해서는 생각하지 않는다.

1208

regenerate
[ridʒénərèit]

regenerative ⓐ 재생시키는

ⓥ 재생하다, 재건하다

The mayor has announced plans to **regenerate** the city center with taxpayers' money.
시장이 납세자들의 돈으로 도심부를 _____ 하려는 계획을 발표했다.

1209

unanimous
[juːnǽnəməs]

unanimity ⓝ 만장일치
unanimously ⓐ 만장일치로

ⓐ 만장일치의

Critics of the film were **unanimous** in their opinion that the movie's plot was incredibly weak.
영화평론가들은 영화의 줄거리가 믿어지지 않을 정도로 약하다는 의견에 _____ 였다.

The low performers usually voted **unanimously**, with little open debate. 수능
성과가 낮은 사람들은 주로 공개 토론이 거의 없이 _____ 투표했다.

1210

deplete
[diplíːt]

depletion ⓝ 고갈, 소모
depletive ⓐ 고갈[소모]시키는

ⓥ 고갈시키다, 소모시키다

Heavy perspiring by athletes during exercise **depletes** the blood of electrolytes.
운동 중에 땀을 많이 흘리면 전해질의 혈액을 _____.

1211

reinforce
[rìːinfɔ́ːrs]

reinforcement ⓝ 강화

ⓥ 강화하다

During the renovation process, inspectors recommended that we **reinforce** the structural beams of the building.
수리 과정에서 조사관은 건물의 구조를 이루는 기둥을 _____ 하라고 권고했다.

1207 현명한   1208 재건   1209 만장일치 / 만장일치로   1210 고갈시키다   1211 강화

1212

compassion
[kəmpǽʃən]

compassionate ⓐ 동정하는

ⓝ 동정, 연민

Many patients are shocked by their doctors' lack of **compassion** in treating them.

많은 환자들은 의사들이 자신들을 대하는 데 있어 동정심이 부족한 것에 충격을 받는다.

1213

parasitic
[pærəsítik]

parasite ⓝ 기생충

ⓐ (질병 등이) 기생충에 의한

The well-being of honeybees is being threatened by **parasitic** mites that transmit a deadly virus.

치명적인 바이러스를 전염시키는 기생 진드기 때문에 꿀벌의 안전이 위협받고 있다.

1214

terse
[təːrs]

tersely **ad** 간결하게

ⓐ (말이 퉁명스럽고) 간단한, 간결한

Mrs. Debruin made a **terse** statement at today's meeting about the need to improve the company's public image.

Debruin 부인은 오늘 열린 회의에서 회사의 공적인 이미지를 향상시킬 필요성에 대해 _____ 발언을 했다.

A genuinely educated person can express himself **tersely** and trimly. [수능]

진정으로 교육받은 사람이라면 자기 자신을 간결하고 깔끔하게 표현할 수 있다.

= curt 퉁명스러운

1215

imbricate
[ímbrikət]

ⓐ (잎, 비늘이) 겹쳐진

The colorful fish we caught was enormous and covered by **imbricate** scales.

우리가 낚았던 화려한 물고기는 몸집이 거대하고 _____ 비늘로 덮여 있다.

1216

till
[til]

ⓥ 토지를 갈다, 경작하다

Farmers in the ancient world would awaken at dawn to **till** the rich soil before planting their crops.

고대 세계에 살았던 농부들은 농작물을 심기 전에 새벽에 일어나 비옥한 흙을 _____.

= cultivate 경작하다

1217

shatter
[ʃǽtər]

ⓥ 산산이 조각나다, 부수다

Dropping a glass will cause it to **shatter** as soon as it hits the ground.

유리를 떨어뜨리면 땅에 닿자마자 _____ 것이다.

1214 간결한　　1215 겹쳐진　　1216 갈았다　　1217 산산이 조각날

1218

peculiar
[pikjúːljər]

peculiarity ⓝ 이상함, 특이함

ⓐ 이상한, 특이한

The duck-billed platypus is a **peculiar** animal because it has the characteristics of a mammal, a reptile, and a bird.
오리너구리는 포유류이자 파충류이면서 새의 특징을 지니기 때문에 _____ 동물이다.

1219

correlate
[kɔ́ːrəlèit]

correlation ⓝ 상관관계, 연관성

ⓥ 상관관계가 있다, 연관성을 보여 주다

A new study to **correlate** different types of physical activities and their impact on reducing heart disease will be released next month.
서로 다른 유형의 신체적 활동과 이런 활동이 심장 질환 감소에 미치는 영향의
_____ 새로운 연구 결과가 다음 달에 발표될 것이다.

1220

introspective
[ìntrəspéktiv]

ⓐ 자아 성찰적인

While relaxing on the beach, I had an **introspective** moment which allowed me to feel more confident about my decision.
나는 해변에서 쉬는 동안, 내 결정에 좀 더 자신감을 갖도록 _____ 시간을 가졌다.

1221

transcendence
[trænséndəns]

transcendent ⓐ 초월하는, 탁월한

ⓝ 초월, 탁월

Harper's recent work into quantum mechanics has reached a level of **transcendence**.
양자역학에서 Harper의 최근 연구는 _____한 수준에 이르렀다.

1222

equilibrate
[iːkwíləbrèit]

ⓥ 균형을 유지하게 하다, 평형시키다

To **equilibrate** the municipal budget, we'll need to cut costs in areas such as public transportation and road maintenance.
우리는 지방 자치제 예산의 균형을 잡기 위해 대중 교통수단과 도로 보수와 같은 영역에서 비용을 절감할 필요가 있을 것이다.

= balance

1223

indubitable
[indʒúːbətəbl]

indubitably ⓐⓓ 의심할 여지 없이

ⓐ 의심의 여지가 없는, 명백한

Plenty of research has demonstrated an **indubitable** correlation between smoking cigarettes and an increased risk of lung cancer.
흡연과 폐암 발병 위험성의 증가 사이에 _____ 상호관계가 있다는 사실이 많은 연구로 인해 밝혀지고 있다.

= undeniable

1218 특이한　　1219 연관성을 보여 주는　　1220 자아 성찰적인　　1221 탁월한　　1223 명백한

DAY 31

1224

exaggerate
[igzǽdʒərèit]

exaggeration ⓝ 과장

ⓥ 과장하다

Mary likes to **exaggerate** the details of her stories to make them more entertaining for listeners.

Mary는 듣는 사람이 더욱 재미있도록 자기 이야기의 자세한 부분을 _____ 하기를 좋아한다.

1225

one-sided
[wʌ́nsáidid]

ⓐ 편파적인, 일방적인

The benefits of this contract seem to be overly **one-sided** in favor of the other party.

이 계약이 주는 이익이 상대편에게 지나치게 _____ 것 같다.

= biased

1226

reed
[ri:d]

ⓝ 갈대

I lost two golf balls at the tournament by hitting them into the **reeds** on the eleventh hole.

나는 토너먼트에서 11번째 홀에서 _____ 사이로 공을 날리는 바람에 골프공 두 개를 잃어버렸다.

1227

coarse
[kɔ:rs]

coarsen ⓥ 거칠어지다, 거칠게 만들다

ⓐ 거친; 조잡한; 열등한

My favorite coat as a child was a brown baggy thing made of **coarse** wool.

내가 어렸을 때 가장 좋아하던 코트는 _____ 털실로 만든 갈색의 헐렁한 옷이었다.

= rough

1228

luxuriant
[lʌgʒúəriənt]

luxuriance ⓝ 무성, 풍성

ⓐ (숲, 나무 등이) 무성한, 잘 자라는; (머리카락이) 풍성한

The well-manicured and **luxuriant** lawn was being watered by the gardener late in the afternoon.

정원사는 공들여 잘 손질한 무성한 정원에 오후 늦게 물을 주고 있다.

1229

optimum
[ɑ́ptiməm]

ⓐ 최고의, 최적의 ⓝ 최적 조건

These new car tires have been designed to provide **optimum** performance in the most hazardous weather conditions.

이 신형 자동차 타이어는 매우 위험한 날씨 조건에서 _____ 기능을 발휘하도록 설계되었다.

= optimal, best

1224 과장   1225 편파적인   1226 갈대   1227 거친   1229 최적의

1230

sprinter
[spríntər]

ⓝ 〈육상〉 단거리 주자

Rudy trained relentlessly for years before he would finally be recognized as one of the world's fastest **sprinters**.

Rudy는 여러 해 동안 가혹하게 훈련해서 결국 세계에서 가장 빠른 _____ 중 하나로 인정받을 것이다.

1231

townie
[táuni]

ⓝ (시골에 대해서 잘 모르는) 도시 사람

A strange-looking group of **townies** passed through our diner about an hour ago.

낯설어 보이는 _____ 무리가 한 시간 전쯤 우리 식당을 지나갔다.

접두어   pre- '~ 전의', '미리'

1232

prevail
[privéil]

prevalent ⓐ 널리 퍼져 있는
prevalence ⓝ 널리 퍼짐, 보급

ⓥ 만연하다; (오랜 투쟁 끝에) 승리하다

Several political analysts have predicted that Mrs. Thompson will **prevail** in the upcoming municipal election.

몇몇 정치 분석가들은 다가오는 지방자치제 선거에서 Thompson 씨가 _____ 할 것을 예측했다.

= triumph

1233

prefix
[pri:fiks]

ⓝ 접두어, 접두사

The next unit to discuss in our linguistics course will focus on how to use a **prefix**.

언어학 과목에서 토론할 다음 단원은 _____의 사용법에 초점을 맞출 것이다.

1234

prejudice
[prédʒədis]

ⓝ 편견, 선입견

A new high school program designed to eliminate racial **prejudice** will be implemented in September.

인종 _____을 제거하기 위해 고안된 새로운 고등학교 프로그램은 9월에 실행될 것이다.

1235

premature
[prì:mətjúər]

prematurity ⓝ 조숙, 시기상조

ⓐ 예상보다 빠른, 시기상조인

I believe that it's a bit **premature** to speculate that the government will be forced to lay off more civil servants.

나는 정부가 좀 더 많은 공무원을 해고할 수밖에 없을 것이라고 추측하는 것은 약간 _____ 라고 생각한다.

1230 단거리 선수   1231 도시 사람   1232 승리   1233 접두사   1234 편견   1235 시기상조

DAY 31

혼동 어휘

1236
simulate
[símjəlèit]

simulation ⓝ 가장하기, 모의실험

ⓥ 가장하다, ~와 비슷한 것을 만들다

They are made to simulate the behavior of a human body in a motor-vehicle crash, and to record as much data as possible during the simulation. 수능

그것들은 자동차 충돌 사고 때 인체 활동을 모의실험하고, 그 모의실험 동안 가능한 한 많은 자료를 기록하기 위해서 만들어졌다.

1237
stimulate
[stímjəlèit]

stimulation ⓝ 자극, 고무
stimulus ⓝ 자극제

ⓥ 자극하다, 고무하다

Creatine is a banned substance that stimulates the growth of muscle tissue.

크레아틴은 근육 조직의 성장을 _____ 금지된 물질이다.

다의어

1238
cast
[kæst]

ⓥ 주조하다

The metalworkers cast a large church bell out of iron.
금속공들은 철로 커다란 교회종을 _____.

ⓝ 출연자, 배역

The cast of the show gathered to practice three weeks before the musical premiered.
_____들은 뮤지컬이 초연되기 삼 주 전에 연습을 하기 위해 모였다.

숙어 / 이어동사

1239
take exception to

~에 반대하다

Barbara took exception to her husband's comment that she was not a skilled driver.
Barbara는 자신이 숙련된 운전자가 아니라는 남편의 말에 반대했다.

1240
stick to one's last

본분을 지키다, 쓸데없이 참견하지 않다

The district attorney reminded the private detective to stick to his last and track down more eyewitnesses.
그 지방 검사는 사립 탐정에게 _____ 더 많은 증인을 찾아내라고 상기시켰다.

1237 자극하는   1238 주조한다 / 출연자   1240 본분을 지키고

DAILY TEST

A 다음 영어를 우리말로, 우리말을 영어로 쓰시오.

1	cast	_____	11 (잎, 비늘이) 겹쳐진	_____
2	correlate	_____	12 갈대	_____
3	introspective	_____	13 강화하다	_____
4	luxuriant	_____	14 과장하다	_____
5	parasitic	_____	15 무이자의; 무이자로	_____
6	premature	_____	16 시계 방향으로	_____
7	shatter	_____	17 이상한, 특이한	_____
8	stick to one's last	_____	18 재생하다, 재건하다	_____
9	transcendence	_____	19 접두어, 접두사	_____
10	unwitnessed	_____	20 편견, 선입견	_____

B 다음 빈칸에 알맞은 단어를 쓰시오.

1 terse = _____
2 till = _____
3 equilibrate = _____
4 prudent ⟺ _____

5 prevail ⓐ _____
6 coarse ⓥ _____
7 parasitic ⓝ _____
8 premature ⓝ _____

C 다음 빈칸에 들어갈 알맞은 말을 |보기| 에서 고르시오.

보기	installment plan	compensate	prevailing	sprinter	simulate

1 For a _____, it could be trying to beat his own record. 수능

2 A literary critic takes exception to a _____ method of interpretation 수능

3 Geologists build models that can be used to _____ the effects of an earthquake.

4 Would you like to take advantage of our three-month or six-month _____ ? 수능

5 As she helped Joan clean up, she tried to think of a way to _____ her for the damage. 수능

DAY 32

1241

enthrone
[enθróun]

throne ⓝ 왕좌
enthronement ⓝ 즉위(식)

ⓥ (취임식 등에서) 왕좌에 앉히다

At today's coronation ceremony, the royal court will officially **enthrone** Prince Francis as the country's new king.
오늘 대관식에서 왕실은 Francis 왕자를 공식적으로 국가의 새 국왕 자리에 앉힐 것이다.

1242

detract
[ditrǽkt]

ⓥ (가치 등을) 떨어뜨리다

Despite the small imperfections in her dress, it did not **detract** from the garment's extraordinary beauty.
옷에 작은 결함이 있기는 하지만, 그 결함이 옷의 특별한 아름다움을 _____ 않았다.

1243

intricate
[íntrəkit]

intricacy ⓝ 복잡함, 복잡한 내용

ⓐ 복잡한

The wallpaper has an **intricate** design that will go well with the concept I've developed for decorating my room.
벽지는 내 방을 장식하기 위해 생각해 놓은 개념과 잘 어울릴 _____ 디자인으로 되어 있다.

1244

first-rate
[fɔ́:rstréit]

ⓐ 최고의, 일류의

David stated that the Valley Inn Resort has **first-rate** amenities such as a swimming pool and a workout facility.
David은 밸리인리조트가 수영장과 헬스장 같은 _____ 시설을 갖추고 있다고 말했다.

= first-class

1245

hierarchy
[háiərà:rki]

hierarchical ⓐ 계급에 따른

ⓝ 계층[계급] 구조; 지배층, 권력층

Mr. Gregor has climbed the company's **hierarchy** by consistently demonstrating high quality leadership in team projects.
Gregor 씨는 팀 프로젝트에서 노련한 리더십을 끊임없이 보여 줌으로써 회사의 지배층에 올랐다.

Word Plus+ ▶ 조직(organization) 관련 어휘

branch 지사　　corporate 기업의　　department 부서　　executive 간부　　federation 연맹
foundation 설립　　headquarters 본부　　guild 협회　　president 회장　　pressure group 압력 단체

1246

wholehearted
[hòulhá:rtid]

ⓐ 전적인, 완전한

The athlete's **wholehearted** effort was appreciated by the crowd despite losing the game.
경기에 지기는 했지만, 관중들은 그 운동선수의 진심 어린 노력을 인정했다.

1242 떨어뜨리는　　1243 복잡한　　1244 최고의

1247 combustion
[kəmbʌ́stʃən]

combustive ⓐ 연소의

ⓝ 연소

The truck's innovative new fuel injection system has been modified to optimize **combustion** in the engine's four cylinders.
트럭의 혁신적인 새 연료 주입 시스템이 엔진의 네 개의 실린더에서의 _____를 최적화하기 위해 수정되었다.

1248 dissent
[disént]

ⓝ 반대, 이의 ⓥ 반대하다, 이의를 품다

Government officials are worried that this new legislation could cause **dissent** among the general population.
정부 관리는 이번 새 법률이 일반인의 _____를 불러일으킬까 봐 염려한다.

1249 rebellion
[ribéljən]

rebel ⓥ 반항[저항]하다
　　　ⓝ 반역자
rebellious ⓐ 반항적인

ⓝ 반란, 반항

Lacking food and resources, the country's civilian population became fed up and started a **rebellion** against the monarchy.
그 나라의 민간인들은 식량과 자원이 부족하자 군주제에 염증을 느끼고 _____을 시작했다.

1250 cohesion
[kouhíːʒən]

cohesive ⓐ 화합[결합]하는

ⓝ 화합, 결합

The **cohesion** of indigenous tribes continues to be tested as the nation modernizes in the 21st century.

21세기에 국가가 현대화하면서 토착 부족의 _____이 계속해서 시험대에 오르고 있다.

1251 collaborate
[kəlǽbərèit]

collaboration ⓝ 공동 작업

ⓥ 협업[협력]하다

Several famous musical artists have announced they will **collaborate** on a song to benefit the victims of this week's earthquake in Albania.
일부 유명한 음악가들은 이번 주에 알바니아에서 발생한 지진의 희생자들을 돕기 위해 노래를 함께 만들 거라고 발표했다.

1252 communal
[kəmjúːnl]

commune ⓝ 공동체

ⓐ 공동의, 집단의

The hostel's bedroom was quite nice, but we had to share a **communal** washroom with six other people.
호텔의 침실은 아주 좋았지만, _____ 세면실을 여섯 명이 나누어 써야 했다.

1247 연소　　1248 반대　　1249 반란　　1250 화합　　1252 공동

DAY 32

1253

probe
[proub]

ⓥ 조사[탐사]하다

Mayor David Ford will launch a **probe** into the allegation that two city councilors used public funds inappropriately.

David Ford 시장은 시의회 의원 두 명이 공공 자금을 부적절하게 사용했다는 진술을 _____ 시작할 것이다.

1254

segment
[ségmənt]

ⓝ 부분, 한 조각

A small **segment** of the population is not going to be satisfied with the government's budget proposal.

인구의 적은 _____은 정부의 예산안에 만족하지 않을 것이다.

= section

1255

alienate
[éiljənèit]

alienation ⓝ 멀리함, 소외

ⓥ 멀어지게 만들다

Our goal wasn't to **alienate** anybody from the group, and I'd like to apologize if we made you feel unwelcome.

우리의 목적은 누군가를 집단에서 소외시키는 것이 아니었다. 당신이 환영받지 못한다고 느끼게 만들었다면 사과하고 싶다.

1256

polarity
[poulǽrəti]

polar ⓐ 양극의, 정반대의

ⓝ 완전히 다름, 양극성

Political **polarity** in the nation has been exacerbated by the problematic issue of health care reform.

의료 정책 개혁이라는 문제가 많은 주제 때문에 국가의 정치적 _____가 악화되고 있다.

1257

contempt
[kəntémpt]

contemptuous ⓐ 경멸하는

ⓝ 경멸, 무시

Mr. Modavi demonstrated **contempt** for our war veterans when he defaced the monument on Heritage Street.

Modavi 씨는 Heritage 가에 있는 기념비를 손상시킴으로써 전쟁 참전 군인에 대한 _____을 나타냈다.

1258

mandatory
[mǽndətɔ̀ːri]

ⓐ 강제적인, 의무적인

All potential employees must take a **mandatory** physical examination before they can be hired at our company.

고용될 가능성이 있는 사람은 누구라도 우리 회사에 고용되기 전에 _____ 신체검사를 받아야 한다.

= compulsory

1253 조사하기   1254 부분   1256 양극화   1257 경멸   1258 의무적인

1259 simultaneous
[sàiməltéiniəs]

simultaneously `ad` 동시에

ⓐ 동시의

Witnesses stated they heard two **simultaneous** explosions at the hydroelectric plant prior to the power outage.

목격자들은 정전이 발생하기 전에 수력발전시설에서 두 번의 동시 폭발음을 들었다고 진술했다.

1260 commonality
[kàmənǽləti]

ⓝ 공통점

Our organizations have a **commonality** of purpose and should find ways to work in a friendly way to reach our goals.

우리가 속한 조직은 공통된 목적을 갖고 목표에 도달하기 위해 호의적으로 일할 방법을 찾아야 한다.

1261 complimentary
[kàmpləméntəri]

compliment **ⓝ** 칭찬

ⓐ 칭찬하는; 무료의

Theater critics have been extremely **complimentary** of the director's previous two theatrical productions.

연극 비평가들은 감독이 예전에 제작했던 두 연극 작품에 극도의 찬사를 보냈다.

= flattering 아첨하는

1262 correspondence
[kɔ̀:rəspándəns]

correspond **ⓥ** 서신을 주고 받다

ⓝ 서신, 편지 (주고받기)

The necessary paperwork may be filed along with miscellaneous **correspondence** associated with the account.

그 계좌에 관련된 갖가지 _____과 더불어 필요한 서류가 파일에 정리될 것이다.

1263 flatter
[flǽtər]

flattery **ⓝ** 아첨

ⓥ 아첨하다

He may attempt to **flatter** you by commenting on your physical appearance.

그는 당신의 신체적 외모를 언급해서 당신에게 _____ 하려 할지도 모른다.

1264 round-the-clock
[ráundðəklák]

ⓐ 24시간 계속되는, 밤낮없는

The hotel has a **round-the-clock** kitchen staff ready to prepare a wonderful selection of mouth-watering delicacies.

그 호텔에는 군침 도는 맛있고 훌륭한 음식을 준비하는 24시간 상주하는 주방 직원이 있다.

1262 서신   1263 아첨

DAY 32

1265

reconcile
[rékənsàil]

reconciliation ⓝ 화해, 조화

ⓥ (둘 이상의 것을) 조화시키다, 화해시키다

It's in our best interest to **reconcile** our conflicts and work together to achieve our goals.

목적을 달성하기 위해 갈등을 조정하고 협력해서 일하는 것이 우리의 최고 관심사이다.

1266

overwhelm
[òuvərhwélm]

overwhelming ⓐ 압도적인

ⓥ 압도하다, 당황하게 하다; 제압하다

The factory manager must be careful not to **overwhelm** his employees with too many demands.

공장 관리자는 지나치게 요구를 많이 해서 직원이 **괴로워하지** 않게 주의해야 한다.

This can be done softly to show polite approval, or be done while standing and yelling to show **overwhelming** support. 수능

이것은 정중한 동의를 표하기 위해서 차분하게 하거나, _____ 지지를 나타내기 위해서 일어서서 소리를 지르면서 할 수도 있다.

1267

heartland
[hɑ́:rtlænd]

ⓝ 중심지, 핵심 지역

Most musical historians consider the southern United States to be the **heartland** of country music.

대부분의 음악 역사가들은 남부 미국을 컨트리 음악의 _____ 로 생각한다.

1268

boundless
[bàundlis]

ⓐ 무한한, 끝이 없는

But in spite of this **boundless** outdoors potential, there remained the problem of Chattanooga proper, a post-industrial wasteland that made the city the kind of place you would visit but would never want to live in. 수능

그러나 이러한 _____ 야외활동의 잠재력에도 불구하고, Chattanooga는 산업화 이후로 관광은 하지만, 결코 살고 싶지 않은 황폐한 지역이라는 본래의 문제가 남아 있다.

= infinite, limitless

1269

pharmaceutical
[fɑ̀:rməsú:tikəl]

ⓐ 제약의, 약학의

Pharmaceutical companies have been making record profits because of increased demand for life-saving drugs.

_____ 회사는 인명구조 약품의 수요 증가로 기록적인 이익을 거두고 있다.

1270

necessitate
[nisésətèit]

necessitation ⓝ 필요화

ⓥ 필요하게 만들다

The ecological damage caused by the accident could **necessitate** up to $5 billion in clean-up costs.
사고로 발생한 생태학적 손해는 정화 비용으로 50억 달러까지 ＿＿＿＿＿＿＿.

= require

1271

distort
[distɔ́:rt]

distortion ⓝ 왜곡, 찌그러뜨림
distorted ⓐ 왜곡된

ⓥ 왜곡하다, 비틀다

People should be wary about what they read online because many so-called reporters **distort** the truth to fit their needs.
소위 기자들 다수가 자신의 필요에 맞추려고 진실을 ＿＿＿＿＿＿ 하므로 사람들은 온라인으로 읽는 내용에 주의해야 한다.

1272

correspondingly
[kɔ̀:rəspándiŋli]

corresponding ⓐ ~에 상응[해당]하는

ad 상응하여, 상대적으로

Increased government funding of the transit system could **correspondingly** reduce the amount of money spent on fixing our highways.
교통 체계에 쏟는 증가된 정부 자금은 고속도로 수리에 드는 금액을 **상대적으로** 줄일 수 있었다.

1273

skeptical
[sképtikəl]

skeptic ⓝ 회의론자

ⓐ 의심 많은, 회의적인

I am **skeptical** about the author's argument because he doesn't provide enough evidence to prove his claims.
저자가 자신의 주장을 입증할 충분한 증거를 제시하지 않아서 나는 저자의 주장에 ＿＿＿＿＿＿이다.

혼동 어휘

1274

violation
[vàiəléiʃən]

violate ⓥ 위반하다, 어기다

ⓝ 위반

Demonstrators in front of the embassy protested the government's **violation** of human rights.
대사관 앞에 있는 시위대는 정부의 인권 ＿＿＿＿＿에 항의했다.

1275

violence
[váiələns]

violent ⓐ 폭력적인

ⓝ 폭력

School children need to learn how to settle their arguments without resorting to **violence**.
학생들은 ＿＿＿＿＿에 의존하지 않고 말다툼을 해결하는 방법을 배울 필요가 있다.

1270 필요하게 만들었다   1271 왜곡   1273 회의적   1274 위반   1275 폭력

DAY 32

의외의 뜻을 가진 어휘

1276

bridge
[bridʒ]

ⓥ 간극을 메우다

bridge the gap between himself and the actors 수능
그 자신과 배우들 사이의 차이를 메우다

Communication is an important way to **bridge** the generation gap between grandparents and their grandchildren.
의사소통은 조부모와 손주 사이의 세대 차이를 좁히는 중요한 방법이다.

Tips bridge를 '다리'라는 뜻으로만 알고 있었다면 '간극을 메우다'라는 뜻도 함께 알아두자!

숙어 / 이어동사

1277

on edge

안절부절못하여

We were all **on edge** until we received the news that Shirley had come through the surgery without any complications.
우리는 모두 Shirley가 어떤 합병증도 없이 수술에서 회복했다는 소식을 들을 때까지
_____.

1278

at wit's end

당혹스러운

The tired mother was **at wit's end** with her crying son and didn't know what to do to console him.
지친 어머니는 울고 있는 아들 때문에 _____고, 아들을 위로하기 위해 무엇을 해야 할지 몰랐다.

= perplexed

1279

screen out

배제하다, 차단하다

Not all students will be allowed to participate in the competition; in fact, students with a grade of D or lower will be **screened out**.
모든 학생이 대회에 참가하도록 허용되지 않을 것이다. 실제로 D 학점이나 그보다 더 낮은 학점을 받은 학생들은 _____될 것이다.

1280

cave in

응하다, 굴복하다

Director Kim finally **caved in** to government pressure to resign from his position.
김 이사는 자신의 직책에서 사임하라는 정부의 압력에 결국 _____.

1277 안절부절못했다   1278 당혹스러웠   1279 배제   1280 굴복했다

DAILY TEST

매일매일 영단어 복습하기

A 다음 영어를 우리말로, 우리말을 영어로 쓰시오.

1 alienate _____ 11 간극을 메우다 _____

2 collaborate _____ 12 안절부절못하여 _____

3 communal _____ 13 압도하다; 제압하다 _____

4 contempt _____ 14 연소 _____

5 detract _____ 15 왜곡하다, 비틀다 _____

6 enthrone _____ 16 위반 _____

7 hierarchy _____ 17 응하다, 굴복하다 _____

8 probe _____ 18 제약의, 약학의 _____

9 reconcile _____ 19 중심지, 핵심 지역 _____

10 simultaneous _____ 20 폭력 _____

B 다음 빈칸에 알맞은 단어를 쓰시오.

1 first-rate = _____ 5 skeptical ⓝ _____

2 segment = _____ 6 intricate ⓝ _____

3 mandatory = _____ 7 necessitate ⓝ _____

4 boundless = _____ 8 rebellion ⓥ _____

C 다음 빈칸에 들어갈 알맞은 말을 |보기|에서 고르시오.

> 보기   wholehearted   round-the-clock   cohesion   commonality   polarity

1 There is twenty-four-hour repair and _____ shopping. 수능

2 Everything human is relative, because everything rests on an inner _____ ; for everything is a phenomenon of energy. 수능

3 But persons who are daring in taking a _____ stand for truth often achieve results that surpass their expectations. 수능

4 When they played the recordings simultaneously, the sounds blended sufficiently for the students to recognize their _____ . 수능

5 The central problem is that the voters in low-performing groups were trying to build social _____ rather than to produce the highest returns. 수능

DAY 33

1281

automotive
[ɔ́ːtəmóutiv]

ⓐ 자동차의, 자동차에 관련된

Over the last five years, the **automotive** industry has made significant progress in developing vehicles that are more fuel efficient.

지난 5년 동안 자동차 관련 산업은 좀 더 연비가 좋은 자동차를 개발하는 데 상당한 진전을 이루었다.

1282

niche
[nitʃ]

ⓝ 꼭 맞는 자리; 〈시장〉 틈새

BIN Motors is a company that has emerged to carve a **niche** in the European automotive industry.

BIN 모터스는 유럽 자동차 산업의 _____ 을 노리고 출현한 기업이다.

1283

embed
[imbéd]

ⓥ 단단히 끼워 넣다; 〈글〉 절을 끼워 넣다

A virus will **embed** its genetic material in the cell by connecting to specific receptors on the outer membrane.

바이러스는 외부 세포막에 특정 수용체를 연결함으로써 유전 물질을 세포에 심을 것이다.

1284

acreage
[éikəridʒ]

ⓝ (농업을 목적으로 하는) 토지; 면적

My uncle is planning on quitting his job and will sell a large amount of his **acreage** to fund his retirement.

나의 숙부는 일을 그만 둘 계획을 세우면서 은퇴자금을 마련하기 위해 상당한 면적의 _____ 를 팔 것이다.

1285

restrain
[ri:stréin]

restraint ⓝ 규제, 통제; 자제

ⓥ 저지[제지]하다; 억누르다

Security had to **restrain** a large group of adoring fans as the singer appeared on stage for the first time.

그 가수가 처음으로 무대에 모습을 드러내자 보안요원들은 가수에 환호하는 많은 팬 무리를 _____ 해야 했다.

1286

ridicule
[rídikjùːl]

ridiculous ⓐ 말도 안 되는, 터무니없는

ⓥ 놀리다, 조롱하다 ⓝ 조롱

It was very impolite for Simon to **ridicule** the artist about her latest sculpture.

Simon이 그 예술가의 최근 조각품을 비웃은 것은 매우 무례한 행동이었다.

= mock 놀리다

1282 틈새시장   1284 토지   1285 제지

1287

precipitation
[prisìpətéiʃən]

ⓝ 강수량

Considering the habitat of these trees, such as rocky areas where the soil is poor and **precipitation** is slight, it seems almost incredible that they should live so long or even survive at all. 수능

토양이 척박하고 _____ 이 적은 암석 지역과 같은 이 나무들의 서식지를 고려해 보면, 그렇게 오래 사는 것이나 아예 살아남은 것 자체가 거의 믿을 수 없는 것처럼 보인다.

Word Plus+ 기상(meteorology) 관련 어휘

climate 기후　depression 저기압　jet stream 제트 기류　rainfall 강우(량)　shower 소나기
sub-zero 영하의　tide 조수　tsunami 지진 해일　turbulence 난기류

1288

crave
[kreiv]

ⓥ 갈망[열망]하다

Some children **crave** attention from their parents and will behave badly just to get it.

어떤 아이들은 부모의 관심을 _____ 하여 단지 관심을 얻고자 나쁘게 행동할 것이다.

1289

absent-minded

ⓐ 건망증이 심한

Her grandmother is becoming more and more **absent-minded** the older she gets.

그녀의 할머니는 연세가 많아지면서 점점 더 건망증이 심해지고 있다.

= forgetful

1290

biomechanics
[bàioumikǽniks]

ⓝ 생물역학

The field of **biomechanics** integrates the study of biological systems with the methods of mechanics.

_____ 분야는 역학의 방법에 생물학적 시스템에 대한 연구를 통합한 것이다.

1291

bystander
[báistændər]

ⓝ 구경꾼, 행인

Several **bystanders** were injured when the 18-wheel rig went out of control.

18개의 바퀴가 달린 대형 트럭이 통제 불능이 되자 몇몇 _____ 이 다쳤다.

1287 강수량　1288 갈망　1290 생물역학　1291 행인들

1292

designate
[dézignèit]

designation ⓝ 지정, 지명

ⓥ 지명하다, 지정하다

The entire region around Lake Washington was recently **designated** as a wildlife conservation area.

레이크 워싱턴 주변의 전 지역은 최근에 야생동물 보호 구역으로 _____.

1293

pandemic
[pændémik]

ⓝ (전 세계적인) 전염병 ⓐ 전 세계적으로 유행하는

The recent flooding in the area could cause a **pandemic** of malaria if mosquitoes are left to breed.

만약 번식할 모기들이 남아 있다면 최근 그 지역에서 발생한 홍수는 전 세계적인 전염병인 말라리아를 일으킬 수도 있다.

1294

warehouse
[wéərhàus]

ⓝ 창고

The **warehouse** next door to our apartment building has been vacant for more than six months.

우리 아파트 옆에 있는 _____ 는 6개월 넘게 비어 있다.

1295

longevity
[lɑndʒévəti]

ⓝ 장수

The **longevity** of Mr. Hogan's political career can be largely attributed to his community activism.

Hogan 씨의 정치 경력이 오래 지속된 것은 대체로 그가 지역사회를 위해 행동했기 때문일 것이다.

1296

strive
[straiv]

ⓥ 노력하다, 분투하다

Companies **strive** to achieve great success but often fall short because they don't understand how to advertise their products effectively.

기업들은 크게 성공하려 _____. 하지만, 자사 제품을 효과적으로 선전하는 방법을 알지 못해서 종종 역부족이다.

1297

prominent
[prámənənt]

prominence ⓝ 명성, 유명함

ⓐ 중요한, 눈에 잘 띄는

Mr. Costa was recently promoted to an extremely **prominent** position within our company.

Costa 씨는 최근 우리 회사에서 대단히 _____ 직위로 승진했다.

= well-known 잘 알려진

1292 지정되었다   1294 창고   1296 노력한다   1297 중요한

23## 1298 facilitate

facilitate
[fəsílətèit]

facility ⓝ 시설
facilitation ⓝ 용이하게 함

ⓥ 용이하게 하다

It was, therefore, important for the viewer to imitate the actor's performance so as to **facilitate** interpretation of the content. 수능
그러므로, 내용의 해석을 _____ 보는 사람이 배우의 연기를 흉내 내는 것이 중요했다.

= assist

1299 magnitude

magnitude
[mǽgnətjùːd]

ⓝ 엄청난 크기[규모, 중요도]

The **magnitude** of the 1906 San Francisco earthquake was so powerful that more than 80% of the city was destroyed.
1906년에 발생한 샌프란시스코 지진의 ____는 도시의 80% 이상이 파괴될 정도로 강력했다.

1300 artificial

artificial
[ὰːrtəfíʃəl]

artificially ad 인위적으로

ⓐ 인위적인, 인공적인

Designers of medical equipment are trying to construct an improved **artificial** heart that can reduce blood clots in the circulatory system.
의료기구 설계자들은 순환계에서 혈전을 줄일 수 있는 개선된 _____ 심장을 만들기 위해 노력하고 있다.

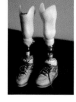

= synthetic ⟷ natural 자연적인

1301 curfew

curfew
[kə́ːrfjuː]

ⓝ 통행금지(령)

The government lifted the **curfew** after nationwide protests and complaints.
정부는 전국적인 시위와 고소 후에 _____ 을 폐지했다.

1302 debris

debris
[dəbríː]

ⓝ 잔해, 쓰레기

The vents and fan blades of air conditioners should be cleaned of dirt and **debris** every few months.
에어컨의 통풍구와 팬 날개는 몇 개월마다 먼지와 찌꺼기를 청소해 주어야 한다.

1303 forthright

forthright
[fɔ́ːrθràit]

ⓐ 솔직한

The interviewee impressed the committee by answering all the questions in a **forthright** way.
면접자는 모든 질문에 솔직하게 대답하여 위원회를 감동시켰다.

= outspoken, direct

1298 용이하게 하려고　　1299 규모　　1300 인공　　1301 통행금지령

1304

lurk
[lə:rk]

ⓥ 숨어 있다, 도사리다

The mouse didn't see the cat **lurking** in the dark bushes and was quickly caught.

그 쥐는 어두운 수풀 속에 _____ 고양이를 보지 못하고 곧 잡혔다.

1305

discard
[diská:rd]

ⓥ (필요 없는 것을) 버리다

Estimates are that households **discard** an average of 2~3 large electronic items each year.

가정에서 매년 평균적으로 대형 전자제품 두세 가지를 _____ 것으로 추정된다.

= dispose of

1306

dietary
[dáiətèri]

ⓐ 음식의, 식이 요법의

Marcus takes **dietary** supplements when he travels because he can't always eat properly on the road.

Marcus는 여행 중에 항상 제대로 먹지 못하기 때문에 여행할 때면 식이 보충제를 가져간다.

In fact, fruit peel contains essential vitamins and is a source of **dietary fiber**. 수능

사실, 과일 껍질은 필수 비타민을 포함하고, 식이섬유의 원천이다.

Tips dietary fiber는 '식이섬유'라는 뜻이다.

1307

blood sugar

ⓝ 혈당

If you are diabetic, it is critical that you closely monitor your **blood sugar**.

당신에게 당뇨가 있다면 _____ 을 면밀히 관찰하는 것이 중요하다.

1308

negligence
[néglidʒəns]

negligent ⓐ 태만한, 등한시한
neglect ⓥ 방치하다, 등한하다

ⓝ 태만, 과실

The security firm was sued for **negligence** when the guard was discovered to have been sleeping during the robbery.

그 경비 회사는 강도 사건이 발생하는 동안 경비가 자고 있는 것이 발견되어 근무 태만으로 소송을 당했다.

1309

profound
[prəfáund]

profoundly ad 깊이

ⓐ 엄청난, 심오한

Environmentalists often feel a **profound** connection to nature.

환경운동가들은 종종 자연과 깊은 연관이 있음을 느낀다.

⇔ shallow 피상적인, 얕은

1304 숨은   1305 버리는   1307 혈당

1310

aggression
[əgréʃən]

ⓝ 공격(성), 침략

Youngsters with learning disabilities can often show **aggression** to their peers in the classroom.
학습 장애가 있는 아이들은 종종 교실에서 학급 친구들에 대해 _____ 을 보인다.

1311

shower
[ʃáuər]

ⓥ 퍼붓다, 쏟아 붓다 ⓝ (선물을 주는) 파티

Shower your conversations with his or her name. 수능
대화 내내 상대방의 이름을 계속해서 불러주어라.

One of my best friends has offered to organize a **baby shower** for my daughter.
나의 가장 친한 친구 중 한 명은 내 딸을 위해서 기꺼이 베이비 샤워를 준비해 주겠다고 했다.

Tips baby shower는 곧 아기를 낳을 임산부를 위한 파티를 말하고, bridal shower는 곧 결혼할 여성을 위한 파티를 말한다.

1312

preoccupied
[pri:ákjəpàid]

preoccupy ⓥ 뇌리를 떠나지 않다
preoccupation ⓝ 사로잡힘

ⓐ (어떤 생각에) 몰두하는, 사로잡힌

Sandra confided to me that she has been **preoccupied** with the thought of becoming a mother.
Sandra는 어머니가 된다는 생각에 사로잡혀 있다고 내게 털어놓았다.

1313

pre-existing

ⓐ 이전부터 존재한

The factory had numerous **pre-existing** issues that had to be repaired before we agreed to purchase the property.
공장에는 우리가 매입에 합의하기 전에 바로잡아야 했던 _____ 문제가 많았다.

1314

predisposition
[pri:dispəzíʃən]

ⓝ 성향, 경향

All the members of our family seem to have a **predisposition** to be musically gifted.
우리 가족 모두는 음악적 재능이 있는 _____ 을 가진 것으로 보인다.

1315

unprecedented
[ʌnprésədèntid]

ⓐ 전례가 없는

An oil spill off the coast of Mexico has caused **unprecedented** environmental damage in the region.
멕시코 해변에서 발생한 원유 유출로 해당 지역이 _____ 환경적 피해를 입고 있다.

1310 공격성   1313 이전부터 존재한   1314 성향   1315 전례가 없는

DAY 33

혼동 어휘

1316

conform
[kənfɔ́ːrm]
conformity ⓝ 따름, 순응

ⓥ 순응하다, 따르다
Many teenagers feel pressure to **conform** with their peers' ways of speaking and dressing.
많은 십대는 자기 친구들이 말하고 옷 입는 방식을 따라야 한다는 압박감을 느낀다.
⬅ rebel 저항[반항]하다

1317

confirm
[kənfɔ́ːrm]
confirmation ⓝ 확인

ⓥ 확인[확정]하다
The dentist's office called to **confirm** my appointment for dental surgery tomorrow.
내일 치과 수술 예약을 _____ 위해 치과에서 전화가 왔다.

숙어 / 이어동사

1318

in progress

진행 중인
The production staff for CBS is not allowed to enter the recording studio when a show is **in progress**.
CBS의 제작팀 직원은 쇼가 _____ 녹음 스튜디오에 들어오는 것이 금지된다.

1319

in line with

~에 따라; ~에 순응하여; ~와 일직선으로
Boeing has designed six emergency exits into its 787 aircraft **in line with** the new Federal Aviation Administration regulations.
보잉사는 새로운 연방항공협회의 규정에 따라 787 항공기에 여섯 개의 비상구를 설계했다.

1320

rope ~ in

설득하다, 유인하다
It was late at night, and I really didn't want to go to the party, but my friends somehow **roped** me **in**.
늦은 밤이었고 나는 정말 그 파티에 가고 싶지 않았지만 내 친구들은 어떻게든 나를 _____.

1317 확인하기   1318 진행 중인   1320 설득했다

DAILY TEST

매일매일 영단어 복습하기

A 다음 영어를 우리말로, 우리말을 영어로 쓰시오.

1	acreage		11	갈망(열망)하다
2	automotive		12	공격(성), 침략
3	curfew		13	구경꾼, 행인
4	debris		14	성향, 경향
5	designate		15	음식의, 식이 요법의
6	lurk		16	전례가 없는
7	pandemic		17	진행 중인
8	rope in		18	창고
9	shower		19	태만, 과실
10	strive		20	확인(확정)하다

B 다음 빈칸에 알맞은 단어를 쓰시오.

1	ridicule	=		5	negligence ⓥ	
2	absent-minded =			6	preoccupied ⓥ	
3	forthright	=		7	conform ⓝ	
4	artificial	⬌		8	confirm ⓝ	

C 다음 빈칸에 들어갈 알맞은 말을 |보기|에서 고르시오.

보기	ridicule	precipitation	niche	profound	blood sugar

1 Is it time to keep making what you are making? Or is it time to create a new _____? 수능

2 And often what they seek is not so much _____ knowledge as quick information. 수능

3 The weather report stated that there is a 20% chance of _____ tomorrow afternoon.

4 Dietary fiber helps to lower the level of cholesterol and _____, which reduces the risk of heart disease and diabetes. 수능

5 From that time it has been the custom to _____ the people who act like they know what they do not with the pointed caution, "Stick to your last!" 수능

DAY 34

01 02 03 04 05 06 07 08 09 10 11 12 13 14 15 16 17 18 19 20 21 22 23 24 25

1321

seasoned
[síːzənd]

ⓐ 경험이 많은, 노련한

The New York Yankees acquired the **seasoned** pitcher in a trade with the Los Angeles Dodgers.

뉴욕 양키스는 LA 다저스와의 트레이드로 _____ 투수를 얻었다.

1322

breakthrough
[bréikθrùː]

ⓝ 돌파구; 중요한 성과, 획기적 발전

A recent **breakthrough** in fuel cell technology will allow the battery in hybrid vehicles to hold its charge for 20% longer.

최근의 연료 전지 기술에서의 _____ 은 하이브리드 차량의 배터리가 20% 더 오래 충전될 수 있도록 해줄 것이다.

1323

molecule
[málәkjùːl]

molecular ⓐ 분자로 된

ⓝ 분자

Two hydrogen atoms and one oxygen atom combine to create a water **molecule**.

수소 원자 두 개와 산소 원자 한 개가 결합해서 하나의 물 _____ 를 이룬다.

1324

manipulate
[mənípjəlèit]

manipulation ⓝ 조작, 속임수

ⓥ (다른 사람들을 교묘하게) 조종하다; 조작하다

The accused con artist was able to **manipulate** dozens of seniors into revealing their credit card information.

기소된 사기꾼은 수십 명의 노인을 속여서 자신의 신용카드 정보를 알리게 만들 수 있었다.

1325

rehabilitate
[rìːhəbílətèit]

rehabilitation ⓝ 갱생, 복위

ⓥ 재활 치료를 하다, 회복시키다

In their work, they are asking critical questions about how some sports scientists are using technology to probe, monitor, test, evaluate, and **rehabilitate** the body as a performance machine.

[수능변형]

그들은 자신들의 연구에서 몇몇 스포츠 과학자들이 수행 기계로서의 신체를 조사하고, 감독하고, 시험하고, 평가하고, 회복시키기 위해 어떻게 기술을 사용하고 있는지에 대한 중요한 질문을 하고 있다.

Tips rehabilitation는 주로 축약형인 rehab을 쓴다.

1326

misconceive
[mìskənsíːv]

misconception ⓝ 오해

ⓥ 오해하다

In hindsight, it was Mr. Glower that **misconceived** the meaning of what his daughter was trying to tell him.

지나고 보니 Glower 씨의 딸이 그에게 말하려고 했던 의미를 _____ 사람은 바로 Glower씨였다.

1321 노련한　1322 획기적인 발전　1323 분자　1326 오해한

1327

synchronize
[síŋkrənàiz]

synchronization
ⓝ 동시 발생, 동기화

ⓥ 동시에 발생하다[발생하게 하다], 동기화하다

It'll take just a moment for me to **synchronize** your cellular phone with your laptop.
내가 너의 휴대전화와 노트북을 _____ 는 시간이 얼마 걸리지 않을 거야.

1328

conservative
[kənsə́:rvətiv]

ⓐ 보수적인

A **conservative** member of the Senate recently stated that he would vote against the proposed gun control legislation.
상원의 _____ 의원은 최근에 제안된 총기 규제법 제정에 반대 투표할 거라고 말했다.

1329

undertake
[ʌ̀ndərtéik]

ⓥ 착수하다, 맡다

He decided to **undertake** the task of writing a detailed biography of Albert Einstein.
그는 알베르트 아인슈타인의 상세한 전기를 쓰는 업무에 _____ 결정했다.

Tips undertaker는 '장의사'라는 뜻이다.

1330

procrastinate
[proukrǽstənèit]

procrastination
ⓝ 꾸물거림, 지연

ⓥ 미루다, 늑장 부리다

Those who are most successful in life have one secret: they never **procrastinate**.
인생에서 가장 성공한 사람들은 한 가지 비결이 있는데, 그들은 절대로 **미루지 않는다는** 것이다.

1331

devour
[diváuər]

devouring ⓐ 게걸스럽게 먹는

ⓥ 게걸스럽게 먹다

George was in such a hurry to meet his friends that he **devoured** his dinner in minutes.
George는 친구들을 만나려고 매우 서둘러서 몇 분 만에 저녁을 허겁지겁 먹었다.

1332

enact
[enǽkt]

enactment ⓝ 법률 제정
enactive ⓐ 법률 제정의

ⓥ (법을) 제정하다; 상연하다; ~을 행하다

The government will **enact** a new privacy law to protect the identity of minors who are charged with a crime.
정부는 범죄 행위로 고발당한 미성년자들의 신원을 보호하기 위해 새로운 사생활 보호법을 _____ 것이다.

1327 동기화하는 데 1328 보수적인 1329 착수하기로 1332 제정할

DAY 34

1333

heritage
[héritidʒ]

ⓝ (국가의) 유산, 유물

The Legacy Society exists to safeguard the **heritage** of architecture and design in Canada.

레거시 소사이어티(Legacy Society)는 캐나다에 있는 건축물과 디자인 _____ 을 보호하기 위해 존재한다.

1334

outcast
[áutkæst]

ⓝ 따돌림 당하는 사람, 쫓겨난 사람

The disabled often feel that society treats them as **outcasts**.

장애인들은 종종 사회가 자신들을 _____ 처럼 취급한다고 느낀다.

1335

assessment
[əsésmənt]

ⓝ 평가

My **assessment** of Dave was shared by all who had spoken to him: he was extremely rude.

Dave에 대한 나의 평가는 그와 대화를 해본 모든 사람들에게 공유되었다. 그는 정말 무례했다.

1336

eradicate
[irǽdəkèit]

eradication ⓝ 근절, 박멸
eradicative ⓐ 근절시키는

ⓥ 근절하다, 박멸하다

The disease smallpox has been **eradicated** in all but a handful of countries worldwide.

전 세계적으로 몇 안 되는 나라를 제외하고는 천연두는 _____.

= eliminate

1337

prototype
[próutoʊtàip]

ⓝ 원형; 시제품

A **prototype** of a zero-emissions car is still being tested and modified.

배기가스가 나오지 않는 차의 _____ 은 아직도 시험 중이고 수정 중이다.

Tips prototype은 기계나 기구를 대량 생산하기 전에 시험적으로 만드는 것을 말한다.

1338

indigenous
[indídʒənəs]

ⓐ 토착의, 원산의

Cactus is **indigenous** to the southwestern states of the U.S.

선인장은 미국 남서부 주(州)가 원산지이다.

= native

1333 유산   1334 따돌림 당하는 사람들   1336 근절되었다   1337 시제품

1339

counterpart
[káuntərpà:rt]

ⓝ (비슷한 기능이나 지위를 가진) 상대

The president's Chinese **counterpart** has agreed to meet him to discuss the terms of the contract.

중국 정상은 그 계약 조건에 대해 협의하기 위해 대통령을 만나는 것에 대해 동의했다.

> **Tips** counterpart는 동일한 지위나 기능을 갖는 상대를 말한다.
> 따라서 The president's Chinese counterpart는 Chinese president를 의미한다.

1340

compulsory
[kəmpálsəri]

compel ⓥ 강요[강제]하다
compulsion ⓝ 강요

ⓐ 강제적인, 의무적인

Seatbelts are **compulsory** not only for the driver of a car but also its passengers.

안전벨트는 운전자뿐 아니라 승객을 위해서도 _____.

= mandatory

1341

sterile
[stéril]

ⓐ 살균한; 불임의

Surgeons scrub their hands and put on surgical gloves before they enter the **sterile** operating room.

외과 의사들은 _____ 수술실에 들어가기 전에 손을 문질러 씻고 외과용 장갑을 낀다.

1342

savor
[séivər]

ⓥ 만끽하다, 음미하다

Yesterday's win over our rivals in baseball is one that I will **savor** for a long time.

나는 어제 야구에서 우리의 경쟁자들에게 이긴 것을 오랫동안 _____ 것이다.

1343

humiliate
[hju:mílièit]

humiliation ⓝ 굴욕, 창피
humiliating ⓐ 굴욕적인

ⓥ 모욕감[굴욕감]을 주다

The boss **humiliated** me in front of my co-workers by shouting at me.

사장은 동료들 앞에서 내게 소리치면서 나에게 _____.

1344

deficiency
[difíʃənsi]

deficient ⓐ 부족한, 결핍된

ⓝ 결핍; 약점, 결점

The doctor discovered that she had weak bones because she was suffering from a calcium **deficiency**.

의사는 그녀가 칼슘 _____으로 고통받고 있었기 때문에 그녀의 뼈가 약하다는 것을 알아냈다.

= weakness 약점, 결점

1340 의무적이다   1341 살균한   1342 만끽할   1343 모욕감을 주었다   1344 결핍

DAY 34

01 02 03 04 05 06 07 08 09 10 11 12 13 14 15 16 17 18 19 20 21 22 23 24 25

1345

well-meaning
[wélmíːniŋ]

ⓐ 선의의, 선의로 한

My **well-meaning** mother-in-law decided to buy me a new suit, but I never wore it.
나의 자상하신 장모님은 내게 양복 한 벌을 사주기로 하셨지만, 나는 결코 그것을 입지 않았다.

= well-intentioned

1346

poultry
[póultri]

ⓝ 가금(닭, 오리 등), 가금류의 고기

Poultry is an excellent source of lean protein and is a healthy substitute for red meat.
_____는 저지방 단백질의 훌륭한 공급원이고 붉은 고기를 대신할 수 있는 건강에 좋은 음식이다.

Tips red meat은 소고기, 양고기처럼 익혔을 때짙은 갈색을 띠는 고기를 말한다.
닭고기처럼 익혔을 때색이 연한 고기는 white meat이라고 한다.

1347

by-product

ⓝ 부산물; 부작용

Straw is a **by-product** of commercial grain harvesting on farms throughout the world.
짚은 전 세계적으로 농가의 상업적인 곡물 수확에서 나오는 _____이다.

= side-effect 부작용

1348

vulnerable
[vʌ́lnərəbl]

vulnerability ⓝ 상처 받기 쉬움, 취약성

ⓐ (질병에) 취약한, 연약한

The army attacked the town at night when it was at its most **vulnerable**.
그 군대는 그 마을이 가장 취약한 밤에 공격했다.

= prone ~하기 쉬운

1349

standpoint
[stǽndpɔ̀int]

ⓝ 관점

From my **standpoint** as an airline employee, I believe that customers should be responsible for their in-flight conduct.
항공사 직원의 _____에서 볼 때 나는 승객들이 기내 행동에 책임을 져야 한다고 생각한다.

= perspective, point of view

1346 가금류　　1347 부산물　　1349 관점

1350 confront
[kənfrʌ́nt]

confrontation ⓝ 대치, 대립

ⓥ 직면하다, 맞서다

We decided to **confront** the problem directly and solve it through team effort.
우리는 그 문제를 직접적으로 맞서 팀이 함께 노력해서 해결하기로 했다.

= face

1351 restrict
[ristríkt]

restriction ⓝ 제한, 제약
restrictive ⓐ 제한하는

ⓥ 제한하다, 방해하다

Laws in North America **restrict** the sale of handguns to those with a criminal history.
북미의 법은 범죄 이력이 있는 사람에게는 총기의 판매를 _____.

= limit 제한하다, confine 국한시키다

1352 undermine
[ʌ̀ndərmáin]

ⓥ 약화시키다, 취약하게 하다

The constant criticism from her boss is beginning to **undermine** Rachel's confidence.
Rachel은 상사가 계속 비판을 하자 자신감이 없어지기 시작하고 있다.

1353 slaughter
[slɔ́:tər]

ⓥ 도축하다, 학살하다

In civil wars in Africa, hundreds of innocent civilians have been **slaughtered** by rebel troops.
아프리카 내전에서 수백 명의 무고한 민간인들이 반란군에 의해 _____.

혼동 어휘

1354 futile
[fjú:tl]

futility ⓝ 헛됨, 무익

ⓐ 헛된, 소용없는

The doctors' efforts to revive the patient were **futile**.
환자를 살리려는 의사들의 노력은 _____.

= pointless

1355 fertile
[fə́:rtl]

fertility ⓝ 비옥함

ⓐ (토지가) 비옥한 , 풍부한

To start with, you need well drained, not necessarily over **fertile** soil in order to make the vine's roots dig deep into the soil. 수능
우선, 포도나무 뿌리가 땅속 깊이 뿌리내리게 하기 위해 반드시 _____ 토양은 아니더라도 배수가 잘 되는 토양이 필요하다.

= rich

1351 제한한다   1353 학살당했다   1354 소용없었다   1355 비옥한

DAY 34

의외의 뜻을 가진 어휘

1356
house
[haus]

ⓥ 수용[보관]하다

For years I kept it in my room, on the same shelf that **housed** the scrapbooks I made of basketball stars. 수능

수년간 나는 내 방에 농구 스타로 만든 스크랩북을 _____ 하던 선반과 같은 선반에 그것을 보관했다.

Tips house를 '집'이라는 뜻으로만 알고 있었다면 위의 뜻도 함께 알아두자!

숙어 / 이어동사

1357
out of date

시대에 뒤진, 구식인

The technology in most classrooms nationwide is completely **out of date** and in some cases is nonexistent.

전국적으로 대부분의 교실에 있는 장비는 완전히 _____ 이었고, 어떤 경우에는 존재하지 않는다.

1358
pay a visit

방문하다

During our trip to England, we **paid a visit** to the Tower of London, which the children especially liked.

우리는 영국 여행 동안 런던타워를 방문했는데, 아이들이 특히 좋아했다.

1359
be bound to

반드시 ~하다

The king **is bound to** keep his promise to free the prisoners on his 50th anniversary.

그 왕은 자신의 50번째 생일에 죄수들을 석방한다는 약속을 반드시 지킬 것이다.

1360
let ~ down

실망시키다, 낙담시키다

I promised my friends that I would help them this weekend, and I can't **let** them **down**.

나는 이번 주말에 친구들을 도와주기로 약속했고, 나는 그들을 _____ 수 없다.

1356 보관　　1357 구식　　1360 실망시킬

DAILY TEST

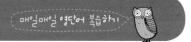

A   다음 영어를 우리말로, 우리말을 영어로 쓰시오.

1	counterpart	_____	11 결핍; 약점, 결점	_____
2	humiliate	_____	12 도축하다, 학살하다	_____
3	let down	_____	13 만끽하다, 음미하다	_____
4	outcast	_____	14 반드시 ~하다	_____
5	poultry	_____	15 방문하다	_____
6	procrastinate	_____	16 보수적인	_____
7	sterile	_____	17 오해하다	_____
8	synchronize	_____	18 원형; 시제품	_____
9	undermine	_____	19 토착의, 원산의	_____
10	undertake	_____	20 평가	_____

B   다음 빈칸에 알맞은 단어를 쓰시오.

1	eradicate	=	_____	5	molecule	ⓐ _____
2	compulsory	=	_____	6	confront	ⓝ _____
3	standpoint	=	_____	7	humiliate	ⓝ _____
4	futile	=	_____	8	manipulate	ⓝ _____

C   다음 빈칸에 들어갈 알맞은 말을 |보기| 에서 고르시오.

보기	breakthrough	house	seasoned	out of date	fertile

1   When that filter mistakenly screens out something essential, then even _____ masters can make mistakes. 수능

2   The Nile delta in northern Egypt is one of the more _____ areas in all of Africa.

3   Underground caves _____ vats of wine until it is ready to be put into bottles.

4   Well, the wallpaper and the curtains are quite _____. 수능

5   Every victory one person makes is a _____ for all. 수능

DAY 35

1361
beforehand
[bifɔ́:rhæènd]

ad 사전에, 미리

Because we had paid for our tickets **beforehand**, we were able to board the train with no problems.

우리는 기차표를 _____ 사두었기 때문에 아무 문제없이 그 기차에 탑승할 수 있었다.

1362
asthma
[æzmə]

n 천식

Asthma is a serious condition that can be severely aggravated on smoggy days.

_____ 은 스모그가 많은 날에 상당히 악화될 수 있는 심각한 현상이다.

> **Word Plus+** 질병(disease) 이름 관련 어휘
>
> cancer 암   diabetes 당뇨병   high blood pressure 고혈압   smallpox 천연두   chickenpox 수두
> cardiac disorder 심장질환   bulimia 폭식증   anorexia 거식증   insomnia 불면증   measles 홍역

1363
static
[stǽtik]

a 움직이지 않는, 변하지 않는   **n** 잡음

Prices for electronic goods are likely to remain **static** until the Christmas season arrives.

전자제품 가격은 크리스마스 시즌이 될 때까지 변동이 없을 것 같다.

Nearly everyone who heard the altered recording could report that they heard both a sentence and **static**. 수능

변형된 녹음을 들은 거의 모든 사람이 문장과 _____ 을 모두 들었다고 보고했다.

1364
elaborate
[ilǽbərèit]

elaboration **n** 복잡함, 정교
elaborately **ad** 공들여, 정교하게

a 복잡한   **v** 자세하게 설명하다; 정교하게 발전시키다

These instructions will **elaborate** on how the employee health benefits program will be implemented.

이러한 지시사항은 직원 건강 혜택 프로그램이 어떻게 실행될지에 대해 _____

= complicated 복잡한

1365
pervasive
[pərvéisiv]

pervasion **n** 보급, 침투

a 만연한, 스며드는

Advertising has a **pervasive** influence on the spending habits of consumers.

광고는 소비자들의 소비 습관에 널리 영향을 미친다.

1361 미리   1362 천식   1363 잡음   1364 자세하게 설명할 것이다

1366

insidious
[insídiəs]

insidiously **ad** 교활하게,
음흉하게

ⓐ 서서히 퍼지는; 교활한

Their country has an **insidious** trend towards censoring negative reports in the media.

그들의 나라는 언론에서 부정적인 보도를 검열하는 것이 교활하다고 생각하는 추세이다.

1367

top-notch
[tápnátʃ]

ⓐ 최고의, 최상의

Jack was delighted when he received his letter of acceptance at the **top-notch** school.

Jack은 일류 학교에 입학 허가서를 받고서 기뻤다.

= first-rate

1368

subsidize
[sábsidàiz]

subsidization **ⓝ** 보조금 지급

ⓥ 보조금을 주다, 금전적으로 보조하다

Many governments **subsidize** the price of oil for their citizens in order to control the cost of living.

많은 정부들이 생활비를 통제하기 위해 시민들에게 기름값을 _____.

1369

hazardous
[hǽzərdəs]

ⓐ (안전, 건강에) 유해한, 위험한

Over-exposure to the direct rays of the sun can be **hazardous** to one's health.

태양 직사광선에 과다 노출되면 건강에 _____ 할 수 있다.

= dangerous

1370

maneuver
[mənú:vər]

ⓥ 능숙하게 움직이다, 교묘히 다루다

The movers managed to **maneuver** the closet between our bed and the door.

가구를 옮기는 사람들이 옷장을 침대와 문 사이로 능숙하게 이동시킬 수 있었다.

1371

generic
[dʒənérik]

generically **ad** 일반적으로

ⓐ 포괄적인; 통칭하는

Cola is a **generic** brand name for many carbonated drinks sold by retailers.

콜라는 소매업자들이 파는 많은 탄산음료를 _____ 상품명이다.

⟺ specific

1368 보조한다   1369 유해   1371 통칭하는

DAY 35

1372

extracurricular
[èkstrəkəríkjələr]

ⓐ 과외의, 정규 과목 이외의

If you happen to know about the celebrity's 'extracurricular' interest, you might find he or she will speak to you about it much more freely than about his or her professional life. 수능
유명 인사의 '과외적인' 흥미에 대해 우연히 알게 된다면, 당신은 그 사람이 자신의 직업적인 삶에 대한 것보다 훨씬 더 자유롭게 말한다는 것을 알게 될 것이다.

1373

improvise
[ímprəvàiz]

improvisation ⓝ 즉석에서 한 것

ⓥ 즉흥적으로 하다

Jazz musicians have a tendency to improvise a lot while they are playing a tune.
재즈 음악가들은 노래 연주를 _____ 경향이 많이 있다.

1374

madden
[mǽdn]

mad ⓐ 몹시 화난, 미친

ⓥ 몹시 화나게 만들다

It's not a good idea to madden ape by taking away their offspring because they are very protective.
원숭이들은 매우 방어적이므로 그들에게서 새끼를 떼어 놓아서 화나게 만드는 것은 좋은 생각이 아니다.

1375

vicious
[víʃəs]

vice ⓝ 범죄, 악

ⓐ 잔인한, 폭력적인; 지독한, 심한; 나쁜

Helen was shocked by the vicious personal attack on her by the editor of *News* magazine.
Helen은 News 지의 편집장이 자신에 대해 _____ 인신공격을 한 것에 충격을 받았다.

= brutal

1376

cynical
[sínikəl]

cynically ad 냉소적으로

ⓐ 냉소적인; 비관적인

The public is becoming more and more cynical about the mayor's election promises.
대중은 그 시장의 선거 공약에 대해 점점 더 냉소적이 되어 가고 있다.

1377

retrieve
[ritríːv]

ⓥ 되찾다, 회복하다

Luckily, when my computer crashed, I was able to retrieve the data stored on the hard drive.
내 컴퓨터가 부서졌을 때 운 좋게도 나는 하드 드라이브에 저장되어 있던 자료를 _____ 수 있었다.

= recover

1373 즉흥적으로 하는   1375 심한   1377 되찾을

1378 uptight
[áptáit]

ⓐ 신경이 날카로운, 초조해하는

The best advice I have been given is to not get so **uptight** about little mishaps.
내가 들은 최고의 충고는 작은 사고들에 너무 초조해하지 말라는 것이다.

⟺ relaxed 느긋한

1379 devastate
[dévəstèit]

devastation ⓝ 대대적인 파괴

ⓥ 처참히 파괴하다; 큰 충격을 주다

The Seychelles were **devastated** by the tsunami that hit them in 2004.
세이셸은 2004년에 그곳을 강타한 쓰나미 때문에

= wreck, ravage

1380 transparent
[trænspέərənt]

transparency ⓝ 투명성

ⓐ 투명한

It is possible to preserve food in **transparent** glass containers for several days without refrigeration.
며칠 동안 냉장하지 않고 _____ 유리 용기에 음식을 보관하는 것이 가능하다.

1381 naturalize
[nǽtʃərəlàiz]

naturalization ⓝ 귀화, 이식

ⓥ 동·식물을 도입하다; (외국인을) 귀화시키다

Botanists, scientists who study plants, have **naturalized** citrus trees in many arid areas of the world.
식물을 연구하는 과학자인 식물학자들은 세계의 많은 메마른 지역에 감귤류 나무를
_____.

1382 impulsive
[impálsiv]

ⓐ 충동적인

Following your instincts could lead you to make **impulsive** decisions that you may regret later. 수능
본능을 따르는 것은 나중에 후회할지도 모르는 _____ 결정을 내리게 할 수도 있다.

Because my younger brother is so **impulsive**, he often regrets his actions afterwards.
나의 남동생은 매우 _____이라서 행동하고 난 후 종종 후회한다.

1383 satire
[sǽtaiər]

satirical ⓐ 풍자적인

ⓝ 풍자, 비꼼

I'm part of a comedy group that does political **satire**.
나는 정치 _____를 하는 코미디 그룹의 일원이다.

1379 처참히 파괴되었다   1380 투명한   1381 도입했다   1382 충동적인 / 충동적   1383 풍자

DAY 35

1384

heartfelt
[háːrtfèlt]

ⓐ 진심 어린

After hearing of the passing of her grandfather, I gave her my **heartfelt** condolences.

그녀의 할아버지가 돌아가셨다는 소식을 듣고 나는 그녀에게 _____ 애도를 표했다.

＝ sincere

1385

perennial
[pəréniəl]

ⓐ 오래 지속되는; 〈식물〉 다년생의

Perennial plants and trees have deep and wide-spreading roots which can prevent soil erosion.

다년생 식물과 나무들은 토양 침식을 방지하는 깊고 넓게 퍼지는 뿌리를 가지고 있다.

＝ constant

1386

life-size
[láifsáiz]

ⓐ 실물 크기의

At the center of the new park will be a **life-size** statue of the very first president of our nation.

새로운 공원 중심에 우리나라 초대 대통령의 _____ 조각상이 세워질 것이다.

1387

ovation
[ouvéiʃən]

ⓝ 박수갈채

Pavarotti received two standing **ovations** during his final concert at Central Park, in New York.

파바로티는 뉴욕 센트럴 파크에서 열린 마지막 콘서트에서 두 번의 기립 _____ 를 받았다.

Tips standing ovation은 '기립 박수'라는 뜻이다.

1388

bizarre
[bizáːr]

ⓐ 이상한, 기묘한

The musical director has planned for the actors to wear rather **bizarre** costumes during their performance.

그 음악 감독은 공연하는 동안 배우들이 다소 _____ 의상을 입도록 계획했다.

＝ weird, odd, strange

1389

subsequent
[sʌ́bsikwənt]

subsequently **ad** 그 뒤에, 나중에

ⓐ 그 다음의, 차후의

The ancient Chinese passed on their medical know-how to **subsequent** generations.

고대 중국인은 그 다음 세대에게 의학적인 노하우를 전수했다.

⟺ previous 이전의

1384 진심 어린   1386 실물 크기의   1387 박수   1388 이상한

1390 array
[əréi]

ⓝ 무리, 집합; 배열

Geologists study the processes by which the earth changes with an **array** of tools and instruments.
지질학자들은 각종 기구와 계기를 이용해서 지구가 변화하는 과정을 연구한다.

접두어   over- '지나치게 많은', '초과의'

1391 overestimate
[òuvəréstəmèit]

overestimation ⓝ 과대평가

ⓥ 과대평가하다

We must be certain not to **overestimate** the demand for this product before we invest our money.
우리는 자금을 투자하기 전에 이 제품에 대한 수요를 ＿＿＿＿＿ 말아야 한다.

↮ underestimate 과소평가하다

1392 overload
[òuvərlóud]

ⓥ 지나치게 많이 싣다[주다]

Be very careful not to **overload** the truck with too many supplies.
트럭에 지나치게 많은 보급품을 싣지 않도록 매우 주의해라.

1393 overeat
[òuvərí:t]

ⓥ 과식하다

I find it difficult not to **overeat** during the Christmas season because everyone I know prepares large dinners.
내가 아는 사람 모두가 많은 음식을 준비하기 때문에 크리스마스 시즌에는 ＿＿＿＿＿ 않기가 힘들다.

1394 overanxious
[òuvəræŋkʃəs]

ⓐ 지나치게 걱정하는

You should stop being so **overanxious** about whether or not people will attend your concert.
당신은 사람들이 당신의 콘서트에 참석할지 아닐지에 대해 그렇게 ＿＿＿＿＿ 말아야 한다.

혼동 어휘

1395 complement
[kámpləmənt]

complementary
ⓐ 상호 보완적인

ⓥ 보완하다 ⓝ 보완물

The pea soup and chicken salad **complement** each other perfectly.
완두콩 수프와 치킨 샐러드는 서로를 완벽하게 ＿＿＿＿＿.

1391 과대평가하지   1393 과식하지   1394 지나치게 걱정하지   1395 보완한다

DAY 35

1396 compliment
[kámpləmənt]

complimentary ⓐ 칭찬하는, 무료의

ⓝ 칭찬, 찬사 ⓥ 칭찬하다

If you knew me well, you would know that I am shameless enough to take all **compliments** at their face value and not to think that they might be mere flattery. 수능

당신이 나를 잘 안다면, 내가 모든 _____ 을 있는 그대로 받아들이고, 단지 아첨에 불과할 거라고 생각하지 않는 뻔뻔한 성격이라는 것을 알 것입니다.

의외의 뜻을 가지고 있는 어휘

1397 milk
[milk]

ⓥ 젖을 짜다; (이득을) 최대한 뽑아내다

Many insurance salespeople **milk** their customers by adding on ridiculous fees.

많은 보험 판매원은 터무니없는 수수료를 더해서 고객에게서 이득을 최대한 뽑아낸다.

Tips milk를 '우유'라는 뜻으로만 알고 있었다면 위의 뜻도 함께 알아두자!

숙어 / 이어동사

1398 the other way around

거꾸로, 반대로

After arranging all the parts to the model airplane, my brother noticed that we should have glued the wings on **the other way around**.

모형 비행기의 모든 부분을 나열한 후에 우리 오빠는 날개를 _____ 붙여야 했다는 것을 알아차렸다.

1399 catch a glimpse of

~을 힐끗 보다

Although the train passes through the valley very rapidly, passengers can still **catch a glimpse of** the magnificent mountains.

그 기차가 그 계곡을 매우 빠르게 지나가지만, 승객들은 여전히 웅장한 산들의 모습을 힐끗 볼 수 있을 것이다.

1400 merge in[into]

(구분이 되지 않게) 융합하다

I've seen couples from different ethnic groups **merge into** harmonious relationships, and I've seen people from different religions come together for a strong, lasting bond. 수능

나는 서로 다른 인종 집단 출신의 부부들이 조화로운 관계로 융화되는 것을 보아왔으며, 서로 다른 종교를 가진 사람들이 강하고 지속적인 유대 관계로 뭉치는 것을 보아왔다.

1396 칭찬   1398 반대로

A 다음 영어를 우리말로, 우리말을 영어로 쓰시오.

1	cynical	_____	11	~을 힐끗 보다	_____
2	insidious	_____	12	지나치게 걱정하는	_____
3	maneuver	_____	13	과식하다	_____
4	milk	_____	14	이상한, 기묘한	_____
5	naturalize	_____	15	무리, 집합; 배열	_____
6	overload	_____	16	박수갈채	_____
7	pervasive	_____	17	보완하다; 보완물	_____
8	satire	_____	18	사전에, 미리	_____
9	static	_____	19	실물 크기의	_____
10	subsidize	_____	20	투명한	_____

B 다음 빈칸에 알맞은 단어를 쓰시오.

1 elaborate = _____
2 top-notch = _____
3 uptight ⟺ _____
4 subsequent ⟺ _____
5 vicious ⓝ _____
6 devastate ⓝ _____
7 compliment ⓐ _____
8 madden ⓐ _____

C 다음 빈칸에 들어갈 알맞은 말을 |보기| 에서 고르시오.

보기	improvise compliment extracurricular merge into asthma

1 During all the periods, the percentages of male children with _____ were higher in urban areas than in rural areas. 수능

2 I told her that I admired her art, and she returned the _____ by saying that she was a fan of my music.

3 Jennifer is an excellent student who participates in several _____ activities each day after school.

4 As drivers exit the I-40 Highway in Barstow, California, the four lanes of traffic _____ a single lane.

5 In jazz, on the contrary, the performers often _____ their own melodies. 수능

1	absent-minded		34	crave
2	acreage		35	curfew
3	aggression		36	cynical
4	alienate		37	debris
5	array		38	deficiency
6	artificial		39	designate
7	assessment		40	detract
8	asthma		41	dietary
9	automotive		42	distort
10	be bound to		43	elaborate
11	beforehand		44	enthrone
12	bizarre		45	equilibrate
13	boundless		46	eradicate
14	breakthrough		47	exaggerate
15	bridge		48	facilitate
16	bystander		49	first-rate
17	cast		50	generic
18	catch a glimpse of		51	hazardous
19	cave in		52	heartland
20	clockwise		53	hierarchy
21	cohesion		54	humiliate
22	collaborate		55	imbricate
23	combustion		56	in progress
24	communal		57	indigenous
25	compensate		58	indubitable
26	complement		59	insidious
27	complimentary		60	installment plan
28	compulsory		61	interest-free
29	confirm		62	introspective
30	conservative		63	let down
31	contempt		64	life-size
32	correlate		65	longevity
33	counterpart		66	lurk

67	luxuriant		102	reed	
68	mandatory		103	regenerate	
69	maneuver		104	rehabilitate	
70	manipulate		105	reinforce	
71	milk		106	ridicule	
72	misconceive		107	rope in	
73	molecule		108	satire	
74	naturalize		109	savor	
75	negligence		110	seasoned	
76	niche		111	segment	
77	on edge		112	shatter	
78	outcast		113	shower	
79	ovation		114	simultaneous	
80	overanxious		115	slaughter	
81	overeat		116	static	
82	overestimate		117	sterile	
83	overload		118	stick to one's last	
84	overwhelm		119	strive	
85	pandemic		120	subsidize	
86	parasitic		121	synchronize	
87	pay a visit		122	terse	
88	peculiar		123	till	
89	pervasive		124	top-notch	
90	pharmaceutical		125	transcendence	
91	poultry		126	transparent	
92	predisposition		127	undermine	
93	prefix		128	undertake	
94	prejudice		129	unprecedented	
95	premature		130	unwitnessed	
96	probe		131	vicious	
97	procrastinate		132	violation	
98	prominent		133	violence	
99	prototype		134	warehouse	
100	prudent		135	wholehearted	
101	reconcile				

DAY 36

1401

cross-reference

ⓝ 상호 참조

The web page contains a **cross-reference** to help users easily find the relevant information they need.

웹페이지에는 사용자가 자신이 필요한 적절한 정보를 쉽게 발견할 수 있도록 _____ 가 포함되어 있다.

1402

thereafter
[ðɛərǽftər]

ad 그 후

Former President Johnson gave his farewell speech and left the room shortly **thereafter**.

Johnson 전(前) 대통령은 고별사를 하고 _____ 즉시 그 방을 떠났다.

= subsequently

1403

spectrum
[spéktrəm]

ⓝ (특정한 것의) 범위, 영역

I've seen people from opposite ends of the **spectrum** economically and politically that ended up in happy, lasting marriages. 수능

나는 경제적, 정치적으로 정반대의 _____ 에 있는 사람들이 결국에는 행복하고 오래 유지되는 결혼 생활을 하는 것을 보았다.

1404

rapport
[ræpɔ́:r]

ⓝ (좋은) 관계

Furthermore, many good friends have little in common except a warm loving feeling of respect and **rapport**. 수능

게다가, 많은 좋은 친구들이 존경과 친밀한 관계의 따뜻한 애정을 제외하고는 공통적인 것이 거의 없다.

1405

incorporate
[inkɔ́:rpərèit]

incorporative
ⓐ 합동[결합]적인

ⓥ (다른 것의 일부로) 포함하다

The Board of Education will attempt to **incorporate** a financial management class into the mathematics curriculum.

교육부는 금융관리 수업을 수학 교과과정에 _____ 할 것이다.

= contain

1406

startle
[stáːrtl]

ⓥ 깜짝 놀라게 하다

The car alarm, triggered by the bouncing ball, **startled** the baby and woke him up.

튀어 오르는 공에 의해 작동된 자동차 도난 방지용 경보장치 때문에 자고 있던 아기가 깜짝 놀라 깼다.

1401 상호 참조　　1402 그 후　　1403 영역　　1405 포함시키려

1407

corrupt
[kərʌ́pt]

corruption ⓝ 부패, 타락

ⓐ 비도덕적인, 부패한 ⓥ 타락시키다

The president is on a mission to root out **corrupt** ministers from his cabinet.

대통령은 자신의 내각에서 _____ 장관들을 근절시킬 사명을 띠고 있다.

⟺ scrupulous 양심적인

1408

obsolete
[ὰbsəlíːt]

ⓐ 한물간, 더 이상 쓰이지 않는

For many people, fixed-line telephones are now **obsolete** due to the widespread use of cell phones.

휴대전화가 널리 사용되어 다수의 사람들에게 유선 전화는 이제 구식이 되었다.

= out-of-date ⟺ up-to-date 최신의

1409

refugee
[rèfjudʒíː]

refuge ⓝ 피난(처)

ⓝ 피난민, 망명자

More than 100,000 **refugees** enter Europe each year via the Mediterranean.

10만 명이 넘는 _____이 지중해를 거쳐 매년 유럽에 들어오고 있다.

1410

accelerate
[æksélərèit]

acceleration ⓝ 가속(도)

ⓥ 점점 더 빨라지다, 가속화하다

Economic growth in Asia has **accelerated** steadily over the past decade.

아시아의 경제 성장은 지난 10년 동안 꾸준히 _____.

1411

retreat
[riːtríːt]

ⓥ 멀어져 가다, 후퇴하다

The rebels were attacked and forced to **retreat** to the mountains.

반역자들은 공격당했고 산으로 _____ 수밖에 없었다.

1412

delude
[dilúːd]

delusion ⓝ 망상
delusive ⓐ 현혹하는

ⓥ 속이다

Many compulsive shoppers **delude** themselves into thinking they do not have a serious problem.

많은 충동적인 소비자들은 자신들에게 심각한 문제가 없다고 착각하고 있다.

= deceive

1407 부패한   1409 피난민들   1410 점점 더 빨라졌다   1411 후퇴할

DAY 36

1413

inhibition
[ìnhəbíʃən]

inhibit ⓥ 억제하다

ⓝ 억제, 억압

Drinking excessive alcohol can cause individuals to lose their **inhibitions**.
과도하게 술을 마시는 것은 개인의 자제력을 잃게 할 수 있다.

1414

aesthetic
[esθétik]

ⓐ 미적인, 심미적인

The **aesthetic** qualities of a work of art are now less important than the concepts behind it.
예술 작품에서 _____ 질은 이제 작품 이면의 개념에 비해 덜 중요하다.

1415

sophisticated
[səfístəkèitid]

ⓐ 세련된, 정교한

Using **sophisticated** language in your everyday speech can give others the impression that you are well educated.
일상적인 대화에서 _____ 언어를 사용하면 다른 사람들에게 당신이 교육을 잘 받은 사람이라는 인상을 줄 수 있다.

= refined 세련된, 고상한

1416

excavate
[ékskəvèit]

excavation ⓝ 발굴

ⓥ 발굴하다, 출토하다

Archaeologists **excavate** historical sites in the hope of uncovering treasures from past civilizations.
고고학자들은 과거 문명에서 보물을 발견하는 희망을 안고 역사적인 유적지를 _____.

1417

component
[kəmpóunənt]

ⓝ 요소, 부품

Meeting these conditions requires pushing the limits of materials and design, and making highly efficient electrical **components**, batteries and power management systems. 수능
이러한 조건을 만족시키기 위해 소재와 설계의 한계를 극복하고, 매우 효율적인 전기 _____, 배터리, 동력 관리 시스템을 만들 필요가 있다.

1418

rhetorical
[ritɔ́(ː)rikəl]

ⓐ 수사학적인

The **rhetorical** style of many public speakers involves simple but direct language to convey an important message.
많은 연설가들의 _____ 방법은 중요한 메시지를 전하기 위해 단순하지만 직설적인 언어를 포함한다.

1414 미적인   1415 세련된   1416 발굴한다   1417 부품   1418 수사학적인

1419 genetically modified(GM)

ⓐ 유전자 변형된[조작된]

Some of us have faith that we shall solve our food problems with **genetically modified** crops newly or soon to be developed. 수능
우리 중 일부는 새롭게 또는 곧 개발될 유전자 변형 곡물로 우리의 식량난을 해결할 수 있을 거라는 믿음을 갖고 있다.

1420 integrate
[íntəgrèit]

integrative ⓐ 통합하는

ⓥ 통합하다; 융합하다

The ad for the job specifically noted that they were looking for someone who is able to **integrate** with the team.
그 구인 광고는 팀과 융합할 수 있는 사람을 찾고 있다고 분명히 언급했다.

1421 docile
[dásəl]

docility ⓝ 온순, 다루기 쉬움

ⓐ 고분고분한, 순한

Despite their large size and rugged appearance, Labradors are **docile** pets.
래브라도는 몸집이 크고 강인하게 생겼지만, _____ 애완동물이다.

= placid

1422 nominate
[námənèit]

nomination ⓝ 임명, 지명
nominator ⓝ 임명자, 후보

ⓥ 임명하다, 후보자로 지명하다

That film was **nominated** for five Oscars the year that it was released.
그 영화는 개봉된 그 해에 다섯 개 부문의 오스카상 _____.

1423 tranquil
[trǽŋkwil]

tranquillity ⓝ 고요함, 평정

ⓐ 고요한, 평화로운

The English countryside is a **tranquil** place to go for an early morning walk.
영국의 시골길은 이른 아침에 산책하기에 _____ 장소이다.

= serene

1424 uninterrupted
[ʌ̀nintərʌ́ptid]

ⓐ 계속되는, 방해가 없는

The strong demand for our product has continued **uninterrupted** for more than a decade.
우리 제품에 대한 높은 수요는 10년이 넘도록 중단되지 않고 계속되어 왔다.

1421 순한   1422 후보로 지명되었다   1423 고요한

DAY 36

1425

contradiction
[kàntrədíkʃən]

contradict ⓥ 반박하다,
모순되다

ⓝ 모순, 반대되는 것

There are some apparent **contradictions** between this government's policies and its actions.
이 정부의 정책과 실행 사이의 몇몇 극명한 _____ 이 있다.

1426

restraint
[ri:stréint]

restrain ⓥ 통제[제지]하다

ⓝ 통제, 규제, 제지; 자제, 제한

The police were told by their commander to exercise **restraint** when dealing with the demonstrators.
경찰은 시위대를 다룰 때 자제해 달라고 그들의 상부로부터 지시를 받았다.

1427

trigger
[trígər]

ⓝ 방아쇠, 도화선 ⓥ 촉발[작동]시키다

The hunter took aim at the duck from behind the tree and pulled the **trigger**.
사냥꾼은 나무 뒤에서 오리를 겨냥하여 _____ 를 당겼다.

Certain food allergies can **trigger** severe skin rashes in young children.
어떤 음식 알레르기는 어린 아이에게 심각한 피부 발진을 촉발시킬 수 있다.

＝ activate 작동시키다

1428

benevolent
[bənévələnt]

benevolence ⓝ 자비심,
박애

ⓐ 자애로운, 자비로운

Our **benevolent** sponsors have paid for all the students to attend the circus.
우리의 _____ 후원자들은 모든 학생이 서커스를 관람할 수 있도록 돈을 지불했다.

1429

ominous
[ámənəs]

ominously ⓐd 불길하게

ⓐ 불길한, 심상치 않은

Before a tornado hits, the sky is often **ominous** and dark.
토네이도가 상륙하기 전에는 하늘이 종종 _____ 하고 어두컴컴하다.

1430

desolate
[désəlit]

desolation ⓝ 황량함, 적막함

ⓐ 황량한, 적막한

The **desolate** landscape is the first thing you notice when you drive into Soledad, California.
캘리포니아에 있는 Soledad로 드라이브를 가면 당신이 제일 처음 인식하게 되는 것은 _____ 풍경이다.

＝ bleak

1425 모순   1427 방아쇠   1428 자애로운   1429 불길   1430 황량한

1431
slender
[sléndər]

ⓥ 날씬한

Models who are graceful and **slender** can have a strong impact on teenage girls' self-image.
우아하고 _____ 모델들은 십대 소녀들의 자아상에 강한 영향력을 미칠 수 있다.

= slim

1432
detoxification
[di:tὰksəfikéiʃən]

ⓝ 약물[알코올] 중독 치료

The celebrity **detoxification** program has been running with success for several years now.
유명 인사의 _____ 프로그램은 지금까지 몇 년간 성공적으로 운영되고 있다.

1433
predecessor
[prédisèsər]

ⓝ 전임자; (기계 등의) 구형, 이전 모델

My **predecessor** failed to keep accurate financial records, so I now have to deal with the results of his incompetence.
나의 _____ 는 정확한 재무 기록을 남기지 못했다. 그래서 나는 지금 그의 무능함의 결과를 처리해야 한다.

= forerunner 전신(前身)

1434
superstition
[sù:pərstíʃən]

superstitious ⓐ 미신적인

ⓝ 미신

According to ancient **superstitions**, moles reveal a person's character. 수능
고대 미신에 따르면 점은 사람의 성격을 나타낸다고 한다.

혼동 어휘

1435
meditation
[mèdətéiʃən]

meditate ⓥ 명상하다

ⓝ 명상, 사색

Daily **meditation** can help to clear your mind of stress.
매일 _____ 을 하면 마음에서 스트레스를 말끔히 없애는 데 유익하다.

1436
medication
[mèdəkéiʃən]

ⓝ 약물 (치료)

The pharmaceutical company Pfizer has developed a new allergy **medication**.
제약 회사 Pfizer는 새 알레르기 _____ 을 개발하고 있다.

1431 날씬한　　1432 약물 중독 치료　　1433 전임자　　1435 명상　　1436 약물

다의어

1437

ferment
[fə́:rment]

fermentation ⓝ 발효

ⓝ (정치, 사회적) 동요, 소란

The historical period from the 1960s through the 70s was a time of great intellectual **ferment**.

1960년대에서 1970년대의 역사적인 기간은 큰 지적 _____의 시기였다.

[fə:rmént]

ⓥ 발효하다

Many people in rural areas **ferment** fruit or grain to produce their own wine and beer.

시골에 사는 많은 사람들은 스스로 포도주와 맥주를 생산하기 위해 과일과 곡식을 _____.

숙어 / 이어동사

1438

take ~ for granted

당연하게 여기다, 대수롭지 않게 여기다

In this country, we **take** the right to freedom of speech **for granted**, but we really should remember how fortunate we are.

이 나라에서 우리는 언론의 자유에 대한 권리를 _____, 우리는 진심으로 우리가 얼마나 운이 좋은지를 기억해야 한다.

1439

come into existence

탄생하다, 태어나다

Even before the Harry Potter books had **come into existence**, J.K. Rowling had plans to write a seven-part series.

해리포터 책이 나오기 이전부터 J.K. Rowling은 일곱 개의 시리즈를 쓸 계획이었다.

1440

account for

설명하다, 해명하다

The Secretary of the Treasury admitted that his office could not **account for** millions of dollars of the taxpayers' money that was missing.

재무장관은 재무성이 납세자들의 사라진 돈 수백만 달러에 대해 **설명할** 수 없다는 것을 인정했다.

Our heads do not resemble steam kettles, and our brains involve a much more complicated system than can be **accounted for** by images taken from nineteenth-century technology. 수능

우리의 머리는 증기솥을 닮지 않았고, 우리의 뇌는 19세기 기술에 의해 취해지는 이미지로 설명될 수 있는 것보다 훨씬 더 복잡한 시스템을 포함한다.

1437 동요 / 발효시켰다   1438 당연하게 여기지만

A 다음 영어를 우리말로, 우리말을 영어로 쓰시오.

1 accelerate _____
2 aesthetic _____
3 contradiction _____
4 detoxification _____
5 inhibition _____
6 integrate _____
7 medication _____
8 meditation _____
9 nominate _____
10 retreat _____

11 깜짝 놀라게 하다 _____
12 동요, 소란; 발효하다 _____
13 발굴하다, 출토하다 _____
14 불길한, 심상치 않은 _____
15 상호 참조 _____
16 수사학적인 _____
17 자애로운, 자비로운 _____
18 탄생하다, 태어나다 _____
19 통제, 규제; 자제, 제한 _____
20 피난민, 망명자 _____

B 다음 빈칸에 알맞은 단어를 쓰시오.

1 delude = _____
2 tranquil = _____
3 corrupt ⟺ _____
4 obsolete ⟺ _____

5 docile ⓝ _____
6 desolate ⓝ _____
7 accelerate ⓝ _____
8 incorporate ⓐ _____

C 다음 빈칸에 들어갈 알맞은 말을 |보기|에서 고르시오.

| 보기 | account for | components | rapport | spectrum | superstition |

1 Although I only just met Karen, we had a wonderful _____ together.

2 One of the most important _____ of an automobile is the drive shaft.

3 There is an old yet popular _____ that walking under a ladder brings bad luck.

4 The human eye is only capable of detecting a very small portion of the light _____ .

5 Medical science could find no difference in the brains of the former primitives to _____ their different behavior. 수능

DAY 37

1441

integral
[íntigrəl]

integrality ⓝ 절대 필요성

ⓐ 근본적인, 꼭 필요한

Janet's ability to influence people has made her an **integral** part of the sales team.

사람들에게 영향을 미치는 Janet의 능력은 그녀를 판매팀의 _____ 일원이 되게 했다.

1442

drainage
[dréinidʒ]

ⓝ 배수 (시설), 배수 유역

Ask Thomas to clean out the gutters tomorrow because something is preventing the **drainage** of rainwater.

무언가가 빗물의 _____ 를 막고 있으므로 내일 Thomas에게 홈통을 깨끗이 치워달라고 부탁해라.

1443

quotation
[kwoutéiʃən]

quote ⓥ 인용하다

ⓝ 인용, 인용구

It's tremendously important to properly reference any **quotation** that you might use for your essay.

작문을 할 때 사용할 가능성이 있는 _____ 를 적절하게 언급하는 것이 매우 중요하다.

1444

midwife
[mídwàif]

ⓝ 산파

Journeys are the **midwives** of thought. Few places are more conducive to internal conversations than a moving plane, ship, or train. 수능

여행은 생각의 _____ 이다. 움직이는 비행기나 배, 기차보다 내면의 대화에 더 도움이 되는 장소는 거의 없다.

> **Word Plus+** 출생(birth) 관련 어휘
>
> artificial insemination 인공 수정   barren 불임의   birth control 피임   breast-feed 모유수유
> conceive 임신하다   deliver 출산하다   fetus 태아   infant 신생아   morning sickness 입덧
> pregnant 임신한   test-tube baby 시험관 아기   unborn 태어나지 않은

1445

successor
[səksésər]

ⓝ 후임자

The Prime Minister has named his loyal secretary Sabrina Jones as his **successor**.

국무총리는 _____ 로 자신의 충성스러운 비서 Sabrina Jones를 임명했다.

1446

hinder
[híndər]

hindrance ⓝ 방해 (요인), 장애(물)

ⓥ 방해하다, 저지하다

The star pitcher's recent career has been **hindered** by a succession of shoulder injuries.

그 인기 투수의 최근 경력은 잇단 어깨 부상으로 방해받고 있다.

1441 꼭 필요한   1442 배수   1443 인용구   1444 산파   1445 후임자

1447

unhindered
[ʌnhíndərd]

ⓐ 아무런 방해[제약]가 없는

The contract I signed should allow me to travel abroad **unhindered** by the authorities.

내가 서명한 계약서는 당국의 방해 없이 해외여행을 할 수 있도록 해줄 것이다.

1448

disinterested
[disíntəristid]

ⓐ 이해관계 없는, 객관적인

IBM appears entirely **disinterested** in a merger with its high-tech rival Dell.

IBM은 첨단 기술 경쟁업체인 Dell과의 합병에 전적으로 _____ 것처럼 보인다.

= impartial 객관적인

1449

exploit
[éksplɔit]

exploitation ⓝ 착취, (부당한) 이용

exploitative ⓐ 착취하는

ⓥ 착취하다, (부당하게) 이용하다

Labor unions were originally formed to ensure that employers could not **exploit** their workers.

노동조합은 원래 고용자들이 그들의 노동자들을 _____ 수 없음을 보장하기 위해 조직되었다.

1450

introverted
[íntrəvə̀:rtid]

ⓐ 내성적인

Introverted people prefer to work on their own and find it easier to solve problems when left to themselves.

_____ 사람들은 자기 혼자 일을 하는 것을 좋아하고 자신의 힘으로 문제를 더 쉽게 해결한다.

⟺ extroverted 외향적인

1451

dangle
[dǽŋgəl]

ⓥ 매달리다, 달랑거리다

For example, an angler fish that **dangles** a worm-like bit of skin in front of a small fish and catches it because the smaller fish snaps at the 'worm' can certainly be said to have carried out a successful manipulation of its prey. 수능

예를 들어, 조그만 물고기 앞에 벌레 같은 피부 조각을 매달고 더 작은 물고기가 그 '벌레'를 덥석 물기 때문에 그것을 잡아채는 아귀는 먹잇감에게 성공적으로 속임수를 썼다고 확실히 말할 수 있을 것이다.

1448 이해관계가 없는   1449 착취할   1450 내성적인

1452

fluctuate
[flʌ́ktʃuèit]

ⓥ 오르내리다

Patients who suffer from schizophrenia have emotions that are liable to **fluctuate** wildly from moment to moment.

정신분열증으로 고생하는 환자들은 감정이 시시각각으로 격렬하게 _____ 쉽다.

Tips schizophrenia는 '정신분열(증)'이라는 뜻이다.

1453

asbestos
[æsbéstəs]

ⓝ 석면

While **asbestos** is widely used for commercial purposes, prolonged exposure to it can be dangerous for humans.

_____ 은 상업적인 목적으로 널리 사용되고 있지만, 장기간 노출될 경우 인간에게 위험할 수도 있다.

1454

utensil
[ju:ténsəl]

ⓝ 가정용품

Kitchen **utensils** are commonly made out of wood, plastic, or stainless steel.

부엌 용품들은 대개 나무, 플라스틱, 스테인레스 강철로 만들어진다.

1455

insecticide
[inséktəsàid]

insecticidal ⓐ 살충제의

ⓝ 살충제

The systematic use of **insecticides** has lead to an increase in crop productivity worldwide.

_____ 의 체계적인 사용은 세계적으로 작물 생산량을 늘리는 결과를 가져왔다.

1456

short-sighted
[ʃɔ́:rtsáitid]

ⓐ 근시안적인

Short-sighted people are advised to wear glasses when driving.

근시인 사람들은 운전할 때 안경 끼는 것을 권유받는다.

= near-sighted

1457

compartment
[kəmpá:rtmənt]

ⓝ 객실, 칸

The first-class **compartment** is off limits to passengers with second- and third-class tickets.

일등석 _____ 은 이등석과 삼등석 표를 가진 승객들에게는 접근 금지 구역이다.

1452 오르내리기   1453 석면   1455 살충제   1457 객실

1458

curtail
[kə:rtéil]

curtailment **ⓝ** 삭감

ⓥ 줄이다, 제한하다

These new freedom-of-speech laws will **curtail** the right to express yourself freely.

새로운 언론의 자유에 대한 이 법들은 당신 자신을 자유롭게 표현할 권리를 _____ 것이다.

= reduce 줄이다, restrict, limit 제한하다

1459

notorious
[noutɔ́:riəs]

notoriety **ⓝ** 악명

ⓐ 악명 높은

Al Capone was a **notorious** gangster who ruled the Chicago mafia in the 1920s and 30s.

알 카포네는 1920년대와 1930년대에 시카고 마피아를 지배하던 _____ 깡패다.

= infamous

1460

self-defense
[sélfdiféns]

ⓝ 자기 방어

Shooting someone in **self-defense** is still punishable to the full extent of the law.

_____ 로 누군가에게 총을 쏘는 것은 법률에 있는 대로 여전히 처벌 가능하다.

1461

paradigm
[pǽrədim]

ⓝ 전형적인 예; 패러다임

The currently accepted **paradigm** in business does not include cooperating with rivals.

최근 사업에서 용인된 패러다임은 경쟁자들과 협력하는 것을 포함하지 않는다.

Tips '패러다임'은 어떤 한 시대 사람들의 견해나 사고를 지배하는 이론적인 틀이나 개념의 집합체를 말한다.

1462

accentuate
[ækséntʃuèit]

accentuation **ⓝ** 강조, 역설

ⓥ 강조하다, 두드러지게 하다

Nowhere, indeed, was any sign or suggestion of life except the barking of a distant dog, which served to **accentuate** the solitary scene. 수능

저 멀리에서 개가 짖는 소리 외에는 어떤 생명의 흔적이나 암시조차 없었는데, 그 개 짖는 소리가 외로운 풍경을 _____ 했다.

1463

hemisphere
[hémisfìər]

ⓝ 반구

The earth's population is concentrated in the Eastern **hemisphere**.

지구의 인구는 동_____에 집중되어 있다.

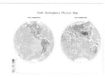

1458 제한할   1459 악명 높은   1460 자기 방어   1462 두드러지게   1463 반구

DAY 37

01 02 03 04 05 06 07 08 09 10 11 12 13 14 15 16 17 18 19 20 21 22 23 24 25

1464

incessant
[insésənt]

ⓐ 끊임없는, 쉴새없는

Our neighbors' **incessant** arguing led us to complain to the landlord.

우리 이웃의 _____ 다툼 때문에 우리는 집주인에게 항의했다.

= constant

1465

holdout
[hóuldàut]

ⓝ 동의하지 않는 사람

Apart from a handful of **holdouts**, most people living in the Three Gorges area have been relocated for the construction of the dam.

소수의 _____ 과는 별개로 Three Gorges 지역에 사는 대부분의 사람은 댐 건설을 위해 이전되었다.

1466

mind-set
[máindsèt]

ⓝ 사고방식

Society seems to have a very rigid **mind-set** about things such as marriage and parenthood.

사회는 결혼이나 부모 됨에 대해 매우 엄격한 _____ 을 가지고 있는 것 같다.

1467

right angle
right-angled ⓐ 직각의

ⓝ 직각

The exhausted child lay in his bed with his arm held at a **right angle** to his body.

지친 아이는 자기 몸에 _____ 이 되게 팔을 든 채로 자기 침대에 누었다.

1468

counterclockwise
[kàuntərklákwàiz]

ⓐⓓ 시계 반대 방향으로

Nuts and screws are loosened by turning them **counterclockwise**.

나사와 볼트는 _____ 돌리면 느슨해진다.

1469

gratify
[grǽtəfài]

gratification
ⓝ 만족감(을 주는 것)

ⓥ 만족시키다, 기쁨을 주다

The audience's positive response to my speech **gratified** me immensely.

내 연설에 대한 청중의 긍정적인 반응은 나를 몹시 _____.

= satisfy

1464 끊임없는   1465 동의하지 않는 사람들   1466 사고방식   1467 직각   1468 시계 반대 방향으로   1469 만족시켰다

1470

tactic
[tǽktik]

ⓝ 전략

South Korea's offer to give the North several months' worth of rice is a **tactic** to get the North to cooperate.

북한에 몇 달 치의 쌀을 공급하자는 남한의 제안은 북한의 협조를 얻기 위한 _____ 이다.

접두어   over- '지나치게 많은', '초과의'

1471

overindulge
[òuvərindʌ́ldʒ]

overindulgence ⓝ 탐닉

ⓥ 탐닉하다, 지나치게 빠지다

Greg and I **overindulged** on a large variety of desserts during our vacation to Cuba this past week.

Greg와 나는 지난주에 쿠바에서 휴가를 보내면서 매우 다양한 종류의 후식에 푹 빠졌다.

1472

overbear
[òuvərbéər]

overbearing ⓐ 고압적인

ⓥ 압도하다, 지배하다

Unlike his sister, Jeremy is quiet and not **overbearing**.

Jeremy는 자신의 누나와는 달리 조용하고 위압적이지 않다.

I'm the eldest of three sisters, so I can't help that I'm so **overbearing**. 수능

나는 세 자매 중 맏이라서 내가 위압적인 것을 어찌할 수가 없어.

= dominate

1473

overstate
[òuvərstéit]

overstatement
ⓝ 과장, 과대표시

ⓥ 과장하다

Reporters for the Metro One newspaper frequently **overstate** the importance of research studies in their articles.

메트로원(Metro One) 신문의 기자들은 기사에서 연구의 중요성을 자주 _____.

= exaggerate

1474

overenthusiastic
[òuvərenθú:ziǽstik]

overenthusiasm
ⓝ 과도한 열의

ⓐ 과도하게 열중한

My daughter was **overenthusiastic** when she learned that two of her poems will be published.

내 딸은 자신이 쓴 시 두 편이 출간될 거라는 사실을 알고 지나치게 흥분했다.

1470 전략   1473 과장한다

DAY 37

혼동 어휘

1475
hostility
[hástíləti]

hostile ⓐ 적대적인

ⓝ 적개심, 적대감

The townspeople of Falmouth showed open **hostility** to outsiders.

Falmouth에 사는 사람들은 외부인에게 공공연한 _____ 을 보였다.

1476
hospitality
[hàspitǽləti]

hospitable ⓐ 환대하는

ⓝ 환대, 접대

It was wonderful to be met with such **hospitality** after our long journey to England.

영국을 오래 여행하고 나서 이런 _____ 를 받으니 좋았다.

숙어 / 이어동사

1477
in isolation

홀로, 별개로

Charles Darwin set out on the *HMS Beagle* to discover what happens when animals evolve **in isolation**, such as on secluded islands.

찰스 다윈은 동물들이 외딴섬에서와 같이 _____ 진화를 할 때 어떤 일이 일어나는지 발견하기 위해 영국 군함 비글호로 여행을 떠났다.

= alone

1478
out of context

전후 관계를 무시하고

Taken **out of context**, the head editor's remark does seem to be quite inflammatory.

_____ 봤을 때 수석 편집장의 논평은 꽤 선동적인 것처럼 보인다.

1479
call off

취소하다

Unfortunately, we had to **call off** our trip to Bermuda when we heard the reports of flooding on the island.

버뮤다의 홍수 보도를 듣고, 우리는 불행히도 버뮤다 여행을 _____ 했다.

1480
set aside

한쪽으로 치워 두다

Mix the dry ingredients in a small bowl and **set** the mixture **aside** before you begin to mix the wet ingredients.

작은 그릇에 마른 재료들을 섞고 물기 있는 재료를 섞기 전에 그 혼합물을 한쪽으로 치워라.

1475 적개심   1476 환대   1477 홀로   1478 전후 관계를 무시하고   1479 취소해야

DAILY TEST

A 다음 영어를 우리말로, 우리말을 영어로 쓰시오.

1	counterclockwise	11	가정용품
2	drainage	12	반구
3	fluctuate	13	방해하다
4	holdout	14	사고방식
5	hospitality	15	살충제
6	hostility	16	석면
7	out of context	17	자기 방어
8	overenthusiastic	18	취소하다
9	overindulge	19	한쪽으로 치워 두다
10	paradigm	20	후임자

B 다음 빈칸에 알맞은 단어를 쓰시오.

1 disinterested = _____
2 short-sighted = _____
3 incessant   = _____
4 introverted ⟺ _____

5 quotation ⓥ _____
6 integral ⓝ _____
7 exploit ⓝ _____
8 accentuate ⓝ _____

C 다음 빈칸에 들어갈 알맞은 말을 |보기| 에서 고르시오.

보기	midwives	dangled	quotation	integral	accentuate

1 On the wall of our dining room was a framed _____ : "Let me live in a house by the side of the road and be a friend to man." 수능

2 Despite the modernization of hospitals, _____ continue to be a popular choice for many expecting mothers.

3 The superintendent was asked to remove the wire that _____ from the ceiling in the entrance.

4 Wearing a small amount of makeup can _____ a woman's natural beauty.

5 Light is an _____ element of all life. 수능

DAY 38

01 02 03 04 05 06 07 08 09 10 11 12 13 14 15 16 17 18 19 20 21 22 23 24 25

1481

temperament
[témpərəmənt]

ⓝ 기질

In fact, people have been using birth order to account for personality factors such as an aggressive behavior or a passive **temperament**. 수능

사실, 사람들은 태어난 순서를 이용해서 적극적인 행동이나 소극적인 _____ 같은 개인적인 요소를 설명해 왔다.

1482

compel
[kəmpél]

compulsion ⓝ 강요

ⓥ 강요하다, ~하게 만들다

The seriousness of this situation **compels** me to believe that we need a backup strategy in case our primary plan fails.

내가 이러한 심각한 상황에 부딪쳐보니, 주요 계획이 실패할 경우를 대비해 백업 전략을 수립할 필요가 있다고 믿게 되었다.

1483

ideological
[àidiəlάdʒikəl]

ideology ⓝ 이념, 이데올로기

ⓐ 원칙적인, 이념적인

This motivational book outlines four **ideological** principles to help you live a fulfilling and prosperous life.

동기를 부여하는 이러한 책은 만족스럽고 순조로운 삶을 사는 데 도움을 줄 네 가지 _____ 원칙을 간략하게 설명한다.

1484

suspend
[səspénd]

suspension ⓝ 정학, 보류

ⓥ 중단하다, 유보하다; 정직[정학]시키다

The board members voted to **suspend** the chief accountant for dishonest practices.

이사진은 회계부장의 부정직한 행위 때문에 정직시키기 위해 투표했다.

1485

versatile
[və́:rsətl]

versatility ⓝ 다재다능함

ⓐ 다재다능한

Elizabeth Taylor, at the height of her popularity, was known as an extremely **versatile** performer.

인기 절정이었던 엘리자베스 테일러는 정말 _____ 연기자로 알려져 있었다.

1486

discriminate
[diskrímənèit]

discrimination ⓝ 차별

ⓥ 구분하다, 차별하다

It is illegal for an employer to **discriminate** based on gender, age, ethnicity, or social background.

직원을 성별, 나이, 민족성, 또는 사회적인 배경을 이유로 _____ 것은 불법이다.

1487

expenditure
[ikspénditʃər]

ⓝ 소비, 비용, 경비

The school must reduce its monthly **expenditure** — otherwise — it will have to close down.

그 학교는 월간 _____ 를 줄여야 한다. 그렇지 않으면, 문을 닫아야 할 것이다.

1481 기질   1483 이념적인   1485 다재다능한   1486 차별하는   1487 소비

1488 contaminate
[kəntǽmənèit]

contaminative @ 오염시키는
contamination ⓝ 오염

ⓥ 오염시키다

Crime scene investigators store pieces of evidence in separate bags, so they do not **contaminate** each other.
범죄 현장 수사관들은 증거들을 각기 다른 봉지에 보관해서 서로 오염시키지 않도록 한다.

1489 degrade
[digréid]

degradation ⓝ 비하, 저하

ⓥ 비하하다; 분해하다; 저하시키다

Skipping meals and staying up too late can cause your health to **degrade**.
식사를 거르고 너무 밤늦게 자는 것은 당신의 건강을 저하시킬 수 있다.

1490 free will

ⓝ 자유 의지

Mary decided to leave her job of her own **free will** and volunteer in Mexico.
Mary는 _____ 로 직장을 그만두고 멕시코로 자원봉사를 하러 가기로 했다.

1491 craze
[kreiz]

crazy @ ~에 열광하는

ⓥ 열중시키다, 미치게 하다 ⓝ (짧은 시간 동안의) 대유행

She isn't the first actress to be credited with starting a new hair-style **craze**.
새로운 머리 스타일의 _____ 을 시작한 것으로 여겨지는 여배우는 그녀가 처음이 아니다.

= fad 일시적인 유행

1492 potentiality
[poutènʃiǽləti]

potential @ 잠재적인

ⓝ 잠재력

The **potentiality** for conflict in the region is very high because of previous disagreements between these two nations.
과거 이 두 나라 사이에 있었던 의견 충돌 때문에 이 지역은 갈등이 일어날 가능성이 매우 높다.

= potential

1493 adolescence
[ædəlésəns]

ⓝ 사춘기, 청소년기

Adolescence is a time of rapid growth where young adults begin to create an identity for themselves.
_____ 는 젊은이들이 자신만의 정체성을 창조하기 시작하는 빠른 성장의 시기이다.

Word Plus+ 젊음(young)을 의미하는 여러 어휘

little 7세 이하의 어린이   teenage 13세(thirteen)부터 19세(nineteen)까지
youth 보통 15세부터 25세까지   minor 법적 미성년자

1490 자유 의지   1491 대유행   1493 사춘기

DAY 38

1494 illiterate
[ilítərit]

illiteracy ⓝ 문맹, 무식

ⓐ 문맹인 ⓝ 문맹

The socio-economic impact of an **illiterate** population is widely documented by sociologists.

_____ 인구의 사회 경제적인 영향은 사회학자들에 의해 널리 문서화되었다.

1495 underlying
[ʌ̀ndərláiiŋ]

underlie ⓥ ~의 기저를 이루다

ⓐ 겉으로 잘 드러나지 않는; 근본적인

Thelma's doctor was able to diagnose the **underlying** causes for her depression.

Thelma의 의사는 그녀의 우울증의 _____ 원인을 진단할 수 있었다.

1496 legible
[lédʒəbl]

legibility ⓝ 읽기 쉬움

ⓐ 잘 읽을 수 있는

My students' handwriting is so small that it is barely **legible**.

내 학생들의 필체는 너무 작아서 거의 읽을 수가 없다.

⟺ illegible 읽기 어려운

1497 abbreviation
[əbrì:viéiʃən]

abbreviate ⓥ 축약하다

ⓝ 축약(형)

Abbreviations should not be confused with acronyms, as they are not the same.

_____ 은 두문자어와는 다르기 때문에 혼동해서는 안 된다.

1498 propel
[prəpél]

propulsive ⓐ 추진력 있는

ⓥ 추진하다, 나아가게 하다

Military helicopters use jet engines to **propel** them forward and rotors to provide lift.

군용 헬기는 제트 엔진을 사용해서 앞으로 나아가고 회전자를 사용해서 양력을 제공한다.

1499 segregation
[sègrig]

segregate ⓥ 분리[차별]하다

ⓝ (성, 인종, 종교 등이 다른 사람들의) 분리 (정책), 차별

Class **segregation** in England was still widespread in the early part of the 20th century.

영국의 계층 _____ 은 20세기 초에도 여전히 널리 퍼져 있었다.

1500 competent
[kámpətənt]

competence ⓝ 능숙함

ⓐ 유능한, ~할 능력이 있는

We believe he is the most **competent** man to lead the country at the moment.

우리는 그가 지금 나라를 이끌 수 있는 가장 _____ 사람이라고 믿는다.

1494 문맹   1495 근본적인   1497 축약형   1499 차별   1500 유능한

1501 built-up
[bíltʌ̀p]

ⓐ 건물이 밀집한

In Western Europe, steep gasoline taxes, investment policies favoring **built-up** areas over undeveloped greenfields, continuous investment in public transportation, and other policies have produced relatively compact cities. 수능

서유럽에서는 엄청난 유류세, 개발되지 않은 녹지보다 ＿＿＿＿＿＿＿＿ 지역을 선호하는 투자 정책, 대중교통에의 지속적인 투자와 기타 정책이 상대적으로 밀집한 도시를 만들어 왔다.

1502 accountant
[əkáuntənt]

ⓝ 회계사

I couldn't believe my ears when he called for my mother and sister to come along, for, in the traditional fashion, my mother was the house **accountant**, the launderer, and, of course, the cook. 수능

나는 그가 엄마와 누나에게 함께 하자고 청하는 것을 듣고 내 귀를 의심했다. 전통적으로 우리 엄마는 우리 집 ＿＿＿＿＿＿＿이고 빨래를 하고 요리를 하는 사람이기 때문이다.

1503 customary
[kʌ́stəmèri]

custom ⓝ 관습, 풍습

ⓐ 습관적인, 관습적인

In many cultures, it's **customary** to ask a woman's parents for her hand in marriage before proposing.

많은 문화에서는 청혼을 하기 전에 여성의 부모에게 결혼 승낙을 받는 것이 ＿＿＿＿＿＿.

= usual 습관적인

1504 decisive
[disáisiv]

decide ⓥ 결정하다
decision ⓝ 결정, 판단

ⓐ 결정적인, 단호한

The coach of their hockey team has a reputation for calling quick and **decisive** plays.

그들의 하키팀 코치는 빠르고 단호한 경기를 지시한다는 평판이 있다.

1505 figurative
[fígjərətiv]

figuratively ad 비유적으로

ⓐ 비유적인

Figurative language adds layers of meaning to the common dictionary sense of a word.

＿＿＿＿＿＿＿ 언어는 단어의 일반적인 사전적 의미에다가 다층적인 의미를 더한다.

⟺ literal 말 그대로의

1501 건물이 밀집한 1502 회계사 1503 관습적이다 1505 비유적인

1506

bureaucracy
[bjuərákrəsi]

ⓝ 관료제

The president has pledged to reduce unnecessary **bureaucracy** in all areas of the government.

대통령은 정부의 모든 분야에서 불필요한 ＿＿＿＿ 를 축소하겠다고 약속했다.

1507

agenda
[ədʒéndə]

ⓝ 안건, 의제

The Republican party has stuck to its **agenda** of conservative political reform.

공화당은 보수적인 정치 개혁에 대한 ＿＿＿＿ 에 매달렸다.

1508

prospect
[práspekt]

prospective ⓐ 장래의, 곧 있을

ⓝ (어떤 일이 일어날) 가능성, 가망 ⓥ 발굴[탐사]하다

There seems to be a real **prospect** that the price of oil will rise past $150 per barrel.

기름값이 배럴당 150달러 이상 오를 것이라는 현실적인 ＿＿＿＿ 이 있는 것 같다.

The De Beers Cooperation was refused permission to **prospect** for diamonds in the Alaskan wilderness.

De Beers사는 알래스카의 황무지에서 다이아몬드를 ＿＿＿＿ 것에 대한 허가를 받지 못했다.

1509

prerequisite
[pri:rékwəzit]

ⓝ 전제 조건

Many foreign universities list a reasonable proficiency in English as a **prerequisite** to admission.

많은 외국 대학들이 입학 ＿＿＿＿ 으로 상당한 수준의 영어 능력을 바란다.

= precondition

1510

evacuate
[ivækjuèit]

evacuation ⓝ 피난, 대피

ⓥ 대피시키다[하다]

Emergency teams are beginning to **evacuate** the area after reports of a second explosion surfaced.

구조대는 2차 폭발이 표면화되었다는 보도가 나간 후, 그 지역에서 대피하기 시작하고 있다.

1511

intuition
[ìntjuíʃən]

intuitive ⓐ 직감에 의한, 직관력이 있는

ⓝ 직감, 직관력

My **intuition** tells me that even if we arrive on time, tickets to the show may already be sold out.

우리가 정각에 도착하더라도 공연 입장권이 이미 다 팔릴 수 있다는 직감이 든다.

= instinct 직감, 본능

1506 관료제   1507 안건   1508 가능성 / 발굴하는   1509 전제 조건

1512

tumble
[tʌ́mbl]

ⓥ 굴러 떨어지다

He slips and slips, falls down, has trouble getting up, gets his skis crossed, **tumbles** again, and generally looks and feels like a fool. 수능

그는 계속해서 미끄러지고, 넘어지고, 일어서는 데 어려움을 겪고, 스키가 교차되고, 다시 _____. 그리고 보통 바보같이 보이고 느낀다.

혼동 어휘

1513

nature
[néitʃər]

ⓝ 천성, 본질; 종류; 자연

Charles Darwin neglected his medical education and decided instead to devote himself to the study of **nature**.

찰스 다윈은 의학 연구를 그만두고 그 대신 자연 연구에 헌신하기로 결심했다.

1514

nurture
[nə́:rtʃər]

ⓥ 양육[육성]하다

The best teachers **nurture** their students' creativity.

최고의 교사는 학생의 창의력을 _____.

다의어

1515

matter
[mǽtər]

ⓝ 일, 문제

After considering the **matter** overnight, the prime minister announced his decision.

국무총리는 그 _____ 에 대해 밤새 생각한 후에 자신의 결정을 발표했다.

ⓝ 물질

Matter is commonly said to exist in four different states: solid, liquid, gas, and plasma.

_____ 은 보통 네 가지의 다른 상태로 존재한다고 한다. 그것은 고체, 액체, 기체, 플라즈마이다.

ⓥ 중요하다

It doesn't **matter** what you wear to the interview as long as you look professional.

당신이 전문적으로 보이기만 한다면 면접 때 어떤 옷을 입는지는 _____ 않다.

1512 굴러 떨어진다   1514 육성한다   1515 문제 / 물질 / 중요하지

DAY 38

숙어 / 이어동사

1516
to some degree
약간, 어느 정도
There are few people who do not react to music **to some degree.** 수능
어느 정도로라도 음악에 반응하지 않는 사람은 거의 없다.

1517
get out of hand
걷잡을 수 없게 되다, 감당할 수 없게 되다
Things **got out of hand** at the college party, and three windows were broken before the cops were called.
경찰을 부르기 전까지 대학교 파티에서 상황은 걷잡을 수 없었고, 창문 세 개가 부서졌다.

1518
be obliged to
~할 수밖에 없다
All students **are obliged to** pay off their student loans once they have graduated from college and secured a job.
모든 학생들이 대학을 졸업하고 직장을 얻자마자 학자금 대출을 갚을 수밖에 없다.

1519
bring about
초래하다, 일으키다
So far as you are wholly concentrated on **bringing about** a certain result, clearly the quicker and easier it is **brought about** the better. 수능
당신이 어떤 결과를 _____ 하는 데 전적으로 집중하는 한, 더 빠르고 쉽게 할수록 분명히 더 좋은 결과를 _____ 한다.

1520
wear out
지치다, 지치게 만들다
All that gardening I did yesterday really **wore** me **out**, so I think I'll just rest today.
어제 정원을 가꾼 일이 나를 너무 _____ 만들어서 오늘은 그냥 쉴 생각이다.

A 다음 영어를 우리말로, 우리말을 영어로 쓰시오.

1 abbreviation _____ 11 결정적인, 단호한 _____
2 contaminate _____ 12 관료제 _____
3 degrade _____ 13 기질 _____
4 discriminate _____ 14 다재다능한 _____
5 expenditure _____ 15 대피시키다(하다) _____
6 illiterate _____ 16 분리 (정책), 차별 _____
7 matter _____ 17 안건, 의제 _____
8 nurture _____ 18 유능한, ~할 능력이 있는 _____
9 prospect _____ 19 자유 의지 _____
10 suspend _____ 20 지치다 _____

B 다음 빈칸에 알맞은 단어를 쓰시오.

1 prerequisite = _____ 5 ideological ⓝ _____
2 craze = _____ 6 illiterate ⓝ _____
3 legible ⬌ _____ 7 propel ⓐ _____
4 figurative ⬌ _____ 8 intuition ⓐ _____

C 다음 빈칸에 들어갈 알맞은 말을 |보기| 에서 고르시오.

보기	adolescence	to a degree	tumbled	brought about	accountant

1 After the earthquake, several large boulders _____ down the cliff into the sea.

2 Pine trees will thrive _____, no matter what type of soil they are planted in.

3 Our _____ has already submitted all of the company's tax claims to the government.

4 The U.S. financial crisis of 2008 was _____ by many factors, both domestic and international.

5 If we want to describe our society in terms of age, we may come up with four age groups — childhood, _____, maturity, and old age. 수능

1521

whereas
[hwέərὰez]

ad 반면에

Whereas it may seem a better idea to switch to plan B, we must stick with plan A as long as it is working efficiently.
B안으로 바꾸는 것이 더 좋은 생각인 것 같은 반면, 일이 능률적으로 진행되고 있는 한 A안을 고수해야 한다.

1522

protagonist
[proutǽgənist]

n (사상, 운동 등의) 지도자; 주창자, 주인공

Michelle Rhee is one of the main **protagonists** of educational reform in Washington, D.C.
Michelle Rhee는 워싱턴 D.C.의 교육 개혁을 이룬 _____ 중 한 명이다.

= proponent

1523

equilibrium
[ìːkwəlíbriəm]

n 평형 (상태), 균형 (상태)

Any small change in the ecosystem could disturb the delicate **equilibrium** that is required for the organism's survival.
생태계에 어떤 자그마한 변화도 생물의 생존에 필요한 섬세한 _____ 를 깨뜨릴 수 있을 것이다.

1524

artifact
[áːrtəfæ̀kt]

n (역사적 가치가 있는) 인공물

World-renowned archeologist Evan Wilson has announced the discovery of hundreds of extraordinary ancient **artifacts** at a site in China.
세계적으로 유명한 고고학자인 Evan Wilson은 중국의 한 장소에서 수백 점에 달하는 특이한 고대 _____ 을 발견했다고 발표했다.

1525

mortgage
[mɔ́ːrgidʒ]

n (집을 사기 위한) 대출(금)

Mortgage rates are expected to rise as the economy continues to recover.
경제가 계속 회복됨에 따라 주택 담보 대출 금리가 오를 것으로 전망된다.

1526

summon
[sʌ́mən]

summons **n** 소환장, 호출

v 소환하다, 호출하다, 소집하다

The director was **summoned** away from the meeting by an emergency call from his wife.
그 감독은 아내에게서 온 급한 전화를 받고 그 모임에서 빠져나와 불려갔다.

1522 주인공   1523 평형 상태   1524 인공물

1527

foremost
[fɔ́ːrmòust]

ⓐ 가장 중요한, 주요한

Yo Yo Ma has long been considered one of today's **foremost** cellists.

Yo Yo Ma는 오랫동안 현대의 가장 유명한 첼리스트 중 한 명으로 여겨져 왔다.

= primary

1528

incentive
[inséntiv]

ⓝ 장려책, 유인책

As an added **incentive**, the first sales associate to reach the revenue target will receive this gift certificate.

추가된 장려책으로, 자신의 총 수입 목표에 가장 먼저 도달한 판매원이 이 상품권을 받을 것이다.

What disturbs me is the idea that good behavior must be reinforced with **incentives**. 수능

나를 혼란스럽게 하는 것은 좋은 행동이 우대 조치를 통해서 강화되어야 한다는 생각이다.

= inducement

1529

subscribe
[səbskráib]

subscription ⓝ 구독(료)

ⓥ (신문 등을) 구독하다; (의견 등을) 지지하다

Many people **subscribe** to online magazines for as little as twenty-five dollars per year.

많은 사람들이 일 년에 25달러라는 저렴한 가격에 온라인 잡지를 _____.

1530

revenue
[révənjùː]

ⓝ 소득, 수입

Advertising **revenue** has risen to approximately six million dollars over the past six months.

광고 _____ 은 지난 6개월 사이에 대략 600만 달러로 올랐다.

1531

controversy
[kántrəvə̀ːrsi]

controversial ⓐ 논란이 많은

ⓝ 논란

Judge Marshall's decision to dismiss the murder case has provoked **controversy**.

그 살인 사건을 기각하기로 한 Marshall 판사의 결정은 _____ 을 일으키고 있다.

1532

nonexistent
[nànigzístənt]

nonexistence ⓝ 존재하지 않음

ⓐ 존재하지 않는

Community activists have argued that the local government's support for a new library has been virtually **nonexistent**.

지역사회 활동가들은 새로운 도서관에 대한 지방 정부의 지원이 사실상 _____ 주장했다.

1529 구독한다　1530 수입　1531 논란　1532 존재하지 않았다고

DAY 39

01 02 03 04 05 06 07 08 09 10 11 12 13 14 15 16 17 18 19 20 21 22 23 24 25

1533

commoner
[kámənər]

ⓝ (귀족이 아닌) 평민

Throughout ancient history, **commoners** were often heavily taxed, sent to war and generally mistreated by the aristocracy.
고대사에서 _____ 은 귀족들에 의해 종종 과도한 세금을 부과당했고, 전쟁터에 보내졌으며 대개 학대를 당했다.

> **Word Plus+** 사회학(sociology) 관련 어휘
>
> age discrimination 연령 차별 hierarchy 계급 infrastructure 사회 기반 시설 revolution 혁명
> slavery 노예제도 blue-collar 육체 노동직의 white-collar 사무직의

1534

adequate
[ǽdikwit]

adequacy ⓝ 타당성

ⓐ 적합한, 충분한

We finally have an **adequate** number of signatures on our petition to stop the construction of a garbage dump in our neighborhood.
우리는 마침내 우리 인근 지역에 쓰레기 처리장 공사를 멈춰달라는 탄원서에 _____ 수의 서명을 가지고 있다.

↔ inadequate 부적당한

1535

camouflage
[kǽmuflὰːʒ]

ⓝ 위장 ⓥ 위장하다, 감추다

Camouflage is used by more than 100 different species of animals and insects to hide in their natural habitat.
_____ 은 100종이 넘는 동물들과 곤충들이 그들의 자연 서식지에서 숨기 위해 사용된다.

Since prehistoric times, humans have **camouflaged** themselves when hunting to avoid detection.
선사시대 이래로 인간들은 사냥할 때 발견되지 않기 위해서 _____.

= conceal 감추다

1536

pledge
[pledʒ]

ⓝ 약속 ⓥ 약속하다

The government has made a **pledge** not to make any deals with known anti-government groups.
정부는 알려진 반(反)정부 단체들과 어떤 거래도 하지 않기로 _____.

= promise 약속(하다)

1537

vapor
[véipər]

ⓝ 수증기, 증기

Water **vapor** condenses in the lower layers of the atmosphere in the form of clouds.
수증기는 대기의 낮은 층에서 구름 형태로 응결된다.

1533 평민들 1534 충분한 1535 위장 / 위장했다 1536 약속했다

1538

evaporate
[ivǽpərèit]

evaporation ⓝ 증발

ⓥ 증발하다, 기화하다

Water that **evaporates** during the water cycle is condensed and later falls back to earth as rain or snow.
물이 순환하는 동안 _____ 물은 응결되어 나중에 비나 눈으로 지구에 떨어진다.

1539

comrade
[kámræd]

comradely ⓐ 동지의

ⓝ 친구, 동지

Socialists and communists often address each other as "**comrade**" in formal meetings.
사회주의자들과 공산주의자들은 공식적인 모임에서 종종 서로를 '_____'라고 부른다.

1540

lure
[luər]

ⓥ 꾀다, 유도하다 ⓝ 미끼

Clever advertising frequently **lures** people into spending money they did not plan to spend.
기발한 광고는 종종 사람들은 꾀어서 계획하지도 않은 돈을 쓰게 만든다.

= entice 유도[유인]하다

1541

quest
[kwest]

ⓝ 탐사, 추구

Members of the UN are in agreement about their **quest** for world peace.
유엔 회원들은 세계 평화 _____ 에 뜻을 같이한다.

= search 탐사, 탐색

1542

real-time

ⓝ 실시간

This GPS unit offers **real-time** traffic updates and is currently on sale for only $149.99.
이 위성항법장치는 _____ 교통상황을 알려주며, 최근에는 149달러 99센트에 판매된다.

1543

user-friendly
[júːzərfréndli]

ⓐ 사용하기 쉬운

In the near future, I believe that most people will wear **user-friendly** computer equipment making their daily lives even more convenient. 수능
나는 가까운 미래에 대부분 사람들이 일상생활을 훨씬 더 편리하게 만드는 _____ 컴퓨터 장비를 착용하게 될 것이라고 생각한다.

1538 증발한   1539 동지   1541 추구   1542 실시간   1543 사용하기 쉬운

DAY 39

1544
electromagnetic field

ⓝ 전자기장

Modern technology is addictive, so be sure to plan days away from its **electromagnetic fields**. 수능
현대 기술은 중독성이 있으므로 그 _____ 에서 며칠 벗어날 계획을 세우도록 해라.

1545
commentate
[káməntèit]

ⓥ (TV, 라디오에서) 실황 방송을 하다

Richard has **commentated** on this sports channel for more than a decade.
Richard는 스포츠 채널에서 십 년 넘게 _____ .

1546
paramount
[pǽrəmàunt]

ⓐ 가장 중요한

During times of national crisis, the needs of society are **paramount** and those of the individual are secondary.
국가적인 위기 중에는 사회적인 욕구가 _____ 하고 개인의 욕구는 이차적인 문제이다.

1547
impart
[impá:rt]

impartation ⓝ (정보를) 알림

ⓥ (정보를) 말해주다, 전달하다

It is customary for parents to **impart** their beliefs and values to their children.
부모가 자신의 신념과 가치를 자녀에게 _____ 것은 관례이다.

＝ convey 전달하다

1548
latent
[léitənt]

latency ⓝ 숨어 있음, 잠재

ⓐ 잠재하는

The flu virus can remain **latent** in the human body for several months before it becomes active.
독감 바이러스는 활성화되기 전에 몇 개월 동안 인체에 잠복해 있을 수 있다.

⇦ overt 명시적인

1549
quaint
[kwéint]

ⓐ (구식이어서) 특이한, 매력적인

There is a **quaint** little village in Scotland that we love to visit every summer.
스코틀랜드에는 우리가 매년 여름에 방문하기 좋아하는 예스럽고 매력적인 작은 마을이 있다.

1544 전자기장　　1545 실황 방송을 했다　　1546 가장 중요　　1547 전달하는

1550

administration
[ædmìnəstréiʃən]

administrative
ⓐ 행정[관리]상의

ⓝ 행정, 관리, 집행

The insurance industry spends an enormous amount of money each year on **administration**.
보험 업계는 행정 업무에 매년 막대한 비용을 지출한다.

1551

instructive
[instrʌ́ktiv]

ⓐ 유익한

The trainees found the field trip experience very **instructive**.
수습생들은 견학 경험이 매우 _____하다는 것을 알게 됐다.

= informative

접두어   inter- '상호간의'

1552

interchange
[intərtʃéindʒ]

ⓥ 교환[공유]하다 ⓝ 교환

People with sensitive taste buds will notice if you **interchange** ingredients in the recipe.
미뢰가 예민한 사람들은 조리법에서 재료를 바꾸면 알아차릴 것이다.

= exchange 교환(하다)

1553

international
[intərnǽʃənəl]

ⓐ 국제적인

This brilliant and thought-provoking film has received **international** acclaim from movie critics and fans alike.
관객을 생각하게 만드는 멋진 이 영화는 영화 비평가들과 팬들 모두로부터 _____ 갈채를 받고 있다.

1554

interactive
[intərǽktiv]

ⓐ 상호적인, 〈컴퓨터〉 대화형의

Staff members at the National Science Center have completed installation of an **interactive** exhibit on space travel.
국립 과학 센터(National Science Center)의 직원들은 우주여행을 주제로 하는 _____ 전시물의 설치를 끝마쳤다.

1555

interracial
[intərréiʃəl]

ⓐ 타 인종 간의

Interracial marriages have been steadily increasing in frequency over the last decade.
_____ 결혼은 지난 10년 동안 횟수 면에서 꾸준히 증가하고 있다.

1551 유익   1553 국제적인   1554 상호적인   1555 타 인종 간의

DAY 39

혼동 어휘

1556

abandon
[əbǽndən]

abandonment ⓝ 버림,
유기

ⓥ 버리다, 그만두다

The approaching fire forced hundreds of people to **abandon** their homes.
불길이 접근하자 수백 명에 이르는 사람들은 자기 집을 _____ 수밖에 없었다.

= give up 그만두다

1557

abundant
[əbʌ́ndənt]

ⓐ 풍부한

Rainfall in the northern areas of the Amazonian forest is more **abundant** in summer.
아마존 숲의 북부 지역에 내리는 강우량은 여름에 더욱 _____.

= plentiful

숙어 / 이어동사

1558

by the same token

마찬가지로

He has a good ear for music, and **by the same token** he finds it easy to learn foreign languages.
그는 음악에 소질이 있고, _____ 외국어도 쉽게 배운다.

1559

out of sync

서로 맞지 않는

I couldn't concentrate on the film because the actors' movements and the sound coming from the speakers were **out of sync**.
배우들의 동작과 스피커를 통해 들려오는 소리가 _____ 영화에 집중할 수 없었다.

= uncoordinated, unsynchronized

1560

single out

선발하다, 다르게 대우하다

It was, after all, her birthday; couldn't she be **singled out** on one day of the year? 수능
어쨌든 그날은 그녀의 생일이었다. 일 년에 단 하루만이라도 다르게 대우받을 수는 없단 말인가?

DAILY TEST

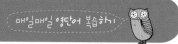

매일매일 영단어 복습하기

A 다음 영어를 우리말로, 우리말을 영어로 쓰시오.

1	abandon	_____	11	가장 중요한	_____
2	abundant	_____	12	국제적인	_____
3	administration	_____	13	평형 (상태)	_____
4	commentate	_____	14	논란	_____
5	comrade	_____	15	반면에	_____
6	interactive	_____	16	소득, 수입	_____
7	mortgage	_____	17	수증기, 증기	_____
8	quaint	_____	18	존재하지 않는	_____
9	subscribe	_____	19	증발하다, 기화하다	_____
10	summon	_____	20	타 인종 간의	_____

B 다음 빈칸에 알맞은 단어를 쓰시오.

1	protagonist	= _____	5	adequate	ⓝ	_____
2	foremost	= _____	6	impart	ⓝ	_____
3	camouflage	= _____	7	comrade	ⓐ	_____
4	latent	⬌ _____	8	evaporate	ⓝ	_____

C 다음 빈칸에 들어갈 알맞은 말을 |보기| 에서 고르시오.

보기	singled out incentives real-time adequate artifacts

1 All travelers should ensure they have _____ travel insurance before they depart. 수능

2 You can talk to each other in _____, looking at each other on a palm-sized phone. 수능

3 Natural objects do not come with labels, of course, but these days, most physical _____ do. 수능

4 The coach _____ the players who had played poorly and strongly criticized them for not trying harder.

5 The _____ for doctors and hospitals to use cutting-edge tools have to go through months of regulatory processes.

DAY 40

01 02 03 04 05 06 07 08 09 10 11 12 13 14 15 16 17 18 19 20 21 22 23 24 25

1561

grumble
[grʌ́mbl]

grumbly ⓐ 투덜거리는

ⓥ 불평하다, 투덜대다

Passengers on cruise ships often **grumble** that their quarters are too small.
크루즈 여객선 승객들은 종종 숙소가 너무 좁다고 _____.

= moan, groan

1562

tangible
[tǽndʒəbl]

tangibility
ⓝ 만져서 알 수 있음

ⓐ 실재하는, 만질 수 있는

If the government is to continue funding the housing project, there must be **tangible** progress in its construction.
정부가 저소득층 주택단지를 위한 재정 지원을 계속한다면, 그들은 그 주택단지 건설에 있어 실재적인 진전이 틀림없이 있을 것이다.

➡ intangible 무형(無形)의

1563

susceptible
[səséptəbl]

ⓐ 영향을 받기 쉬운, 취약한

The very young and the very old are more **susceptible** to pneumonia than all others.
아주 어린 아이들과 아주 나이가 많은 사람들은 다른 사람들보다 폐렴에 더 _____.

= vulnerable

1564

compost
[kámpoust]

ⓝ 퇴비

Meanwhile, I thought of how the type of 'imperfect' produce we ate for dinner, just as healthy as that sold at the store, was often tossed on the **compost** heap or left in the ground. 수능
한편으로 나는 가게에서 파는 것과 똑같이 건강에 좋은 우리가 저녁으로 먹은 '불완전한' 농산물이 종종 어떻게 _____ 더미 위로 던져지거나 땅속에 버려질 수 있는지를 생각해 보았다.

1565

virgin
[vɔ́:rdʒin]

ⓐ 원래 그대로의

The **virgin** landscape of the secluded bay was literally untouched by civilization.
외진 만의 원래 그대로의 경치는 그야말로 문명의 손을 타지 않았다.

1566

extensive
[iksténsivli]

extend ⓥ 연장하다, 확장하다
extension ⓝ 확대

ⓐ 광범위한

The **extensive** underground tunnels of Rome were built during the 2nd century B.C.
로마의 _____ 지하 터널은 기원전 2세기에 지어졌다.

1561 불평한다   1563 취약하다   1564 퇴비   1566 광범위한

1567

swine
[swain]

n 돼지

Swine are known to be intelligent animals that can be trained and kept as pets, similar to dogs.
_____는 개와 비슷하게 애완동물로 길들이고 키울 수 있는 지적인 동물로 알려져 있다.

1568

trustworthy
[trʌ́stwə̀ːrði]

a 믿을 수 있는, 신뢰하는

For example, a mole on one's nose means that he or she is strong-willed and **trustworthy**. 수능
예를 들어, 코에 난 점은 그 사람이 의지력이 강하고 믿을 수 있다는 것을 의미한다.
= reliable

1569

geothermal
[dʒìːouθə́ːrməl]

a 지열의, 지열과 관련된

Geothermal power has shown immense promise as a clean alternative to fossil fuels.
지열 발전은 화석 연료에 대한 깨끗한 대안으로 엄청난 전망을 보인다.

1570

creak
[kriːk]

creaky **a** 삐걱거리는

v 삐걱거리다

One of the floor boards on these wooden stairs **creaks** every time someone steps on it.
이 나무 계단의 바닥 판자 중 하나에서 누군가 밟을 때마다 _____.

1571

deviant
[díːviənt]

a 일탈적인, 정상에서 벗어난

Psychologists claim that **deviant** behavior must be diagnosed in early childhood in order to have any chance of correcting it.
심리학자들은 바로잡을 기회를 가지려면 _____ 행동을 어린 시절에 일찍 진단받아야 한다고 주장한다.

1572

antisocial
[æ̀ntisóuʃəl]

antisocialist **n** 반사회주의자

a 반(反)사회적인

Antisocial behavior is sometimes the mark of a brilliant mind.
_____ 행동은 때때로 총명한 정신의 특징이다.

1567 돼지   1570 삐걱거린다   1571 일탈적인   1572 반사회적인

DAY 40

1573

one-size-fits-all

ⓐ 두루 적용되는

Educators have long realized that a **one-size-fits-all** approach to teaching mathematics is likely to fail in the classroom.
교육자들은 수학을 가르칠 때 두루 적용되는 접근법이 수업에서는 실패로 돌아갈 가능성이 높다는 사실을 깨달은 지 오래되었다.

1574

cure-all
[kjúərɔ́ːl]

ⓝ 만병통치약

Aspirin is often used as a **cure-all** by people who have no desire to visit a doctor.
아스피린은 병원에 가고 싶어 하지 않는 사람들에게 _____ 으로 자주 사용된다.

= panacea

1575

municipal
[mjuːnísəpəl]

ⓐ 시립의, 자치제의

The **municipal** government of Rio de Janeiro has decided to cancel this year's carnival due to lack of citizen interest.
리우데자네이루의 자치 정부는 시민의 관심이 부족한 탓에 올해 열릴 카니발을 취소하기로 결정했다.

1576

theoretical
[θìːərétikəl]

theory ⓝ 이론

ⓐ 이론적인, 이론의

A **theoretical** solution to overpopulation would be to limit the number of people living in cities.
인구 과잉에 대한 _____ 해결책은 도시에 사는 사람의 수를 제한하는 것이다.

1577

symposium
[simpóuziəm]

ⓝ 학술회, 토론회

San Francisco holds an annual **symposium** on the works of Shakespeare.
샌프란시스코에서는 매년 셰익스피어 작품에 대한 _____ 가 열린다.

1578

undoubted
[ʌ̀ndáutid]

undoubtedly
ad 의심할 여지 없이

ⓐ 확실한, 의심할 바 없는

The earliest footwear was **undoubtedly** born of the necessity to provide some protection when moving over rough ground in varying weather conditions. 수능
최초의 신발은 변화하는 날씨 여건에서 험한 길을 이동할 때 발을 보호하기 위한 필요성에 의해서 생겨났다는 것은 의심할 여지가 없었다.

1574 만병통치약   1576 이론적   1577 학술회

1579

self-contained
[sélfkəntéind]

ⓐ 독립적인, 자급자족적인

The recycling systems on board the ship are entirely **self-contained**.

선박 내에서 재활용 체계는 완전히 _____.

1580

golden rule

ⓝ 황금률; 교훈; 철칙

The **golden rule** for relationships is to treat others as you would like them to treat you.

관계의 _____ 은 자신이 타인에게 대우받고 싶어 하는 대로 타인을 대우하는 것이다.

1581

annihilate
[ənáiəlèit]

annihilation ⓝ 전멸

ⓥ 전멸시키다

A single nuclear weapon holds enough power to **annihilate** a city the size of London or Paris.

핵무기 하나가 런던이나 파리 크기의 도시를 전멸시킬 만한 충분한 위력이 있다.

1582

makeshift
[méikʃìft]

ⓐ 임시변통의

We used boxes as **makeshift** chairs last week while I was painting my kitchen chairs.

지난주에 내가 부엌 의자에 페인트를 칠하는 동안 우리는 상자를 임시 의자로 사용했다.

1583

numerical
[nju:mérikəl]

ⓐ 숫자로 나타낸, 숫자에 관련된

In America a **numerical** system based on a scale of 1 to 70 has been introduced, in which 1 is the lowest grade possible and 70 is perfect. 수능

미국에서는 1부터 70까지의 등급에 기초한 _____ 시스템이 도입되어, 1은 가장 낮은 등급, 70은 완벽을 나타낸다.

1584

satiate
[séiʃièit]

satiety ⓝ 포만감

ⓥ 충분히 만족시키다

A hungry predator animal will hunt until he **satiates** his appetite.

굶주린 포식 동물은 식욕을 채울 때까지 사냥할 것이다.

1585

carve
[kɑːrv]

ⓥ 조각하다

I was taught how to **carve** wood with carving knives when I was thirteen.

나는 열세 살 때 조각칼을 가지고 나무를 _____ 방법을 배웠다.

1579 자급자족적이다   1580 황금률   1583 숫자로 나타낸   1585 조각하는

DAY 40

01 02 03 04 05 06 07 08 09 10 11 12 13 14 15 16 17 18 19 20 21 22 23 24 25

1586
delirious
[dilíriəs]

deliriously **ad** 열광적으로

ⓐ (아파서) 정신이 혼미한; 기뻐 날뛰는

The students are **delirious** with excitement over tomorrow's field trip to the beach.
학생들은 내일 해변으로 떠나는 현장학습 때문에 흥분해서 열광했다.

= ecstatic 열광하는

1587
aggravate
[ǽgrəvèit]

aggravation ⓝ 악화, 도발

ⓥ 악화시키다

The child's constant scratching **aggravated** the rash to the point that she needed to be hospitalized.
아이가 계속 긁어서 입원을 해야 할 정도까지 발진이 _____.

⟺ alleviate 완화하다

1588
big-headed

ⓐ 자만하는, 잘난체하는

Alan has become **big-headed** since he won the salesman-of-the-year award.
Alan은 올해의 세일즈맨 상을 받고 나서 _____.

= conceited

1589
prophecy
[práfəsi]

prophesy ⓥ 예언하다
prophetic ⓐ 예언의

ⓝ 예언

There is a Mayan **prophecy** which foretells the end of the world in 2012.
2012년에 세상의 종말을 예언하는 마야의 _____이 있다.

1590
plunge
[plʌndʒ]

ⓥ 떨어지다, 급락하다

Before you **plunge** into a project, it is wise to formulate a plan for its completion.
프로젝트에 뛰어들기 전에 그것의 완성을 위해 체계적으로 계획을 세우는 것이 현명하다.

= drop

1591
frown
[fraun]

frowning ⓐ 찡그린 얼굴의

ⓥ 찡그리다

When a person **frowns**, seventeen muscles are activated in his or her face, while a smile requires just fourteen muscles.
사람이 얼굴을 _____ 안면에 있는 17개의 근육이 활성화되는 반면에 웃을 땐 겨우 14개의 근육만 필요하다.

1587 악화되었다   1588 자만했다   1589 예언   1591 찡그리면

1592

advocate
[ǽdvəkit]

advocacy ⓝ 지지, 옹호

ⓥ (공개적으로) 지지하다 ⓝ 지지자, 옹호자; 변호사, 중재인

Mayor Sims did not **advocate** the plan to restore City Hall before it was put to a vote.
Sims 시장은 시청을 복원하는 계획이 표결에 부쳐지기 전에 그것을 지지하지 않았다.

The **advocate** had a reputation for supporting the political underdog.
그 _____ 는 정치적 희생자를 지원한다는 명성을 가지고 있었다.

1593

carbohydrate
[kὰ:rbouháidreit]

ⓝ 탄수화물

Carbohydrates are converted into caloric energy in the human body through the process of metabolism.
_____ 은 신진대사 과정을 통해 인체 내에서 열에너지로 변환된다.

> **Word Plus+** 식품영양(Nutrition) 관련 어휘
>
> cholesterol 콜레스테롤   low-fat 저지방의   fat-free 무지방의   saturated fat 포화지방
> protein 단백질   well-balanced 균형 잡힌   recommended dietary allowances(RDA) 영양권장량

혼동 어휘

1594

rear
[riər]

ⓝ 뒤쪽 ⓥ 기르다, 양육[사육]하다

I was in a crash yesterday, and the **rear** of my car was badly damaged.
나는 어제 교통사고가 났었고, 내 차의 뒤쪽이 심하게 망가졌다.

For decades, child-**rearing** advice from experts has encouraged the nighttime separation of baby from parent. 수능
수십 년간 전문가의 아이 _____ 에 관한 충고는 밤에는 아이를 부모로부터 떼어 놓으라고 권장하고 있다.

= raise, bring up 키우다   ⟺ front 앞쪽

1595

rare
[rɛər]

rarely ad 드물게, 거의 ~하지 않는

ⓐ 희귀한, 드문

The first edition of the comic I'm looking for is extremely **rare** because only 200 copies were printed.
내가 찾는 그 만화책의 초판은 200부만 인쇄되었기 때문에 굉장히 _____.

⟺ common 흔한

1592 변호사   1593 탄수화물   1594 양육   1595 희귀하다

DAY 40

다의어

1596 stock
[stɑk]

ⓝ 재고(품)

The clothing store's **stocks** of large-size clothes sold out in just a few days.

그 가게의 큰 사이즈 옷의 _____ 들이 며칠 만에 모두 팔렸다.

ⓝ 주식

Agents who buy and sell **stocks** for others are called brokers.

다른 사람들을 위해 _____ 을 사고파는 대리인을 중개인이라고 부른다.

숙어 / 이어동사

1597 set ~ in motion

~을 움직이게 하다

What can you do to **set** your pen **in motion**? 수능

펜을 움직이기 위해서 무엇을 할 수 있을까?

1598 short of breath

숨이 찬

After running up several flights of stairs, it is normal to feel **short of breath**.

계단 몇 층을 뛰어 오르고 나서 _____ 것은 당연하다.

1599 tie the knot

결혼하다

Leonardo DiCaprio and his long-time model girlfriend have decided to **tie the knot**.

레오나르도 디카프리오와 그의 오래된 모델 여자친구는 _____ 결심했다.

1600 hold back

망설이다; 저지하다

Sue wanted to introduce herself to Nicholas, but she **held back** out of shyness.

Sue는 Nicholas에게 자신을 소개하고 싶었지만 부끄러워서 _____.

1596 재고품 / 주식   1598 숨이 찬   1599 결혼하기로   1600 망설였다

DAILY TEST

A 다음 영어를 우리말로, 우리말을 영어로 쓰시오.

1   advocate _____

2   creak _____

3   deviant _____

4   geothermal _____

5   hold back _____

6   self-contained _____

7   stock _____

8   swine _____

9   tie the knot _____

10 virgin _____

11 반(反)사회적인 _____

12 숨이 찬 _____

13 시립의, 자치제의 _____

14 이론적인, 이론의 _____

15 임시변통의 _____

16 전멸시키다 _____

17 찡그리다 _____

18 탄수화물 _____

19 학술회, 토론회 _____

20 황금률; 교훈; 철칙 _____

B 다음 빈칸에 알맞은 단어를 쓰시오.

1   cure-all   =   _____

2   big-headed   =   _____

3   aggravate   ⬌   _____

4   rare   ⬌   _____

5   extensive   ⓥ   _____

6   theoretical   ⓝ   _____

7   satiate   ⓝ   _____

8   prophecy   ⓥ   _____

C 다음 빈칸에 들어갈 알맞은 말을 |보기| 에서 고르시오.

보기	compost	undoubted	trustworthy	numerical	rear

1   The _____ leader in global food exports is China.

2   Last night, there was a documentary on the Discovery Channel about how elephants _____ their young.

3   In times of emotional distress, everyone needs a _____ friend to rely on.

4   Recycling food waste in a _____ heap reduces the amount of garbage taken to landfills.

5   _____ evidence of a tree's age can be found in the rings in a cross section of its trunk.

WEEKLY TEST

1	abandon		34	cross-reference
2	abbreviation		35	customary
3	abundant		36	decisive
4	accelerate		37	degrade
5	accentuate		38	delude
6	accountant		39	detoxification
7	adequate		40	deviant
8	administration		41	discriminate
9	adolescence		42	drainage
10	advocate		43	equilibrium
11	aesthetic		44	evacuate
12	agenda		45	evaporate
13	annihilate		46	excavate
14	antisocial		47	expenditure
15	artifact		48	exploit
16	asbestos		49	ferment
17	benevolent		50	fluctuate
18	bring about		51	foremost
19	bureaucracy		52	free will
20	call off		53	frown
21	carbohydrate		54	geothermal
22	carve		55	golden rule
23	come into existence		56	grumble
24	commentate		57	hemisphere
25	compel		58	hinder
26	competent		59	holdout
27	component		60	hospitality
28	comrade		61	hostility
29	contaminate		62	ideological
30	contradiction		63	illiterate
31	controversy		64	incentive
32	counterclockwise		65	incorporate
33	creak		66	inhibition

67	insecticide	
68	instructive	
69	integral	
70	integrate	
71	interactive	
72	international	
73	interracial	
74	introverted	
75	legible	
76	makeshift	
77	matter	
78	medication	
79	meditation	
80	midwife	
81	mind-set	
82	mortgage	
83	municipal	
84	nominate	
85	nonexistent	
86	numerical	
87	ominous	
88	out of context	
89	overenthusiastic	
90	overindulge	
91	paradigm	
92	paramount	
93	plunge	
94	propel	
95	prospect	
96	protagonist	
97	quaint	
98	quotation	
99	rapport	
100	real-time	
101	refugee	

102	restraint	
103	retreat	
104	revenue	
105	rhetorical	
106	satiate	
107	segregation	
108	self-contained	
109	self-defense	
110	set aside	
111	short of breath	
112	short-sighted	
113	sophisticated	
114	spectrum	
115	startle	
116	stock	
117	subscribe	
118	successor	
119	summon	
120	suspend	
121	swine	
122	symposium	
123	tangible	
124	temperament	
125	theoretical	
126	thereafter	
127	tie the knot	
128	trustworthy	
129	undoubted	
130	utensil	
131	vapor	
132	versatile	
133	virgin	
134	wear out	
135	whereas	

DICTATION

1 Perfect courage is to do _____ what we should be capable of doing before all men.

2 What disturbs me is the idea that good behavior must be _____ with incentives. 수능

3 Your resolve to secure a sufficiency of food for yourself and your family will induce you to spend weary days in _____ the ground and tending livestock. 수능

4 There is an almost _____ correlation between what is in front of our eyes and the thoughts we are able to have in our heads. 수능

5 _____ reflections which are liable to stall are helped along by the flow of the landscape. 수능

6 And in so far as it is a question of rejecting universally accepted and _____ values, the result is a fatal loss. 수능

7 She was concerned that as a _____, she'd had little experience of the countryside, and none at all of swimming in rivers. 수능

8 But the role of photographer may actually _____ from their delight in the present moment. 수능

9 Thank you for years of reliable delivery of a _____ newspaper. 수능

10 If strong bonds make even a single _____ less likely, the performance of groups and institutions will be impaired. 수능

11 When vampire bats return to their _____ nests from a successful night's foraging, they frequently vomit blood and share it with other nest-mates, including even non-relatives. 수능

12 I hope that you no longer feel hurt or uncomfortable in any way as a result of our _____. 수능

13 Mark must be in great shape because he seems to have _____ energy when he plays sports.

---

1 완전한 용기는 당신이 모든 사람 앞에서 할 수 있는 일을 눈에 띄지 않게 하는 것이다. 2 나를 교란하는 것은 좋은 행동이 보상으로 강화되어야 한다는 생각이다. 3 자신과 가족을 위해 충분한 음식을 확보하려는 결심은 당신으로 하여금 땅을 **갈고** 가축을 돌보면서 힘든 날들을 보내게 한다. 4 우리 눈앞에 있는 것과 우리가 머릿속에서 할 수 있는 사고 사이에는 거의 **독특한** 상관관계가 있다. 5 멈추기 쉬운 자아 성찰적 반성은 풍경의 흐름에 따라 촉진된다. 6 그리고 그것이 보편적으로 용인되고 의심의 여지가 **없는** 가치를 거부하는 문제에 관한 한, 그 결과는 치명적인 손실이다. 7 그녀는 시골에 대해서 잘 모르는 도시 **사람**으로서 시골에 대한 경험이 거의 없었고 강에서 수영해 본 적이 전혀 없다는 사실에 대해 염려했다. 8 그러나 사실 사진가의 역할이 현재의 즐거움을 **떨어트릴** 수도 있다. 9 **최고의** 신문을 수년간 믿을 수 있게 배달해 주신 점 감사합니다. 10 만약 강한 결속이 단 하나의 **반대**가 나올 가능성조차 적게 한다면, 그 그룹과 단체의 성과는 제 기능을 못하게 될 것이다. 11 흡혈박쥐들이 성공적인 야간 사냥에서 **공동**의 둥지로 돌아오면 그들은 빈번히 피를 토해서 심지어 혈연관계가 아닌 박쥐까지 포함한 동료 박쥐들과 그것을 나눈다. 12 저는 우리의 **편지** 왕래 때문에 당신이 어떤 식으로든 기분이 상하거나 불편해지지 않기를 바랍니다. 13 Mark는 **스포츠**를 할 때 무한한 에너지를 발산하는 것처럼 보이므로 틀림없이 건강하다.

1 Their writing is usually _____ in a context of others' ideas and opinions. 수능

2 Apelles was unable to _____ himself, for he knew that the criticism was unjust and the man knew nothing about anatomy. 수능

3 The environmental adversities, however, actually contribute to their _____. 수능

4 Mrs. Ware has been hired to _____ the merging of our two companies.

5 Although the string's uniform tension still gives those outward forces equal _____, they now point in slightly different directions. 수능

6 The student who was next in line for an introduction was clearly on edge and after finishing his or her introduction, he or she was _____ with calming his or her nerves. 수능

7 Energy necessarily depends on a _____ polarity, without which there could be no energy. 수능

8 Whenever a geneticist unlocks new secrets of the DNA _____, it adds to our knowledge base and enables us to better the human condition. 수능

9 In their work they are asking critical questions about how the body is trained, disciplined, and _____ in sports. 수능

10 After the accident, it took my father more than three months to fully _____ his broken hip.

11 George was in such a hurry to meet his friends that he _____ his dinner in minutes.

12 The government will _____ a new privacy law to protect the identity of minors who are charged with a crime.

13 The Legacy Society exists to safeguard the _____ of architecture and design in Canada.

---

1 그들의 글은 주로 다른 사람들의 생각과 견해의 맥락 속에 박혀 있다. 2 Apelles는 참을 수가 없었다. 왜냐하면, 그 비판이 부당하고, 그 남자는 해부학에 대해서 아무것도 모른다는 사실을 알고 있었기 때문이다. 3 그러나 환경적 역경이 사실 그들의 장수에 기여한다. 4 Ware 부인은 우리 두 회사의 합병을 **촉진할** 목적으로 고용되었다. 5 현의 균일한 장력이 그 밖으로 향하는 힘에 같은 **규모로** 작용하지만, 이제 조금 다른 방향을 가리킨다. 6 다음 차례로 소개할 학생은 분명히 초조했고, 자기소개를 끝내고 나서는 긴장을 가라앉히는 데 몰두했다. 7 에너지는 이전부터 **존재하는** 양극성에 의존하고, 그것이 없으면 에너지도 없었을 것이다. 8 유전학자가 DNA 분자의 새로운 비밀을 풀 때마다 우리 지식의 기반을 넓히고 우리로 하여금 인간의 상태를 개선하도록 해준다. 9 그들은 자신들의 연구에서 스포츠에서 신체가 어떻게 훈련되고, 단련되며, **다루어지는지에** 대한 중요한 질문을 하고 있다. 10 사고가 난 후에 아버지가 엉덩이 골절에서 완전히 **회복하기까지는** 3개월 이상이 걸렸다. 11 George는 친구들을 만나려고 매우 서둘러서 몇 분 만에 저녁을 허겁지겁 먹었다. 12 정부는 범죄 행위로 고발당한 미성년자들의 신원을 보호하기 위해 새로운 사생활 보호법을 **제정할** 것이다. 13 레거시 소사이어티(Legacy Society)는 캐나다에 있는 건축물과 디자인 유산을 보호하기 위해 존재한다.

1 If someone has finished speaking and you do not play along by taking up your end of the dialog, that person will automatically start to _____. 수능

2 Of all the ways that automobiles damage the urban environment and lower the quality of life in big cities, few are as _____ and unnecessary as car alarms. 수능

3 Because my younger brother is so _____, he often regrets his actions afterwards.

4 The cycles of Western economies during the 20th century had a significant impact on the prevalence of objects that emphasized design over styling — and _____ _____ _____ _____. 수능

5 Their country has an _____ trend towards censoring unwanted reports in the media.

6 The public is becoming more and more _____ about the mayor's election promises.

7 We must be certain not to _____ the demand for this product before we invest our money.

8 With the rise of the social sciences, and especially the anthropology of the 1930s and _____, words like 'savage' and 'primitive' began to disappear from the vocabulary of cultural studies. 수능

9 You must truly own this idea and _____ it into your daily life. 수능

10 Using _____ language in your everyday speech can give others the impression that you are well educated.

11 The popularity of _____ _____ food has dramatically increased over the last decade.

12 The auditory system had filled in the missing speech information, so that the sentence seemed _____. 수능

13 We _____ it _____ _____ that people of different ages behave differently. 수능

---

1 상대방이 말을 마치고 당신이 대화의 끝을 취함으로써 이어 말하지 않으면, 그 사람은 자연스레 더 자세하게 설명하기 시작할 것이다. 2 자동차가 도시 환경을 해치고 대도시에서의 삶의 질을 저하하는 모든 요소 중 자동차 도난 방지용 경보장치만큼이나 화나게 하고 불필요한 것은 드물다. 3 나의 남동생은 매우 충동적이라서 행동하고 나서 종종 후회한다. 4 20세기 동안의 서양 경제 주기는 디자인을 스타일링보다 강조한, 혹은 그 반대를 강조한 물건의 유행에 중대한 영향을 끼쳤다. 5 그들의 나라는 언론에서 반갑지 않은 보도를 검열하는 것이 교활하다고 생각하는 추세이다. 6 대중은 그 시장의 선거 공약에 대해 점점 더 냉소적이 되어 가고 있다. 7 우리는 자금을 투자하기 전에 이 제품에 대한 수요를 과대평가하지 말아야 한다. 8 사회 과학의 등장과 특히 1930년대와 그 후의 인문학으로 '야만적인'과 '원시적인' 같은 단어들은 인문 과학 단어에서 사라지기 시작했다. 9 당신은 진정으로 이 개념을 지니고, 당신의 일상생활에 그것을 포함해야 한다. 10 일상적인 대화에서 세련된 언어를 사용하면 다른 사람들에게 당신이 교육을 잘 받은 사람이라는 인상을 줄 수 있다. 11 유전자 변형 식품의 인기는 지난 10년 동안 급격히 증가했다. 12 청각 체계가 사라진 발화 정보를 채워서 그 문장이 방해받지 않은 것처럼 보인 것이다. 13 우리는 다른 연령대의 사람들이 다르게 행동한다는 것을 당연하게 받아들인다.

Day37~38

1 Like its largemouth cousin, the smallmouth bass is a native of the Mississippi
_____, which makes it a true heartland fish. 수능

2 The contract I signed should allow me to travel abroad _____ by the
authorities.

3 Labor unions were originally formed to ensure that employers could not _____
their workers.

4 The first-class _____ is off limits to passengers with second- and third-class
tickets.

5 I know a beautiful barn where the corners are not at _____ _____. 수능

6 South Korea's offer to give the North several months' worth of rice is a _____
to get the North to cooperate.

7 Object identification rarely occurs _____ _____. 수능

8 They usually feel this way because their behavior _____ others to lie to them. 수능

9 _____ influences also factored in; elites in particular were skeptical of
television, perceiving it as a messenger of mass culture and Americanization. 수능

10 In a society where people _____ for beauty, the condition of one's skin and
body can be a status symbol. 수능

11 The ability to sympathize with others reflects the multiple nature of the human being,
his _____ for many more selves and kinds of experience than any one being
could express. 수능

12 Real estate developers have done a lot of work to have this area of the city
_____ so quickly.

13 It is _____ to give this to performers after a performance. 수능

14 Clearly, his debt to culture will vary with the _____ of his education. 수능

---

1 그것의 사촌격인 큰입배스처럼 작은입배스는 미시시피 강 배수 유역이 원산지이고, 그곳이 작은입배스를 진정한 핵심 지역 물고기로 만든다. 2 내가 서명한 계약서는 당국의 방해 없이 해외여행을 할 수 있도록 해줄 것이다. 3 노동조합은 원래 고용자들이 그들의 노동자들을 착취할 수 없음을 보장하기 위해 조직되었다. 4 일등석 객실은 이등석과 삼등석 표를 가진 승객들에게는 접근 금지 구역이다. 5 나는 모서리가 직각이 아닌 한 아름다운 헛간을 알고 있다. 6 북한에 몇 달 치의 쌀을 공급하자는 남한의 제안은 북한의 협조를 얻기 위한 전략이다. 7 대상 식별은 별개로 일어나는 경우는 거의 없다. 8 그들은 보통 이렇게 느낀다. 왜냐하면, 그들의 행동이 다른 사람들로 하여금 그들에게 거짓말하게 하기 때문이다. 9 이념적인 영향 또한 요인이 되었다. 특히 엘리트들은 텔레비전에 대해 회의적이어서 대중문화와 미국화의 매체로 받아들였다. 10 사람들이 아름다움에 열광하는 사회에서는 피부와 신체 조건이 신분의 상징이 될 수도 있다. 11 타인과 공감할 수 있는 능력은 인간의 복합적 본성, 즉 어느 한 인간이 표현할 수 있는 것보다 더 많은 여러 인간상과 각종 경험에 대한 잠재력을 반영한다. 12 부동산 개발업자는 도시의 이 지역이 매우 빨리 건물이 밀집하도록 많은 일을 하고 있다. 13 공연이 끝난 후에 공연자에게 이것을 주는 것은 관습적이다. 14 분명히 그의 문화에 대한 의존은 교육의 종류에 따라 달라질 것이다.

Day39~40

1 Why are some activities, such as eating and reproducing, common to all organisms, _____ other activities, such as nest-building, are limited to certain species? 수능

2 Poor distribution combined with minimal offerings provided little _____ to purchase the new product. 수능

3 A violin creates tension in its strings and gives each of them an _____ shape: a straight line. 수능

4 Later, it was worn by the _____, and still later only by women. 수능

5 The operating system on my new phone is so _____ that even my mother can use it.

6 Ongoing research is being done to determine whether the _____ _____ emitted from power lines are harmful to humans.

7 Interestingly, art in tribal societies is frequently _____ after it has served its purpose. 수능

8 Passengers on cruise ships often _____ that their quarters are too small.

9 If the government is to continue funding the housing project, there must be _____ progress in its construction.

10 The very young and the very old are more _____ to pneumonia than all others.

11 In other words, one of the challenges is to avoid a _____ strategy that places too much emphasis on the "global" aspect alone. 수능

12 The earliest footwear was _____ born of the necessity to provide some protection when moving over rough ground in varying weather conditions. 수능

13 Americans _____ pumpkins but they never use the stem. 수능

14 However, those who study _____ plants are worried about recreational tree climbers. 수능

---

1 먹기, 번식하기 같은 몇몇 활동들은 모든 생명체에게 공통적인 반면에, 둥지 짓기 같은 다른 몇몇 활동들은 특정 종에만 제한되어 있을까? 2 빈약한 분배와 최소한의 제공으로는 새로운 제품을 구매하기 위한 동기 부여가 거의 되지 못했다. 3 바이올린은 현에 장력을 만들어서 각 현을 평형 형상, 즉 직선이게 한다. 4 나중엔 평민들이 그것을 착용했고, 더 나중에는 여자들만 착용했다. 5 내 새 휴대전화의 작동 시스템은 사용하기 쉬워서 우리 엄마도 사용할 수 있을 정도다. 6 전자기장이 송전선에서 방출되면 사람들에게 해로운지를 밝혀내기 위해서 지속적인 조사가 이루어지고 있다. 7 흥미롭게도 부족사회에서 예술은 그 목적을 다하고 나서 버려지는 일이 빈번했다. 8 크루즈 여객선 승객들은 종종 숙소가 너무 좁다고 불평한다. 9 정부가 저소득층 주택단지를 위한 재정 지원을 계속한다면, 그들은 그 주택단지 건설에 있어 실제적인 진전을 틀림없이 볼 수 있을 것이다. 10 아주 어린 아이들과 아주 나이가 많은 사람들은 다른 사람들보다 폐렴에 더 취약하다. 11 다시 말해서, 한 과제는 '포괄적인' 측면만을 지나치게 강조하는 두루 적용되는 전략을 피하는 것이다. 12 최초의 신발은 변화하는 날씨 여건에서 험한 길을 이동할 때 발을 보호하기 위한 필요성에 의해서 생겨났다는 것은 의심할 여지가 없었다. 13 미국인들은 호박을 조각하지만 줄기는 결코 이용하지 않는다. 14 하지만, 희귀 식물을 연구하는 사람들은 취미로 나무를 오르는 사람들을 우려한다.

DAY 41
—
DAY 50

DAY 41

1601
likewise
[láikwàiz]

ad 또한, 똑같이

Xavier, the owner of the restaurant, is **likewise** the owner of the coffee shop next door.
식당 주인인 Xavier는 _____ 옆에 있는 커피숍 주인이기도 하다.

= similarly

1602
edible
[édəbl]

a 식용의

Check this guide to see whether the berries you picked in the forest are **edible**.
당신이 숲에서 딴 베리가 먹을 수 있는 것인지 알려면 이 안내서를 확인하십시오.

⟺ inedible

1603
extravagant
[ikstrǽvəgənt]

extravagance **n** 사치, 낭비벽

a 사치스러운, 낭비하는

My daughter is planning an **extravagant** wedding that includes a five-course meal and a full choir at the reception.
나의 딸은 피로연에 다섯 가지가 나오는 코스 요리와 인원을 제대로 갖춘 합창단을 포함하는 호화로운 결혼을 계획하고 있다.

1604
accumulate
[əkjú:mjəlèit]

accumulation **n** 누적, 축적
accumulative **a** 누적되는

v 축적하다

My parents have **accumulated** a huge vinyl record collection over the past thirty years.
우리 부모님께서는 지난 30년 동안 레코드판을 매우 많이 모으셨다.

= build up

1605
annul
[ənʌ́l]

annulment **n** 무효 선언, 폐지

v (선거, 계약 등을) 법적으로 무효화하다, 취소하다

A Supreme Court judge has agreed to **annul** the original ruling against my client.
대법원 판사는 나의 소송 의뢰인에 대한 원심을 _____ 하는 데 동의했다.

1606
fatigue
[fətí:g]

n 피로

Lack of iron in the human body can result in feelings of chronic **fatigue**.
인체에서 철분이 부족하면 만성 _____ 를 느낄 수 있다.

= tiredness

1607

environment-friendly

ⓐ 환경친화적인, 친환경적인

In the above chart, the five items in the middle show the **environment-friendly** improvements made by a company from 2001 to 2005. 수능

위의 표에서 가운데에 있는 다섯 가지 항목은 2001년부터 2005년까지 한 회사에서 실시한 _____ 개선을 보여준다.

Word Plus+ 환경(environment) 관련 어휘

acid rain 산성비　conservation (자연) 보호　eco-friendly 친환경적인　ecosystem 생태계
global warming 지구온난화　greenhouse effect 온실효과　noise pollution 소음공해
radioactivity 방사능　recycle 재활용하다　sewage 하수

1608

diffuse

[difjúːz]

diffusion ⓝ 확산, 발산, 유포

ⓥ 확산[분산]시키다　ⓐ 분산된

Carbon dioxide will **diffuse** through the cell membrane because it is a lipid-soluble molecule.

이산화탄소는 지용성 분자이기 때문에 세포막을 통해 _____ 수 있다.

Diffusion is a process by which one culture or society borrows from another. 수능

_____ 은 한 문화나 사회가 다른 문화나 사회로부터 빌려오는 과정이다.

1609

metabolism

[mətǽbəlìzm]

metabolic ⓐ 신진대사의

ⓝ 신진대사

The Korea Food & Drug Administration(KFDA) has just approved a new drug that speeds up human **metabolism**.

한국 식품의약품안전청은 인간의 _____ 를 높이는 신약에 대해 방금 허가를 내렸다.

1610

bilingual

[bailíŋgwəl]

bilingualism ⓝ 2개 국어 상용

ⓐ 두 언어를 쓰는

The hiring committee is looking to employ more **bilingual** police officers on the force.

고용 위원회는 이중 언어를 구사하는 경찰관을 더욱 많이 고용하려고 노력하고 있다.

1611

antioxidant

[æ̀ntiáksədənt]

ⓝ 항산화제, 노화 방지제

Dieticians consider green leafy vegetables to be the ideal source of **antioxidants**.

영양사들은 많은 녹색 잎채소들이 _____ 의 이상적인 공급원이라고 여긴다.

1607 환경친화적인　1608 확산될 / 확산　1609 신진대사　1611 항산화제

DAY 41

01 02 03 04 05 06 07 08 09 10 11 12 13 14 15 16 17 18 19 20 21 22 23 24 25

1612

phobia
[fóubiə]

ⓝ 공포증, 혐오증

I used to have a **phobia** about heights until I conquered my fears.
나는 나의 두려움을 극복하기 전까지는 고소_____이 있었다.

> **Word Plus+** 신경정신(psychology) 관련 어휘
>
> fatigue 피로   anorexia 거식증   bulimia 폭식증   complex 강박 관념   depression 우울증
> eating disorder 섭식장애   ego 자아   hypnosis 최면   nervous breakdown 신경쇠약
> psychiatry 정신의학   psychopath 사이코패스   trauma 정신적 외상, 트라우마

1613

aptitude
[ǽptitù:d]

apt ⓐ 적절한

ⓝ 적성

We should test our children's **aptitudes** in various subject areas
during their last year of elementary school. 수능
우리는 아이들이 초등학교의 마지막 일 년 동안 다양한 영역에서 아이들의 _____을
시험해봐야 한다.

1614

certificate
[sərtífəkit]

ⓝ 증서, 자격(증)

Replacing the **certificate** would be an expensive process, so
she kept it in a secure place.
그 _____을 다시 발급받는 것은 비용이 많이 드는 과정이라서 그녀는 그것을 안전한
곳에 두었다.

1615

scholarly
[skálərli]

ⓐ 학구적인, 학문적인

It was a **scholarly** article and as such difficult to understand at
times.
그것은 학술 저작물이었으며 때로는 이해하기가 어려울 정도였다.

1616

centralize
[séntrəlàiz]

centralization ⓝ 중앙집권화

ⓥ 중앙집권화하다

The smaller libraries were **centralized** into the new building,
which had enough space for all of the materials.
소규모 도서관들이 새 건물로 집중화되었는데, 이 건물에는 모든 자료가 들어갈 충분한 공
간이 있다.

1617

tame
[teim]

tamable ⓐ 길들일 수 있는
tameless ⓐ 야생의

ⓐ (동물이) 유순한, 사람을 잘 따르는 ⓥ (동물을) 길들이다

The Asian elephant can be **tamed** and trained much more
easily than the African elephant.
아시아코끼리는 아프리카코끼리보다 훨씬 수월하게 길들이고 훈련할 수 있다.

1612 공포증   1613 적성   1614 자격증

1618 exclusive
[iksklúsiv]

exclude ⓥ 제외하다, 배제하다
exclusion ⓝ 제외, 배제, 차단

ⓐ 독점적인; 특권층의; 고가의

My uncle has an **exclusive** membership to the Shady Lakes Golf and Country Club.
우리 삼촌은 Shady Lakes 골프 & 컨트리클럽의 고급 회원이다.

1619 sloppy
[slápi]

ⓐ 엉성한

Jason's written assignment was extremely **sloppy**, so he got a D for the class.
Jason의 작문 숙제는 정말 엉망이어서 그 수업에서 D 학점을 받았다.

1620 trifling
[tráiflin]

ⓐ 중요하지 않은, 하찮은

The CEO cannot be disturbed with matters of **trifling** importance.
최고경영자는 _____ 문제로 방해받아서는 안 된다.

= trivial

1621 trivia
[tríviə]

ⓝ 하찮은 정보; 일반상식

Kevin is an absolute whiz when it comes to golfing **trivia**.
Kevin은 골프 상식에 관한 한 완벽한 달인이다.

1622 prospective
[prəspéktiv]

prospect ⓝ 가망, 전망

ⓐ 장래의, 곧 있을

The search for a **prospective** life-partner can be long and tedious.
_____ 인생의 반려자를 찾는 것은 시간이 오래 걸리고 지루할 수 있다.

1623 outright
[àutráit]

ⓐ 전면적인; 직접적인

Lawmakers are considering an **outright** ban on the sale of alcohol and tobacco after 11 p.m.
입법자들은 밤 11시 이후에 술과 담배 판매를 전면 금지하는 것을 생각하고 있다.

1624 unceasing
[ʌnsíːsiŋ]

ⓐ 끊임없는

It is those explorers, through their **unceasing** trial and error, who have paved the way for us to follow. 수능
_____ 시행착오를 거치면서 우리가 따라갈 길을 닦은 것은 바로 그 탐험가들이다.

1620 중요하지 않은   1622 장래의   1624 끊임없는

DAY 41

1625

sheer
[ʃiər]

ⓐ 〈강조〉 완전한, 순전한

The **sheer** size of the country can make governing the different areas and ethnicities challenging.
그 나라의 엄청난 규모는 서로 다른 지역과 민족을 통치하는 것을 어렵게 만들 수 있다.

＝ pure 완전한, 순전한; 순수한

1626

arbitrary
[áːrbitrèri]

arbitrarily **ad** 제멋대로

ⓐ 제멋대로인, 자의적인

In what seemed like an **arbitrary** decision, the governor chose to cancel the construction project.
독단적인 결정인 것 같아서 주지사는 건설 프로젝트를 취소했다.

1627

acute
[əkjúːt]

acutely **ad** 강렬히, 몹시

ⓐ (안 좋은 상황이나 감정이) 심한, 격렬한; (병이) 급성인

My embarrassment at having Carol completely refuse my gift was **acute**.
Carol이 내 선물을 완강하게 거절하자 나는 정말 당황했다.

＝ severe 심한

1628

overdose
[óuvərdòus]

ⓝ (약물의) 과다 복용 ⓥ (약물을) 과다 복용하다

Kurt Cobain, the famous rocker, died of an **overdose** of illegal drugs.
유명한 록 가수인 Kurt Cobain은 불법 약물 _____ 으로 세상을 떠났다.

1629

administer
[ædmínəstər]

administration ⓝ 관리직, 행정부

ⓥ (국가, 법률 등을) 관리하다, 집행하다; (시험을) 실시하다

The test will be **administered** once a month by the testing center in London.
그 시험은 런던에 있는 시험장에서 한 달에 한 번 _____ 것이다.

1630

dormant
[dɔ́ːrmənt]

dormancy ⓝ 비활동 상태

ⓐ 활동을 중단한

This volcano has been **dormant** for 20 years, but locals fear it will not stay that way for much longer.
이 화산은 20년 동안 _____ 상태지만 주민들은 이런 상태가 더는 지속되지 않을 거라고 두려워한다.

Tips a dormant volcano는 '휴화산', an active volcano는 '활화산', an extinct volcano는 '사화산'이다.

1628 과다 복용   1629 실시될   1630 활동을 중단한

접두어   inter-   '상호간의'

1631

interface
[íntərfèis]

n (두 대상이 서로 영향을 주고받는) 접점

A web-based **interface** will allow our students to search for data more efficiently and easily than ever before.

웹 기반 접속장치로 학생들은 예전보다 더욱 효율적이고 쉽게 자료를 찾을 수 있을 것이다.

1632

interrelate
[ìntərriléit]

interrelation **n** 상호관계

v 밀접한 연관을 갖다

Search engines and directories **interrelate** with others to provide web browsers with large databases of information.

검색 엔진과 디렉토리는 서로 관계를 맺으면서 웹 브라우저에 거대한 정보 데이터베이스를 제공한다.

= interconnect

1633

interpersonal
[ìntərpə́:rsənəl]

a 대인 관계의, 사람들 간의

Solid **interpersonal** skills are a key characteristic of any successful businessperson in today's marketplace.

탄탄한 _____ 기술은 오늘날 시장에서 성공을 거두는 사업가들이 지닌 주요 특징이다.

1634

interdependent
[ìntərdipéndənt]

a 상호의존적인

Microorganisms and humans coexist in an **interdependent** relationship that ensures the survival of both.

미생물과 인간은 모두의 생존을 보장하는 _____ 관계로 공존한다.

혼동 어휘

1635

elect
[ilékt]

election **n** 선거

v 선출하다; 선택하다

Michael hopes to be **elected** to the committee that oversees conservation of historical artifacts.

Michael은 역사적 인공물의 보존을 감독하는 위원회에 _____되기를 희망한다.

1636

erect
[irékt]

v 세우다, 짓다, 만들다

The city of Moscow **erected** a statue in honor of the fallen soldiers.

모스크바 시는 전사한 군인을 기리기 위해 동상을 _____.

= construct

1633 대인 관계   1634 상호의존적인   1635 선출   1636 세웠다

DAY 41

26 27 28 29 30 31 32 33 34 35 36 37 38 39 40 **41** 42 43 44 45 46 47 48 49 50

다의어

1637

sound
[saund]

ⓝ 소리 ⓥ ~한 소리가 나다

Saying a person's name too often in face-to-face conversation **sounds** manipulative. [수능]

얼굴을 맞대고 하는 대화에서 너무 자주 상대방의 이름을 부르는 것은 교활하게 들린다.

ⓐ 건강한; 믿을 만한

The doctor declared my grandmother to be in **sound** physical condition.

그 의사는 우리 할머니가 신체 상태가 _____ 하다고 단언했다.

숙어 / 이어동사

1638

be part and parcel of

~의 중요한 부분이 되다

The internships offered in partnership with local companies **are part and parcel** of Yale's business programs.

지역 회사와 제휴하여 제공되는 인턴십은 예일대 경영학 과정에서 _____ 이다.

1639

take credit for

~의 공을 인정받다

I can't **take credit for** the success of our fundraiser because Nate did most of the work.

나는 우리의 모금 행사 성공의 공을 인정받을 수 없다. 왜냐하면, Nate가 거의 다 했기 때문이다.

1640

factor in

~을 고려하다; 하나의 요인으로 포함하다

When budgeting to buy a house, it is important to **factor in** inflation and interest rates.

집을 사기 위해 예산을 세울 때 물가 상승률과 이율을 _____ 것이 중요하다.

1637 건강   1638 중요한 부분   1640 고려하는

DAILY TEST

 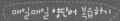

A 다음 영어를 우리말로, 우리말을 영어로 쓰시오.

1 administer _____
2 annul _____
3 certificate _____
4 diffuse _____
5 elect _____
6 erect _____
7 exclusive _____
8 extravagant _____
9 scholarly _____
10 tame _____

11 ~을 고려하다 _____
12 공포증, 혐오증 _____
13 신진대사 _____
14 엉성한 _____
15 제멋대로인, 자의적인 _____
16 중앙집권화하다 _____
17 전면적인; 직접적인 _____
18 하찮은 정보; 일반상식 _____
19 항산화제, 노화 방지제 _____
20 활동을 중단한 _____

B 다음 빈칸에 알맞은 단어를 쓰시오.

1 accumulate = _____
2 trifling = _____
3 sheer = _____
4 acute = _____

5 aptitude ⓐ _____
6 diffuse ⓝ _____
7 exclusive ⓥ _____
8 dormant ⓝ _____

C 다음 빈칸에 들어갈 알맞은 말을 |보기| 에서 고르시오.

| 보기 | interrelated sound environment-friendly aptitude unceasing |

1 An _____ initiative that would affect how air conditioning manufacturers produce their products has been proposed by the Liberal party.

2 The _____ racket that persisted outside of David's home persuaded him to take a long walk by the river.

3 He had a remarkable _____ for the mechanics of small-component engines.

4 While design and styling are _____, they are completely distinct fields.
[수능]

5 _____ travels through a solid, liquid or gas in the form of waves.

DAY 42

1641

barren
[bǽrən]

ⓐ 척박한, 불모의

Although deserts are often considered **barren** wastelands by many people, they are home to numerous species of plants and animals.

종종 많은 사람들이 사막은 _____ 황무지라고 생각하지만 수많은 종류의 식물과 동물의 삶의 터전이다.

↔ fertile 비옥한

1642

prolong
[proulɔ́:ŋ]

prolongation ⓝ 연장

ⓥ 연장시키다

Doctors were able to **prolong** his life by doing a complex and risky heart procedure.

의사들은 복잡하고 위험한 심장 수술로 그의 삶을 _____ 수 있었다.

= extend ↔ terminate 끝내다, 종료하다

1643

sustainable
[səstéinəbl]

sustainability ⓝ 지속성

ⓐ 지속 가능한

Sustainable growth for our company will not be possible without expanding into foreign markets.

외국 시장에 진출하지 않고는 우리 회사의 지속적인 성장은 불가능할 것이다.

↔ unsustainable 지속 불가능한

1644

workload
[wɔ́:rklɔ̀d]

ⓝ 업무량, 작업량

We've agreed to hire an assistant to help you manage the immense **workload** you've been given.

우리는 당신이 맡았던 과중한 _____ 을 처리할 수 있도록 보조를 고용하는 데 동의했다.

1645

anthropology
[æ̀nθrəpálədʒ]

ⓝ 인류학

I've signed up to take a course in **anthropology** at my university next semester.

나는 다음 학기에 대학에서 _____ 수업을 수강 신청했다.

Word Plus+ ▶ 인문학(anthropology) 관련 어휘

ethnic 민족의   interracial 타 인종 간의   kinship 친족   primitive 원시의   savage 미개한, 야만인
taboo 금기   tribe 부족

1641 척박한   1462 연장시킬   1644 업무량   1645 인류학

1646

savage
[sǽvidʒ]

ⓐ 잔인한, 폭력적인, 미개한; 가차 없는, 맹렬한

Mr. Herman delivers a **savage** critique of the financial world in his most recent literary work.

Herman 씨는 가장 최근 문학 작품에서 재계에 대해 혹독한 비평을 했다.

= vicious

1647

righteous
[ráitʃəs]

righteousness ⓝ 정의, 공정

ⓐ 정의의; 당연한, 옳은

Reverend McMurray is a **righteous** man that has done a lot of good in underprivileged communities.

McMurray 목사는 혜택받지 못하는 지역 사회에게 좋은 일을 많이 해온 정의로운 사람이다.

1648

clatter
[klǽtər]

clattery ⓐ 달가닥거리는

ⓥ 달가닥거리다 ⓝ 달가닥거리는 소리

It was impossible not to **clatter** the pots in the kitchen because they were so close together.

부엌에 있는 냄비는 서로 너무 가까이 붙어 있어서 _____ 소리를 낼 수밖에 없다.

1649

peace and quiet

(시끄러움 뒤의) 고요함, 평온

With the kids at camp, I'll finally get to have some **peace and quiet** around here.

아이들이 캠프에 가서 나는 마침내 여기에서 평온함을 얻게 될 것이다.

1650

vegan
[víːgən]

ⓐ (유제품도 먹지 않는) 엄격한 채식주의의 ⓝ 엄격한 채식주의자

My sister has been eating a strictly **vegan** diet since the beginning of last year.

내 여동생은 작년 초부터 _____ 식생활을 하고 있다.

1651

greasy
[gríːsi]

grease ⓝ 기름

ⓐ 기름투성이의

My wife and I no longer eat bacon at home because it is excessively **greasy**.

아내와 나는 베이컨이 너무 _____라서 더는 집에서 먹지 않는다.

1648 달가닥거리는   1650 엄격한 채식주의   1651 기름투성이

DAY 42

1652

obese
[oubíːs]

obesity ⓝ 비만

ⓐ 매우 뚱뚱한, 고도비만인

Nearly three out of every ten people in the United States is clinically **obese**.

미국에서 거의 열 명 중 세 명은 의학적으로 문제가 되는 _____ 이다.

> **Word Plus+** '덩치 좋은'을 의미하는 여러 어휘
>
> **fat** '뚱뚱한'이라는 뜻으로 직접적이고 무례한 표현
> **overweight** '과체중인'이라는 뜻으로 fat보다는 덜 무례한 표현
> **obese** '비만인'이라는 뜻으로 질병으로 볼 때 쓰는 표현
> **chubby** '통통한'이라는 뜻으로 주로 아이들에게 쓰는 표현
> **well-built** '건장한'이라는 뜻으로 크고 힘센 사람을 묘사하는 공손한 표현

1653

decipher
[disáifər]

decipherable ⓐ 해독할 수 있는

ⓥ (암호 등을) 해독하다, 풀다

Forensic experts are studying the evidence in an attempt to **decipher** the code.

과학 수사 전문가들은 암호를 _____ 하려는 시도로 증거를 조사하고 있다.

1654

off-the-record
[ɔ̀(ː)fðərékərd]

ⓐ 비공개의; 비공식의

President Hill mentioned that his following remarks were strictly **off the record**.

Hill 대통령은 다음에 언급되는 발언은 엄격히 비공식적인 것이라고 말했다.

1655

ingenious
[indʒíːnjəs]

ingenuity ⓝ 재간

ⓐ 기발한, 재주가 많은

Animals have **ingenious** methods of concealing themselves in their natural habitat.

동물들은 자연 서식지에서 자신을 숨기는 _____ 방법을 가지고 있다.

1656

attribute
[ətríbjuːt]

ⓥ ~의 결과로 여기다, ~의 덕분으로 돌리다 ⓝ 자질

The fall in traffic accidents is often **attributed** to better driver education programs.

교통사고가 감소한 것은 종종 운전자들을 위한 더 나은 교육 프로그램의 _____.

= ascribe ~에 돌리다, characteristic 자질, 속성

1657

contented
[kənténtid]

ⓐ (현실에) 만족하는

A long hot bath will make anyone feel warm, cozy, and **contented**.

오랫동안 뜨거운 물에 목욕하면 누구나 따뜻하고, 편안하고, 만족감을 느낄 수 있을 것이다.

1652 고도비만   1653 해독   1655 기발한   1656 결과로 여겨진다

1658 obligate
[ábləgèit]

ⓥ 강요하다; 의무를 지우다

However, we must realize that no one is **obligated** to change just to meet our expectations of how we feel they should act. 수능

하지만, 우리는 누구도 그들이 어떻게 행동해야 하는지 우리가 생각하는 기대를 충족시키려고 변화할 의무는 없다는 것을 반드시 깨달아야 한다.

1659 glacier
[gléiʃər]

ⓝ 빙하

Glaciers form when snow and ice accumulate faster than they can melt.

눈과 얼음이 녹을 수 있는 속도보다 빠르게 모이면 _____ 가 형성된다.

1660 dignity
[dígnəti]

dignify ⓥ 위엄 있어 보이게 하다

ⓝ 위엄, 자존감

Bridget faced her ordeal with a quiet **dignity** that surprised onlookers in the courtroom.

Bridget은 법정에서 구경꾼들을 놀라게 한 조용하고 품위 있는 태도로 혹된 시련에 직면했다.

≒ self-respect 자존감

1661 margin
[má:rdʒin]

marginal ⓐ 주변부의, 미미한

ⓝ 차이; 여백

The Democratic party won the election by a narrower **margin** than many had expected.

민주당은 많은 사람이 예상했던 것보다 더 근소한 _____ 로 선거에서 승리했다.

1662 dwindle
[dwíndl]

dwindling ⓐ 줄어드는

ⓥ (크기가) 작아지다, (수가) 줄다

Tiger populations in many parts of the world have **dwindled** dramatically.

세계의 여러 지역에서 호랑이 개체 수가 급격하게 _____

≒ shrink

1663 eyesore
[áisò:r]

ⓝ 〈장소, 건물〉 눈에 거슬리는 것

The abandoned factory in the center of town is an **eyesore** that we would like to get rid of.

마을 중심에 버려진 공장은 우리가 없애고 싶어 하는 눈에 거슬리는 건물이다.

1659 빙하   1661 차이   1662 줄었다

DAY 42

1664

annoyance
[ənɔ́iəns]

annoy **v** 짜증나게 하다

n 짜증, 짜증나게 하는 것

The sound of construction workers outside my bedroom
window each morning is a huge **annoyance**.
아침마다 내 침실 창문 밖의 공사장 근로자들의 소리가 몹시 거슬린다.

= irritation

1665

sanitation
[sæ̀nətéiʃən]

sanitate **v** 위생적으로 하다
sanitary **a** 위생의

n 위생

Poor **sanitation** is one of the main causes of viral outbreaks in
modern cities.
열악한 _____은 현대 도시에서 바이러스 발병의 주된 원인 중 하나이다.

1666

leftover
[léftòuvər]

a 먹다 남은 **n** 먹다 남은 음식

It is common for many pet owners to feed
dinner **leftovers** to their dogs and cats.
애완동물의 주인들이 자신이 키우는 개와 고양이에게 저녁 식사에서
_____을 주는 것은 일반적이다.

1667

coincidence
[kouínsədəns]

coincide **v** 동시에 일어나다
coincident **a** 일치하는

n 우연의 일치

After her home was broken into for a third time, she realized
that it was not a simple **coincidence**.
그녀의 집에 세 번째로 도둑이 들었을 때 그녀는 단순한 _____가
아니라는 것을 깨달았다.

1668

pragmatic
[prægmǽtik]

a 현실적인; 실용적인

Our current director takes a more **pragmatic** approach to
solving problems than did our former boss.
우리의 현재 책임자는 문제를 해결할 때 전 책임자보다 좀 더 실용적인 접근을 취한다.

= practical

1669

cordial
[kɔ́:rdʒəl]

cordiality **n** 진심
cordially **ad** 진심으로,
다정하게

a 다정한, 친절한

Cordial relations are of primary importance when conducting
hostage negotiations.
인질 석방 협상을 진행할 때에는 다정한 관계가 가장 중요하다.

= friendly ⟺ hostile 적대적인

1670

supervise
[sú:pərvàiz]

supervision ⓝ 감독, 관리

ⓥ 감독[감시]하다

I've been asked to **supervise** the company picnic because Gloria is sick with the flu.
Gloria가 독감 때문에 아파서 그 회사 야유회를 _____ 달라는 부탁을 받았다.

1671

tax-deductible
[tæksdidʌ̀ktəbl]

ⓐ 세금 공제가 되는

I made a **tax-deductible** donation.
나는 세금 공제가 되는 기부를 했다.

Insurance and pension payments are **tax deductible** in many countries.
보험과 연금 납입은 여러 나라에서 세금 공제가 된다.

1672

manifest
[mǽnəfèst]

manifestative ⓐ 분명히
나타내는

ⓥ (감정, 태도 등을) 보이다, 나타내다 ⓐ 분명한

The witness' discomfort at being present during the questioning began to **manifest** itself.
목격자들이 질문에 대답을 하는 동안 불편함을 느끼는 것이 나타나기 시작했다.

1673

mediocre
[mì:dióukər]

ⓐ 평범한

That film was **mediocre** at best; I certainly would not recommend it to others.
그 영화는 기껏해야 보통인 정도였다. 분명히 나는 다른 사람들에게 추천하지는 않을 것이다.

혼동 어휘

1674

bride
[braid]

bridal ⓐ 신부의

ⓝ 신부

The **bride** looked beautiful as she walked down the aisle in her long white gown.
그 _____ 는 길고 하얀 드레스를 입고 입장을 하는데 아름다워 보였다.

1675

bribe
[braib]

bribery ⓝ 뇌물 수수

ⓝ 뇌물 ⓥ 뇌물을 주다

The district judge refused a huge **bribe** to throw out the case against the wealthy defendant.
지방법원 판사는 재산이 많은 피고를 상대로 한 소송을 기각해 달라고 준 거액의 _____ 을 거절했다.

1670 감독해   1674 신부   1675 뇌물

DAY 42

다의어

1676
bar
[baːr]

ⓝ 술집

One reason I never saw my father much in my younger years was that he spent so much time with his friends at the **bar**.
내가 어렸을 때 아버지를 자주 보지 못했던 한 가지 이유는 아버지가 _____ 에서 친구들과 너무 많은 시간을 보냈기 때문이었다.

ⓥ 막다, 금지하다

My job is to **bar** anyone who looks like they may cause trouble from entering the nightclub.
내가 하는 일은 문제를 일으킬 것 같은 사람들을 나이트클럽에 들어오지 못하도록 _____ 것이다.

숙어 / 이어동사

1677
in a sense

어떤 의미에서는, 어느 정도까지는

In a sense, because of his nontraditional upbringing, Tony is better prepared for getting a job than many of his peers are.
비전통적인 가정교육 덕분에 어떤 의미에서 Tony는 여러 또래보다 취직 준비가 더 잘 되어 있다.

1678
to the letter

정확히, 틀림없이

We followed the recipe for carrot cake **to the letter**, but it didn't turn out very well.
우리는 당근 케이크 요리법을 _____ 따라 했지만, 결과는 별로 좋지 않았다.

＝ precisely, exactly

1679
bubble over

흥분, 열정 등으로 가득 차다

Mrs. Brown's students were **bubbling over** with enthusiasm for the art project.
Brown 선생님의 학생은 미술 과제에 대한 열정으로 흥분을 억제하지 못하고 있다.

1680
lay off

해고하다

More automobile factories are expected to **lay off** temporary workers until the economy improves later this year.
올해 말에 경제가 나아질 때까지 더 많은 자동차 공장들이 비정규직을 _____ 전망이다.

1676 술집 / 막는   1678 정확히   1680 해고할

382

A 다음 영어를 우리말로, 우리말을 영어로 쓰시오.

1 clatter _____
2 contented _____
3 decipher _____
4 eyesore _____
5 ingenious _____
6 manifest _____
7 obese _____
8 off-the-record _____
9 peace and quiet _____
10 vegan _____

11 기름투성이의 _____
12 먹다 남은 (음식) _____
13 빙하 _____
14 세금 공제가 되는 _____
15 술집; 막다, 금지하다 _____
16 업무량, 작업량 _____
17 우연의 일치 _____
18 인류학 _____
19 차이; 여백 _____
20 해고하다 _____

B 다음 빈칸에 알맞은 단어를 쓰시오.

1 prolong   =   _____
2 savage   =   _____
3 dwindle   =   _____
4 cordial   ⟺   _____

5 coincidence **ⓥ** _____
6 sanitation   **ⓐ** _____
7 bribe   **ⓝ** _____
8 ingenious   **ⓝ** _____

C 다음 빈칸에 들어갈 알맞은 말을 |보기|에서 고르시오.

보기	obligates supervised barren annoyance bride

1 The law _____ me to report the theft within 24 hours.

2 This can also create an atmosphere where children are better _____, and buildings better watched. 수능

3 I realized that over the years the flowers in her hair had died, and the _____ inside the dress had grown old. 수능

4 Alarms are more than just an _____; they are a costly public health problem and a constant irritation to urban civil life. 수능

5 New or remodeled hospitals and nursing homes increasingly come equipped with healing gardens where patients and staff can get away from _____, indoor surroundings. 수능

DAY 43

01 02 03 04 05 06 07 08 09 10 11 12 13 14 15 16 17 18 19 20 21 22 23 24 25

1681

fruition
[fruːíʃən]

ⓝ 결실, 성취

After seven years of hard work and planning, all of Jim's dreams were coming to **fruition**.

7년 동안 열심히 일하고 계획한 후에 Jim의 꿈은 _____ 을 보았다.

1682

quarrel
[kwɔ́ːrəl]

quarrelsome ⓐ 싸우기
좋아하는

ⓝ 언쟁, 싸움 ⓥ 다투다, 싸우다

Fortunately, the two men were able to settle their **quarrel** peacefully without anyone getting hurt.

다행히도 그 두 남자는 서로 상처받지 않고 평화롭게 언쟁을 끝낼 수 있었다.

1683

well-timed
[wéltáimd]

ⓐ 때를 잘 맞춘, 시기적절한

The **well-timed** pounce allows the panther to catch its prey before it can escape into the wilderness.

검은 표범이 때를 잘 맞춰 급습하면 먹이가 황무지로 도망가기 전에 잡을 수 있다.

= timely

1684

hydrogen
[háidrədʒən]

ⓝ 수소

A water molecule consists of one oxygen atom and two **hydrogen** atoms that are all bonded together.

한 개의 물 분자는 한 개의 산소 원자와 서로 붙어 있는 두 개의 _____ 원자로 이루어져 있다.

1685

penetrate
[pénətrèit]

penetration ⓝ 침투, 통과

ⓥ 침투[통과]하다

It is nearly impossible for bacteria to **penetrate** tightly packed food cartons.

단단히 포장된 음식 상자에 박테리아가 _____ 것은 거의 불가능하다.

= pierce

1686

enroll
[enróul]

enrollment ⓝ 등록, 입학

ⓥ 입학시키다, 등록하다

I'm still debating about whether or not I should **enroll** at the university now or wait until next year.

나는 지금 대학에 등록해야 할지 아니면 내년까지 기다려야 할지를 놓고 여전히 심사숙고하고 있다.

The lowest **enrollment** rate is seen in children ages 3-4 among all age groups for each year. 수능

매년 모든 연령대 중에서 3세에서 4세 어린이의 취학률이 가장 낮다.

1681 결실   1684 수소   1685 침투하는

384

1687

bundle
[bʌ́ndl]

ⓝ 다발, 뭉치

The old lady carried a **bundle** of newspapers as she walked down the sidewalk.

늙은 여자가 인도를 걸어가면서 신문 _____ 를 들고 있었다.

1688

retarded
[ritáːrdid]

ⓐ 지능이 낮은, 지적 장애가 있는

Medical professionals classify someone as **retarded** if he or she has an IQ score under seventy.

전문 의료진은 아이큐 70 이하를 _____ 것으로 분류한다.

1689

disgrace
[disgréis]

disgraceful ⓐ 수치스러운

ⓝ 불명예 ⓥ 망신을 주다

When considering a course of action, remember not to bring **disgrace** to your family name.

행동 방침을 고려할 때, 가문의 이름에 _____ 를 끼치지 않도록 명심해라.

1690

rigorous
[rígərəs]

rigor ⓝ 엄함, 엄격

ⓐ 엄격한, 철저한

The **rigorous** training Navy SEALS go through is meant to ensure their success on the job.

네이비 씰(미국 해군 특수부대)이 거치는 _____ 훈련은 그들이 그 업무에 반드시 성공하기 위한 수단이다.

1691

personnel
[pə̀ːrsənél]

ⓝ 전 직원

All the **personnel** in our department were reshuffled into the other departments that needed us most.

우리 부서의 전 직원은 우리를 가장 필요로 하는 다른 부서로 인사 이동되었다.

> **Word Plus+** 직장(employment) 관련 어휘
>
> co-worker 직장 동료　　employee 고용인, 직원　　employer 고용주, 사장　　full-time job 정규직
> jobless 실직 상태인　　nine to five 9시부터 5시까지(일반적인 사무직 근무 시간)　　off-duty 비번인
> self-employed 자영업을 하는　　underemployed 능력 이하의 일을 하는　　workforce 노동자, 노동력

1692

elevate
[éləvèit]

elevation ⓝ 승격, 해발 높이

ⓥ 승격시키다, 증가시키다

Situated at an **elevation** of 1,350m, the city of Kathmandu, which looks out on the sparkling Himalayas, enjoys a warm climate year-round that makes living here pleasant. 수능

카트만두는 해발 높이 1,350미터에 자리 잡고 있어서 반짝이는 히말라야 산맥이 내다보이고, 삶을 쾌적하게 하는 따뜻한 기후를 일 년 내내 즐긴다.

1687 뭉치　　1688 지적 장애가 있는　　1689 불명예　　1690 엄격한

DAY 43

1693

fraud
[frɔːd]

fraudulent ⓐ 사기를 치는

ⓝ 사기(죄), 사기꾼

The government has been aggressively pursuing those who it suspects of tax **fraud**.
정부는 세금 _____ 혐의가 있는 사람들을 적극적으로 조사해오고 있다.

1694

marvelous
[máːrvələs]

ⓐ 멋진, 놀라운

The Smiths had a **marvelous** time vacationing in Fiji this winter.
Smiths 씨 가족은 이번 겨울에 피지에서 환상적인 휴가를 보냈다.

1695

monetary
[mánətəri]

ⓐ 재정의, 통화의

The total **monetary** losses this administration has sustained amount to more than one billion dollars.
이 행정부가 입은 전체적인 _____ 손실은 10억 달러에 달한다.

1696

tedious
[tíːdiəs]

tedium ⓝ 지루함

ⓐ 지겨운, 따분한

Studying to pass the bar exam can be an extremely **tedious** task.
변호사 자격시험을 통과하기 위해 공부를 하는 것은 몹시 지겨운 일일 수 있다.

= boring

Tips bar exam은 '변호사 시험'을 뜻한다. bar는 주로 the와 함께 쓰여서 '변호사'라는 뜻이다.

1697

suspicious
[səspíʃəs]

suspect ⓥ 의심하다
suspicion ⓝ 혐의, 의혹

ⓐ 의심하는, 수상한

Even though her behavior was odd, I was not **suspicious** of her intentions.
그녀의 행동이 어색했을지라도 그녀의 의도를 의심하지는 않았다.

1698

headquarters (HQ)
[hédkwɔ̀ːrtərz]

ⓝ 본사, 본부

The renovations on our corporate **headquarters** will commence at the end of May.
우리 기업 _____의 수리가 5월 말에 시작할 것이다.

It has its **headquarters** in Chicago, and major branches in Washington, D.C., New York, and Los Angeles. 수능
그것의 _____ 는 시카고에 있고, 주요 지사는 워싱턴 D.C., 뉴욕, 로스앤젤레스에 있다.

1693 사기   1695 재정   1698 본사 / 본사

1699

well-to-do
[wéltədúː]

ⓐ 부유한, 유복한

Only the most **well-to-do** people can afford to hire private security guards to keep them safe.
가장 잘 사는 사람들만이 자신들을 보호하기 위해 개인 경호원을 고용할 수 있다.

= well-off

1700

loathe
[louð]

ⓥ 몹시 싫어하다

Ben absolutely **loathes** having to get up so early to commute to work every day.
Ben은 매일 통근하기 위해 일찍 일어나는 것을 ＿＿＿＿＿＿＿＿.

= detest

1701

level-headed
[lévəlhédid]

ⓐ 침착한, 분별력 있는

In times of crisis, our country needs a leader who is, above all, **level-headed**.
위기 상황에서 우리 국가는 무엇보다도 ＿＿＿＿＿ 지도자가 필요하다.

= sensible

1702

subside
[səbsáid]

subsidence ⓝ (토지의) 침하

ⓥ 줄다, 약해지다; 가라앉다

Flooding in all areas of Australia is expected to **subside** towards the end of the week.
호주 전역에서 발생한 홍수는 이번 주말로 갈수록 **진정될** 것으로 예상된다.

1703

groundbreaking
[gráundbrèikiŋ]

ⓐ 획기적인

Edward de Bono's principles of lateral thinking are a **groundbreaking** advance in the skill of thinking.
Edward de Bono의 수평적 사고의 원리는 사고의 기술에서 ＿＿＿＿＿ 발전이었다.

> **Tips** lateral thinking은 '수평적 사고'라는 뜻으로 상상력을 발휘해서 새로운 방식으로 문제해결을 시도하는 것을 말한다.

1704

reservoir
[rézərvwàːr]

ⓝ 저수지; 많은 보유량

The specific combinations of foods in a cuisine and the ways they are prepared constitute a deep **reservoir** of accumulated wisdom about diet and health and place. 수능

하나의 요리에 들어 있는 식품들의 특정한 조합과 그것들이 준비되는 방식이 식단과 건강 그리고 장소에 관한 축적된 지혜의 심오한 저장고를 구성한다.

1700 몹시 싫어한다   1701 침착한   1703 획기적인

DAY 43

1705

dissipate
[dísəpèit]

dissipation **n** 소멸; 탕진

v 소멸되다; (시간, 돈 등을) 낭비하다

Smoke from the burning refinery will take a few days to fully **dissipate**.

불타는 정유 공장에서 나오는 연기가 완전히 소멸되려면 며칠 걸릴 것이다.

1706

uppermost
[ʌ́pərmòust]

a 가장 높은, 최고의

The **uppermost** deck of the Eiffel Tower is off limits to the public.

에펠 탑의 _____ 층은 일반인들의 출입이 금지된다.

1707

bombard
[bɑmbá:rd]

bombardment **n** 폭격

v 퍼붓다

The office of the president was **bombarded** with phone calls after he announced his retirement.

회장의 사무실은 그의 은퇴 발표 이후로 전화가 빗발쳤다.

1708

consolidate
[kənsálədèit]

consolidation **n** 강화, 통합

v (권력 등을) 강화하다, 통합하다

United Rubber has **consolidated** its position as the leading supplier of rubber products in the nation.

United Rubber는 이 나라에서 고무 제품에 대해서 최고의 공급업체로서 자리를 굳혀 왔다.

1709

naive
[nɑːíːv]

a (경험, 지식 등이 부족해서) 순진한, 잘 모르는

While she does have a friendly personality, Charlotte can be quite **naive** at times.

Charlotte은 정말 다정한 성격이지만, 때때로 꽤 _____ 구석이 있다.

1710

decaffeinate
[diːkǽfiənèit]

v (커피, 차에서) 카페인을 제거하다

The process to **decaffeinate** tea is so simple that anyone can do it at home.

차에서 _____ 과정은 집에서 누구나 할 수 있을 정도로 간단하다.

접두어   re- '다시'

1711

reincarnate
[rìːinkáːrneit]

reincarnation **n** 환생

v 부활시키다, 환생시키다

Buddhism teaches students that a person can be **reincarnated** as a number of different animals.

불교는 한 개인이 많은 다른 동물로 _____ 수 있다고 학생들에게 가르친다.

1706 가장 높은   1709 순진한   1710 카페인을 제거하는   1711 환생할

1712

reconstruct
[rìːkənstrʌ́kt]

reconstruction ⓝ 재건, 복원

ⓥ 재건하다, 재구성하다

A vote will be held tomorrow to determine if the local government should allocate funds to **reconstruct** St. Peter's Church.
지방정부가 성 피터 교회를 _____ 데 자금을 할당해야 할지 결정하는 투표가 내일 열릴 것이다.

＝ rebuild 재건하다

1713

reunion
[riːjúːniən]

ⓝ 동창회; 재회

My high school **reunion** allowed me to reconnect with a lot of friends that I hadn't seen in many years.
고등학교 _____ 덕택에 여러 해 동안 만나지 못했던 많은 친구들과 다시 연락이 닿았다.

Word Plus+ 교육(education) 관련 어휘

assignment 과제　　career counselor 취업 상담가　　coeducation 남녀공학　　diploma 졸업장
field trip 견학　　freshman 1학년　　physical education 체육　　scholarship 장학금　　tuition 학비
yearbook 졸업 앨범

1714

re-elect
[rìːilékt]

re-election ⓝ 재선

ⓥ 다시 선출하다

Voters **re-elected** senator John MacDonald to a third straight term in office.
유권자들은 John MacDonald를 3선 상원의원으로 재선출했다.

Word Plus+ 투표(voting) 관련 어휘

ballot 비밀 투표　　election 선거　　exit poll 출구 조사　　general election 총선거　　poll 투표, 여론조사
outvote 투표에서 이기다　　presidential election 대선　　vice president 부통령

1715

rebroadcast
[rìːbrɔ́ːdkæst]

ⓥ 재방송하다 ⓝ 재방송

If you missed it, today's soccer game will be **rebroadcast** in its entirety at 7:30 p.m.
당신이 보지 못했다면, 오늘 축구 경기 전체가 오후 7시30분에 _____ 될 것이다.

1712 재건하는　　1713 동창회　　1715 재방송

DAY 43

혼동 어휘

1716 various

[vέəriəs]

vary ⓥ 서로 다르다
variety ⓝ 다양성, 여러 가지

ⓐ 다양한, 여러 가지의

Bands of blue-shirted farmers circle and lift and swing behind a drum and **various** wind instruments in the ancient Basque Riau-Riau dances. 수능

고대 바스크의 리아우-리아우 춤에는 파란 셔츠를 입은 무리지은 농부들이 북과 _____ 관악기 뒤에서 원을 그리며 몸을 흔든다.

1717 variable

[vέəriəbl]

vary ⓥ 서로 다르다
variability ⓝ 가변성

ⓐ 변동이 잦은, 가변적인

Many mortgages' interest rates are not fixed; instead they have **variable** interest rates.

다수의 대출 이자율이 고정적이지 않다. 대신, 이자율의 _____.

숙어 / 이어동사

1718 fall back on

~에 의지하다

Generally, hospitals have several reserve generators to **fall back on** in case of emergencies and power cuts.

일반적으로 병원들은 비상시와 정전 시에 _____ 수 있는 몇 개의 예비 발전기가 있다.

1719 on the verge of

~의 직전에

After hearing the news of her father's car accident, Mary was **on the verge of** tears.

아버지의 자동차사고 소식을 듣고, Mary는 눈물을 흘리기 직전이었다.

1720 drown out

(소음이) ~을 들리지 않게 하다

The constant noises of electronic devices like computers, mobile phones, fax machines, stereos, and home appliances will **drown out** the sounds of the birds singing in the morning, the wind blowing through the trees, or a pencil drawing on rough paper. 수능

컴퓨터, 휴대전화, 팩스기, 오디오, 가전용품 같은 전자 장치의 계속되는 소음은 새가 아침에 노래하는 소리, 나무 사이로 바람이 부는 소리나 거친 종이 위로 연필이 그림을 그리는 소리를 _____.

1716 다양한　　1717 변동이 잦다　　1718 의지할　　1720 들리지 않게 하다

매일매일 영단어 복습하기

다음 영어를 우리말로, 우리말을 영어로 쓰시오.

1 consolidate _____
2 dissipate _____
3 enroll _____
4 fruition _____
5 groundbreaking _____
6 marvelous _____
7 monetary _____
8 retarded _____
9 variable _____
10 various _____

11 ~의 직전에 _____
12 다발, 뭉치 _____
13 다시 선출하다 _____
14 동창회; 재회 _____
15 부활시키다, 환생시키다 _____
16 불명예; 망신을 주다 _____
17 재방송(하다) _____
18 전 직원 _____
19 엄격한, 철저한 _____
20 퍼붓다 _____

B 다음 빈칸에 알맞은 단어를 쓰시오.

1 well-timed = _____
2 well-to-do = _____
3 loathe = _____
4 level-headed = _____

5 tedious ⓝ _____
6 suspicious ⓥ _____
7 penetrate ⓝ _____
8 fraud ⓐ _____

C 다음 빈칸에 들어갈 알맞은 말을 |보기|에서 고르시오.

| 보기 | decaffeinated   drowns out   elevate   reservoir   various |

1 In the neighborhood nearby, the airport noise from passing airplanes _____ the sound of conversations.

2 Environmental officials have been asked to perform tests on the town's _____ to ensure that it is clean.

3 Now many kinds of superior coffee beans are being _____ in ways that conserve strong flavor. 수능

4 The general decided to _____ his own son in status and promote him to sergeant.

5 In the past few years, I have lived in places as _____ as London and Bangkok.

DAY 44

1721

propaganda
[prɑ̀pəgǽndə]

ⓝ 선전

Political **propaganda** can easily be spread through the mass media.
정치 _____ 은 대중 매체를 통해 쉽게 퍼져나갈 수 있다.

> **Word Plus+** 정치(politics) 관련 어휘
>
> amnesty 사면   anarchist 무정부주의자   consensus 의견 일치   liberal 진보주의자   petition 탄원서
> privilege 면책 특권   ruling party 여당

1722

groundless
[gráundlis]

ⓐ 근거 없는

"He seems nice at first, but it's all an act." Perhaps this evaluation is **groundless.** 수능
"그는 처음에는 착해 보이는데 그게 다 연기야." 이런 평가는 아마도 근거가 없을 것이다.

1723

ambiguous
[æmbígjuəs]

ambiguously
ad 애매모호하게

ⓐ 애매모호한

There are several important issues in this report that are left somewhat **ambiguous.**
이 보고서에는 다소 _____ 중요한 주제가 몇 가지 남아 있다.

= vague   ⟺ clear 명백한

1724

ruthless
[rú:θlis]

ruthlessly **ad** 무자비하게

ⓐ 무자비한, 잔인한

That company has been **ruthless** in its expansion abroad.
그 회사는 국외에서 확장할 때 인정사정없이 진행해왔다.

1725

supernatural
[sù:pərnǽtʃərəl]

ⓐ 초자연적인

Supernatural events are phenomena that cannot be explained by scientists with knowledge of the natural world.
_____ 사건들은 자연계에 대한 지식을 가지고 있는 과학자들에 의해서는 설명될 수 없는 현상이다.

1726

suppress
[səprés]

suppression **ⓝ** 진압, 억제

ⓥ 억압하다, 진압하다

The government announced that it would **suppress** all opposition to its new policies.
정부는 새로운 정책에 대해 반대하는 모든 세력을 진압할 것이라고 발표했다.

1721 선전   1723 애매모호한   1725 초자연적인

1727

detest
[ditést]

detestation ⓝ 혐오, 증오

ⓥ 몹시 싫어하다

I **detest** being told what to do by well-intentioned people who think they know better.

나는 자신이 더 많이 알고 있다고 생각하는 호의적인 사람들에게 무엇을 하라고 이야기 듣는 것을 ＿＿＿＿＿＿.

= loathe

1728

voracious
[vouréiʃəs]

ⓐ 만족할 줄 모르는

Francesco has a **voracious** appetite; if you put something in front of him, he will finish it.

Francesco는 ＿＿＿＿＿＿＿＿ 식탐을 가지고 있다. 그 앞에 음식을 놓는다면 그는 다 먹을 것이다.

= insatiable

1729

misleading
[mislí:diŋ]

ⓐ 오해의 소지가 있는

Consumer product advertisements can be very **misleading** in their promises of miraculous results.

소비재 광고는 놀랄만한 결과라는 약속에서 큰 오해의 소지가 있을 수 있다.

1730

revolt
[rivóult]

ⓝ 반란, 저항

The government's unwillingness to allow its citizens basic freedoms led to a mass **revolt**.

시민에게 기본적인 자유를 허용하지 않으려는 정부의 태도로 대중의 ＿＿＿＿ 이 일어났다.

= rebellion

1731

condone
[kəndóun]

condonation ⓝ 용서, 묵과

ⓥ (그릇된 일을) 용납[용인]하다

The UN does not **condone** non-violent coups, but it does not condemn them either.

유엔은 비폭력 쿠데타를 용인하지는 않지만 그렇다고 비난하지도 않는다.

⬌ condemn 비난하다

1732

allot
[əlát]

allotment ⓝ 할당, 배당

ⓥ 할당하다

The budget committee has agreed to **allot** money for the construction of a new museum.

예산 위원회는 새 박물관 건립에 돈을 ＿＿＿＿＿ 로 동의했다.

= allocate, assign

1727 몹시 싫어한다   1728 만족할 줄 모르는   1730 반란   1732 할당하기

1733

unequivocal

[ʌ̀nikwívəkəl]

unequivocally **ad** 명백히

ⓐ 명백한, 분명한

The guarantor of a bank loan gives its **unequivocal** assurance that it will be paid when it is due.

은행 대출의 보증인은 기한이 되면 지불될 것이라고 분명하게 보증한다.

1734

panacea

[pæ̀nəsíːə]

ⓝ 만병통치약

The government's economic policy has been relatively successful, but it is not the **panacea** that some believe it to be.

정부의 경제 정책은 상대적으로 성공적이지만, 일부가 믿는 만큼 _____ 은 아니다.

= cure-all

1735

substitute

[sʌ́bstitjùːt]

substitution ⓝ 대리, 대용품

ⓝ 대리자; 대용품 ⓥ 대체하다

The **substitute** teacher had to work hard to earn the respect of the school children.

그 _____ 교사는 학생들의 존경을 얻으려고 열심히 일해야 했다.

If you don't have any sugar, you can **substitute** honey or syrup in its place.

설탕이 하나도 없다면 꿀이나 시럽으로 _____ 수 있다.

1736

provision

[prəvíʒən]

provide ⓥ 제공하다, 주다

ⓝ 공급, 제공, 대비

Employment contracts make **provisions** for employees' eventual retirement from a company.

고용 계약서에는 직원의 최종적인 은퇴를 대비하는 조항이 있다.

1737

impetus

[ímpətəs]

ⓝ 자극(제), 추진력

Malcolm's speech provided the **impetus** the crowd needed to begin chanting anti-government slogans.

Malcolm의 연설은 군중이 반정부 표어를 되풀이하는 데 필요한 **자극제**를 제공했다.

= stimulus 자극(제)

1738

nestle

[nésl]

ⓥ (포근한 곳에) 자리 잡다

When shooting a rifle, the surest way to aim is to **nestle** the butt between your shoulder and neck.

권총을 발사할 때 가장 확실하게 거냥하는 방법은 개머리판 끝을 어깨와 목 사이에 _____ 것이다.

= snuggle

1734 만병통치약   1735 대리 / 대체할   1738 자리 잡게 하는

1739 ripen
[ráipən]

ripe @ 익은

ⓥ 익다, 익히다

Many fruits are picked while green and exported to other countries while they **ripen**.

많은 과일들은 녹색일 때 채집되고 _____ 동안 다른 나라로 수출된다.

1740 antibody
[ǽntibàd]

ⓝ 항체

The principle behind vaccines is that injecting a small amount of a virus will trigger the human body to form **antibodies**.

백신의 원리는 소량의 바이러스를 주입해서 인간의 몸이 _____ 를 형성하도록 유발하려는 것이다.

1741 forbidden
[fərbídn]

ⓐ 금지된

Students are generally **forbidden** to eat in the classroom without their teacher's permission.

학생들은 일반적으로 교사의 허락 없이 교실에서 먹는 것이 _____ 있다.

1742 unswerving
[ʌnswə́:rviŋ]

ⓐ 완고한, 변함없는

I have **unswerving** confidence that our country's armed forces will protect us if the need arises.

필요한 경우에 우리나라 군대가 우리를 보호하리라는 _____ 자신감이 있다.

= unwavering

1743 brainwash
[bréinwàʃ]

ⓥ 세뇌시키다

Attempts by certain regimes to **brainwash** prisoners of war have resulted in those prisoners adopting the beliefs of their captors.

특정 정권이 세뇌시키려 시도해서 결과적으로 전쟁 포로들은 자신들을 사로잡은 사람들의 신념을 받아들였다.

1744 replicate
[répləkèit]

replicative @ 같은 것을
만들어내는

ⓥ 모방[복제]하다

Drug addicts often continue taking drugs in order to **replicate** the feelings of euphoria they had when under the influence.

마약 중독자들은 마약의 영향 아래서 느꼈던 행복감을 **똑같이 느끼기** 위해 계속 마약을 복용하는 경우가 많다.

= duplicate

1739 익는 1740 항체 1741 금지되어 1742 완고한

1745

agile
[ǽdʒəl]

agility ⓝ 민첩

ⓐ 민첩한

Acrobats in the Cirque du Soleil train for hours daily so that they are **agile** and flexible.
Cirque du Soleil에 속한 곡예사들은 민첩하고 유연해지기 위해 매일 몇 시간씩 훈련한다.

= nimble

1746

petroleum
[pitróuliəm]

ⓝ 석유

Petroleum refineries span vast areas of Middle Eastern countries.
_____ 정제 공장들은 중동 국가 지역에 광범위하게 걸쳐 있다.

> **Word Plus+** 지질(geology) 관련 어휘
>
> basin 분지   canyon 협곡   deposit 침전시키다   elevation 고도   erosion 침식   fossil 화석
> glacier 빙하   hot spring 온천   peninsula 반도   ridge 산마루   terrain 지형   tsunami 지진해일
> volcano 화산

1747

solvent
[sálvənt]

ⓝ 용액 ⓥ 빚을 갚을 능력이 되는

Make certain that any dangerous **solvents** are stored safely after you are finished experimenting with them.
실험을 마치고 나서 위험한 _____을 모두 안전하게 저장하도록 확실한 조치를 취해야 한다.

Our business has remained **solvent** despite the economic troubles that plague our competitors.
경제적 문제가 경쟁 업체들을 괴롭히고 있지만, 우리 사업체는 _____ 상태를 유지하고 있다.

⟺ insolvent 파산한

1748

prerogative
[prirágətiv]

ⓝ 특권, 특혜

Society's elite have reserved the **prerogative** to rule to themselves.
사회의 엘리트 계층은 통치할 수 있는 _____을 자신들만 갖고 있다.

1749

pertinent
[pə́:rtənənt]

ⓐ 관계있는, 적절한

The manager thanked the sales team for bringing the **pertinent** information to her attention.
경영자는 적절한 정보를 주어 그녀의 관심을 끈 것에 대해 영업팀에게 감사했다.

1746 석유   1747 용액 / 빚을 갚을 능력이 되는   1748 특권

1750 conducive
[kəndʒúːsiv]

ⓐ ~을 일어나기 쉽게 하는, ~에 좋은

A chaotic environment at home is not **conducive** to studying or doing homework.

가정의 혼란스러운 환경은 공부하거나 숙제하는데 좋지 않다.

1751 prosecutor
[prásəkjùːtər]

ⓝ 검사

Prosecutors are the state's chief legal representative both in countries with common law systems and those with civil law systems.

_____들은 관습법 체제를 가진 나라와 민법 체제를 가진 나라 모두에서 그 나라의 최고 법률 대리인이다.

1752 adhere
[ædhíər]

adherence ⓝ 고수

ⓥ 고수하다, (의견 등을) 지지하다

Our institution **adheres** to the belief that all students should have an equal opportunity for higher education.

우리 단체는 모든 학생은 고등 교육에 대해 동등한 기회를 얻어야 한다는 신념을 _____.

1753 implement
[ímpləmənt]

implementation ⓝ 이행, 실행

ⓥ 실행하다, 수행하다

During the meeting, the branch managers decided to **implement** the CEO's plan to expand.

회의가 진행되는 동안 지점장들은 사업을 확장하려는 최고경영자의 계획을 시행하기로 결정했다.

＝ carry out

혼동 어휘

1754 hardness
[háːrdnis]

hard ⓐ 단단한

ⓝ 단단함, 힘듦

The **hardness** of diamonds is unrivaled by any other naturally occurring substance.

다이아몬드의 _____은 자연적으로 생성된 다른 어떤 물질과도 상대가 안 된다.

1755 hardship
[háːrdʃìp]

hard ⓐ 어려운, 힘든

ⓝ 고난, 곤경

Early settlers in the Wild West had to endure the **hardships** of life on the frontier.

(미국 개척 시대의) 황량한 서부에 일찍 정착한 사람들은 변경 지대에서 _____의 삶을 견뎌야 했다.

1751 검사   1752 고수한다   1754 단단함   1755 고난

DAY 44

다의어

1756

sentence
[séntəns]

ⓝ 문장; 판결

My teacher told the whole class that we had to write about our summer holiday in five **sentences** or less.

선생님께서 반 전체에게 여름 방학에 대해서 다섯 _____ 이내로 글을 써야 한다고 말씀하셨다.

ⓥ (형을) 선고하다

Judge Bates **sentenced** the shooter to fifteen years in prison, confirming the jury's guilty verdict.

Bates 판사는 배심원단의 유죄 평결을 확정하며, 총을 쏜 사람에게 감옥에서 15년형을 _____.

숙어 / 이어동사

1757

in the midst of

~(하는) 중에

In the midst of last week's elections in Brazil, the president announced that he plans to split from his party.

지난주 브라질에서 열린 선거 중에, 대통령은 자신의 정당과 헤어질 계획이라고 발표했다.

1758

up and about

(환자가) 건강이 좋아진, 병상에서 일어난

Imagine my surprise when I entered the room and found my sick uncle **up and about** like nothing was the matter with him.

내가 방에 들어갔는데 아픈 삼촌이 아무 일도 없었다는 듯이 병상에서 일어난 모습을 보고 얼마나 놀랐을지 상상해보아라.

1759

stand out

두드러지다

Veronica's bright orange sweater made her **stand out** in the crowd.

Veronica의 밝은 주황색 스웨터는 많은 사람 속에서 그녀를 _____ 했다.

1760

pass down

전수하다, 전해주다

This recipe for cinnamon rolls is a family specialty **passed down** from my great-grandmother.

계피롤빵 조리법은 증조할머니께서 _____ 가족만의 비법이다.

1756 문장 / 선고했다   1759 두드러지게   1760 전수해주신

DAILY TEST

A 다음 영어를 우리말로, 우리말을 영어로 쓰시오.

1 adhere _____
2 conducive _____
3 in the midst of _____
4 pertinent _____
5 provision _____
6 ruthless _____
7 substitute _____
8 suppress _____
9 unequivocal _____
10 up and about _____

11 검사 _____
12 고난, 곤경 _____
13 금지된 _____
14 두드러지다 _____
15 석유 _____
16 선전 _____
17 세뇌시키다 _____
18 오해의 소지가 있는 _____
19 초자연적인 _____
20 항체 _____

B 다음 빈칸에 알맞은 단어를 쓰시오.

1 ambiguous ⬌ _____
2 detest = _____
3 voracious = _____
4 condone ⬌ _____

5 replicate ⓐ _____
6 agile ⓝ _____
7 adhere ⓝ _____
8 provision ⓥ _____

C 다음 빈칸에 들어갈 알맞은 말을 |보기|에서 고르시오.

| 보기 | forbidden   hardness   groundless   passed down   ripens |

1 Usually, breadfruit is gathered before it _____ and is cooked on hot stones. 수능

2 People's _____ fear of spiders is irrational because spiders are generally harmless.

3 Growing up in Holland, he was taught to clear his plate; playing with food was _____. 수능

4 The great _____ of a diamond makes it one of the most important industrial materials known. 수능

5 Before sound recording, classical music was _____ through written scores, whereas early jazz mainly relied on live performance. 수능

DAY 45

1761
oversee
[òuvərsíː]

ⓥ 감시하다, 감독하다

Matt was chosen to **oversee** the pouring of the concrete in the final stages of building the office tower.

Matt은 사무실 건물을 짓는 마지막 단계에서 콘크리트를 붓는 것을 감독하도록 선택되었다.

= supervise

1762
abrupt
[əbrʌ́pt]

ⓐ 갑작스러운

The train came to an **abrupt** stop after the kids playing in the aisles pulled an emergency brake switch.

통로에서 놀고 있는 아이들이 비상 브레이크 스위치를 잡아당기자 기차가 갑자기 정지했다.

= sudden

1763
aggrieved
[əgríːvd]

ⓐ 화난

The parents of the young man were **aggrieved** to hear him say that he planned to leave their home as soon as he could.

그 젊은이의 부모는 가능한 한 빨리 집을 떠날 계획이라는 아들의 말을 듣고 _____.

= bitter, resentful

1764
erratic
[irǽtik]

ⓐ 예측할 수 없는, 일정하지 않은

Dan's academic results have been somewhat **erratic**, so we are not sure if he will qualify for a college scholarship.

Dan의 학업 성과는 다소 _____. 그래서, 그가 대학에서 장학금을 받을 수 있을지 확신할 수 없다.

= unpredictable

1765
torment
[tɔ́ːrment]

ⓝ 고통 ⓥ 괴롭히다

Waiting for news of a loved one who has been in an accident can be pure **torment**.

사고 현장에 있는 사랑하는 사람의 소식을 기다리는 일은 전적으로 _____ 이 될 수 있다.

= torture 고문, 괴롭히다, anguish 괴로움

1766
vigorous
[vígərəs]

vigor ⓝ 활기, 원기

ⓐ (활동이) 격렬한, (성격이) 활발한

It is said that thirty minutes of **vigorous** exercise every day will help you live longer.

매일 30분 동안 _____ 운동을 하면 수명을 연장하는 데 좋다고 한다.

1763 화가 났다　　1764 예측할 수 없다　　1765 고통　　1766 격렬한

1767

aloof
[əlúːf]

ⓐ 불친절한, 냉담한

Michelle has been rather **aloof** toward us all since she got a promotion last month.

Michelle은 지난달 승진하고 나서 우리 모두에게 다소 _____ 군다.

= distant (사람과) 거리를 두는

1768

linear
[líniər]

ⓐ 직선 모양의, 선으로 된

The novel has a **linear** plotline that allows the reader to easily follow the progression of the story.

그 소설에는 줄거리가 일차원적이어서 독자들이 소설의 전개과정을 쉽게 따라갈 수 있다.

1769

conceited
[kənsíːtid]

ⓐ 거만한, 자만하는

Tim is one of the most arrogant and **conceited** people I've ever met.

Tim은 내가 여태껏 만나본 사람 중 가장 _____ 하고 우쭐댄다.

= big-headed

1770

hectic
[héktik]

ⓐ 몹시 바쁜

My schedule this month is too **hectic** to schedule a dentist's appointment.

이번 달 나의 일정이 몹시 바빠서 치과 예약을 할 수 없다.

= busy

1771

elastic
[ilǽstik]

ⓐ 탄력이 있는, 융통성이 있는

Even though those are **elastic** pants, I can't get them to fit me around the waist.

이것이 신축성 있는 바지인데도 내 허리에 맞지 않는다.

= flexible

1772

carnivorous
[kɑːrnívərəs]

ⓐ 육식(성)의

Most large cats, such as tigers, lions, and leopards, are primarily **carnivorous**.

호랑이, 사자, 표범처럼 대부분의 큰 고양잇과 동물은 주로 _____ 이다.

= meat-eating

Word Plus+ 동물(animal) 관련 어휘

ape 유인원   claw 발톱   cold-blooded 냉혈의   den 굴   domesticate 길들이다   fin 지느러미
man-eater 식인 동물   nocturnal 야행성의   omnivore 잡식 동물   parasite 기생충
predator 포식 동물   zoology 동물학

1767 불친절하게   1769 거만   1772 육식성

DAY 45

01 02 03 04 05 06 07 08 09 10 11 12 13 14 15 16 17 18 19 20 21 22 23 24 25

1773

deceptive
[diséptiv]

ⓐ 현혹시키는

Mr. Green's **deceptive** business practices have resulted in several of his former customers filing lawsuits against him.

Green 씨가 기만적인 사업을 벌이는 바람에 예전 고객 몇 명이 그를 상대로 소송을 제기했다.

= misleading

1774

odds
[ɑdz]

ⓝ 가능성, 확률

I'm aware that the **odds** of Mark returning the money I lent him are pretty low.

나는 Mark가 내게 빌린 돈을 갚을 _____ 이 매우 낮다는 사실을 알고 있다.

= likelihood, chance

1775

belated
[biléitid]

ⓐ 뒤늦은

The press gave detailed coverage to the president's **belated** apology for angering the opposition politicians.

언론은 반대편 정치인들을 화나게 한 대통령의 _____ 사과를 자세한 기사로 다뤘다.

1776

soluble
[sáljəbl]

ⓐ 액체에 녹는

Enzymes in your stomach have the ability to break down food into **soluble** molecules that can be absorbed into the bloodstream.

위에 있는 효소는 음식을 액체에 녹는 분자로 바꾸어 혈류에 흡수될 수 있게 한다.

⟺ insoluble 용해되지 않는

1777

correlation
[kɔ̀:rəléiʃən]

ⓝ 상관관계

Most doctors see a **correlation** between smoking and an increased risk of lung cancer.

대부분 의사들은 흡연과 폐암 발병 가능성 증가 사이의 _____ 를 본다.

1778

impertinent
[impə́:rtənənt]

impertinence
ⓝ 무례한 행동[말], 건방짐

ⓐ 무례한, 버릇없는

Brian's **impertinent** response to his superior is not going to make anyone sympathize with him.

Brian은 상사를 대하는 _____ 태도 때문에 누구에게도 동정을 사지 못할 것이다.

= imprudent

1774 가능성   1775 뒤늦은   1777 상관관계   1778 무례한

1779

unlawful
[ʌnlɔ́:fəl]

ⓐ 불법적인

Adding extensions to an existing building is **unlawful** without a permit.
허가증 없이 기존 건물을 증축하는 것은 _____이다.

= illegal

1780

lightning-fast

ⓐ 매우 빠른, 전광석화의

It seizes the unsuspecting prey with a **lightning-fast** snap of the jaws, and swallows the prey down head first. 수능
그것은 _____처럼 턱을 벌려 경계를 하고 있지 않던 먹이를 붙잡아 머리부터 삼킨다.

1781

acquit
[əkwít]

acquittal ⓝ 무죄 선고

ⓥ 무죄를 선고하다

The jury agreed to **acquit** Jones of murder but found him guilty of assault with a weapon.
배심원은 Jones의 살인에 대해서는 무죄를 선고했지만, 무기를 소지하고 공격한 행동은 유죄라고 결정했다.

⬌ convict 유죄를 선고하다

1782

alleviate
[əlí:vièit]

alleviation ⓝ 완화, 경감

ⓥ (통증, 고통을) 완화하다

The drug morphine was used as far back as 1860 to **alleviate** pain during surgery.
모르핀은 수술을 하는 동안 고통을 _____ 위해 매우 오래 전인 1860년부터 사용되었다.

= ease

1783

marshal
[má:rʃəl]

ⓥ (군대를) 집결시키다, 정렬시키다; (서류 등을) 정돈하다

The general has the power to **marshal** his troops even when they are tired and unmotivated.
장군은 자신의 부대가 피곤하고 사기가 떨어져 있을 때조차도 이들을 집결할 힘이 있다.

= organize

1784

turmoil
[tə́:rmɔil]

ⓝ 혼란, 무질서

Turmoil over the announcement to scrap unemployment benefits is expected to grow in the coming weeks.
실직 수당을 폐지하겠다는 발표를 둘러싼 _____이 거세질 전망이다.

1779 불법 1780 전광석화 1782 완화하기 1784 혼란

DAY 45

1785

exhort
[igzɔ́ːrt]

exhortation ⓝ 훈계, 권고

ⓥ 훈계하다

The president's speech **exhorted** the audience of new graduates to find a way to serve their country.
대통령은 연설을 통해, 새로 졸업하는 사람들에게 조국에 봉사할 방법을 찾으라고 _____

= urge

1786

exquisite
[ikskwízit]

ⓐ 정교한; 매우 아름다운, 고귀한

The craftsmanship on handmade guns is **exquisite**, and for this reason they are quite expensive.
수제 권총을 만드는 기술이 정교하기 때문에 이러한 이유로 수제 권총은 매우 비싸다.

1787

exterminate
[ikstə́ːrmənèit]

extermination ⓝ박멸, 근절

ⓥ 몰살하다, 박멸하다

It can be extremely difficult to **exterminate** cockroaches as they reproduce so quickly.
바퀴벌레는 매우 빨리 번식하기 때문에 이를 박멸하는 것은 극히 어려울 수 있다.

1788

airtight
[ɛ́ərtàit]

ⓐ 밀폐된

Using **airtight** containers to store food in a refrigerator is the best way to preserve it.
냉장고에 음식을 보관하기 위해_____ 용기를 사용하는 것은 음식을 보존하는 가장 좋은 방법이다.

1789

controversial
[kɑ̀ntrəvə́ːrʃəl]

controversy ⓝ 논란, 논쟁

ⓐ 논쟁거리인

Requiring drinkers to have a permit to buy alcohol is one of the candidate's more **controversial** election proposals.
술을 마시는 사람에게 술을 살 수 있는 허가증을 요구하는 것은 그 후보의 _____ 선거 공략 중 하나이다.

1790

peninsula
[pənínʃələ]

peninsular ⓐ 반도의

ⓝ 반도

The Korean **peninsula** has been experiencing unseasonably hot weather recently.
한 _____ 는 최근에 계절에 맞지 않게 더운 날씨를 겪고 있다.

Word Plus+ 지리(geography) 관련 어휘

Antarctica 남극 대륙   the Arctic 북극   axis 축   continent 대륙   desert island 무인도
heartland 중심부   summit 산정상   time zone 표준 시간대

1785 훈계했다   1788 밀폐   1789 논쟁거리인   1790 반도

접두어　out- '~보다 더 크다[많다/길다]'

1791

outnumber
[àutnʌ́mbər]

Ⓥ ~보다 수가 더 많다

The English **outnumbered** the Scots 3 to 1 in the Battle of Stirling.
스털링 전투에서 영국군은 3대 1로 스코틀랜드군보다 _____.

1792

outgrow
[àutgróu]

Ⓥ (옷, 침대 등) ~보다 더 커지다(맞지 않게 되다)

Liz seems to **outgrow** her shoes so quickly, it's a little surprising.
Liz는 금세 발이 커서 신발이 맞지 않는 것 같다. 조금 놀랍다.

1793

outlive
[àutlív]

Ⓥ ~보다 더 오래 살다

Millvina Dean, who died at age 98 in 2009, **outlived** all 709 of the other survivors of the Titanic.
2009년에 98세의 나이로 세상을 떠난 Millvina Dean은 다른 709명의 타이타닉 생존자 전원보다 _____.

1794

outperform
[àutpərfɔ́:rm]

Ⓥ 능가하다

Since its founding in 1975, Microsoft has consistently **outperformed** its rivals in the software market.
마이크로소프트사는 1975년에 설립된 이래로 꾸준히 소프트웨어 업계에서 다른 경쟁사들을 _____.

혼동 어휘

1795

mean
[mi:n]

Ⓥ 의미하다　ⓐ 못된, 인색한

The word "awesome" **meant** one thing in Old English, but it **means** something else now.
'awesome'이라는 단어가 고대 영어에서는 어떤 것을 의미하지만 지금은 다른 것을 _____.

Jenny's actions were so **mean** that none of the other children wanted to play with her.
Jenny는 행동이 아주 _____ 그녀와 놀고 싶어 하는 아이들이 아무도 없었다.

＝ stingy 인색한, 구두쇠인

1796

means
[mi:nz]

ⓝ 방법, 수단

The volunteers were instructed to raise funds for the orphanage by any **means** necessary.
자원봉사자들은 필요한 어떤 방법을 써서라도 고아원을 위한 기금을 조성하도록 지시받았다.

1791 수가 더 많았다　1793 더 오래 살았다　1794 능가했다　1795 의미한다 / 못돼서

DAY 45

26 27 28 29 30 31 32 33 34 35 36 37 38 39 40 41 42 43 44 **45** 46 47 48 49 50

1797

capital
[kǽpitl]

ⓝ 자본(금)

Others wish to move **capital** from one area to another. 수능
다른 사람들은 한 지역에서 다른 지역으로 _____ 을 옮기기를 희망한다.

ⓝ 수도

It is now the **capital** of Nepal and, as such, the center of its government, economy, and culture. 수능
그곳은 이제 네팔의 _____ 이고, 보통 말하는 정부, 경제, 문화의 중심지이다.

ⓝ 대문자

The famous writer e.e. cummings refused to write his name with proper **capital** letters.
유명한 작가인 e.e. cummings는 자신의 이름을 쓸 때 _____ 를 사용하는 것을 거부했다.

숙어 / 이어동사

1798

vice versa

반대로, 거꾸로

Nikon's new XSLR camera can automatically adjust its lens for a light subject on a dark background, or **vice versa**.
니콘의 새로운 XSLR 카메라는 자동으로 어두운 배경에 있는 밝은 사물에 렌즈를 맞추거나 _____ 밝은 배경에 있는 어두운 사물에 렌즈를 맞출 수 있다.

1799

make headway

나아가다, 진전을 보이다

Researchers in Sweden have recently **made** some **headway** in their search for a cure for leukemia.
스웨덴의 연구원들은 최근에 백혈병 치료에 대한 연구에 진전을 보였다.

1800

ring up

〈상점〉 금전 등록기에 상품의 가격을 입력하다

Our company **rang up** huge profits last year due to our expansion into the software market.
우리 회사는 소프트웨어 시장으로의 확장 덕분에 작년에 큰 수익을 올렸다.

1797 자본(금) / 수도 / 대문자   1798 반대로

A 다음 영어를 우리말로, 우리말을 영어로 쓰시오.

1 airtight _____
2 belated _____
3 controversial _____
4 exquisite _____
5 exterminate _____
6 outgrow _____
7 outnumber _____
8 ring up _____
9 turmoil _____
10 vigorous _____

11 가능성, 확률 _____
12 감시하다, 감독하다 _____
13 갑작스러운 _____
14 거만한, 자만하는 _____
15 나아가다, 진전을 보이다 _____
16 반대로, 거꾸로 _____
17 반도 _____
18 상관관계 _____
19 액체에 녹는 _____
20 육식(성)의 _____

B 다음 빈칸에 알맞은 단어를 쓰시오.

1 aggrieved = _____
2 torment = _____
3 hectic = _____
4 acquit ⟷ _____

5 exhort ⓝ _____
6 exterminate ⓝ _____
7 vigorous ⓝ _____
8 alleviate ⓝ _____

C 다음 빈칸에 들어갈 알맞은 말을 |보기| 에서 고르시오.

보기	capital	lightning-fast	linear	mean	means

1 The goalkeeper had to make a _____ reaction in order to save the ball.

2 I was shocked to find out that it could imply something negative, which I certainly did not _____ . 수능

3 In order to raise enough start-up _____ for our business venture, we will have to borrow money from the bank.

4 The past and the present are our _____ ; only the future is our end. 수능

5 Processing a TV message is much more like the all-at-once processing of the ear than the _____ processing of the eye reading a printed page. 수능

WEEKLY TEST

1	abrupt		34	decipher	
2	acquit		35	detest	
3	adhere		36	diffuse	
4	administer		37	disgrace	
5	agile		38	dissipate	
6	airtight		39	dormant	
7	annoyance		40	drown out	
8	annul		41	edible	
9	anthropology		42	elect	
10	antibody		43	elevate	
11	antioxidant		44	enroll	
12	aptitude		45	erect	
13	arbitrary		46	exclusive	
14	bar		47	exquisite	
15	barren		48	exterminate	
16	belated		49	extravagant	
17	bilingual		50	eyesore	
18	bombard		51	factor in	
19	brainwash		52	fatigue	
20	bride		53	forbidden	
21	bundle		54	fraud	
22	carnivorous		55	fruition	
23	centralize		56	glacier	
24	certificate		57	greasy	
25	clatter		58	groundbreaking	
26	coincidence		59	groundless	
27	conceited		60	hardship	
28	conducive		61	hectic	
29	consolidate		62	in the midst of	
30	contented		63	ingenious	
31	controversial		64	interrelate	
32	correlation		65	lay off	
33	decaffeinate		66	leftover	

67	lightning-fast		102	rebroadcast
68	likewise		103	re-elect
69	linear		104	reincarnate
70	make headway		105	reservoir
71	manifest		106	retarded
72	margin		107	reunion
73	marvelous		108	righteous
74	mean		109	rigorous
75	means		110	ring up
76	metabolism		111	ripen
77	misleading		112	ruthless
78	monetary		113	scholarly
79	obese		114	sloppy
80	obligate		115	soluble
81	odds		116	solvent
82	off-the-record		117	stand out
83	on the verge of		118	substitute
84	outgrow		119	supernatural
85	outlive		120	supervise
86	outnumber		121	suppress
87	outright		122	sustainable
88	oversee		123	tame
89	panacea		124	tax-deductible
90	pass down		125	trivia
91	peace and quiet		126	turmoil
92	penetrate		127	unceasing
93	peninsula		128	unequivocal
94	personnel		129	up and about
95	pertinent		130	variable
96	petroleum		131	various
97	phobia		132	vegan
98	propaganda		133	vice versa
99	prosecutor		134	vigorous
100	provision		135	workload
101	quarrel			

DAY 46

01 02 03 04 05 06 07 08 09 10 11 12 13 14 15 16 17 18 19 20 21 22 23 24 25

1801

diminish
[dimíniʃ]

diminution ⓝ 축소, 감소

ⓥ 줄이다, 감소하다

The rate of inflation has **diminished** since the last president was in office.
인플레이션 비율은 마지막 대통령이 공직에 있던 이후로 감소하고 있다.

⟺ increase

1802

outrage
[áutrèidʒ]

outrageous
ⓐ 너무 충격적인, 별난

ⓥ 몹시 화나게 하다 ⓝ 분노, 격분

Outrage over Apple's decision to fire all its designers is growing within the company.
설계자 전원을 해고하겠다는 애플(Apple)의 결정에 대해 사내에 _____가 쌓이고 있다.

1803

indignant
[indígnənt]

indignation ⓝ 분개

ⓐ 화난, 분개한

When asked how she would have approached the situation, Fiona's **indignant** reply was that she would not have let it happen at all.
그러한 상황을 어떻게 다루었겠느냐는 질문을 받자 Fiona는 그런 일이 절대 일어나지 않게 했을 거라며 분개하며 대답했다.

1804

jeopardize
[dʒépərdàiz]

ⓥ 위태롭게 하다, 위협하다

The recent injury of their star batter could **jeopardize** the Braves' championship hopes.
인기 타자가 최근에 부상을 당하면서 브레이브즈(Braves)가 품었던 우승의 꿈이 위태로워졌다.

＝ endanger, threaten

1805

regime
[reiʒí:m]

ⓝ 정권, 정부

The **regime** in Myanmar has not allowed fair elections to take place in more than a decade.
미얀마 _____은 십 년 넘게 공정한 선거가 이뤄지지 못하게 하고 있다.

1806

ornate
[ɔ:rnéit]

ⓐ 화려한, 정교한

Ornate carving and woodwork are typical of 18th century English furniture making.
_____ 장식 조각과 목세공은 18세기 영국 가구 제작의 전형이다.

＝ elaborate

1802 분노   1805 정권   1806 화려한

410

1807

ambivalent
[æmbívələnt]

ⓐ 애매한, 애증인, 모순되는 감정을 가진

My wife and I are somewhat **ambivalent** about having more than one child.
아내와 나는 자식을 하나 이상 낳는 것에 대해 다소 _____ 갈등을 느낀다.

＝ unsure 확실하지 않은

1808

audible
[ɔ́ːdəbl]

audibility ⓝ 들을 수 있음

ⓐ 들리는, 들을 수 있는

McLuhan believed that people who tried this little exercise would invariably report more frustration in the condition where the picture was visible but the sound was **inaudible**. 수능
McLuhan은 이 사소한 실험을 해본 사람들은 영상은 보이지만 소리는 _____ 않는 조건에서 예외 없이 더욱 좌절감을 보고할 거라고 믿었다.

⟺ inaudible 잘 들리지 않는

1809

undergraduate
[ʌ̀ndərgrǽdʒuit]

ⓝ 대학생

In many educational systems, **undergraduate** education refers to post-secondary education up to the level of a bachelor's degree.
다수의 교육 제도에서 대학 교육은 중등교육 이후부터 학사 학위까지의 고등교육을 의미한다.

> **Word Plus+** 대학교(university) 관련 어휘
>
> bachelor's[master's / doctor's] degree 학사(석사 / 박사) 학위   dean 학장   faculty 학부, 교수단
> students' union 학생회   dormitory 기숙사

1810

unwavering
[ʌ̀nwéivəriŋ]

ⓐ (생각, 태도 등이) 확고한

My boss has pledged his **unwavering** support to me during my transition to a new position.
상사는 내가 새로운 직위로 옮기는 동안 나에 대한 확고한 지지를 굳게 약속했다.

1811

potent
[póutənt]

ⓐ 힘센, 강력한, 효과적인

These chili peppers are uncommonly **potent**, and only a small piece in a dish will achieve the desired results.
이 고추는 매우 _____ 음식에 소량만 넣어도 원하는 효과를 낼 것이다.

＝ powerful

1807 애매한   1808 들리지   1811 강력해서

1812

resuscitate
[risʌsətèit]

resuscitation ⓝ 소생(법)

ⓥ 소생시키다

Rescuers were able to **resuscitate** Benny the dog after they pulled him from the lake.

구조원들은 Benny라는 이름의 개를 호수에서 끌어 올려 살릴 수 있었다.

= revive

1813

barge
[baːrdʒ]

ⓥ 난입하다; 밀치고 가다

Jenny **barged** into the meeting without warning to state that she was tired of solving our problems for us.

Jenny는 예고도 없이 회의에 난입해서, 우리 문제를 대신 해결해주는 데 진력이 났다고 말했다.

1814

horrendous
[hɔːréndəs]

ⓐ 충격적인; 불쾌한

My recent accident was a **horrendous** experience that I won't soon forget.

내가 최근에 당했던 사고는 쉽게 잊히지 않을 _____ 경험이었다.

= horrific, dreadful

1815

down payment

ⓝ (할부금의) 계약금, 착수금

Buying a car on installments usually requires a **down payment** of ten percent or more of the full price.

할부로 자동차를 사려면 대개 전체 가격의 10%나 그 이상을 _____ 으로 내야 한다.

= deposit

1816

black eye

ⓝ 멍든 눈

Ryan received a **black eye** after he was accidently hit in the face with a baseball.

Ryan은 어쩌다가 야구공에 얼굴을 맞고 눈에 멍이 들었다.

1817

regimen
[rédʒəmən]

ⓝ 식이요법

My doctor has put me on a new **regimen** to help me lose weight.

나의 의사는 체중 감량을 목적으로 내게 새로운 _____ 을 실시하게 했다.

= regime

1818

saliva
[səláivə]

ⓝ 침

Saliva contains enzymes that break down food at the molecular level in preparation for digestion.

_____ 에는 소화시키기 위해 음식을 분자 수준으로 부수는 효소가 들어 있다.

1814 충격적인   1815 계약금   1817 식이요법   1818 침

1819 proximity
[prɑksíməti]

ⓝ 근접, 가까움

She lives in close **proximity** to a grocery store, a movie theater and a community center.
그녀는 식료품점, 영화관, 시민 회관과 매우 근접한 곳에 산다.

1820 disparage
[dispǽridʒ]

disparagement ⓝ 비난, 오명

ⓥ 비난[비방]하다

A good leader should never **disparage** the accomplishments of his or her employees.
훌륭한 리더는 자기 직원의 공적을 결코 _____ 해서는 안 된다.

1821 abominate
[əbámənèit]

abomination
ⓝ 혐오스러운 것

ⓥ 몹시 싫어하다

History **abominates** the names of fallen dictators above all others.
역사는 다른 누구보다도 추락한 독재자의 이름을 _____.

= loathe, detest

1822 dismal
[dízməl]

ⓐ 우울한, 형편없는

In a **dismal** start to the season, the team lost the game and saw its two star players injure themselves.
형편없는 시즌 초반에 팀은 경기에서 졌을 뿐 아니라 자기 팀 소속 인기 선수 두 명이 다치는 것을 겪었다.

1823 deteriorate
[ditíəriərèit]

deterioration ⓝ 저하, 퇴보

ⓥ 나빠지다, 악화하다, 저하시키다

The relationship between the two tennis rivals has **deteriorated** to the point that they no longer even speak.
두 명의 테니스 맞수의 관계는 더는 대화도 하지 않는 정도까지 악화되었다.

⮕ improve 향상시키다

1824 squander
[skwándər]

ⓥ (돈, 자원, 기회 등을) 낭비하다

The media reported that a lottery winner **squandered** his winnings in just under a year.
언론은 복권 당첨자가 일 년도 채 되지 않아 상금을 _____ 고 보도했다.

1825 warlike
[wɔ́:rlàik]

ⓐ 호전(好戰)적인, 싸우기를 좋아하는

The Spartans were a **warlike** people who were feared and respected throughout the ancient world.
스파르타 사람들은 고대 세계 전체에 걸쳐 두려움과 존경을 받는 _____ 사람들이었다.

1820 비난   1821 몹시 싫어한다   1824 낭비했다   1825 호전적인

DAY 46

01 02 03 04 05 06 07 08 09 10 11 12 13 14 15 16 17 18 19 20 21 22 23 24 25

1826 insatiable
[inséiʃəbl]

insatiability ⓝ 탐욕

ⓐ 만족할 줄 모르는

Adolf Hitler had an **insatiable** desire to rule all of Europe.
아돌프 히틀러는 유럽 전체를 지배하겠다는 _____ 욕망을 지녔다.

= voracious

1827 obliterate
[əblítəréit]

obliteration ⓝ 삭제, 소멸

ⓥ 부수다, 흔적 없이 지우다

The fire **obliterated** all the buildings for two blocks around the old church.
그 화재는 오래된 교회 주변으로 두 블록에 있는 모든 건물을 흔적도 없이 지워버렸다.

= eradicate 근절하다

1828 brood
[bru:d]

ⓥ 곰곰이 생각하다

There was no use **brooding** over my lost wallet, so I decided to do something useful.
잃어버린 지갑에 대해 곰곰이 생각해봐야 소용이 없어서, 나는 뭔가 유용한 일을 하기로 결심했다.

1829 flawless
[flɔ́:lis]

ⓐ 결점이 없는, 완벽한

Flawless diamonds are much more expensive and sought after than specimens that contain visible imperfections.
_____ 다이아몬드는 눈에 보이는 결점이 있는 견본보다 훨씬 비싸고 수요가 많다.

= perfect

1830 indoctrinate
[indάktrənèit]

indoctrination ⓝ 교화, 세뇌

ⓥ (생각, 사상 등을) 주입하다, 세뇌시키다

Some human resource managers believe that it is easier to **indoctrinate** younger workers than more experienced ones.
일부 인사과 관리자들은 좀 더 숙련된 직원보다 좀 더 젊은 직원을 _____ 더 쉽다고 생각한다.

= brainwash

접두어   mal- '나쁜, 잘못된'

1831 malfunction
[mælfʌ́ŋkʃən]

ⓥ 제대로 작동하지 않다 ⓝ 고장

An alarm will sound the moment the equipment in the factory starts to **malfunction**.
공장에서 장비들이 고장 나기 시작하는 순간에 경보가 울릴 것이다.

1826 만족할 줄 모르는   1829 결점이 없는   1830 세뇌시키기

1832

malnutrition
[mæ̀lnjuːtríʃən]

ⓝ 영양실조

Reports from the war-torn areas tell of men, women and children suffering from **malnutrition**.

전쟁으로 피폐해진 지역으로부터의 보도에 따르면 남자와 여자 그리고 아이들이 _____ 로 고통 받고 있다고 한다.

1833

maltreat
[mæltríːt]

maltreatment ⓝ 학대

ⓥ 거칠게 다루다, 학대하다

The hostages taken by the pirates assured us that they had not been **maltreated**.

해적들에게 잡힌 인질들은 _____ 않았다고 확신시켜 주었다.

= mistreat

1834

malodorous
[mælóudərəs]

malodor ⓝ 악취

ⓐ 고약한 냄새가 나는

The skunk is a mammal that emits a **malodorous** liquid when it feels threatened.

스컹크는 위협을 느낄 때 _____ 액체를 방출하는 포유류이다.

= smelly

혼동 어휘

1835

purse
[pəːrs]

ⓝ (여성용) 지갑, 핸드백

She left her **purse** at home, so she wasn't able to buy anything at the supermarket.

그녀는 지갑을 집에 놓고 와서 슈퍼마켓에서 아무것도 살 수가 없었다.

1836

pulse
[pʌls]

ⓝ 맥박, 진동, 파동

Many creatures use phosphorescence at night, and as you move through the water, you will cause plankton to release tiny **pulses** of light, leaving beautiful glowing wakes trailing behind you. 수능

많은 생명체가 야간에 빛을 발하는 현상을 이용하고 있으며, 그래서 당신이 물속에서 움직일 때 플랑크톤이 작은 빛의 _____ 을 방출하게끔 하여, 당신의 뒤를 따르는 아름답게 빛나는 자국을 남겨 놓는다.

1832 영양실조   1833 학대당하지   1834 고약한 냄새가 나는   1836 파동

DAY 46

다의어

1837

prompt
[prɑmpt]

promptly `ad` 지체 없이, 즉시

ⓥ 촉구하다, 자극하다

Alex's recent success in the import-export business has **prompted** me to rethink my choice of career.
무역사업에서 최근 Alex의 성공은 직업 선택에 대해 다시 생각하도록 나를 _____.

ⓐ 즉각적인

I received a **prompt** response from customer service regarding my complaint about the faulty product.
내가 불량품에 대해 항의한 것에 대해 고객 서비스 센터에서 _____ 답변을 받았다.

숙어 / 이어동사

1838

measure up to

~에 부합하다, 들어맞다

Although a speech can be effective, all the words in the world cannot **measure up to** the example of a leader, especially in communicating new behaviors and values. 수능
연설은 효과적일 수 있지만, 이 세상의 모든 말은 특히 새로운 행동과 가치를 전달하는 데 있어서 지도자의 본보기(행동)에 부합할 수 없다.

1839

once and for all

완전히, 최종적으로

Winning his sixth straight championship, Michael Jordan proved **once and for all** that he was the best.
마이클 조든은 여섯 번 연속으로 챔피언이 되면서 그가 최고라는 것을 _____ 증명했다.

1840

dwell on[upon]

곱씹다, 되새기다

Don't **dwell on** your mistakes in life; instead, focus on the successes you have had and try to build on them.
인생에서 너의 실수를 _____ 말고 네가 이뤄 낸 성공에 집중하고 그것을 기반으로 하려고 노력해라.

1837 자극했다 / 즉각적인   1839 완전히   1840 곱씹지

A 다음 영어를 우리말로, 우리말을 영어로 쓰시오.

1 brood _____
2 dismal _____
3 disparage _____
4 indignant _____
5 insatiable _____
6 outrage _____
7 prompt _____
8 regime _____
9 squander _____
10 unwavering _____

11 (여성용) 지갑, 핸드백 _____
12 곱씹다, 되새기다 _____
13 근접, 가까움 _____
14 대학생 _____
15 완전히, 최종적으로 _____
16 식이요법 _____
17 영양실조 _____
18 들리는, 들을 수 있는 _____
19 제대로 작동하지 않다 _____
20 침 _____

B 다음 빈칸에 알맞은 단어를 쓰시오.

1 diminish ⟷ _____
2 ornate = _____
3 potent = _____
4 flawless = _____

5 resuscitate ⓝ _____
6 malodorous ⓝ _____
7 abominate ⓝ _____
8 obliterate ⓝ _____

C 다음 빈칸에 들어갈 알맞은 말을 |보기|에서 고르시오.

보기	barged	black eye	measured up to	pulse	warlike

1 How did you get that _____? Did you hit something? 수능

2 Visits to the doctor usually include a routine check of your _____.

3 My landlord just _____ into the apartment I live in without prior notice.

4 Even though the Egyptians were _____, they found time for peaceful games. 수능

5 The entire pool of candidates was eliminated as none of them _____ our requirements.

DAY 47

1841
devise
[diváiz]

ⓥ 고안[창안]하다

We've managed to **devise** a plan that would allow us to offer more services without going over budget.
우리는 예산을 초과하지 않으면서 더욱 많은 서비스를 제공하는 계획을 가까스로 궁리해냈다.

1842
endeavor
[endévər]

ⓥ 노력하다

This chain of hotels always **endeavors** to please its customers.
이 호텔 체인은 고객에게 기쁨을 안겨주기 위해 항상 _____.

= strive

1843
overrule
[òuvərú:l]

ⓥ 기각하다

The judge **overruled** the jury's decision to release the convicted criminal.
판사는 유죄선고를 받은 범인을 석방하라는 배심원의 결정을 _____.

= override

1844
dignified
[dígnəfàid]

dignify ⓥ 위엄 있어 보이게 하다
dignity ⓝ 위엄

ⓐ 위엄[품위] 있는

Charles is a **dignified** old man, with whom everyone gets along perfectly.
Charles는 품위 있는 노인으로 모든 사람과 완벽하게 사이가 좋다.

1845
autonomy
[ɔ:tánəmi]

ⓝ 자치권, 자율성

Teachers are given a great deal of **autonomy** by their schools provided they teach the required curriculum.
교사들은 필수 교과과정을 가르치기만 하면 학교로부터 상당량의 자율을 부여 받는다.

= independence

1846
excursion
[ikskə́:rʒən]

ⓝ 소풍, 짧은 여행; 회유, 외도

Children who wish to go on the **excursion** must get a permission slip from at least one parent.
_____을 가고 싶어 하는 아이들은 최소한 부모 중 한 명으로부터 승낙서를 받아야 한다.

= trip, outing

1842 노력한다   1843 기각했다   1846 소풍

418

1847

gesticulate
[dʒestíkjəlèit]

ⓥ 몸짓[손짓]으로 이야기하다

While trying to suppress a laugh, I watched while the two arguing men **gesticulated** wildly at each other.

나는 웃음을 참으려고 애쓰면서, 서로에게 격하게 몸짓을 하며 말다툼을 벌이고 있는 두 사람을 지켜보았다.

1848

standardize
[stǽndərdàiz]

standardization ⓝ 표준화

ⓥ 표준화하다

It is important to **standardize** the methods used to test students leaving secondary school.

중등학교를 졸업하는 학생들을 시험하는 방법을 _____ 것이 중요하다.

1849

duplicate
[djú:plikeit]

ⓥ 복사하다, 다시 하다 ⓝ 사본

Rather than trying to **duplicate** the results of the test, we should try to expand on them.

실험 결과를 되풀이하려 하기 보다는 이를 발전시키려 노력해야 한다.

1850

monarchy
[mánərki]

ⓝ 군주제, 군주국가

Many contemporary countries still have some form of constitutional **monarchy**.

많은 현대의 나라들이 아직도 어느 정도 입헌 _____ 의 형태를 띠고 있다.

➡ republic 공화제

> **Word Plus+** 정부(government) 관련 어휘
>
> administration 행정   autocracy 전제 정치   bureaucracy 관료주의   democracy 민주주의
> dictatorship 독재 정권   local government 지방 정부   summit 정상회담   secret agent 비밀요원
> welfare state 복지 국가

1851

differentiate
[dìfərénʃièit]

differentiation ⓝ 구별, 차별

ⓥ 구별하다

It's not difficult to **differentiate** nerve cells from blood cells when looking at them under a microscope.

현미경 아래 놓고 보면 신경세포와 혈액세포를 _____ 것은 어렵지 않다.

This is because one is looking at the past with fresh eyes and can isolate and, as it were, notice facts which previously existed **undifferentiated** among a mass of others. 수능

이것은 새로운 시각으로 과거를 보고, 그렇게 함으로써 과거에는 많은 다른 것들 사이에서 구별되지 않은 상태로 존재했던 사실들을 분리하고, 이를테면, 인식할 수 있기 때문이다.

1848 표준화하는   1850 군주제   1851 구별하는

DAY 47

1852

superb
[supə́:rb]

ⓐ 훌륭한, 최상의

The pizzas made by Tony's Pizzeria are simply **superb**.

Tony's Pizzeria에서 만든 피자는 정말 _____.

= outstanding

1853

demeanor
[dimí:nər]

ⓝ 태도, 품행

Ralph had a quiet, reserved **demeanor** that spoke volumes about his maturity.

Ralph는 성숙함을 증명해주는 조용하고, 조심스러운 _____를 지녔다.

1854

plausible
[plɔ́:zəbl]

plausibility **ⓝ** 타당성

ⓐ 타당한, 그럴 듯한

I found the plot of the movie quite **plausible** despite its science fiction-like setting.

나는 배경이 공상 과학 소설 같기는 하지만, 영화의 줄거리가 매우 그럴 듯하다고 깨달았다.

= reasonable

1855

layman
[léimən]

ⓝ 비전문가

Doctors are at times asked to explain their complicated diagnoses in **layman**'s terms.

의사들은 때때로 자신들이 내린 복잡한 진단을 _____가 이해하는 용어로 설명해 달라는 요청을 받는다.

⟺ expert 전문가

1856

well-grounded
[wélgràundid]

ⓐ 정당한 근거가 있는; 기초가 잘 잡힌

The firefighters were **well grounded** in the search-and-rescue skills they needed.

그 소방관들은 자신에게 필요한 수색과 구조 기술의 기초가 잘 잡혀있다.

1857

unroll
[ʌnróul]

ⓥ (말린 것을) 펼치다

When people began to bind books with pages that could be turned rather than **unrolled** like papyrus, the process of locating information changed. 수능

사람들이 파피루스처럼 말린 것을 _____보다 넘길 수 있는 페이지로 된 책을 제본하기 시작하면서 정보를 찾는 과정이 변했다.

1852 훌륭하다   1853 태도   1855 비전문가   1857 펼치기

1858

saline
[séili:n]

salinity ⓝ 염분, 염도

ⓐ 염분이 포함된

Many cosmetic implants are now filled with a **saline** solution instead of silicone.
오늘날 많은 성형 보형물은 실리콘 대신 소금 용액(식염수)으로 채워진다.

1859

desalinate
[di:sǽlənèit]

desalination ⓝ 담수화

ⓥ 담수화하다(바닷물에서 소금을 제거하다)

The process of **desalinating** sea water to make it drinkable can be quite costly.
바닷물에서 염분을 제거해 마실 수 있게 만드는 과정은 비용이 매우 많이 들 수 있다.

1860

high-end
[haiénd]

ⓐ (제품이) 최고급의, 최고가인

This sofa is a **high-end** model that was imported from Sweden.
이 소파는 스웨덴에서 수입한 _____ 모델이다.

1861

encode
[enkóud]

ⓥ 암호화하다

The job of cryptographers in wartime is to **encode** crucial messages and relay them onward.
전쟁 때 암호 사용자의 임무는 결정적으로 중요한 메시지를 _____ 해서 전방으로 전달하는 것이다.

⬌ decode

1862

meteorology
[mì:tiərálədʒi]

ⓝ 기상학

Meteorology has practical applications in fields such as energy production and agriculture.
_____ 은 에너지 생산과 농업 같은 분야에서 실질적으로 사용될 수 있다.

1863

nimble
[nímbl]

ⓐ (동작이) 날렵한, 빠른

That pianist has incredibly **nimble** fingers, which must be the result of her many hours of practice.
그 피아니스트의 믿기지 않을 정도로 빠른 손가락은 오랫동안 연습을 한 결과임이 틀림없다.

1864

payoff
[péiɔ̀(:)f]

ⓝ 대가, 지불

The **payoff** of using hybrid cars is more than just savings from reduced gas consumption.
하이브리드 자동차를 사용하는 _____ 는 단순히 휘발유 소비를 줄여 절약하는 이익보다 크다.

1860 최고급   1861 암호화   1862 기상학   1864 대가

DAY 47

1865

altruistic
[æ̀ltruːístik]

altruistically **ad** 이타적으로

ⓐ 이타적인

Bob's motives for donating his bonus to charity might not have been entirely **altruistic**.

자신의 보너스를 자선 단체에 기부하겠다는 Bob의 뜻은 전적으로 _____이지 않았을지도 모른다.

= selfless

1866

invigorating
[invígərèitiŋ]

ⓐ 기운이 나게 하는

An early morning run, when things are still and calm, can be an **invigorating** way to start the day.

만물이 고요하고 평온한 이른 아침에 달리는 것은 기운차게 하루를 시작하는 방법이 될 수 있다.

1867

infrastructure
[ínfrəstrʌ̀ktʃər]

ⓝ 사회 기반 시설

The upkeep costs of California's **infrastructure** are approaching ten percent of the state's yearly budget.

캘리포니아의 _____을 유지하는 비용은 캘리포니아 연간 주(州) 예산의 10%에 이르고 있다.

Tips 사회 기반 시설은 경제 활동의 기반을 이루는 기초적인 시설을 뜻하며, 도로, 상하수도, 전기, 통신 등의 사회 자본을 말한다. '인프라'라고 부르기도 한다.

1868

fumble
[fʌmbl]

ⓥ 더듬어 찾다, 뒤적거리다, 만지작거리다

As I **fumbled** around in my bag, I realized that I had lost my keys and would not be able to open the front door.

나는 가방 속을 뒤적거리면서 열쇠를 잃어버려 현관문을 열 수 없으리라는 사실을 깨달았다.

1869

tentative
[téntətiv]

ⓐ 잠정적인, 머뭇거리는

The **tentative** teams for tomorrow's competition were just posted in the dormitory hallway.

내일 시합에서 겨루게 될 잠정적 팀이 기숙사 복도에 막 게시되었다.

= provisional

1870

herbivore
[hə́ːrbəvɔ̀ːr]

ⓝ 초식동물

Paleontologists have gathered new evidence that suggests certain dinosaurs were **herbivores**.

고생물학자는 특정 공룡이 _____이었다는 것을 암시하는 새로운 증거를 모으고 있다.

1865 이타적   1867 사회 기반 시설   1870 초식동물

1871
disperse
[dispə́:rs]

dispersal ⓝ 분산, 확산

ⓥ 널리 퍼지다, (뿔뿔이) 흩어지다

The crowd of protesters **dispersed** as quickly as it had gathered at the town hall.
시위자 무리는 시민 회관에 모였을 때처럼 신속하게 흩어졌다.

1872
dilute
[dilú:t]

ⓥ 희석하다, 묽게 하다

My sister refuses to drink fruit juice unless we **dilute** it with water first.
내 여동생은 우리가 먼저 물로 희석해주지 않으면 과일 주스를 마시지 않으려 한다.

1873
expertise
[èkspərtí:z]

ⓝ 전문 지식, 특수 기술

Linda's **expertise** in the field of biochemical engineering is unequaled by anyone that I know.
생화학 공학 분야에서 Linda가 보유한 _____ 은 내가 아는 누구와도 상대가 되지 않는다.

혼동 어휘

1874
lesson
[lésn]

ⓝ 교훈, 수업

Time and again, political leaders have failed to learn their **lessons** from history.
몇 번이고 되풀이하여 정치적 지도자들은 역사에서 _____ 을 얻는 데 실패해 왔다.

1875
lessen
[lésn]

ⓥ (크기, 양, 정도 등을) 줄이다, 감소시키다

Medication can help **lessen** the pain associated with a root canal.
약물은 신경치료로 인한 고통을 _____ 데 도움을 줄 것이다.

⟷ increase 늘리다

다의어

1876
content
[kántent/kəntént]

ⓝ 내용(물)

The **content** of children's TV programs is specially prepared for the target viewers.
아이들을 위한 텔레비전 프로그램 _____ 은 대상 시청자들을 위해 특별히 준비된다.

ⓐ 만족한

I have tried very hard this semester, so I won't be **content** unless my final results are better than a B average.
나는 이번 학기에 정말 열심히 노력했다. 그래서 내 기말고사 결과가 B학점 이상이 아닐 경우 _____ 않을 것이다.

1873 전문 지식   1874 교훈   1875 줄여주는   1876 내용 / 만족하지

DAY 47

1877

yield
[ji:ld]

ⓥ 항복하다; 양보하다; (수익, 농작물 등을) 내다

Words can **yield** a variety of interpretations in terms of the kind of behaviors people think they mean. 수능

말은 자신이 의도하려고 생각한 것에 따른 행동의 종류에 의해서 다양한 해석을 낼 수 있다.

ⓝ 수확량, 수익량

This soybean farm's annual **yield** has increased over the past five years and is now one of the highest in the area.

이 콩 농장의 매년 _____ 은 지난 5년 동안 계속 증가했고 현재 이 지역에서 수확량이 가장 높은 곳 중 하나이다.

숙어 / 이어동사

1878

follow suit

선례를 따르다

After one airline raises its fares, the other airlines usually **follow suit** and raise theirs too.

한 항공사가 요금을 올리면 보통 다른 항공사들도 따라서 요금을 올린다.

1879

avail oneself of

(기회를) 이용하다; (제안을) 수용하다

The company **availed itself of** Jack's expertise in setting up a computer network.

그 회사는 Jack의 컴퓨터 네트워크 설치 전문 기술을 _____.

1880

bulk up

(부피, 크기 등이) 늘다, 증가하다

He has managed to **bulk up** to 200 pounds by going to the gym every day for the past year.

그는 작년에 매일 헬스클럽에 다니면서 가까스로 200파운드를 _____.

1877 수확량   1879 이용했다   1880 늘렸다

DAILY TEST

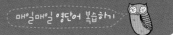

A 다음 영어를 우리말로, 우리말을 영어로 쓰시오.

1	avail oneself of	_____	11	기상학	_____
2	bulk up	_____	12	기운이 나게 하는	_____
3	content	_____	13	담수화하다	_____
4	dignified	_____	14	대가, 지불	_____
5	disperse	_____	15	사회 기반 시설	_____
6	duplicate	_____	16	선례를 따르다	_____
7	gesticulate	_____	17	염분이 포함된	_____
8	high-end	_____	18	초식동물	_____
9	nimble	_____	19	태도, 품행	_____
10	well-grounded	_____	20	희석하다, 묽게 하다	_____

B 다음 빈칸에 알맞은 단어를 쓰시오.

1	layman	⬌ _____	5	dignified	ⓥ	_____
2	encode	⬌ _____	6	disperse	ⓝ	_____
3	endeavor	= _____	7	saline	ⓝ	_____
4	excursion	= _____	8	standardize	ⓝ	_____

C 다음 빈칸에 들어갈 알맞은 말을 |보기|에서 고르시오.

보기	devised	expertise	lessons	unroll	yield

1 Before long they _____ a number of ball games. 수능

2 When arguments break out about who should do the housework, I usually _____ to my wife.

3 Before you begin painting the walls, _____ this sheet and place it on the ground to protect the floor.

4 They develop _____ in multiple areas, they speak different languages, and they find joy in the rich variety of human experience. 수능

5 Thus, they repeatedly attempted to make it clear to their public that visiting the theater was not merely for the purpose of entertainment, but rather to draw _____ from the play offered onstage. 수능

DAY 48

01 02 03 04 05 06 07 08 09 10 11 12 13 14 15 16 17 18 19 20 21 22 23 24 25

1881
fragrance
[fréigrəns]

ⓝ 향기, 향수

On entering the botanical gardens, visitors will immediately smell the rich **fragrance** of the tropical flowers.
식물원에 들어오자마자 방문객들은 바로 열대성 꽃들의 그윽한 ＿＿＿를 맡을 수 있었다.

= perfume 향수

> **Word Plus+** 미용(beauty) 관련 어휘
>
> barbershop 이발소　　blond(e) 금발인　　complexion 안색　　cosmetic surgery 성형수술
> hairdo 머리모양　　mustache 콧수염　　perm 파마　　sideburns 구레나룻　　wig 가발

1882
psychiatry
[saikáiətri]

ⓝ 정신 의학

All researchers in the field of **psychiatry** are trained to conduct therapy.
＿＿＿＿ 분야에 몸담고 있는 모든 연구자들은 치료를 실행하도록 훈련을 받는다.

1883
tuck
[tʌk]

ⓥ 단정하게 집어넣다

When I was young, my mother would come and **tuck** me into bed at nine every night.
내가 어렸을 때 어머니는 매일 밤 아홉 시에 와서 나를 침대에 눕혀주었다.

1884
unparalleled
[ʌnpǽrəlèld]

ⓐ 견줄 데 없는

His academic achievements are **unparalleled** in the history of our fine school.
그의 학업 성취는 우리 훌륭한 학교의 역사상 누구와도 견줄 수 없다.

= unequaled

1885
overpower
[òuvərpáuər]

ⓥ 제압하다

The police reportedly needed three officers to **overpower** the kidnapping suspect.
유괴 용의자를 ＿＿＿＿ 위해 세 명의 경찰관이 필요했다고 보도 되었다.

= overwhelm

1886
conspicuous
[kənspíkjuəs]

ⓐ 눈에 잘 띄는

I felt very **conspicuous** walking down the street in my Halloween costume.
나는 핼러윈 복장으로 거리를 걸으면서 남의 눈에 매우 잘 띈다는 느낌이 들었다.

1881 향기　　1882 정신 의학　　1885 제압하기

1887

straightforward
[strèitfɔ́:rwərd]

ⓐ 간단한, 쉬운

This manual presents a **straightforward** guide to the rules and regulations that must be followed by our employees.

이 안내서는 직원이 지켜야 하는 규칙과 규정에 대한 _____ 길잡이이다.

1888

momentum
[mouméntəm]

ⓝ 여세; 가속도; 탄력

The government is starting to lose its **momentum** in reforming labor unions.

정부는 노동조합 개혁에서 _____ 를 잃기 시작했다.

= impetus

1889

agony
[ǽgəni]

agonize ⓥ 고민하다

ⓝ 고통

I tried to run a full marathon this weekend, and now my legs are in **agony**.

나는 이번 주말에 마라톤을 완주하려고 했었기 때문에 지금 다리가 몹시 아프다.

= torment

1890

uprising
[ʌ́pràiziŋ]

ⓝ 반란, 폭동

The **uprising** in the south of Somalia seems to have gotten the central government's attention.

소말리아 남부에서 일어난 _____ 이 중앙 정부의 주의를 끌었던 것 같다.

= rebellion, revolt

1891

disparity
[dispǽrəti]

ⓝ 불균형; 눈에 띄는 차이

The global **disparity** between the rich and the poor is growing larger each year.

전 세계적으로 빈부의 _____ 이 매년 커지고 있다.

= difference

1892

dumbfounded
[dʌ̀mfáundid]

dumbfound
ⓥ 말문이 막히게[깜짝 놀라게] 하다

ⓐ (깜짝 놀라서) 말문이 막힌, 어쩔 줄 모르는

I was completely **dumbfounded** when I discovered the $100 in my wallet.

나는 지갑에서 그 100달러를 발견하고는 정말 놀라서 말문이 막혔다.

= astonished

1887 간단한   1888 여세   1890 반란   1891 불균형

1893

consent
[kənsént]

consenting ⓐ 동의[승낙]하는
consensus ⓝ 의견 일치

ⓝ 동의, 허락

Parental **consent** is required for underage children to attend out-of-town events.

미성년 자녀가 마을 밖에서 하는 행사에 참석하려면 부모의 _____가 필요하다.

1894

alleged
[əlédʒd]

ⓐ (증거 없이) 추정된, 주장된

The **alleged** robbery victim could not give the police details about what had been taken.

강도에게 피해를 당했다고 주장하는 사람은 일어난 일에 대한 자세한 이야기를 경찰에게 할 수 없었다.

1895

watchdog
[wátʃdɔ̀(:)g]

ⓝ 감시 단체, 감시자

Consumer **watchdogs** are informal organizations that campaign for consumers' protection from companies.

소비자 _____는 기업으로부터 소비자를 보호하는 운동을 펼치는 비공식 조직이다.

1896

condemn
[kəndém]

condemnation ⓝ 비난
condemnatory
ⓐ 비난의, 유죄 선고의

ⓥ 비난하다; 선고를 내리다

The secretary general of the UN has **condemned** the recent use of chemical weapons.

유엔 사무총장은 최근의 화학 무기 사용을 _____.

= denounce 비난하다, sentence 선고를 내리다

1897

overtake
[òuvərtéik]

ⓥ (감정이) 압도[엄습]하다; 추월하다, (경쟁자를) 따라잡다

It can make us feel happy or sad, helpless or energetic, and some music is capable of **overtaking** the mind until it forgets all else. 수능

그것은 우리를 기쁘게도 슬프게도 할 수 있고, 무기력하게도 활동적으로도 만들 수 있으며, 어떤 음악은 다른 모든 것을 잊을 때까지 마음을 압도할 수 있다.

= overwhelm 압도하다

1898

acupuncture
[ǽkjupʌ̀ŋktʃər]

acupuncturist ⓝ 침술사

ⓝ 침술

The results of the medical association's study of **acupuncture** suggest that it may be an effective way to treat back pain.

_____에 대한 의학 협회의 연구 결과에 따르면 그것은 허리 통증을 치료하는 효과적인 방법일 수 있다.

1893 동의   1895 감시 단체   1896 비난했다   1898 침술

1899

contagious
[kəntéidʒəs]

ⓐ (접촉을 통해) 전염되는

The common cold is an extremely **contagious** virus, and most people will contract a cold 2~6 times per year.
감기는 상당히 전염성이 강한 바이러스이고 대부분 사람들은 연간 두 차례에서 여섯 차례 감기에 걸린다.

1900

blackout
[blǽkàut]

ⓝ 정전

The satellite image showed that the effects of the **blackout** were spread up and down the east coast.
위성 영상을 보면 _____ 의 영향이 동안을 위아래로 확산되었다.

= power cut

1901

subordinate
[səbɔ́ːrdinət]

subordination ⓝ 종속
subordinative ⓐ 종속적인, 하위의

ⓝ 부하, 하급자 ⓐ 종속된

When addressing a **subordinate**, many bosses tend to use informal language.
많은 상사들은 부하에게 말할 때 격식을 차리지 않는 언어를 사용하는 경향이 있다.

⬌ superior 상급자; 상관의; 더 우수한

1902

impending
[impéndiŋ]

ⓐ 임박한

The **impending** changes in the education system have some parents and teachers worried.
교육계에 곧 일어날 변화가 일부 학부모와 교사들을 걱정하게 한다.

1903

phony
[fóuni]

ⓐ 가짜의, 허위의

The robbers gave the guard **phony** identification when they passed through the checkpoint.
강도들은 검문소를 통과할 때 경비에게 _____ 신분증을 주었다.

= fake

1904

vengeance
[véndʒəns]

ⓝ 복수

The suspect admitted that his violent attack was motivated by **vengeance**.
용의자는 자신의 격렬한 공격이 _____ 때문에 불타올랐다고 시인했다.

= revenge

1900 정전   1903 가짜   1904 복수

DAY 48

1905

catastrophic
[kὲtəstráfik]

catastrophe ⓝ 참사, 재앙

ⓐ 재난의, 재앙의; 끔찍한

The **catastrophic** floods which took place in Australia last year were the worst the country has ever seen.
지난 해 호주에서 발생한 끔찍한 홍수는 그 나라에서 일어난 홍수 중 최악이었다.

= disastrous

1906

bloodshed
[blʌ́dʃèd]

ⓝ 유혈 사태

The recent protests in China have resulted in **bloodshed** between different ethnic groups.
중국에서 최근 발생한 시위는 서로 다른 민족 사이에 _____를 초래하고 있다.

1907

nocturnal
[nɑktə́:rnl]

ⓐ 밤에 일어나는; 〈생물〉 야행성의

Hawks and owls can hunt the same type of prey without competing as owls are **nocturnal**, and hawks hunt during the day.
올빼미는 _____이고 매는 낮에 사냥하기 때문에 매와 올빼미는 서로 경쟁하지 않고 같은 유형의 먹이를 사냥할 수 있다.

1908

erode
[iróud]

ⓥ 침식하다; 약화되다

The cliffs around the northern Oregon coast are constantly being **eroded** by heavy seas.
오리건 북부 해안 주변의 절벽은 세찬 바닷물 때문에 계속해서 **침식되고** 있다.

1909

subconscious
[sʌbkάnʃəs]

ⓝ 잠재의식 ⓐ 잠재의식적인

Sigmund Freud was one of the first psychiatrists to begin examining how the **subconscious** affects human behavior.
지그문트 프로이트는 _____이 인간 행동에 어떻게 영향을 미치는지 조사하기 시작한 최초의 정신과 의사 중 한 사람이었다.

⬌ conscious 의식적인

접두어   counter- '반대의', '대응하는'

1910

counterproductive
[kὰuntərprədʌ́ktiv]

ⓐ 비생산적인; 역효과의

All this debate over the source of the problem seems to be **counterproductive** to actually solving it.
그 문제의 원인에 대한 모든 논의는 실제로 문제를 해결하는 데 역효과인 것 같다.

1906 유혈 사태   1907 야행성   1909 잠재의식

1911

counterexample
[káuntərigzæmpl]

ⓝ 반증, 반례

Mathematics researchers use **counterexamples** to show the limits of a mathematical hypothesis.
수학 연구원들은 수학적 가설에 대한 한계를 증명하기 위해 ＿＿＿＿＿을 사용한다.

1912

counteract
[kàuntərǽkt]

counteraction **ⓝ** 반작용, 저지, 중화 작용

ⓥ (악영향에) 대응하다; (약 등이 효력을) 중화하다

Many doctors prescribe medicine that **counteracts** the side effects of painkillers.
많은 의사들이 진통제의 부작용을 중화하는 약을 처방한다.

혼동 어휘

1913

wonder
[wʌ́ndər]

ⓥ 궁금해 하다

Many individuals who win the lottery **wonder** what to do with the large amount of money they suddenly receive.
복권에 당첨되는 많은 사람은 갑자기 받은 많은 돈을 가지고 무엇을 해야 할지 모른다.

1914

wander
[wʌ́ndər]

wandering **ⓐ** 방랑하는

ⓥ 배회하다

While shopping with his parents at the mall, the boy **wandered** away from them and got lost.
그 소년은 쇼핑몰에서 부모님과 쇼핑을 하고 있던 중에 부모님과 떨어져 ＿＿＿＿＿하다가 길을 잃었다.

＝ stroll

1915

pedestrian
[pədéstriən]

ⓝ 보행자

The bus slid off the road and almost hit a group of **pedestrians**, but thankfully no one was hurt.
버스가 길에서 미끄러져서 ＿＿＿＿＿들을 거의 칠 뻔 했지만, 다행히 아무도 다치지 않았다.

1916

pediatrician
[pìːdiətríʃən]

ⓝ 소아과 의사

My daughter's **pediatrician** is an amazing woman who has the answer for almost any illness.
내 딸의 ＿＿＿＿＿는 거의 모든 병에 대한 해결책을 가지고 있는 놀라운 여성이다.

1911 반증 1914 배회 1915 보행자 1916 소아과 의사

DAY 48

다의어

1917

medium
[míːdiəm]

ⓝ 매체, 수단

The **medium** of advertising has amazing power to persuade consumers to spend money.

광고 _____ 는 소비자들이 돈을 쓰도록 설득하는 데 놀라운 힘이 있다.

ⓝ 영매

In many religious cultures, normal people use a **medium** as a way of communicating with God.

여러 종교 문화에서 보통 사람들은 신과 대화를 하는 방법으로 _____ 를 이용한다.

> **Tips** '매체', '수단'이라는 뜻으로 쓰일 때는 복수형으로 media를, '영매'라는 뜻으로 쓰일 때는 복수형으로 mediums를 쓴다.

ⓐ 중간의

I was surprised when I tried on those jeans because this brand's **medium** size is much smaller than that brand's.

그 청바지를 입어봤을 때 이 브랜드의 중간 치수가 저 브랜드의 중간 치수보다 훨씬 작아서 나는 깜짝 놀랐다.

숙어 / 이어동사

1918

in conformity with

(규칙, 법률 등)에 맞추어[따라]

Florida's traffic laws were recently changed to bring them **into conformity with** the rest of the country.

플로리다의 교통 법규는 미국의 다른 지역의 법규에 _____ 최근에 바뀌었다.

1919

at the mercy of

~에 휘둘리는, 좌우되어

Because there was no way to control the ship, the sailors were **at the mercy of** the stormy sea.

그 배를 통제할 수 있는 방법이 없었기 때문에 선원들은 태풍이 치는 바다에 휘둘릴 수밖에 없었다.

1920

brush up

(공부를) 다시 하다, (기술, 지식을) 더욱 연마하다

My English is very rusty, so I need to **brush up** before I go on my vacation to Canada.

나의 영어 실력은 예전 같지 않아서 캐나다로 여행가기 전에 영어 공부를 _____ 한다.

1917 매체 / 영매   1918 맞추어   1920 다시 해야

A 다음 영어를 우리말로, 우리말을 영어로 쓰시오.

1 acupuncture _____
2 alleged _____
3 brush up _____
4 conspicuous _____
5 contagious _____
6 impending _____
7 in conformity with _____
8 medium _____
9 tuck _____
10 watchdog _____

11 대응하다; 중화하다 _____
12 ~에 휘둘리는, 좌우되어 _____
13 반증, 반례 _____
14 밤에 일어나는; 야행성의 _____
15 보행자 _____
16 비생산적인; 역효과의 _____
17 소아과 의사 _____
18 유혈 사태 _____
19 정신 의학 _____
20 침식하다; 약화되다 _____

B 다음 빈칸에 알맞은 단어를 쓰시오.

1 momentum = _____
2 uprising = _____
3 vengeance = _____
4 phony = _____

5 catastrophic ⓝ _____
6 consent ⓝ _____
7 subordinate ⓐ _____
8 condemn ⓐ _____

C 다음 빈칸에 들어갈 알맞은 말을 | 보기 | 에서 고르시오.

| 보기 | overtake | straightforward | subconscious | wandering | wonder |

1 Night diving is obviously less simple than diving during the day, but when properly organized, it is relatively _____ . 수능

2 While Joan was looking for a tablecloth, Kate was _____ around the room looking at the pictures on the walls. 수능

3 Recent polls suggest that the Republicans are poised to _____ the Democrats in the next federal election.

4 It works on the _____ , creating or enhancing mood and unlocking deep memories. 수능

5 I _____ how many people give up just when success is almost within reach. 수능

DAY 49

1921

breathtaking
[bréθtèikiŋ]

ⓐ (매우 아름다워서) 숨이 막히는

We witnessed a **breathtaking** sunset in the park while we walked our two puppies.

우리는 두 마리 애완견과 산책하면서 공원에서 숨이 막힐 정도로 멋있는 일몰을 목격했다.

1922

amend
[əménd]

amendment ⓝ 개정, 수정

ⓥ (법 등을) 개정[수정]하다

The lawmakers have agreed to **amend** the educational policy so that it includes people from all backgrounds.

입법자들은 모든 배경 출신의 사람을 포함시키기 위해 교육 정책 _____에 동의했다.

= revise

1923

peek
[piːk]

ⓥ (몰래) 살짝 보다

Many popular personality tests do not work if the test taker **peeks** at the results section before finishing the test.

성격 검사를 하는 사람이 검사가 끝나기 전에 검사 결과 부분을 몰래 보게 되면, 많은 인기 있는 성격 검사가 효과를 내지 못하게 된다.

= glance

1924

scribble
[skríbl]

ⓥ 낙서하다, 갈겨쓰다

My co-worker John loves to **scribble** on his notepad during long, boring meetings.

나의 동료 John은 길고 지루한 회의 시간에 메모장에 _____를 좋아한다.

1925

hate crime

ⓝ 증오 범죄

Hate crimes occur when someone targets a victim because of his or her membership in a certain social group.

_____는 희생자가 어떤 사회 그룹의 일원이라는 이유로 누군가가 그를 표적으로 삼을 때 일어난다.

Tips 증오 범죄는 인종, 종교, 신조 등의 편견에서 비롯된 증오심을 바탕으로 하는 범죄를 뜻한다.

1926

homosexual
[hòuməsékʃuəl]

ⓐ 동성애의, 동성애자인 ⓝ 동성애자

Since the late 19th century, there has been a movement towards increased recognition and legal rights for **homosexual** people.

19세기 말 이후 _____를 더욱 인정하고 그들의 법적 권리를 늘리는 운동이 있어 왔다.

1922 개정   1924 낙서하기   1925 증오 범죄   1926 동성애자

1927

flit
[flit]

ⓥ 이리저리 다니다

In my life, I **flitted** between a dozen different jobs before finally settling on this career.

나는 살아가면서 십여 가지 직업을 전전하다가 결국 이 직업으로 정착했다.

1928

identifiable
[aidéntəfàiəbl]

ⓐ 인식할 수 있는, 알아볼 수 있는

The features in Figure B are basically identical with those in Figure A, but, out of context, they are less **identifiable**. 수능

그림 B에 있는 이목구비는 기본적으로 그림 A에 있는 것과 동일하지만, 배경에서 떼어내면 인식하기 쉽지 않다.

= recognizable

1929

domesticate
[douméstəkèit]

ⓥ (동, 식물을) 기르다, 길들이다

In recent years, people have begun to **domesticate** nontraditional pets such as reptiles and amphibians.

최근에 사람들은 파충류, 양서류 같은 종전과 다른 종류의 애완동물을 _____ 시작했다.

= tame

1930

courteous
[kɔ́ːrtiəs]

courtesy ⓝ 공손함, 예의 바름

ⓐ 공손한, 예의 바른

The staff at the Camellia Hotel is always very helpful and **courteous**.

카멜리아 호텔 직원들은 언제나 도움이 되고 예의가 바르다.

= polite

1931

head start

ⓝ (남보다) 유리함

Children who learn to read before entering school have a **head start** on those who do not.

학교에 입학하기 전에 읽기를 배운 아이들은 그렇지 않은 아이보다 _____.

1932

inflict
[inflíkt]

infliction ⓝ (고통을) 입힘, 시련

ⓥ (피해, 상처를) 가하다, 입히다

People who systematically **inflict** pain on themselves are classified as having underlying psychological problems.

자신에게 체계적으로 고통을 _____ 사람들은 저변에 심리적 문제가 있는 사람으로 분류된다.

1929 기르기   1931 유리하다   1932 가하는

DAY 49

1933

filthy
[fílθi]

filth ⓝ 오물, 쓰레기

ⓐ 지저분한, 불결한

As we explored the abandoned house, we realized just how **filthy** it really was.
우리는 버려진 집을 탐색하면서 이 집이 얼마나 _____ 깨달았다.

= grimy, dirty

1934

dreary
[dríəri]

ⓐ 암울한; 따분한

Jim says he left his job simply because it was so dull and **dreary**.
Jim은 단순히 너무 지겹고 따분해서 직업을 그만 두었다고 말한다.

= dismal

1935

windfall
[wíndfɔ̀:l]

ⓝ 뜻하지 않은 소득, 불로 소득

Our company announced that the sudden **windfall** would be split among the employees in the form of a year-end bonus.
우리 회사는 갑작스러운 _____ 을 연말 보너스의 형태로 직원에게 분배하겠다고 선언했다.

1936

vandalism
[vǽndəlìzm]

ⓝ 공공 기물 파손

Graffiti is one of the more common forms of **vandalism** that can be observed in urban centers.
낙서는 도시 중심지에서 목격할 수 있는 좀 더 흔한 형태의 _____ 행위이다.

1937

successive
[səksésiv]

succeed ⓥ ~의 뒤를 잇다
succession ⓝ 잇따름, 계승

ⓐ 잇따르는, 연속하는

Three **successive** administrations have attempted to pass legislation to limit the national debt, but none have succeeded.
연속적으로 세 개의 행정부가 국채를 제한 위한 법률을 통과시키려 하지만, 어느 행정부도 성공하지 못했다.

1938

competence
[kámpətəns]

competent ⓝ 능숙한

ⓝ 능숙함, 능숙도

New standardized testing for children in grade three has revealed that literary **competence** is improving.
3학년 아이들을 대상으로 하는 새로운 표준화 시험으로 문학적 능력이 향상되고 있다는 사실이 밝혀지고 있다.

1939

offset
[ɔ́(:)fsét]

ⓥ 상쇄하다

In this fiscal year, rising taxes will be **offset** by an increase in net income.
이번 회계 연도에 세금 증가는 순 수입의 증가로 _____ 것이다.

= balance

1933 지저분한지   1935 불로 소득   1936 공공 기물 파손   1939 상쇄될

1940

self-appointed
[sèlfəpɔ́intid]

ⓐ 자칭, 자청한

The **self-appointed** class representative decided to take her complaints about a classmate to the teacher.
자청한 학급 대표는 한 급우에 대한 불만을 교사에게 털어놓기로 결심했다.

1941

allocate
[ǽləkèit]

ⓥ 할당하다

When taking a test, it is important to **allocate** enough time to each section of the test.
시험을 치를 때는 시험의 각 부분에 충분한 시간을 _____ 것이 중요하다.

= assign

1942

lush
[lʌʃ]

ⓐ 풀로 덮인, 무성한

I was reluctant to step on director Hammond's **lush** lawn when I entered his house to give him the memo.
나는 메모를 전달하기 위해 Hammond 이사의 집에 들어갔을 때 무성한 잔디를 밟기가 망설여졌다.

1943

nasty
[nǽsti]

ⓐ 끔찍한, 성격이 못된

The tabloids have been writing **nasty** things about the Queen since the rumors first surfaced.
타블로이드 신문은 소문이 최초로 표면으로 떠오르고 나서 여왕의 추문에 대한 기사를 쓰고 있다.

= horrible

1944

substantial
[səbstǽnʃəl]

substantially ad 상당히, 많이

ⓐ (양, 정도가) 상당한, 큰

These days, there are a **substantial** number of changes taking place in Korean society.
오늘날 한국 사회에는 _____ 수의 변화가 일어나고 있다.

= significant

1945

vulgar
[vʌ́lgər]

ⓐ 저급한, 천박한

The film ratings systems in use around the world are meant to protect potential audiences from **vulgar** content.
전 세계적으로 사용되고 있는 영화 등급 체계의 목적은 _____ 내용으로부터 잠재적인 관객을 보호하는 것이다.

1941 할당하는   1944 상당한   1945 저급한

1946
unquestioned
[ʌ̀nkwéstʃənd]

ⓐ 의심의 여지가 없는

The **unquestioned** acceptance of the events reported by the media is not only unwise, it can also be dangerous.

매체가 보도한 사건을 ＿＿＿＿＿＿＿ 그대로 받아들이는 것은 현명하지 못할 뿐 아니라 위험할 수 있다.

= unequivocal

1947
delusion
[dilúːʒən]

delude ⓥ 착각하게 하다

ⓝ 망상, 환상

Citizens seem to be stuck in the **delusion** that the government will bail them out of personal debt.

시민들은 정부가 자신의 개인 채무를 탕감해주리라는 망상에 사로잡힌 것 같다.

1948
tremendous
[triméndəs]

ⓐ 엄청난

Blair scored a **tremendous** goal to help the team win today's championship game.

Blair는 굉장히 멋진 골을 넣어서 오늘 결승전에서 팀이 승리하는 데 기여했다.

= terrific

1949
entrepreneur
[ɑ̀ːntrəprənə́ːr]

ⓝ 사업가, 기업가

Strong leadership and good management skills are essential qualities for successful **entrepreneurs**.

강인한 지도력과 뛰어난 경영 관리 기술은 성공적인 ＿＿＿＿＿＿＿에게 필수적인 자질이다.

Word Plus+ 상업(business) 관련 어휘

capital 자본(금)　cost-effective 비용 효율이 높은　high[off] season 성[비]수기　merchandise 상품
merger 합병　monopoly 독점, 전매　research and development(R&D) 연구 개발　turnover 매출액

접두어　counter- '반대의', '대응하는'

1950
counterattack
[káuntərətæ̀k]

ⓝ 역습, 반격 ⓥ 반격하다, 역습하다

The visiting team won the soccer match due to its quick and effective **counterattacks**.

원정팀은 빠르고 효과적인 ＿＿＿＿＿＿＿ 덕분에 축구 경기에서 이겼다.

1946 의심의 여지 없이　1949 사업가　1950 역습

1951 counterfeit
[káuntərfit]

counterfeiter **n** 위조범

a 가짜의, 위조의

The **counterfeit** goods most preferred by consumers are clothes, watches, electronics, and software.

소비자들이 가장 선호한 _____품은 의류, 시계, 가전제품, 소프트웨어이다.

1952 counterbalance
[kàuntərbǽləns]

v (반대되는 힘으로) 균형을 잡다

In order to **counterbalance** our losses, we will have to increase our revenue this year.

우리의 손해를 상쇄하려면 올해 수입을 증가시켜야 한다.

= offset

혼동 어휘

1953 intimate
[íntəmit]

intimacy **n** 친밀함
intimately **ad** 친밀히, 상세하게

a 친밀한, 사적인

William Golding and J.R.R. Tolkien remained **intimate** friends throughout their lives.

William Golding과 J.R.R. Tolkien은 평생 절친한 친구로 남았다.

= private 사적인

1954 intimidate
[intímədèit]

intimidation **n** 위협
intimidating **a** 겁을 주는

v 겁먹게 하다, 협박하다

You shouldn't allow Judge White's reputation for denying appeals to **intimidate** you.

항소를 기각한다는 판사 White의 평판 때문에 겁을 먹어서는 안 된다.

1955 compatible
[kəmpǽtəbl]

compatibly **ad** 양립할 수 있게

a 화합하는; 호환이 되는

I bought a printer that I thought was **compatible** with my PC, but it turns out that it's not.

나는 내 컴퓨터와 _____될 거라고 생각한 프린터를 구입했는데 안 되는 것으로 드러났다.

1956 comparable
[kámpərəbl]

comparably **ad** 동등하게

a 비교할 만한, 비슷한

The accents of western England and southern Wales are roughly **comparable**.

영국 서부와 웨일즈 남부의 억양은 거의 _____.

= similar

1951 위조   1955 호환이   1956 비슷하다

DAY 49

다의어

1957
stuff
[stʌf]

ⓥ 채우다, 쑤셔 넣다

Whenever I look into my sister's room, I can't help laughing at the amount of clothes she has **stuffed** into her closet.

나는 내 여동생의 방을 들여다 볼 때마다 옷장에 _____ 옷의 양에 웃지 않을 수가 없다.

ⓝ 물건, 것

The **stuff** in the back of my car isn't mine — I'm just storing it there for Jack until he returns from holiday.

내 차 뒤에 있는 _____ 은 내 것이 아니다. 나는 Jack이 휴가에서 돌아올 때까지 그것을 보관하고 있을 뿐이다.

숙어 / 이어동사

1958
in the public eye

(신문, 방송 등을 통해서) 널리 알려져, 사회의 주목을 받는

The job of press secretary for the White House requires someone who is comfortable being **in the public eye**.

백악관의 언론 담당 비서라는 직업은 세간의 주목을 받는 것에 편안함을 느끼는 사람이어야 한다.

1959
in the lead

앞서 나가는, 선두를 달리는

The company is **in the lead** in developing new technology to assist people with disabilities.

그 회사는 장애인들을 도와주는 신기술을 개발하는 데 앞장서고 있다.

1960
break free

벗어나다, 도망치다

Every advance in human understanding since then has been made by brave individuals daring to step into the unknown darkness and to **break free** from accepted ways of thinking. 수능

그 이후로 인간 이해의 모든 발전은 알 수 없는 어둠 속으로 과감하게 발을 내딛고 기존에 수용된 사고방식에서 _____ 용감한 사람들에 의해 이루어졌다.

1957 쑤셔 넣은 / 물건   1960 벗어난

DAILY TEST

A 다음 영어를 우리말로, 우리말을 영어로 쓰시오.

1 comparable	11 공공 기물 파손
2 compatible	12 사업가, 기업가
3 flit	13 낙서하다, 갈겨쓰다
4 head start	14 동성애의; 동성애자
5 in the lead	15 불로 소득
6 in the public eye	16 반격(하다), 역습(하다)
7 inflict	17 저급한, 천박한
8 intimate	18 증오 범죄
9 intimidate	19 풀로 덮인, 무성한
10 self-appointed	20 망상, 환상

B 다음 빈칸에 알맞은 단어를 쓰시오.

1 domesticate =	5 inflict	(n)
2 offset =	6 courteous	(n)
3 allocate =	7 successive	(v)
4 tremendous =	8 delusion	(v)

C 다음 빈칸에 들어갈 알맞은 말을 |보기|에서 고르시오.

보기	break free	breathtaking	competence	identifiable	stuff

1 Hotel guests can hope to experience _____ views of the deep blue sea from Palazzo Sasso. 수능

2 My laptop is easily _____ because it has a large sticker of my favorite band on it.

3 The prisoner of war struggled to _____ from the chains that bound him in the cell.

4 One key social _____ is how well or poorly people express their own feelings. 수능

5 There is also the possibility of damaging your _____, some of it valuable. 수능

DAY 50

1961

status symbol

ⓝ 신분의 상징

A **status symbol** is something, usually an expensive or rare object, that indicates a high social status for its owner. 수능

_____ 이란 그것을 소유하고 있는 사람의 높은 사회적 신분을 보여주는 주로 비싸거나 흔하지 않은 물건을 말한다.

1962

planetwide
[plǽnətwàid]

ⓐ 전 지구적인, 지구 전체에 미치는

Planetwide disasters are thought to have occurred several times since the forming of earth.

_____ 재앙이 지구가 형성된 이후로 몇 차례 일어났으리라 생각된다.

= worldwide

1963

synthetic
[sinθétik]

ⓐ 인공적인, 인위적으로 만든

Astroturf is a form of **synthetic** grass that is used in stadiums around the world.

아스트로터프(상표명)는 전 세계 경기장에 사용되는 인조 잔디의 한 형태이다.

= artificial, man-made

1964

indispensable
[ìndispénsəbl]

indispensability
ⓝ 불가결한 일

ⓐ 꼭 필요한, 없어서는 안 되는

Whether we like it or not, cell phones are an **indispensable** part of our lives.

우리가 좋아하든 좋아하지 않든 휴대 전화는 우리 삶에 _____ 부분이다.

= essential ⟷ dispensable 없어도 되는

1965

contemplate
[kántəmplèit]

contemplation ⓝ 사색

ⓥ 고민하다, 심사숙고하다

The military commanders of NATO are **contemplating** establishing a base camp in the northern Sahara.

NATO(북대서양 조약 기구)의 군대 사령관들은 사하라 북부에 주둔 기지를 설치하는 문제를 심사숙고하고 있다.

= consider

1966

astronomy
[əstránəmi]

ⓝ 천문학

Astronomy has developed into a real science since the days of relying on observations with the naked eye.

맨 눈으로 관찰하는 방법에 의존했던 시대 이후로 _____ 은 진정한 과학으로 발전해왔다.

Word Plus+ 우주(astro-) 관련 어휘

astrology 점성술   astronaut 우주 비행사   astronomer 천문학자   astrophysics 천체 물리학
astrobiology 우주 생물학   astrochemistry 우주 화학

1967

instantaneous
[ìnstəntéiniəs]

instantaneously
ad 순간적으로

ⓐ 즉각적인, 매우 빠른

In this world of instant food, TV, and music, gratification has become something we expect to be **instantaneous**.
인스턴트 음식, TV, 음악을 추구하는 이 세상에서 우리는 _____ 만족을 기대한다.

= immediate

1968

postwar
[póustswɔ̀ːr]

ⓐ 전쟁 후의

Postwar writers often confronted difficult themes in their narratives of the events that millions had experienced.
전후 작가들은 수백만 명이 겪었던 사건에 대해 이야기하면서 어려운 주제에 자주 부딪힌다.

1969

vibrant
[váibrənt]

ⓐ 활기찬, 열정적인

Seoul is one of the most **vibrant** capital cities in all of Asia.
서울은 아시아를 통틀어 가장 _____ 수도 중 하나이다.

1970

like-minded
[láikmàindid]

ⓐ 비슷한 의견[생각]을 가진

This online forum is a place where **like-minded** people can gather to discuss their ideas about reform.
이 온라인 토론방은 _____ 사람들이 모여 개혁에 대한 자기 생각을 토론할 수 있는 장소이다.

1971

hard-and-fast
[háːrdənfæ̀st]

ⓐ 엄한, 절대적인

All this is part of the expected ways of behaving in our social life, but it is not something that we can apply in formal institutions governed by **hard-and-fast** rules. 수능
이 모든 것이 사회생활에서 당연한 행동 방식의 일부지만 _____ 규칙이 지배하는 형식적인 기관에서 적용할 수 있는 것은 아니다.

= definite

1967 즉각적인   1969 활기찬   1970 비슷한 의견을 가진   1971 엄한

DAY 50

1972

backfire
[bǽkfàiər]

ⓥ 예상과 다른 결과를 낳다, 역효과를 낳다

Your refusal to attend the weekly meeting could **backfire** when it comes time to renegotiate your contract.

당신이 주간 회의에 참석하지 않으면 계약을 재협상하는 시기가 되었을 때 역효과를 낳을 수도 있다.

1973

terminal
[tə́ːrmənəl]

terminate ⓥ 끝나다

ⓐ (질병이) 불치의

Medical professionals consider a **terminal** patient as someone whose life expectancy is estimated to be six months or less.

의료 전문가들이 생각하는 _____ 병 환자는 기대 수명이 6개월 미만으로 추정되는 사람이다.

1974

blurry
[blə́ːri]

ⓐ 흐린

On looking closer at the photograph, viewers will notice the **blurry** image of a woman.

사진을 좀 더 자세히 들여다보면, 한 여성의 _____ 형상을 볼 수 있을 것이다.

= blurred

1975

abolish
[əbáliʃ]

abolition ⓝ 폐지

ⓥ (법률, 제도 등을) 폐지하다, 끝내다

The death penalty had been completely **abolished** in Canada and Australia by the 1980s.

사형제도는 1980년대에 이르러 캐나다와 호주에서 완전히 _____.

1976

immeasurable
[iméʒərəbl]

immeasurably
ad 헤아릴 수 없을 정도로

ⓐ 헤아릴 수 없을 정도로 엄청난

The influx of migrants into Europe has reached **immeasurable** proportions.

유럽으로 유입된 이민자의 수가 헤아릴 수 없을 정도에 도달하고 있다.

1977

distasteful
[distéistfəl]

ⓐ 불쾌한, 혐오스러운

The governor has admitted that raising taxes is a **distasteful** measure to lower the budget shortfall.

주지사는 세금 인상이 예산 부족을 메우려는 _____ 방식이라고 시인했다.

1973 불치   1974 흐린   1975 폐지되었다   1977 불쾌한

1978 persecute
[pə́:rsikjùːt]

persecution ⓝ 박해
persecutor ⓝ 박해자
persecutive ⓐ 박해하는

ⓥ (종교, 인종적 이유로) 박해하다

The principles of the International Criminal Court state that it is unlawful to **persecute** someone for his or her religious beliefs.

국제 형사 재판소의 원칙에 따르면 종교적 신념 때문에 사람을 _____ 것은 불법이다.

1979 predetermine
[prìːditə́:rmin]

predetermination
ⓝ 선결, 예정

ⓥ 미리 결정하다

The physical characteristics of children are **predetermined** by those of their parents.

아이의 신체적 특징은 부모의 특징에 의해 _____.

1980 acquaintance
[əkwéintəns]

acquaint ⓥ 익히다

ⓝ 지인, 안면이 있는 사람

George is more of an **acquaintance** of mine than a friend.

George는 내 친구라기보다는 _____에 가깝다.

1981 altitude
[ǽltətjùːd]

ⓝ 고도, 해발, 높이

The storm boomed and roared outside the long-range aircar as it fought for **altitude**, the banging and clattering getting worse with every moment. [수능]

폭풍은 비행기가 고도를 위해 힘쓰는 동안, 장거리 에어카 밖에서 쿵쾅대며 울려 퍼졌고, 쾅쾅거리는 소리와 덜커덩거리는 소리는 매 순간 점점 더 심해졌다.

1982 majestic
[mədʒéstik]

majesty ⓝ 장엄함

ⓐ 장엄한, 매우 아름다운

Mount Rushmore appears **majestic** in the setting sun of the Black Hills of South Dakota.

러시모어 산은 사우스다코타에 있는 블랙 힐즈에서 해가 질 때 매우 아름다워 보인다.

= grand

1983 make-believe
[méikbilìːv]

ⓐ 가공의, 환상의 ⓝ 가장, 환상

The **make-believe** of children playing is an important way for them to construct meaning from the realities of the world.

아이들 놀이에서 가장(假裝)은 아이들이 세상의 현실에서 의미를 구축하는 중요한 방식이다.

1978 박해하는   1979 미리 결정된다   1980 지인

DAY 50

01 02 03 04 05 06 07 08 09 10 11 12 13 14 15 16 17 18 19 20 21 22 23 24 25

1984

homogeneous
[hòumədʒí:niəs]

ⓐ 동질의, 같은 종의

With increasing globalization, genetically **homogeneous** races are becoming harder and harder to find.

증가하는 세계화와 더불어 유전적으로 같은 인종은 더욱 더 찾아보기 힘들어지고 있다.

1985

skyrocket
[skáiràkit]

ⓥ (가격, 양 등이) 치솟다, 급등하다

Recent unrest in the Middle East has caused oil prices to **skyrocket** worldwide.

최근 중동 지역의 불안으로 인해 전 세계적으로 유가가 _____ 있다.

1986

emulate
[émjəlèit]

ⓥ (존경하는 대상을) 모방하다, 흉내 내다

Young children often try to **emulate** their older siblings to gain their parents' acceptance.

어린 아이들은 부모의 허락을 얻기 위해 손위 형제를 흉내 내려고 하기도 한다.

1987

sabotage
[sǽbətàːʒ]

ⓥ 고의로 파괴[방해]하다

The pilots found that every single plane not locked in a hangar was **sabotaged** during the night.

조종사들은 격납고에 넣어두지 않은 모든 비행기가 밤 동안 _____ 것을 발견했다.

1988

condense
[kəndéns]

ⓥ 농축하다, 응집시키다; 요약하다

The editor advised me to **condense** the first three chapters into just one.

편집자는 첫 세 장을 한 장으로 요약하라고 내게 권고했다.

1989

precondition
[prìːkəndíʃən]

ⓝ 전제 조건

A thunderstorm high in the atmosphere is a **precondition** for a hailstorm.

대기 중에 일어나는 심한 뇌우 현상은 싸라기눈을 동반한 폭풍의 _____ 이다.

= prerequisite

1990

apprehensive
[æprihénsiv]

apprehension ⓝ 우려, 불안

ⓐ 걱정하는, 염려하는

My mother entered the house with an **apprehensive** look on her face.

어머니께서 얼굴에 _____ 표정으로 집에 들어오셨다.

1985 치솟고   1987 고의로 파괴된   1989 전제 조건   1990 걱정하는

1991
outing
[áutiŋ]

ⓝ 소풍, 야유회, (당일) 여행

We'll be taking a short **outing** to the lake to examine insects and animals in their natural habitat.

우리는 자연 서식지에 사는 곤충과 동물을 관찰하기 위해서 호수로 짧은 _____ 을 갈 것이다.

혼동 어휘

1992
considerable
[kənsídərəbl]

considerably **ad** 상당히

ⓐ 상당한

Engineers have already wasted a **considerable** amount of time and money on the project to develop a flying saucer.

엔지니어들은 비행접시를 개발하기 위한 프로젝트에 이미 _____ 시간과 돈을 낭비했다.

= substantial

1993
considerate
[kənsídərit]

consideration ⓝ 사려, 숙고

ⓐ 사려 깊은, 마음씨 좋은

Ben was **considerate** and turned down the sound from the TV when I told him I was going to bed.

Ben은 사려 깊어서 내가 잘 거라고 말하자 텔레비전 소리를 줄였다.

↔ inconsiderate 사려 깊지 못한

1994
comprehensible
[kàmprihénsəbl]

ⓐ 이해되는

Steinbeck's story *Of Mice and Men* is a book that is **comprehensible** to most people who read it.

Steinbeck의 '생쥐와 인간' 이야기는 그 책을 읽는 사람 대부분이 _____ 수 있는 책이다.

↔ incomprehensible 이해할 수 없는

1995
comprehensive
[kàmprihénsiv]

ⓐ 포괄적인

This book contains a **comprehensive** overview of English history since the Norman Invasion in 1066.

이 책에는 1066년 노르만 침략 이래로 영국 역사에 대한 _____ 개요가 들어있다.

↔ partial 부분적인

1991 소풍　1992 상당한　1994 이해할　1995 포괄적인

DAY 50

다의어

1996 quarter
[kwɔ́:rtər]

ⓝ 분기

In the first **quarter** of 1998, more than fifteen banks closed their doors to business.
1998년도 1사_____에는 열다섯 개가 넘는 은행이 문을 닫았다.

ⓝ (병사, 하인들이 쓰는) 막사, 쉼터

During my military service, my **quarters** on board the ship were not large, but they were mine alone.
군대 시절에 선박 내에서 나의 숙소는 크지 않았지만, 나 혼자만의 것이었다.

While awaiting the birth of a new baby, North American parents typically furnish a room as the infant's sleeping **quarters**. 수능
북미의 부모들은 태어날 아기를 기다리는 동안 주로 방 하나를 아기의 잠자는 거처로 꾸민다.

숙어 / 이어동사

1997 take heart (from)

(~로부터) 용기를 내다, 자신감을 갖다

My friends told me to **take heart**, and they assured me that things would get better soon.
내 친구들은 나에게 _____ 말했고, 곧 상황이 좋아질 것이라고 장담했다.

1998 behind bars

투옥된, 철창신세인

Al Capone spent eleven years **behind bars** before being released due to his declining health.
알 카포네는 나빠진 건강 때문에 풀려나기 전에 감옥에서 11년을 지냈다.

1999 from scratch

맨 처음부터

My wife used a frozen pie crust rather than making one **from scratch** for her apple pie.
아내는 사과 파이를 만들 때 _____ 만들기 보다는 냉동 파이 크러스트를 사용했다.

2000 take charge

책임을 지다, 떠맡다

After proving her ability to her superiors, Brenda was chosen to **take charge** of security in the bank.
Brenda는 상사들에게 자신의 능력을 증명해 보인 후 은행의 보안을 책임지게 되었다.

1996 분기   1997 용기를 내라고   1999 맨 처음부터

A 다음 영어를 우리말로, 우리말을 영어로 쓰시오.

1 abolish _____
2 backfire _____
3 distasteful _____
4 emulate _____
5 immeasurable _____
6 like-minded _____
7 make-believe _____
8 quarter _____
9 skyrocket _____
10 vibrant _____

11 걱정하는, 염려하는 _____
12 고의로 파괴[방해]하다 _____
13 농축하다; 요약하다 _____
14 동질의, 같은 종의 _____
15 맨 처음부터 _____
16 미리 결정하다 _____
17 전쟁 후의 _____
18 지인, 안면이 있는 사람 _____
19 천문학 _____
20 투옥된, 철창신세인 _____

B 다음 빈칸에 알맞은 단어를 쓰시오.

1 planetwide   = _____
2 synthetic   = _____
3 considerate   ⬌ _____
4 comprehensible ⬌ _____

5 terminal   Ⓥ _____
6 acquaintance Ⓥ _____
7 persecute   Ⓝ _____
8 majestic   Ⓝ _____

C 다음 빈칸에 들어갈 알맞은 말을 |보기|에서 고르시오.

보기	altitude	hard-and-fast	outing	status symbol	took charge

1 The school has _____ rules in place to punish any students who promote racial prejudices.

2 The captain of the plane just announced that we will be descending to a(n) _____ of 5,000 feet.

3 In many cultures, owning a new luxury vehicle is the ultimate _____.

4 Dad thought it was a normal family _____ to go to a car racing event. 수능

5 Margo _____. She shouted out orders. 수능

1	abolish		34	counterproductive
2	abominate		35	courteous
3	acquaintance		36	delusion
4	acupuncture		37	demeanor
5	agony		38	desalinate
6	alleged		39	deteriorate
7	altitude		40	dignified
8	amend		41	dilute
9	apprehensive		42	diminish
10	astronomy		43	dismal
11	at the mercy of		44	disparage
12	audible		45	disperse
13	autonomy		46	distasteful
14	avail oneself of		47	down payment
15	backfire		48	dumbfound
16	behind bars		49	duplicate
17	bloodshed		50	dwell on[upon]
18	break free		51	emulate
19	brood		52	encode
20	brush up		53	endeavor
21	bulk up		54	entrepreneur
22	comparable		55	erode
23	compatible		56	excursion
24	competence		57	flit
25	condemn		58	follow suit
26	condense		59	fragrance
27	conspicuous		60	from scratch
28	contagious		61	gesticulate
29	contemplate		62	hard-and-fast
30	content		63	hate crime
31	counteract		64	head start
32	counterattack		65	herbivore
33	counterexample		66	high-end

67	homogeneous		102	peek
68	homosexual		103	planetwide
69	identifiable		104	plausible
70	immeasurable		105	postwar
71	impending		106	potent
72	in conformity with		107	predetermine
73	in the lead		108	prompt
74	in the public eye		109	proximity
75	indignant		110	psychiatry
76	indispensable		111	purse
77	inflict		112	quarter
78	infrastructure		113	regime
79	insatiable		114	regimen
80	intimate		115	sabotage
81	intimidate		116	saline
82	invigorating		117	saliva
83	jeopardize		118	scribble
84	like-minded		119	self-appointed
85	lush		120	skyrocket
86	make-believe		121	squander
87	malfunction		122	status symbol
88	malnutrition		123	subordinate
89	medium		124	substantial
90	meteorology		125	synthetic
91	monarchy		126	tuck
92	nimble		127	undergraduate
93	nocturnal		128	unparalleled
94	once and for all		129	unwavering
95	ornate		130	vandalism
96	outrage		131	vibrant
97	overpower		132	vulgar
98	overrule		133	watchdog
99	payoff		134	well-grounded
100	pedestrian		135	windfall
101	pediatrician			

DICTATION

1 Check this guide to see whether the berries you picked in the forest are _____.

2 The hiring committee is looking to employ more _____ police officers on the force.

3 Lack of iron in the human body can result in feelings of chronic _____.

4 The search for a _____ life-partner can be long and tedious.

5 Kurt Cobain, the famous rocker, died of an _____ of illegal drugs.

6 Solid _____ skills are a key characteristic of any successful businessperson in today's marketplace.

7 Similarly, today we are so _____ that the concept of war has become outdated. 수능

8 _____ growth for our company will not be possible without expanding into foreign markets.

9 As for women, "_____ and time" is preferred to "sustainability" in their job seeking. 수능

10 Reverend McMurray is a _____ man that has done a lot of good in underprivileged communities.

11 Our current director takes a more _____ approach to solving problems than did our former boss.

12 That film was _____ at best; I certainly would not recommend it to others.

13 There are things that _____ _____ _____ I remembered, but which did not strike me as strange or interesting until quite recently. 수능

14 I cried at her, my irritation already _____ _____, "the basket's over here!" 수능

---

1 당신이 숲에서 딴 베리가 먹을 수 있는 것인지 알려면 이 안내서를 확인하십시오. 2 고용 위원회는 이중 언어를 구사하는 경찰관을 더욱 많이 고용하려고 노력하고 있다. 3 인체에서 철분이 부족하면 만성 피로를 느낄 수 있다. 4 장래의 인생의 반려자를 찾는 것은 시간이 오래 걸리고 지루할 수 있다. 5 유명한 록 가수인 Kurt Cobain은 불법 약물 과다 복용으로 세상을 떠났다. 6 탄탄한 대인 관계 기술은 오늘날 시장에서 성공을 거두는 사업가들이 지닌 주요 특징이다. 7 유사하게도, 오늘날 우리는 너무 상호의존적이어서 전쟁이라는 개념이 구식이 되어가고 있다. 8 외국 시장에 진출하지 않고는 우리 회사의 지속적인 성장은 불가능할 것이다. 9 여성에 관해 말하자면, 직업을 구할 때 '지속성'보다는 '업무량과 시간'을 더 선호한다. 10 McMurray 목사는 혜택받지 못하는 지역 사회에게 좋은 일을 많이 해온 정의로운 사람이다. 11 우리의 현재 책임자는 문제를 해결할 때 좀 더 실용적인 접근을 취한다. 12 그 영화는 기껏해야 보통인 정도였다. 분명히 나는 다른 사람들에게 추천하지는 않을 것이다. 13 어떤 의미로 기억했지만, 최근에 들어서야 비로소 생소하거나 흥미롭다는 생각이 들었던 것들이 있다. 14 나는 짜증이 잔뜩 나서, 그녀에게 소리쳤다. "골대는 여기에요!"

452

Day43~44

1 Fortunately, the two men were able to settle their _____ peacefully without anyone getting hurt.

2 It is nearly impossible for bacteria to _____ tightly packed food cartons.

3 The government has been aggressively pursuing those who it suspects of tax _____.

4 Even though her behavior was odd, I was not _____ of her intentions.

5 It has its _____ in Chicago, and major branches in Washington, D.C., New York, and Los Angeles. 수능

6 Flooding in all areas of Australia is expected to _____ towards the end of the week.

7 The _____ deck of the Eiffel Tower is off limits to the public.

8 Political _____ can easily be spread through the mass media.

9 _____ events are phenomena that cannot be explained by scientists with knowledge of the natural world.

10 The claim that we have recently entered the information age is _____. 수능

11 The _____ comes into direct contact with them, carrying the caffeine with it. 수능

12 Society's elite have reserved the _____ to rule to themselves.

13 Our institution _____ to the belief that all students should have an equal opportunity for higher education.

14 Most people reported that there was static and that it existed apart from the spoken _____. 수능

---

1 다행히도 그 두 남자는 서로 상처받지 않고 평화롭게 언쟁을 끝낼 수 있었다. 2 단단히 포장된 음식 상자에 박테리아가 침투하는 것은 거의 불가능하다. 3 정부는 세금 사기 혐의가 있는 사람들을 적극적으로 조사해오고 있다. 4 그녀의 행동이 어색했을지라도 그녀의 의도를 의심하지는 않았다. 5 그것의 본사는 시카고에 있고, 주요 지사는 워싱턴 D.C., 뉴욕, 로스앤젤레스에 있다. 6 호주 전역에서 발생한 홍수는 이번 주말로 갈수록 진정될 것으로 예상된다. 7 에펠 탑의 가장 높은 층은 일반인들의 출입이 금지된다. 8 정치 선전은 대중 매체를 통해 쉽게 퍼져나갈 수 있다. 9 초자연적인 사건들은 자연계에 대한 지식을 가지고 있는 과학자들에 의해서는 설명될 수 없는 현상이다. 10 최근에 우리가 정보의 시대에 접어들었다는 주장은 오해의 소지가 있다. 11 용액은 카페인을 함유한 채로 그것들과 직접적인 접촉을 하게 된다. 12 사회의 엘리트 계층은 통치할 수 있는 특권을 자신들만 갖고 있다. 13 우리 단체는 모든 학생은 고등 교육에 대해 동등한 기회를 얻어야 한다는 신념을 고수한다. 14 사람들 대부분이 잡음이 있었고 그 잡음은 말하여진 문장과 분리되어 존재했다고 보고했다.

1   Matt was chosen to _____ the pouring of the concrete in the final stages of building the office tower.

2   After the beans are steamed, they are soaked in water, which removes the caffeine — along with all the _____ solids in the beans. 수능

3   People speaking Korean have long been limited mostly to those from the _____. 수능

4   Millvina Dean, who died at age 98 in 2009, _____ all 709 of the other survivors of the Titanic.

5   Since its founding in 1975, Microsoft has consistently _____ its rivals in the software market.

6   It is now the _____ of Nepal and, as such, the center of its government, economy, and culture. 수능

7   _____ over the announcement to scrap unemployment benefits is expected to grow in the coming weeks.

8   The professor should turn up the volume on her microphone because her voice is barely _____.

9   The Spartans were a _____ people who were feared and respected throughout the ancient world.

10 Reports from the war-torn areas tell of men, women and children suffering from _____.

11 An alarm will sound the moment the equipment in the factory starts to _____.

12 The hostages taken by the pirates assured us that they had not been _____.

13 The skunk is a mammal that emits a _____ liquid when it feels threatened.

14 In many educational systems, _____ education refers to post-secondary education up to the level of a bachelor's degree.

---

1 Matt는 사무실 건물을 짓는 마지막 단계에서 콘크리트를 붓는 것을 감독하도록 선택되었다. 2 원두에 스팀을 가한 후에 물에 적시는데 이것은 원두 속에 있는 모든 용해되는 고체와 함께 카페인을 없애기 위한 것이다. 3 한국어를 쓰는 사람들은 오랫동안 주로 한반도에 사는 사람들로 제한됐다. 4 2009년에 98세의 나이로 세상을 꾸준히 떠난 Millvina Dean은 다른 709명의 타이타닉 생존자 전원보다 더 오래 살았다. 5 마이크로소프트사는 1975년에 설립된 이래로 꾸준히 소프트웨어 업계에서 다른 경쟁사들을 능가했다. 6 그곳은 이제 네팔의 수도이고, 보통 말하는 정부, 경제, 문화의 중심지이다. 7 실직 수당을 폐지하겠다는 발표를 둘러싼 혼란이 거세질 전망이다. 8 교수는 자기 목소리가 거의 들리지 않기 때문에 마이크의 음량을 높여야 한다. 9 스파르타 사람들은 고대 세계 전체에 걸쳐 두려움과 존경을 받는 호전적인 사람들이었다. 10 전쟁으로 피폐해진 지역으로부터의 보도에 따르면 남자와 여자 그리고 아이들이 영양실조로 고통받고 있다고 한다. 11 공장에서 장비들이 고장 나기 시작하는 순간에 경보가 울릴 것이다. 12 해적들에게 잡힌 인질들은 학대당하지 않았다고 확신시켜 주었다. 13 스컹크는 위험을 느낄 때 고약한 냄새가 나는 액체를 방출하는 포유류이다. 14 다수의 교육 제도에서 대학 교육은 중등교육 이후부터 학사 학위까지의 고등교육을 의미한다.

Day47 ~ 48

1   It is important to _____ the methods used to test students leaving secondary school.

2   Many contemporary countries still have some form of constitutional _____.

3   It's not difficult to _____ nerve cells from blood cells when looking at them under a microscope.

4   Doctors are at times asked to explain their complicated diagnoses in _____'s terms.

5   When people began to bind books with pages that could be turned rather than _____ like papyrus, the process of locating information changed. 수능

6   As I _____ around in my bag, I realized that I had lost my keys and would not be able to open the front door.

7   Linda's _____ in the field of biochemical engineering is unequaled by anyone that I know.

8   On entering the botanical gardens, visitors will immediately smell the rich _____ of the tropical flowers.

9   The police reportedly needed three officers to _____ the kidnapping suspect.

10 The results of the medical association's study of _____ suggest that it may be an effective way to treat back pain.

11 The cliffs around the northern Oregon coast are constantly being _____ by heavy seas.

12 All this debate over the source of the problem seems to be _____ to actually solving it.

13 Mathematics researchers use _____ to show the limits of a mathematical hypothesis.

14 Many doctors prescribe medicine that _____ the side effects of painkillers.

---

1 중등학교를 졸업하는 학생들을 시험하는 방법을 표준화하는 것이 중요하다. 2 많은 현대의 나라들이 아직도 어느 정도 입헌 군주국 형태를 띠고 있다. 3 현미경 아래 놓고 보면 신경세포와 혈액세포를 구별하는 것이 어렵지 않다. 4 의사들은 때때로 자신들이 내린 복잡한 진단을 비전문가가 이해하는 용어로 설명해 달라는 요청을 받는다. 5 사람들이 파피루스처럼 말린 것을 펼치기보다 넘길 수 있는 페이지로 된 책을 제본하기 시작하면서 정보를 찾는 과정이 변했다. 6 나는 가방 속을 뒤적거리면서 열쇠를 잃어버려 현관문을 열 수 없으리라는 사실을 깨달았다. 7 생화학 공학 분야에서 Linda가 보유한 전문 지식은 내가 아는 누구와도 상대가 되지 않는다. 8 식물원에 들어오자마자 방문객들은 바로 열대성 꽃들의 그윽한 향기를 맡을 수 있었다. 9 유괴 용의자를 제압하기 위해 세 명의 경찰관이 필요했다고 보도되었다. 10 침술에 대한 의학 협회의 연구 결과에 따르면 그것은 허리 통증을 치료하는 효과적인 방법일 수 있다. 11 오리건 북부 해안 주변의 절벽은 세찬 바닷물 때문에 계속해서 침식되고 있다. 12 그 문제의 원인에 대한 모든 논의는 실제로 문제를 해결하는 데 역효과인 것 같다. 13 수학 연구원들은 수학적 가설에 대한 한계를 증명하기 위해 반증을 사용한다. 14 많은 의사들이 진통제의 부작용을 중화하는 약을 처방한다.

Day49~50

1 People who systematically _____ pain on themselves are classified as having underlying psychological problems.

2 Three _____ administrations have attempted to pass legislation to limit the national debt, but none have succeeded.

3 Blair scored a _____ goal to help the team win today's championship game.

4 Strong leadership and good management skills are essential qualities for successful _____.

5 The visiting team won the soccer match due to its quick and effective _____.

6 The _____ goods most preferred by consumers are clothes, watches, electronics, and software.

7 In order to _____ our losses, we will have to increase our revenue this year.

8 Astroturf is a form of _____ grass that is used in stadiums around the world.

9 The military commanders of NATO are _____ establishing a base camp in the northern Sahara.

10 _____ writers often confronted difficult themes in their narratives of the events that millions had experienced.

11 Medical professionals consider a _____ patient as someone whose life expectancy is estimated to be six months or less.

12 The principles of the International Criminal Court state that it is unlawful to _____ someone for his or her religious beliefs.

13 A thunderstorm high in the atmosphere is a _____ for a hailstorm.

14 While awaiting the birth of a new baby, North American parents typically furnish a room as the infant's sleeping _____. 수능

---

1 자신에게 체계적으로 고통을 가하는 사람들은 저변에 심리적 문제가 있는 사람으로 분류된다. 2 연속적으로 세 개의 행정부가 국채를 제한 위한 법률을 통과시키려 하지만, 어느 행정부도 성공하지 못했다. 3 Blair는 굉장히 멋진 골을 넣어서 오늘 결승전에서 팀이 승리하는 데 기여했다. 4 강인한 지도력과 뛰어난 경영 관리 기술은 성공적인 사업가에게 필수적인 자질이다. 5 원정팀은 빠르고 효과적인 역습 덕분에 축구 경기에서 이겼다. 6 소비자들이 가장 선호한 위조품은 의류, 시계, 가전제품, 소프트웨어이다. 7 우리의 손해를 상쇄하려면 올해 수입을 증가시켜야 한다. 8 아스트로터프(상표명)는 전 세계 경기장에 사용되는 인조 잔디의 한 형태이다. 9 NATO(북대서양 조약 기구)의 군대 사령관들은 사하라 북부에 주둔 기지를 설치하는 문제를 심사숙고하고 있다. 10 전후 작가들은 수백만 명이 겪었던 사건에 대해 이야기하면서 어려운 주제에 자주 부딪힌다. 11 의료 전문가들이 생각하는 불치병 환자는 기대 수명이 6개월 미만으로 추정되는 사람이다. 12 국제 형사 재판소의 원칙에 따르면 종교적 신념 때문에 사람을 박해하는 것은 불법이다. 13 대기 중에 일어나는 심한 뇌우 현상은 싸라기눈을 동반한 폭풍의 전제 조건이다. 14 북미의 부모들은 태어날 아기를 기다리는 동안 주로 방 하나를 아기의 잠자는 거처로 꾸민다.

부록

ANSWERS

DAILY TEST

A

1 광고, 선전   2 지원하다, 적용하다   3 혈액형
4 보장(하다), 보증(하다)   5 떠나다
6 할인, 값을 깎아주다   7 기부하다   8 도구, 장치, 악기
9 연결(하다), 관계   10 다문화의   11 possible
12 virtually   13 past   14 relationship
15 reserved   16 sensitive   17 install
18 stop by   19 place   20 arrogant

B

1 character   2 debate   3 annoying
4 almost   5 oppose   6 supposition
7 terrible   8 cancellation

C

1 bank   2 put on hold   3 multiracial
4 donate   5 past

A

1 동행하다, 동반되다   2 감사하다; 감상하다
3 인지, 인식, 알고 있음   4 게시판
5 몸을 웅크리다   6 목적지, 도착지
7 거리(감); 상당한 거리; 먼 곳   8 이혼(하다)
9 스스로 조립[수리]하는 것   10 기대하다, 예상하다
11 lift   12 lightweight   13 footstep
14 photography   15 symbolize
16 take advantage of   17 organize
18 participate   19 recommend   20 remedy

B

1 remove   2 majestic   3 permanent
4 unnecessary   5 acquisition   6 execution
7 warn   8 admit

C

1 photography   2 lightweight   3 symbolizes

4 professional   5 distance

A

1 성취하다, 달성하다   2 나중에, 그 뒤에
3 처리하다, 정리하다   4 상황, 환경   5 협력, 협조
6 (규모가 큰) 회사, 기업   7 감히 ~하다
8 얻다; ~에서 비롯되다   9 결정하다, 확정하다
10 적대적인   11 mischief   12 pathetic
13 turn in   14 indifferent   15 misbehave
16 reliable   17 welfare   18 mention
19 misuse   20 take part in

B

1 track   2 innocent   3 rarely, hardly
4 sure   5 sympathy   6 pursuit
7 mischievous   8 anticipation

C

1 provoke   2 publication   3 opposition
4 courageous   5 get rid of

A

1 영향을 미치다, 작용하다
2 유대(감), 접착, 결합하다; 접합하다
3 시민권   4 욕구, 바람, 바라다, 원하다
5 조사하다, 검사하다   6 악화시키다; 손상시키다
7 도입[시작]하다, 기관, 협회   8 투자하다
9 휴식 (시간)   10 묶다, 결부시키다; 매듭; 속박, 구속
11 breed   12 contrary to   13 retain
14 donor   15 fragile   16 ecology   17 obtain
18 take a stand   19 vomit   20 bleed

B

1 empty   2 suggest   3 rude   4 shortage
5 implicit   6 frequency   7 disturbance
8 starve

C

1 party   2 occupies   3 shed   4 affection
5 keep up with

A

1 혼란시키다   2 끝, 위기   3 설명하다   4 인상적인
5 보험(금)   6 가축   7 겹치다, 중복되다
8 역설(적인 상황)   9 또래; 동료   10 여분의, 할애하다
11 exert   12 tendency   13 petal   14 endless
15 so much the better   16 helpless
17 resent   18 asset   19 in turn
20 shameless

B

1 error, flaw   2 tired, exhausted   3 harmful
4 fake   5 fetus   6 clarification   7 security
8 resolve

C

1 mutual   2 diverse   3 reproduced
4 rely on   5 secure

WEEKLY TEST

1 동행하다; 동반되다   2 얻다, 습득하다
3 입장(료); 입학   4 애정, 애착   5 나중에, 그 뒤에
6 갑자기   7 기대하다, 예상하다
8 지원(서); 적용; 〈컴퓨터〉 응용 프로그램
9 감사하다; 감상하다   10 근사치의, 대략의
11 처리하다; 정리하다   12 오만한   13 자산, 재산
14 (노력하여) 얻다, 성취하다   15 둑
16 (강, 바다의) 바닥   17 ~에 속하다
18 유대(감), 접착; 결합[접합]하다
19 짜증나는, 성가신   20 종; 사육[재배]하다
21 게시판   22 취소하다   23 통조림으로 된
24 (둘러싼) 상황, 환경   25 명확하게 하다
26 집중하다; 모으다   27 혼란시키다   28 협력, 협조
29 회사, 기업   30 용감한   31 중요한, 비판적인
32 감히 ~ 하다   33 얻다, ~에서 비롯되다
34 목적지, 도착지   35 의논하다, 토론하다

36 거리(감)   37 구별하다, 식별하다   38 방해하다
39 다양한   40 이혼(하다)   41 기부하다
42 기증자, 기부자   43 (성격이) 느긋한, 태평한
44 끝, 위기   45 우아한   46 끝없는, 무한한
47 전체의   48 조사하다, 검사하다   49 넘다, 초과하다
50 처형하다, (계획을) 실행하다   51 기대하다, 예상하다
52 설명하다   53 잘못; 결함   54 태아의, 태아 같은
55 발자국; 발소리; 발걸음   56 빈번한, 잦은
57 진짜인, 진품인   58 보장(하다), 보증(하다)
59 죄책감이 드는, 유죄인   60 무해한, 악의 없는
61 무력한   62 적대적인   63 발견, 인지; 신분(증)
64 악화시키다; 손상시키다
65 암시하다, 의미하다; 함축하다
66 차례대로   67 무관심한   68 설득하다, 유발하다
69 설치하다; 취임시키다
70 도입[시작]하다. 기관, 협회   71 도구, 장치, 악기
72 보험(금)
73 ~에 몰두하는, 큰 관심을 보이는; 결심하고 있는
74 투자하다   75 정당화하다, 해명하다
76 ~에 뒤지지 않다, ~에 정통하다, ~을 정기적으로 하다
77 연결, 관계; 연결하다   78 최소의, 아주 작은
79 무례한 행동을 하다   80 잘못, 장난; 해, 피해
81 오해하다   82 오용[남용](하다)   83 다문화의
84 다문화의, 다인종의   85 동시에 여러 일을 하다
86 좁히다, 줄이다   87 필요한, 필수적인
88 얻다, 성취하다   89 차지하다, 점령하다
90 생각이 날 듯 말 듯하다
91 (스포츠 경기의) 상대자, (의견 등의) 반대자
92 조직하다, 체계화하다   93 편; 〈정치〉 정당
94 가엾은; 한심한   95 꽃잎
96 위치; 두다, ~에 위치하다   97 주요한; 최초의
98 전문적인, 전문직에 종사하는
99 유발[도발]하다; 화나게 하다
100 추구하다   101 미루다, 연기하다   102 휴식 (시간)
103 리허설, 예행연습   104 해결책; 치료법
105 수리(하다), 보수(하다)
106 필요로 하다; 요구하다   107 분개하다
108 내성적인   109 (문제를) 해결하다, 다짐하다
110 계속 유지하다   111 (연속된 일의) 한 차례, 한 회
112 거의 ~ 않는   113 민감한, 예민한
114 (빛을) 비추다, (눈물, 피를) 흘리다, (낙엽이) 떨어지다
115 주거지, 쉼터; 쉴 곳을 제공하다
116 여분의, 할애하다   117 굶주리다

118 잠시 들르다   119 생각하다, 추정하다
120 남는 것, 잉여, 흑자; 과잉[잉여]의
121 생존하다, 살아남다   122 상징하다
123 동정, 연민하는, 동조하는, 호감이 가는
124 태도를 정하다, 입장을 취하다   125 이용하다
126 일시적인   127 돌려주다, 반납하다
128 쓸모없는일   129 빈, 사람이 없는   130 거의
131 토하다, 분출하다   132 경고, 주의
133 지친, 피곤한   134 복지, 행복
135 치우다; 철수하다; (돈을) 인출하다

DAILY TEST

Day6   p. 057

A
1 발표하다, 알리다   2 흐르다, 흐름
3 지시하다, 가르치다   4 내부의, 체내의
5 ~하기 쉬운, ~의 영향을 받기 쉬운
6 합리적인, 이성적인
7 (엔진, 시동 등이) 갑자기 멎다; 가판, 매대
8 주제; 대상; 피실험자   9 떨다   10 시각의
11 in favor of   12 reluctant   13 meaningless
14 opposite   15 limitless   16 attract
17 previous   18 selfless   19 share
20 distract

B
1 gather   2 imitate   3 infinite   4 improper
5 experimental   6 instruction   7 mimicry
8 denial

C
1 judging   2 obvious   3 conduct   4 inner
5 paralyzed

Day7   p. 065

A
1 장담하다, 보장하다   2 첨부하다; 붙이다
3 대처하다; 극복하다
4 (상)대하다; 해결하다, 처리하다
5 가치 있는, 바람직한; 탐나는   6 분리하다, 떼다
7 때문에   8 성실한; 진지한   9 비용, 돈

10 정도, 규모   11 passage   12 worthwhile
13 reject   14 terrify   15 receptive
16 sorrow   17 regard   18 master
19 innovate   20 scan

B
1 deny   2 blunt   3 passive   4 complex
5 fatal   6 stiff   7 expansive   8 assurance

C
1 expanding   2 active   3 devoted
4 deal with   5 opportunities

Day8   p. 073

A
1 출현, 나타남   2 광고   3 대체의, 대안의, 대안
4 (해부학적) 구조; 해부학
5 (같은 직종에 종사하는) 동료   6 결과; 영향
7 문맥, 맥락   8 백과사전   9 풍요롭게 하다
10 상록수   11 patch   12 review   13 labor
14 literary   15 sociology   16 wetland
17 preview   18 threaten   19 vacuum
20 go broke

B
1 accept   2 huge   3 grow   4 reveal
5 response   6 existence   7 proceed
8 origin

C
1 Habitat   2 enable   3 when it comes to
4 vary   5 throughout

Day9   p. 081

A
1 기여하다; ~의 원인이 되다
2 (질병의 원인을) 진단하다   3 환경   4 침입하다
5 시간 약속을 지키다, (바라던 일을) 이루다
6 ~에 강한, 저항하는
7 ~을 다 써 버리다, ~을 바닥내다
8 구조; 조직(하다)   9 튼튼한, 힘센   10 둘러싸다
11 martial art   12 miserable   13 gender
14 decay   15 filter   16 endanger

17 resource　18 mistaken　19 particular
20 absorb

B
1 severe　2 crucial　3 credible　4 sparse
5 rural　6 irrelevant　7 demand　8 reject

C
1 resists　2 vital　3 attack　4 particular
5 separate

Day 10　p. 089

A
1 다투다; 주장하다; 입증하다　2 ~너머, ~지나
3 영향을 미치다; 영향(력)　4 (원치 않은) 개입, 방해
5 의미가 통하다, 잘 이해가 되다　6 많은, 다양한
7 용기; 불안; 긴장; 신경
8 나뉘다, 분열되다; 분열, 분할
9 속임수를 쓰다; 속임수, 요령
10 전형적인, 늘 하는 행동의
11 several　12 in advance　13 attempt
14 inform　15 genetics　16 strategy
17 remove　18 discipline　19 characterize
20 conference

B
1 lock　2 inappropriate　3 precise
4 decrease　5 know　6 nervous
7 description　8 accuracy

C
1 promoted　2 bark　3 Knowledge
4 describes　5 accurate

WEEKLY TEST

Day 6~10　p. 090

1 흡수하다　2 정확한　3 활동적인, 적극적인
4 출현, 나타남　5 광고　6 대체의, 대안의, 대안
7 (해부학적) 구조; 해부학　8 발표하다, 알리다
9 다투다; 주장하다; 입증하다
10 모이다, 모으다; 조립하다　11 장담하다, 보장하다
12 첨부하다; 붙이다　13 공격하다

14 시도[노력](하다)　15 이끌다; 매혹하다
16 짖다; 나무껍질　17 ~너머, ~지나
18 특징짓다　19 (같은 직종에 종사하는) 동료
20 우연히 마주치다　21 회의, 회담　22 결과; 영향
23 문맥, 맥락　24 기여하다; ~의 원인이 되다
25 대처하다; 극복하다
26 (상)대하다; 해결하다, 처리하다　27 썩다; 퇴화하다
28 요구(하다), 수요　29 묘사[설명]하다, 말하다
30 바람직한, 가치 있는　31 분리하다, 떼다
32 헌신하다, 바치다　33 (질병의 원인을) 진단하다
34 징계[훈육](하다); 훈련
35 집중이 안되게 하다, 방해하다
36 때문에　37 성실한; 진지한
38 할 수 있게 하다, 가능하게 하다　39 백과사전
40 위험에 빠뜨리다　41 풍요롭게 하다　42 환경
43 상록수　44 커지다, 확장하다　45 비용, 돈
46 실험(하다)　47 정도, 규모　48 운명, 숙명
49 여과하다, 거르다　50 유한한, 한정된
51 흐르다, 흐름　52 성(性), 성별　53 유전학
54 파산하다　55 서식지, 거주지　56 그러므로
57 미리　58 ~에 찬성하여　59 직접, 몸소
60 무한한　61 영향을 미치다; 영향(력)　62 알리다
63 혁신[쇄신]하다　64 지시하다, 가르치다
65 (원치 않은) 개입, 방해　66 내부의, 체내의
67 침입하다　68 지식　69 노동; 일하다; 노력하다
70 ~하기 쉬운, ~의 영향을 받기 쉬운
71 방대한, 무한한　72 문학의, 문학적인
73 시간 약속을 지키다, (바라던 일을) 이루다
74 의미가 통하다, 잘 이해가 되다　75 무술
76 완전히 익히다, 숙달하다
77 무의미한, 중요하지 않은
78 비참한; (날씨가) 고약한
79 잘못 알고 있는　80 많은, 다양한
81 용기; 불안; 긴장; 신경　82 많은
83 명백한, 분명한　84 기회
85 반대, 반대편의, 맞은편의　86 마비시키다
87 특별한; 특정한　88 구절, 통로, 흐름
89 (주변과는 다른) 작은 부분　90 아마도
91 예고편; 시사회; 미리 보기　92 이전의, 사전의
93 절차　94 촉진하다; 승진시키다; 홍보하다
95 합리적인, 이성적인　96 수용적인, 잘 받아들이는
97 여기다　98 거절하다　99 꺼리는
100 지우다; 제거하다　101 저항하다; 견디다

102 ~에 강한, 저항하는　103 자원

104 검토(하다); 비평

105 ~을 다 써 버리다, ~을 바닥내다

106 훑어보다; 자세히 조사하다　107 이타적인

108 분리하다, 분리된　109 몇몇의　110 주식

111 중요한　112 사회학　113 슬픔

114 나뉘다, 분열되다; 분열, 분할

115 (엔진, 시동 등이) 갑자기 멎다; 가판, 매대

116 전략　117 구조; 조직(하다)　118 튼튼한, 힘센

119 주제; 대상; 피실험자　120 공급(하다), 제공

121 둘러싸다　122 겁먹게 하다, 무섭게 하다

123 위협[협박]하다　124 ~동안 계속, 내내

125 떨다　126 속임수를 쓰다; 속임수, 요령

127 전형적인, 늘 하는 행동의　128 진공

129 (서로) 다르다　130 방대한, 어마어마한

131 시각의　132 필수적인　133 습지

134 ~에 관한 한　135 가치 있는

DICTATION for Day 1~Day 10

1 placed	2 personality
3 positioned	4 relationship
5 round	6 guarantee
7 bothersome	8 identification
9 awareness	10 withdrew
11 acquire	12 participate

1 Intent	2 distinguish
3 welfare	4 circumstance
5 mistake	6 donor
7 surpluses	8 frequent
9 minimal	10 attain
11 anticipate	12 belong

1 resented	2 concentrating
3 exceed	4 shelter
5 justify	6 Hence
7 assembled	8 experiments
9 attracted	10 priceless

11 relying, on　12 weary

1 admit	2 numerous
3 observed	4 neglect
5 grounded	6 exists
7 vast	8 eliminate
9 masterpieces	10 encounters
11 stiffened	12 mastered

1 demand	2 take, place
3 regardless, of	4 approached
5 potential	6 recalls
7 Perhaps	8 conflicts
9 hunger	10 came, across
11 diagnosed	12 urban

DAILY TEST

A

1 이해하다; 생각해 내다　2 꼭 쥐다; 이해하다

3 ~을 고대하다　4 겨우, 단지　5 철학　6 정치적인

7 상기시키다, 떠오르게 하다　8 테마, 주제

9 옮기다, 이동하다　10 이식(하다)　11 cultivate

12 melt　13 preferable　14 identical

15 debt　16 world view　17 primitive

18 offspring　19 harvest　20 fuss

B

1 clear　2 mimic　3 quite, rather　4 modern

5 industrialize　6 imagine　7 prefer

8 politics

C

1 owe　2 contemporary　3 overlooking

4 appeal　5 respected

A

1 부재인, 결석[결근]한   2 과제, 숙제; 임무
3 섞다, 혼합하다   4 기한, 마감   5 어지러운
6 12개짜리 한 묶음, 여러 개   7 강요하다, 집행하다
8 무료로   9 (접착제로) 붙이다, 접착제, 풀
10 고귀한, 귀족의   11 transact
12 on the other hand   13 transform
14 sadden   15 qualify   16 transmit
17 symptom   18 participant   19 prescription
20 statistics

B
1 make up   2 vomit   3 insufficient
4 illegal   5 advice   6 sufficiency
7 curiosity   8 exposure

C
1 recognized   2 sufficient   3 represented
4 competed   5 facility

Day13   p. 121

A
1 우주비행사   2 주먹   3 가구를 비치하다
4 지리적인; 지리학의   5 포함하다; 관련시키다
6 조작[가동]하다; 경영하다   7 인구; 주민
8 긁다, (긁어서) 새기다
9 (의견, 정책 등이) 바뀌다; 교대 근무
10 설득[권고]하다   11 itchy   12 advertise
13 sore   14 ignore   15 rub   16 modest
17 diligent   18 pat   19 ambitious   20 by far

B
1 positive   2 competent, able   3 instant
4 vice   5 urgent   6 muscular   7 infection
8 prevail

C
1 manned   2 firm   3 norm   4 granted
5 get caught up

Day14   p. 129

A
1 견해를 밝히다; 논평; 비판
2 개발하다; (필름을) 현상하다   3 차고, 주차장

4 응시하다, 가만히 바라보다
5 측정[계량]; 척도; 측정하다   6 이야기, 서술
7 (일반적인 문제를) 개인화하다   8 기도하다   9 먹이
10 정반대로 바꾸다, 뒤집다   11 cue   12 manner
13 interrupt   14 epic   15 automatic
16 author   17 perceptual   18 auditory
19 burst   20 scatter

B
1 prove, show, protest   2 change   3 vanish
4 suddenly   5 minority   6 offstage
7 approve   8 honest

C
1 analyze   2 fall off   3 prey   4 odd
5 dew point

Day15   p. 137

A
1 태도, 사고방식   2 음료
3 (방송, 신문의) 보도, (책 등에 실린 정보의) 범위
4 적; 장애물   5 인류; 인간성   6 중립적인; 중성의
7 평판   8 찾다, 추구하다   9 적합한, 알맞은
10 유효한, 타당한   11 float   12 hang out with
13 decline   14 by contrast   15 mineral
16 ecosystem   17 so-called   18 weed
19 take action   20 pause

B
1 imperfection   2 huge   3 empty
4 withdraw   5 validity   6 bias   7 solitude
8 elementary

C
1 resume   2 at all costs   3 bunch   4 crash
5 defect

WEEKLY TEST

Day11~15 p. 138

1 부재인, 결석[결근]한   2 광고하다, 선전하다
3 변하다, 바꾸다, 고치다   4 야심 있는
5 분석[해석]하다   6 호소하다; 관심을 끌다; 호소; 매력

7 과제, 숙제; 임무　8 우주비행사　9 태도, 사고방식
10 청각의　11 저자, 작가　12 자동의　13 음료
14 선입견이 있는, ~에 치중하는　15 섞다, 혼합하다
16 터지다, 파열하다　17 그에 반해서　18 훨씬; 단연
19 ~을 할 수 있는　20 견해를 밝히다; 논평; 비판
21 만들다, 건설하다; 구성하다
22 현대의, 동시대의; 동년배
23 (방송, 신문의) 보도, (책 등에 실린 정보의) 범위
24 사고, 충돌　25 신호; 계기　26 경작하다, 재배하다
27 호기심이 많은, 궁금한　28 기한, 마감　29 빚; 신세
30 감소[축소](하다)　31 결함, 흠　32 부족한
33 개발하다; (필름을) 현상하다
34 부지런한, 근면한　35 불편　36 어지러운
37 12개짜리 한 묶음, 여러 개　38 생태계
39 적; 장애물　40 강요하다, 집행하다　41 서사
42 시설, 설비　43 이해하다; 생각해 내다　44 주먹
45 (물 위, 공중에서) 떠가다　46 무료로
47 가구를 비치하다　48 호들갑, 야단
49 차고, 주차장　50 응시하다, 가만히 바라보다
51 지리적인; 지리학의
52 (접착제로) 붙이다, 접착제, 풀
53 주다, (정부) 보조금　54 꼭 쥐다; 이해하다
55 ~와 어울리다　56 추수(기); 수확(량)
57 인류; 인간성　58 똑같은, 동일한　59 무시하다
60 모방하다, 흉내 내다　61 방해하다, 중단시키다
62 포함하다; 관련시키다　63 가려운, 간질간질한
64 ~을 고대하다　65 대다수
66 유인(有人)의, 사람이 하는　67 방식, 태도
68 거대한, 매우 큰　69 측정[계량]; 척도; 측정하다
70 녹다　71 겨우, 단지　72 미네랄, 무기물, 광물
73 소수　74 보통의, 겸손한　75 이야기, 서술
76 부정적인　77 중립적인; 중성의　78 고귀한, 귀족의
79 규범, 표준　80 이상한, (수가) 홀수의
81 자식, (동물의) 새끼　82 ~을 대표[대신]해서
83 반면에, 다른 관점에서
84 조작[가동]하다; 경영하다　85 생산[산출]량, 결과
86 간과하다; 내려다보다
87 빚지다, 신세를 지다, ~ 덕분이다　88 참가자
89 쓰다듬다　90 중단하다　91 지각의
92 (일반적인 문제를) 개인화하다　93 철학
94 쌓다, 더미　95 정치적인　96 인구; 주민
97 긍정적인　98 기도하다　99 더 좋은, 더 나은
100 처방(전), 처방약　101 먹이　102 원시적인

103 자격을 얻다[주다]　104 반응하다
105 알아보다, 인지하다　106 계속 ~이다, 남다
107 상기시키다, 떠오르게 하다
108 나타내다, 대표하다　109 평판
110 존경[존중]하다　111 정반대로 바꾸다, 뒤집다
112 문지르다, 비비다　113 슬프게 하다
114 흩뿌리다　115 긁다, (긁어서) 새기다
116 찾다, 추구하다
117 변화, 이동; 교대 근무; (의견, 정책 등이) 바뀌다
118 소위, 이른바　119 따가운, 아픈
120 통계, 통계학　121 충분한　122 적합한, 알맞은
123 증상　124 조치를 취하다　125 기온, 온도
126 테마, 주제　127 거래하다　128 옮기다, 이동하다
129 변형시키다　130 전송하다　131 이식(하다)
132 궁극적인, 근본적인　133 설득[권고]하다
134 유효한, 타당한　135 잡초; 수초

DAILY TEST

Day16　p. 147

A
1 가까이 (있는)　2 증거; 증언; 흔적
3 전시(회); (감정, 기교 등의) 표현
4 부도덕한, 비도덕적인　5 재산, 부동산; (사물의) 속성
6 두드러진; 빼어난　7 제안; 암시　8 원리, 원칙
9 부족, 집단　10 선명한; (색이) 화려한
11 architecture　12 continuous　13 namely
14 clarity　15 wasteland　16 trial and error
17 accessible　18 gravity　19 scenery
20 restore

B
1 particular　2 down-to-earth　3 precise
4 horizontal　5 continue　6 restoration
7 irrelevance　8 tense

C
1 issue　2 aspects　3 precious　4 irrelevant
5 namely

Day17　p. 155

A

1 좋아하다, 존경하다 2 요구하다, 필요로 하다
3 필사적인, 간절히 원하는
4 공포, 두려움; 두려워하다, 염려하다 5 재료, 원료
6 대조적으로 7 (신체) 장기, 기관
8 시대에 뒤진, 구식인 9 약국 10 직사각형의
11 upright 12 mass produce
13 role model 14 parental 15 compare
16 overhear 17 exotic 18 boredom
19 engage 20 regret

B
1 intentional 2 distant 3 inferior
4 smooth 5 alternation 6 beneficial
7 spectacle 8 superiority

C
1 overheard 2 rectangular 3 engages
4 fare 5 longs

Day18 p. 163

A
1 비상[긴급] (사태) 2 (빛, 가스 등을) 내뿜다
3 추정[추산], 견적; 추정[추산]하다
4 비영리적인 5 비언어적인 6 생략하다
7 통제할 수 없는 8 용액 9 쓰레기, 쓸모없는 것
10 보물, 귀중품 11 souvenir 12 presentation
13 fine 14 accommodation 15 historic
16 allowance 17 charity 18 equipment
19 second-hand 20 creativity

B
1 assemble, collect 2 miss 3 export
4 violent 5 discovery 6 inclusion
7 registration 8 refundable

C
1 delightful 2 pull over 3 fee 4 historic
5 beat

Day19 p. 171

1 공격적인, 적극적인 2 교화하다; 세련되게 하다
3 소비하다; 먹다 4 ~이 들어 있다
5 (고유의) 요리법 6 요인, 인자
7 제조[생산](하다) 8 성숙한, 다 자란; 성숙해지다

9 사다; 구입 10 감정, 감수성 11 outward
12 combine 13 feather 14 by all means
15 offend 16 policy 17 punish 18 escape
19 hateful 20 favor

B
1 commerce 2 depict 3 conceal
4 concrete 5 content 6 consumption
7 offensive 8 comprehension

C
1 sudden 2 reveal 3 flavor 4 consumers
5 flooded into

Day20 p. 179

A
1 접근; 입장; 접근하다; 접속하다 2 구부리다
3 꽃(이 피다) 4 나뭇가지; (회사의) 지점, 분점
5 (참여하던 것에서) 빠지다 6 뜨겁게 하다, 데우다; 열
7 중재하다, 조정하다 8 차례로 9 규제[단속]하다
10 신성한, 성스러운 11 curve 12 spectator
13 resemble 14 complain 15 slightly
16 weakness 17 offer 18 string 19 burden
20 aroma

B
1 pessimistic 2 slump
3 conservative, sudden 4 legitimacy
5 equality 6 vibration 7 athlete
8 resemblance

C
1 overall 2 function 3 address 4 athletic
5 interpret

WEEKLY TEST

Day16~20 p. 180

1 접근 가능한 2 건축(학) 3 가까이 (있는)
4 명확성, 명료성 5 계속되는, 거듭된
6 증거; 증언; 흔적 7 전시(회); (감정, 기교 등의) 표현
8 중력 9 부도덕한, 비도덕적인 10 다시 말해, 즉
11 재산, 부동산; (사물의) 속성

12 회복시키다, 복원하다 13 풍경, 경치
14 두드러진; 빼어난 15 제안; 암시 16 갈등; 긴장
17 시행착오 18 부족, 집단 19 선명한; (색이) 화려한
20 불모지 21 수직의 22 수평의
23 모호한, 애매한 24 완전한; 절대적인
25 특정한; 구체적인 26 목적, 목표
27 귀중한, 소중한 28 좋아하다, 존경하다
29 권태, 지루함 30 요구하다, 필요로 하다
31 비교하다 32 필사적인, 간절히 원하는
33 사로잡다, 끌다; 관계를 맺다; 약속하다 34 이국적인
35 공포, 두려움; 두려워하다, 염려하다 36 재료, 원료
37 대량생산하다 38 대조적으로
39 (신체) 장기, 기관 40 시대에 뒤진, 구식인
41 엿듣다 42 부모의 43 약국 44 직사각형의
45 후회하다, 유감이다 46 동경의 대상, 역할 모델
47 똑바른, 꼿꼿한; 곧은 48 우월한, 상급의
49 열등한, 하급의 50 의도적인, 고의의
51 번갈아 하는, 교대의 52 멀리 떨어진
53 아늑한, 포근한 54 구불구불한, 곧지 않은
55 숙박시설 56 용돈; 수당 57 자선; 자선 단체
58 창조력, 독창성 59 비상[긴급] (사태)
60 (빛, 가스 등을) 내뿜다 61 장비, 용품
62 추정[추산], 견적; 추정[추산]하다 63 벌금
64 역사적인 65 비윤리적인 66 비언어적인
67 생략하다 68 통제할 수 없는
69 발표; 제시; 상연[상영] 70 중고의 71 용액
72 기념품 73 쓰레기, 쓸모없는 것 74 보물, 귀중품
75 모으다, 모이다 76 발견하다, 알게 되다
77 요금; 수수료 78 포함하다
79 (하던 일을) 건너뛰다 80 예산(을 세우다)
81 비폭력의 82 공격적인, 적극적인 83 반드시
84 교화하다; 세련되게 하다 85 결합하다
86 소비하다; 먹다 87 ~이 들어 있다
88 (고유의) 요리법 89 탈출하다, 벗어나다
90 요인, 인자 91 호의; 지지; 선호하다 92 깃털
93 불쾌한, 혐오스러운 94 제조[생산] (하다)
95 성숙한, 다 자란; 성숙해지다 96 불쾌하게 하다
97 겉보기의, 표면상의 98 정책, 방책; 보험증서
99 처벌하다 100 사다; 구입 101 감정, 감수성
102 갑작스러운 103 상거래, 교역 104 묘사하다
105 밝히다, 드러내다 106 추상적인, 관념적인
107 구체적인, 실체가 있는 108 이해하다
109 접근; 입장; 접근하다; 접속하다 110 향기

111 구부리다 112 꽃(이 피다)
113 나뭇가지; (회사의) 지점, 분점 114 짐, 부담
115 불평하다, 항의하다 116 곡선(으로 나아가다)
117 (참여하던 것에서) 빠지다
118 뜨겁게 하다, 데우다; 열 119 중재하다, 조정하다
120 제안[제의] (하다) 121 차례로
122 규제[단속]하다, 조절하다 123 닮다
124 신성한, 성스러운 125 약간 126 관중
127 줄, 끈 128 약점, 약함
129 낙천적인, 낙관적인 130 세금
131 몸이 튼튼한, 스포츠에 능한
132 우울(증), 경기 침체 133 종합적인, 전반적으로
134 설립하다 135 ~으로 여겨지다; ~을 구성하다

DICTATION for Day 11~Day 20

1 remain	2 unique
3 On, behalf, of	4 transported
5 advised	6 temperature
7 deserves	8 novel
9 in, comparison, to	10 throwing, up
11 melt	12 imaginary
13 transact	14 blend

1 negative	2 urges
3 involve	4 scratched
5 tempted	6 reversed
7 cues	8 cones
9 measure	10 intensity
11 population	12 infect

1 neutral	2 valid
3 constructed	
4 element, element, elements	
5 still	6 drawn
7 scenery	8 property
9 purpose	10 principle
11 fill	12 displayed

1 automobile 2 convinced
3 unattractive 4 run
5 ahead, of 6 presentation
7 discover 8 exchange
9 nonsense 10 budget
11 desperately 12 fear
13 gripped 14 out, of, order

1 aggressive 2 mature
3 sensibilities 4 portray
5 hateful 6 spectator
7 justice 8 mediated
9 sacred 10 aroma
11 trade

DAILY TEST

A

1 일을 그만하다 2 공존하다 3 불쾌한 일, 사기, 사건
4 놓다, 두다, (알을) 낳다 5 있다; 눕다; 놓여 있다
6 고집스럽게 계속하다 7 개혁(하다)
8 정사각형 모양의; 정사각형; 광장
9 줄기; (사건 등이) ~에서 유래하다
10 개발되지 않은, 미개발된 11 urgent 12 lid
13 reward 14 compact 15 circulate
16 errand 17 contrast 18 hire 19 chemical
20 soak

B

1 exaggerate 2 sharp 3 liquid 4 tighten
5 drainage 6 urgency 7 cooperative
8 deafen

C

1 gestured 2 contrast 3 enhance
4 chores 5 gone through

A

1 걱정, 우려; 걱정스럽게 만들다 2 사실에 근거한
3 손가락으로 튀기다 4 구성 방식 5 엉망인, 지저분한
6 때, 행사, 경우 7 여러 차례, 되풀이하여
8 ~와 우연히 마주치다 9 보관[저장]하다; 저장고
10 목격자, 증인; 목격하다 11 session
12 tutor 13 technician 14 wooden
15 assist 16 attraction 17 give off
18 method 19 receipt 20 recipe

B

1 easy 2 current 3 prospect 4 adaptable
5 rob 6 mess 7 renewal 8 cellular

C

1 junk 2 on-the-spot 3 ups and downs
4 present 5 draft

A

1 골동품 2 배달하다; (연설을) 하다
3 업무, 의무, 임무 4 형성시키다 종류, 형태
5 (등급을) 나누다 6 낮잠 낮잠을 자다
7 (광이 나도록) 닦다, 다듬다 8 지탱하다, 유지하다
9 잊을 수 없는 10 귓속말을 하다 11 trap
12 account 13 orphan 14 insect
15 audience 16 insult 17 insert
18 food poisoning 19 take up
20 go out of business

B

1 as a result 2 foolish, silly 3 smooth, gentle
4 unfit 5 literary 6 essence 7 roughen
8 unfortunate

C

1 blank 2 come up with 3 weaken
4 pitching 5 term

A

1 묶다; 의무를 지우다　2 효율적인, 효율성이 높은
3 낮추다, 떨어뜨리다　4 인지하다, 알아차리다
5 (활동, 지식 등의) 영역　6 줄이다, 낮추다
7 대답[응답]하다　8 전문, 장기, 특성
9 삼키다　10 수중의; 수중에서　11 differ
12 on earth　13 depict　14 horrific
15 deceive　16 ritual　17 acknowledge
18 irritable　19 save face　20 commute

B

1 practicable　2 border, frontier　3 intuition
4 complicate　5 abusive　6 irritate
7 evolution　8 revision

C

1 overweight　2 mindful　3 occupation
4 receive　5 rolled off

A

1 사랑 받는, 인기 많은　2 식민지　3 독특한, 특색있는
4 투옥하다, 갇히게 하다　5 마음의, 정신적인
6 종교적인　7 하인, 고용인　8 인수하다, 인계하다
9 간지럼 태우다, 간지럽다　10 상처; 상처를 입히다
11 get along with　12 bald　13 frequency
14 generation gap　15 faucet　16 surgeon
17 stare　18 despair　19 duration　20 rule

B

1 courage　2 anxiety　3 indirect　4 timid
5 commercial　6 desperate　7 religion
8 modification

C

1 modified　2 lack　3 irresistible　4 leads
5 in response to

WEEKLY TEST

1 계좌, 계정　2 인정하다　3 음향의; 청각의
4 적응하다, 조절[조정]하다　5 골동품　6 도움이 되다
7 명소, 명물; 매력　8 관객, 청중　9 어색한, 불편한

10 대머리인　11 사랑 받는, 인기 많은
12 묶다; 의무를 지우다　13 경계, 한계
14 용감함, 용감한 행동　15 일을 그만하다
16 화학의; 화학 물질　17 순환하다; 유포하다
18 공존하다　19 식민지　20 무역, 상거래, 상업
21 통근하다　22 소형의, 작은
23 걱정, 우려; 걱정스럽게 만들다　24 그 결과, 따라서
25 대비, 차이, 대조; 대조하다　26 속이다, 기만하다
27 배달하다; (연설을) 하다　28 묘사하다
29 절망; 체념하다　30 다르다　31 독특한, 특색있는
32 지속 기간　33 업무, 의무, 임무
34 효율적인, 효율성이 높은
35 노력하지 않는, 힘들지 않는　36 향상시키다, 높이다
37 심부름　38 필수적인　39 결국　40 전문가
41 사실에 근거한　42 수도꼭지
43 유연한; 융통성 있는　44 손가락으로 튀기다
45 식중독　46 형성시키다; 종류, 형태　47 구성 방식
48 빈도, 주파수　49 세대차이　50 ~와 잘 지내다
51 발산하다, 내뿜다　52 파산하다
53 다스리다, 지배하다　54 (등급을) 나누다
55 고용[채용]하다; 빌리다　56 무시무시한
57 투옥하다, 갇히게 하다　58 불쾌한 일, 사기, 사건
59 곤충　60 삽입하다　61 모욕하다; 무례한 말
62 거부할 수 없는　63 짜증을 잘 내는　64 쓰레기
65 결핍; ~이 부족하다　66 놓다, 두다, (알을) 낳다
67 뚜껑　68 있다; 눕다; 놓여 있다　69 문학
70 느슨하게 하다, 풀리다　71 낮추다, 떨어뜨리다
72 마음의, 정신적인　73 엉망인, 지저분한　74 방법
75 의식하는, 염두에 두는, 잊지 않는
76 낮잠 낮잠을 자다　77 태어난 곳의, 원주민의
78 그럼에도 불구하고　79 때, 행사, 경우　80 직업
81 도대체　82 현장의, 즉석의　83 고아
84 비만의, 과체중의; 중량 초과의
85 인지하다, 알아차리다　86 고집스럽게 계속하다
87 (광이 나도록) 닦다, 다듬다
88 (활동, 지식 등의) 영역　89 영수증　90 조리법
91 줄이다, 낮추다　92 개혁(하다)　93 종교적인
94 여러 차례, 되풀이하여　95 대답[응답]하다
96 (계획을) 수정하다; (책을) 개정하다
97 보상[사례](하다)　98 의식, 의례
99 통치[지배]하다　100 ~와 우연히 마주치다
101 체면을 세우다　102 톱(으로 자르다)
103 하인, 고용인　104 (특정) 기간[시간], 학기

105 흠뻑 적시다   106 단단한, 견고한; 고체
107 전문, 장기, 특성
108 정사각형 모양의; 정사각형; 광장
109 안정적인, 차분한   110 응시하다; 응시
111 줄기; (사건 등이) ~에서 유래하다
112 보관[저장]하다; 저장고   113 어리석은
114 외과 전문의   115 지탱하다, 유지하다
116 삼키다   117 인수하다, 인계하다
118 차지하다   119 기술자
120 간지럼 태우다, 간지럽다   121 가두다; 덫, 함정
122 승리(하다)   123 가정교사, 강사
124 수중의; 수중에서   125 개발되지 않은, 미개발된
126 불안, 우려   127 잊을 수 없는
128 우여곡절; 성쇠   129 급한
130 약화시키다, 약화하다   131 귓속말을 하다
132 목격자, 증인; 목격하다   133 나무로 된
134 실행[운용] 가능한   135 상처; 상처를 입히다

DAILY TEST

Day26   p. 237

A

1 장치   2 당황스럽게[난처하게] 만들다
3 고무하다, 영감을 주다   4 집주인, 임대인
5 평행한, 아주 유사한   6 지급, 지불; 보답; 급여
7 다시 일어나다, 반복되다   8 임대하다, 빌리다
9 세입자, 임차인   10 채식을 하는; 채식주의자
11 stem from   12 awesome   13 seize
14 agriculture   15 turn over   16 full-scale
17 aspire   18 genre   19 responsible
20 warranty

B

1 elaborate   2 quick   3 sweat
4 in general, as a whole   5 addictive
6 register   7 resident   8 suspicion

C

1 semester   2 overnight   3 laboratory
4 fueling   5 publishing

Day27   p. 245

A

A

1 겨누다, 겨냥하다   2 기사; 품목   3 대기; 분위기
4 가슴, 흉부. 상자, 함   5 동료, 친구, 동반자
6 양심   7 파괴하다, 부수다   8 드러나다, 부각되다
9 윤리적인, 도덕적인   10 의지, 유언(장)
11 emphasize   12 solitude   13 moral
14 throw away   15 ensure
16 to a large extent   17 vegetation
18 morale   19 electricity   20 fur

B

1 collapse   2 frontier
3 exceptional, remarkable   4 trust   5 deep
6 thieve   7 emphasis   8 bankruptcy

C

1 shade   2 grinding   3 forehead   4 sinking
5 sacrifices

Day28   p. 253

A

1 (물, 음식 등을 보관하는) 큰 통
2 우수한, 훌륭한; 눈부신
3 경쟁하는, 경쟁심이 강한; 경쟁할 수 있는
4 믿음, 신뢰; 신앙심   5 이해하기 힘든, 불가사의한
6 신화 속에 나오는; 가공의   7 도로를 포장하다
8 껍질(을 벗기다)   9 개척자; 개척하다
10 숭배; 숭배하다   11 satellite   12 quite
13 continent   14 bitter   15 intake
16 detergent   17 pollute   18 pitiful
19 surface   20 stir

B

1 worn out   2 nourishing   3 conservative
4 noisy   5 exhaust   6 insist   7 exploratory
8 digestive

C

1 side effects   2 pesticides   3 shore
4 Organic   5 bent over

Day29   p. 261

A

1 분류하다   2 고백[자백]하다

3 해고하다; 석방하다; 제대하다; 퇴원하다

4 (안 좋은 사건 뒤의) 경악, 당황; 실망

5 둘러싸다; 동봉하다   6 점진적인, 단계적인

7 은유, 비유   8 겉보기에는   9 미묘한; 교묘한

10 항복하다; 양도하다, 넘겨주다   11 viewpoint

12 somewhat   13 by extension

14 open-minded   15 prehistoric

16 vanish   17 get across   18 premise

19 instant   20 oval

B

1 nonetheless   2 protect, maintain

3 save, preserve   4 exact, specific

5 supplementary   6 radiant   7 ascendant

8 privacy

C

1 priorities   2 unpredictable   3 commands

4 instant   5 preserve

Day30 p. 269

A

1 도토리   2 생기다, 발생하다   3 (상점의) 계산대

4 〈각도, 온도〉 도; 정도; 학위   5 가짜의; 위조하다

6 휙 보다, 대충 보다   7 인류, 인간   8 환상; 오해, 착각

9 정말, 사실   10 (문, 창문을) 쾅 닫다   11 orchard

12 valuables   13 gust   14 food chain

15 veterinarian   16 federal   17 zealous

18 scholarship   19 ancestor   20 jealous

B

1 fatal   2 artificial   3 adjust, modify   4 sense

5 dominant   6 nourishment   7 insightful

8 zeal

C

1 suck   2 dominate   3 efficiency   4 undergo

5 indicate

WEEKLY TEST

Day26~30 p. 270

1 도토리   2 농업   3 겨누다, 겨냥하다   4 조상, 선조

5 기구   6 생기다, 발생하다   7 기사; 품목

8 열망하다   9 일반적으로, 전체적으로

10 대기; 분위기   11 굉장한, 엄청난

12 (물, 음식 등을 보관하는) 큰 통

13 맛이 쓴; 지독한; 격렬한   14 잠시 동안의, 간단한

15 우수한, 훌륭한; 눈부신   16 더 나아가

17 (상점의) 계산대   18 가슴, 흉부. 상자, 함

19 분류하다   20 명령(하다)   21 동료, 친구, 동반자

22 경쟁하는, 경쟁심이 강한; 경쟁할 수 있는

23 고백[자백]하다   24 양심   25 대륙   26 치명적인

27 〈각도, 온도〉 도; 정도; 학위   28 파괴하다, 부수다

29 발견하다, 감지하다   30 세제   31 장치

32 해고하다; 석방하다; 제대하다; 퇴원하다

33 (안 좋은 사건 뒤의) 경악, 당황; 실망

34 지배하다; ~에서 가장 두드러지다

35 능력, 효율   36 전기

37 당황스럽게[난처하게] 만들다

38 드러나다, 부각되다   39 강조하다

40 둘러싸다; 동봉하다

41 보장하다, 지키다, 확실하게 하다

42 윤리적인, 도덕적인   43 몹시 피곤한

44 믿음, 신뢰; 신앙심   45 가짜의; 위조하다

46 연방제의, 연방 정부의   47 먹이 사슬   48 이마

49 실물 크기의   50 털, 모피   51 장르

52 (의미가) ~에게 전달되다, 이해되다

53 휙 보다, 대충 보다   54 점진적인, 단계적인

55 갈다, 빻다   56 돌풍   57 인류, 인간

58 환상; 오해, 착각   59 정말, 사실

60 나타내다, 보여 주다   61 고무하다, 영감을 주다

62 즉각적인; 순간, 잠깐   63 섭취   64 질투하는

65 실험실   66 집주인, 임대인   67 포용적인, 진보적인

68 인공적인, 인위적인   69 은유, 비유   70 도덕적인

71 사기, 의욕   72 이해하기 힘든, 불가사의한

73 신화 속에 나오는; 가공의   74 그럼에도 불구하고

75 영양분이 많은   76 마음이 열린   77 과수원

78 타원형의   79 평행한, 아주 유사한

80 도로를 포장하다   81 지급, 지불; 보답; 급여

82 껍질(을 벗기다)   83 농약, 살충제

84 개척자; 개척하다   85 측은한, 초라한

86 단순한, 간단한; 무늬가 없는   87 오염시키다

88 정확한, 엄밀한   89 선사 시대의   90 전제, 가정

91 보호하다, 유지하다   92 우선(권), 우선순위

93 출판하다; 공개[발표]하다   94 그만두다
95 꽤, 상당히; 충분히, 전적으로   96 내뿜다, 방출하다
97 다시 일어나다, 반복되다   98 임대하다, 빌리다
99 책임이 있는   100 (인공) 위성   101 장학금
102 겉보기에는   103 꽉 쥐다, 움켜쥐다   104 학기
105 그늘, 음영   106 기슭; 해안   107 부족, 결핍
108 부작용   109 (문, 창문을) 쾅 닫다
110 고독; 혼자 살기, 독거   111 다소, 약간
112 ~에서 생겨나다[기인하다]   113 휘젓다, 섞다
114 미묘한; 교묘한   115 빨다, 흡수하다
116 표면; 외관   117 항복하다; 양도하다, 넘겨주다
118 빠른, 신속한   119 세입자, 임차인
120 절도, 도난   121 버리다, 없애다   122 상당히
123 뒤집다   124 예측할 수 없는   125 귀중품
126 없어지다, 사라지다   127 채식을 하는; 채식주의자
128 식물   129 수의사   130 관점, 시각
131 품질 보증(서)   132 부유한   133 의지, 유언(장)
134 숭배; 숭배하다   135 열성적인

DICTATION for Day 21~Day 30

1 rewards	2 drained
3 adjust	4 magnifying
5 lid	6 suburbs
7 lie	8 awkward
9 factual	10 repeatedly
11 occasions	12 awful
13 renewed	14 Cells

1 Consequently	2 literature
3 sawing	4 deliver
5 formed	6 breeze
7 grading	8 revising
9 realms	10 underwater
11 depict	12 authority
13 cherishes	14 perceive

1 unease	2 frequencies
3 stared	4 ruled

5 notion	6 Smooth
7 surgeon	8 plain
9 Payment	10 registration
11 reside	12 genre
13 inspired	14 at large

1 brief	2 bordered
3 extraordinary	4 electricity
5 Solitude	6 companion
7 moral	8 brilliant
9 exhausted	10 panicked
11 stir	12 mysterious
13 nutritious	14 intake

1 seemingly	2 subtle
3 somewhat	4 private
5 endure	6 conserve
7 glow	8 degree
9 Indeed	10 detect
11 extinct	12 insight
13 adapt	

DAILY TEST

A
1 주조하다; 출연자, 배역
2 상관관계가 있다, 연관성을 보여 주다
3 자아 성찰적인
4 (숲, 나무 등이) 무성한, 잘 자라는; (머리카락이) 풍성한
5 (질병 등이) 기생충에 의한
6 예상보다 빠른, 시기상조인
7 산산이 조각나다, 부수다
8 본분을 지키다, 쓸데없이 참견하지 않다   9 초월, 탁월
10 목격되지 않은; 증인의 서명이 없는   11 imbricate
12 reed   13 reinforce   14 exaggerate
15 interest-free   16 clockwise   17 peculiar
18 regenerate   19 prefix   20 prejudice

B
1 curt　2 cultivate　3 balance
4 rash, imprudent　5 prevalent　6 coarsen
7 parasite　8 prematurity

C
1 sprinter　2 prevailing　3 simulate
4 installment plan　5 compensate

Day32 p. 293

A
1 멀어지게 만들다　2 협업[협력]하다
3 공동의, 집단의　4 경멸, 무시
5 (가치 등을) 떨어뜨리다　6 왕좌에 앉히다
7 계층[계급] 구조; 지배층, 권력층　8 조사[탐사]하다
9 조화시키다, 화해시키다　10 동시의　11 bridge
12 on edge　13 overwhelm　14 combustion
15 distort　16 violation　17 cave in
18 pharmaceutical　19 heartland　20 violence

B
1 first-class　2 section　3 compulsory
4 infinite, limitless　5 skeptic　6 intricacy
7 necessitation　8 rebel

C
1 round-the-clock　2 polarity
3 wholehearted　4 commonality　5 cohesion

Day33 p. 301

A
1 (농업을 목적으로 하는) 토지; 면적
2 자동차의, 자동차에 관련된　3 통행금지(령)
4 잔해, 쓰레기　5 지명하다, 지정하다
6 숨어 있다, 도사리다
7 (전 세계적인) 전염병; 전 세계적으로 유행하는
8 설득하다, 유인하다
9 퍼붓다, 쏟아 붓다; (선물을 주는) 파티
10 노력하다, 분투하다　11 crave　12 aggression
13 bystander　14 predisposition　15 dietary
16 unprecedented　17 in progress
18 warehouse　19 negligence　20 confirm

B
1 mock　2 forgetful　3 outspoken　4 natural
5 neglect　6 preoccupy　7 conformity
8 confirmation

C
1 niche　2 profound　3 precipitation
4 blood sugar　5 ridicule

Day34 p. 309

A
1 (비슷한 기능이나 지위를 가진) 상대
2 모욕감[굴욕감]을 주다　3 실망시키다, 낙담시키다
4 따돌림 당하는 사람, 쫓겨난 사람
5 가금(닭, 오리 등), 가금류의 고기
6 미루다, 늑장 부리다　7 살균한, 불임의
8 동시에 발생하다[발생하게 하다], 동기화하다
9 약화시키다, 취약하게 하다　10 착수하다, 맡다
11 deficiency　12 slaughter　13 savor
14 be bound to　15 pay a visit
16 conservative　17 misconceive
18 prototype　19 indigenous　20 assessment

B
1 eliminate　2 mandatory
3 perspective, point of view　4 pointless
5 molecular　6 confrontation　7 humiliation
8 manipulation

C
1 seasoned　2 fertile　3 house　4 out of date
5 breakthrough

Day35 p. 317

A
1 냉소적인; 비관적인　2 서서히 퍼지는; 교활한
3 능숙하게 움직이다, 교묘히 다루다
4 젖을 짜다; (이득을) 최대한 뽑아내다
5 동·식물을 도입하다; (외국인을) 귀화시키다
6 지나치게 많이 싣다[주다]　7 만연한, 스며드는
8 풍자, 비꼼　9 움직이지 않는, 변하지 않는　잡음
10 보조금을 주다, 금전적으로 보조하다
11 catch a glimpse of　12 overanxious

13 overeat   14 bizarre   15 array
16 ovation   17 complement   18 beforehand
19 life-size   20 transparent

B
1 complicated   2 first-rate   3 relaxed
4 previous   5 vice   6 devastation
7 complimentary   8 mad

C
1 asthma   2 compliment   3 extracurricular
4 merge into   5 improvise

WEEKLY TEST

Day31~35   p. 318

1 건망증이 심한   2 (농업을 목적으로 하는) 토지; 면적
3 공격(성), 침략   4 멀어지게 만들다
5 무리, 집합; 배열   6 인위적인, 인공적인   7 평가
8 천식   9 자동차의, 자동차에 관련된
10 반드시 ~하다   11 사전에, 미리   12 이상한, 기묘한
13 무한한, 끝이 없는
14 돌파구; 중요한 성과, 획기적 발전   15 간극을 메우다
16 구경꾼, 행인   17 주조하다; 출연자, 배역
18 ~을 힐끗 보다   19 응하다, 굴복하다
20 시계 방향으로   21 화합, 결합   22 협업[협력]하다
23 연소   24 공동의, 집단의   25 배상[보상]하다
26 보완하다 보완물   27 칭찬하는; 무료의
28 강제적인, 의무적인   29 확인[확정]하다
30 보수적인   31 경멸, 무시
32 상관관계가 있다, 연관성을 보여 주다
33 (비슷한 기능이나 지위를 가진) 상대
34 갈망[열망]하다   35 통행금지(령)
36 냉소적인; 비관적인   37 잔해, 쓰레기
38 결핍; 약점, 결점   39 지명하다, 지정하다
40 (가치 등을) 떨어뜨리다   41 음식의, 식이 요법의
42 왜곡하다, 비틀다
43 복잡한; 자세하게 설명하다; 정교하게 발전시키다
44 왕좌에 앉히다
45 균형을 유지하게 하다, 평형시키다
46 근절하다, 박멸하다   47 과장하다
48 용이하게 하다   49 최고의, 일류의
50 포괄적인; 통칭하는

51 (안전, 건강에) 유해한, 위험한   52 중심지, 핵심 지역
53 계층[계급] 구조; 지배층, 권력층
54 모욕감[굴욕감]을 주다   55 (잎, 비늘이) 겹쳐진
56 진행 중인   57 토착의, 원산의
58 의심의 여지가 없는, 명백한
59 서서히 퍼지는; 교활한   60 할부 판매
61 무이자의; 무이자로   62 자아 성찰적인
63 실망시키다, 낙담시키다   64 실물 크기의
65 장수   66 숨어 있다, 도사리다
67 (숲, 나무 등이) 무성한, 잘 자라는; (머리카락이) 풍성한
68 강제적인, 의무적인
69 능숙하게 움직이다, 교묘히 다루다
70 (다른 사람들을 교묘하게) 조종하다; 조작하다
71 젖을 짜다; (이득을) 최대한 뽑아내다
72 오해하다   73 분자
74 동·식물을 도입하다; (외국인을) 귀화시키다
75 태만, 과실   76 꼭 맞는 자리; 〈시장〉 틈새
77 안절부절못하여
78 따돌림 당하는 사람, 쫓겨난 사람   79 박수갈채
80 지나치게 걱정하는   81 과식하다
82 과대평가하다   83 지나치게 많이 싫다[주다]
84 압도하다, 당황하게 하다; 제압하다
85 (전 세계적인) 전염병; 전 세계적으로 유행하는
86 (질병 등이) 기생충에 의한   87 방문하다
88 이상한, 특이한   89 만연한, 스며드는
90 제약의, 약학의   91 가금(닭, 오리 등), 가금류의 고기
92 성향, 경향   93 접두어, 접두사
94 편견, 선입견   95 예상보다 빠른, 시기상조인
96 조사[탐사]하다   97 미루다, 늑장 부리다
98 중요한, 눈에 잘 띄는   99 원형; 시제품
100 현명한, 조심스러운, 신중한
101 조화시키다, 화해시키다   102 갈대
103 재생하다, 재건하다
104 재활 치료를 하다, 회복시키다   105 강화하다
106 놀리다, 조롱하다; 조롱   107 설득하다, 유인하다
108 풍자, 비꼼   109 만끽하다, 음미하다
110 경험이 많은, 노련한   111 부분, 한 조각
112 산산이 조각나다, 부수다
113 퍼붓다, 쏟아 붓다; (선물을 주는) 파티
114 동시의   115 도축하다, 학살하다
116 움직이지 않는, 변하지 않는 잡음
117 살균한, 불임의
118 본분을 지키다, 쓸데없이 참견하지 않다

119 노력하다, 분투하다

120 보조금을 주다, 금전적으로 보조하다

121 동시에 발생하다[발생하게 하다], 동기화하다

122 간단한, 간결한　123 토지를 갈다, 경작하다

124 최고의, 최상의　125 초월, 탁월　126 투명한

127 약화시키다, 취약하게 하다　128 착수하다, 맡다

129 전례가 없는

130 목격되지 않은; 증인의 서명이 없는

131 잔인한, 폭력적인; 지독한, 심한; 나쁜　132 위반

133 폭력　134 창고　135 전적인, 완전한

DAILY TEST

Day36 p. 327

A

1 점점 더 빨라지다, 가속화하다　2 미적인, 심미적인

3 모순, 반대되는 것　4 약물[알코올] 중독 치료

5 억제, 어색함　6 통합하다; 융합하다

7 약물 (치료)　8 명상, 사색

9 임명하다, 후보자로 지명하다

10 멀어져 가다, 후퇴하다　11 startle　12 ferment

13 excavate　14 ominous　15 cross-reference

16 rhetorical　17 benevolent

18 come into existence　19 restraint

20 refugee

B

1 deceive　2 serene　3 scrupulous

4 up-to-date　5 docility　6 desolation

7 acceleration　8 incorporative

C

1 rapport　2 components　3 superstition

4 spectrum　5 account for

Day37 p. 335

A

1 시계 반대 방향으로　2 배수 (시설), 배수 유역

3 오르내리다　4 동의하지 않는 사람　5 환대, 접대

6 적개심, 적대감　7 전후 관계를 무시하고

8 과도하게 열중한　9 탐닉하다, 지나치게 빠지다

10 전형적인 예; 패러다임　11 utensil

12 hemisphere　13 hinder　14 mind-set

15 insecticide　16 asbestos　17 self-defense

18 call off　19 set aside　20 successor

B

1 impartial　2 near-sighted　3 constant

4 extroverted　5 quote　6 integrality

7 exploitation　8 accentuation

C

1 quotation　2 midwives　3 dangled

4 accentuate　5 integral

Day38 p. 343

A

1 축약(형)　2 오염시키다

3 비하하다; 분해하다; 저하시키다

4 구분하다, 차별하다　5 소비, 비용, 경비

6 문맹인; 문명　7 일, 문제; 물질; 중요하다

8 양육[육성]하다　9 가능성, 가망; 발굴[탐사]하다

10 중단하다, 유보하다, 정직[정학]시키다　11 decisive

12 bureaucracy　13 temperament

14 versatile　15 evacuate　16 segregation

17 agenda　18 competent　19 free will

20 wear out

B

1 precondition　2 fad　3 illegible

4 literal　5 ideology　6 illiteracy　7 propulsive

8 intuitive

C

1 tumbled　2 to a degree　3 accountant

4 brought about　5 adolescence

Day39 p. 351

A

1 버리다, 그만두다　2 풍부한　3 행정, 관리, 집행

4 (TV, 라디오에서) 실황 방송을 하다　5 친구, 동지

6 상호적인, 〈컴퓨터〉 대화형의

7 (집을 사기 위한) 대출(금)

8 (구식이어서) 특이한, 매력적인

9 (신문 등을) 구독하다; (의견 등을) 지지하다

10 소환하다, 호출하다, 소집하다　11 paramount

12 international　13 equilibrium

14 controversy　15 whereas　16 revenue

17 vapor　18 nonexistent　19 evaporate

20 interracial

B

1 proponent　2 primary　3 conceal

4 overt　5 adequacy　6 impartation

7 comradely　8 evaporation

C

1 adequate　2 real-time　3 artifacts

4 singled out　5 incentives

Day40　p. 359

A

1 (공개적으로) 지지하다 지지자, 옹호자; 변호사, 중재인

2 삐걱거리다　3 일탈적인, 정상에서 벗어난

4 지열의, 지열과 관련된　5 망설이다; 저지하다

6 독립적인, 자급자족적인　7 재고(품); 주식

8 돼지　9 결혼하다　10 원래 그대로의

11 antisocial　12 short of breath

13 municipal　14 theoretical　15 makeshift

16 annihilate　17 frown　18 carbohydrate

19 symposium　20 golden rule

B

1 panacea　2 conceited　3 alleviate

4 common　5 extend　6 theory　7 satiety

8 prophesy

C

1 undoubted　2 rear　3 trustworthy

4 compost　5 Numerical

WEEKLY TEST

Day36~40　p. 360

1 버리다, 그만두다　2 축약(형)　3 풍부한

4 점점 더 빨라지다, 가속화하다

5 강조하다, 두드러지게 하다　6 회계사

7 적합한, 충분한　8 행정, 관리, 집행

9 청소년기, 사춘기

10 (공개적으로) 지지하다 지지자, 옹호자; 변호사, 중재인

11 미적인, 심미적인　12 안건, 의제　13 전멸시키다

14 반(反)사회적인　15 (역사적 가치가 있는) 인공물

16 석면　17 자애로운, 자비로운

18 초래하다, 일으키다　19 관료제　20 취소하다

21 탄수화물　22 조각하다　23 탄생하다, 태어나다

24 (TV, 라디오에서) 실황 방송을 하다

25 강요하다, ~하게 만들다　26 유능한　27 요소, 부품

28 친구, 동지　29 오염시키다　30 모순, 반대되는 것

31 논란　32 시계 반대 방향으로　33 삐걱거리다

34 상호 참조　35 습관적인, 관습적인

36 결정적인, 단호한

37 비하하다; 분해하다; 저하시키다　38 속이다

39 약물[알코올] 중독 치료

40 일탈적인, 정상에서 벗어난　41 구분하다, 차별하다

42 배수 (시설), 배수 유역　43 평형 (상태), 균형 (상태)

44 대피시키다[하다]　45 증발하다, 기화하다

46 발굴하다, 출토하다　47 소비, 비용, 경비

48 착취하다, (부당하게) 이용하다

49 동요, 소란; 발효하다　50 오르내리다

51 가장 중요한, 주요한　52 자유 의지　53 찡그리다

54 지열의, 지열과 관련된　55 황금률; 교훈; 철칙

56 불평하다, 투덜대다　57 반구

58 방해하다, 저지하다　59 동의하지 않는 사람

60 환대, 접대　61 적개심, 적대감

62 원칙적인, 이념적인　63 문맹인; 문맹

64 장려책, 유인책　65 (다른 것의 일부로) 포함하다

66 억제, 어색함　67 살충제　68 유익한

69 근본적인, 꼭 필요한　70 통합하다; 융합하다

71 상호적인, 〈컴퓨터〉 대화형의　72 국제적인

73 타 인종 간의　74 내성적인　75 잘 읽을 수 있는

76 임시변통의　77 일, 문제; 물질; 중요하다

78 약물 (치료)　79 명상, 사색　80 산파

81 사고방식　82 (집을 사기 위한) 대출(금)

83 시립의, 자치제의　84 임명하다, 후보자로 지명하다

85 존재하지 않는　86 숫자로 나타낸, 숫자에 관련된

87 불길한, 심상치 않은　88 전후 관계를 무시하고

89 과도하게 열중한　90 탐닉하다, 지나치게 빠지다

91 전형적인 예; 패러다임　92 가장 중요한

93 떨어지다, 급락하다　94 추진하다, 나아가게 하다

95 가능성, 가망; 발굴[탐사]하다

96 지도자; 주창자; 주인공

97 (구식이어서) 특이한, 매력적인   98 인용, 인용구
99 (좋은) 관계   100 실시간   101 피난민, 망명자
102 통제, 규제, 제지; 자제, 제한
103 멀어져 가다, 후퇴하다   104 소득, 수입
105 수사학적인   106 충분히 만족시키다
107 분리 (정책), 차별   108 독립적인, 자급자족적인
109 자기 방어   110 한쪽으로 치워 두다   111 숨이 찬
112 근시안적인   113 세련된, 정교한
114 (특정한 것의) 범위, 영역   115 깜짝 놀라게 하다
116 재고(품); 주식
117 (신문 등을) 구독하다; (의견 등을) 지지하다
118 후임자   119 소환하다, 호출하다, 소집하다
120 중단하다, 유보하다; 정직[정학]시키다   121 돼지
122 학술회, 토론회   123 실재하는, 만질 수 있는
124 기질   125 이론적인, 이론의   126 그 후
127 결혼하다   128 믿을 수 있는, 신뢰하는
129 확실한, 의심할 바 없는   130 가정용품
131 수증기, 증기   132 다재다능한
133 원래 그대로의   134 지치다   135 반면에

DICTATION for Day 31~Day 40

1 unwitnessed   2 reinforced
3 tilling   4 peculiar
5 Introspective   6 indubitable
7 townie   8 detract
9 first-rate   10 dissent
11 communal   12 correspondence
13 boundless

1 embedded   2 restrain
3 longevity   4 facilitate
5 magnitudes   6 preoccupied
7 pre-existing   8 molecule
9 manipulated   10 rehabilitate
11 devoured   12 enact
13 heritage

1 elaborate   2 maddening

3 impulsive   4 the, other, way, round
5 insidious   6 cynical
7 overestimate   8 thereafter
9 incorporate   10 sophisticated
11 genetically, modified
12 uninterrupted   13 take, for, granted

1 drainage   2 unhindered
3 exploit   4 compartment
5 right, angles   6 tactic
7 in, isolation   8 compels
9 Ideological   10 craze
11 potentialities   12 built-up
13 customary   14 nature

1 whereas   2 incentive
3 equilibrium   4 commoners
5 user-friendly   6 electromagnetic, fields
7 abandoned   8 grumble
9 tangible   10 susceptible
11 one-size-fits-all   12 undoubtedly
13 carve   14 rare

DAILY TEST

A
1 (국가, 법률 등을) 관리하다, 집행하다; (시험을) 실시하다
2 법적으로 무효화하다, 취소하다   3 증서, 자격(증)
4 확산[분산]시키다 분산된   5 선출하다, 선택하다
6 세우다, 짓다, 만들다   7 독점적인; 특권층의; 고가의
8 사치스러운, 낭비하는   9 학구적인, 학문적인
10 (동물이) 유순한, 사람을 잘 따르는 (동물을) 길들이다
11 factor in   12 phobia   13 metabolism
14 sloppy   15 arbitrary   16 centralize
17 outright   18 trivia   19 antioxidant
20 dormant

B

1 build up   2 trivial   3 pure   4 severe
5 apt   6 diffusion   7 exclude
8 dormancy

C

1 environment-friendly   2 unceasing
3 aptitude   4 interrelated   5 Sound

Day 42 p. 383

A

1 달가닥거리다; 달가닥거리는 소리
2 (현실에) 만족하는   3 (암호 등을) 해독하다, 풀다
4 〈장소, 건물〉 눈에 거슬리는 것   5 기발한, 재주가 많은
6 (감정, 태도 등을) 보이다, 나타내다 분명한
7 매우 뚱뚱한, 고도비만인   8 비공개의; 비공식의
9 (시끄러움 뒤의) 고요함, 평온
10 엄격한 채식주의의; 엄격한 채식주의자
11 greasy   12 leftover   13 glacier
14 tax-deductible   15 bar   16 workload
17 coincidence   18 anthropology   19 margin
20 lay off

B

1 extend   2 vicious   3 shrink   4 hostile
5 coincide   6 sanitary   7 bribery   8 ingenuity

C

1 obligates   2 supervised   3 bride
4 annoyance   5 barren

Day 43 p. 391

A

1 (권력 등을) 강화하다, 통합하다
2 소멸되다, (시간, 돈 등을) 낭비하다
3 입학시키다, 등록하다   4 결실, 성취   5 획기적인
6 멋진, 놀라운   7 재정의, 통화의
8 지능이 낮은, 지적 장애가 있는
9 변동이 잦은, 가변적인   10 다양한, 여러 가지의
11 on the verge of   12 bundle   13 re-elect
14 reunion   15 reincarnate   16 disgrace
17 rebroadcast   18 personnel   19 rigorous
20 bombard

B

1 timely   2 well-off   3 detest   4 sensible
5 tedium   6 suspect   7 penetration
8 fraudulent

C

1 drowns out   2 reservoir   3 decaffeinated
4 elevate   5 various

Day 44 p. 399

A

1 고수하다, (의견 등을) 지지하다
2 ~을 일어나기 쉽게 하는, ~에 좋은   3 ~(하는) 중에
4 관계있는, 적절한   5 공급, 제공, 대비
6 무자비한, 잔인한   7 대리자; 대용품; 대체하다
8 억압하다, 진압하다   9 명백한, 분명한
10 (환자가) 건강이 좋아진, 병상에서 일어난
11 prosecutor   12 hardship   13 forbidden
14 stand out   15 petroleum   16 propaganda
17 brainwash   18 misleading
19 supernatural   20 antibody

B

1 clear   2 loathe   3 insatiable   4 condemn
5 replicative   6 agility   7 adherence
8 provide

C

1 ripens   2 groundless   3 forbidden
4 hardness   5 passed down

Day 45 p. 407

A

1 밀폐된   2 뒤늦은   3 논쟁거리인
4 정교한; 매우 아름다운, 고귀한   5 몰살하다, 박멸하다
6 (옷, 침대 등) ~보다 더 커지다(맞지 않게 되다)
7 ~보다 수가 더 많다
8 〈상점〉 금전 등록기에 상품의 가격을 입력하다
9 혼란, 무질서
10 (활동이) 격렬한, (성격이) 활발한   11 odds
12 oversee   13 abrupt   14 conceited
15 make headway   16 vice versa
17 peninsula   18 correlation   19 soluble

20 carnivorous

B
1 bitter, resentful   2 torture, anguish
3 busy   4 convict   5 exhortation
6 extermination   7 vigor   8 alleviation

C
1 lightning-fast   2 mean   3 capital
4 means   5 linear

WEEKLY TEST

Day41~45   p. 408

1 갑작스러운   2 무죄를 선고하다
3 고수하다, (의견 등을) 지지하다
4 (국가, 법률 등을) 관리하다, 집행하다; (시험을) 실시하다
5 민첩한   6 밀폐된   7 짜증, 짜증나게 하는 것
8 법적으로 무효화하다, 취소하다   9 인류학   10 항체
11 항산화제, 노화 방지제   12 적성
13 제멋대로인, 자의적인   14 술집; 막다, 금지하다
15 척박한, 불모의   16 뒤늦은   17 두 언어를 쓰는
18 퍼붓다   19 세뇌시키다   20 신부   21 다발, 뭉치
22 육식(성)의   23 중앙집권화하다
24 증서, 자격(증)
25 달가닥거리다; 달가닥거리는 소리   26 우연의 일치
27 거만한, 자만하는
28 ~을 일어나기 쉽게 하는, ~에 좋은
29 (권력 등을) 강화하다, 통합하다
30 (현실에) 만족하는   31 논쟁거리인   32 상관관계
33 카페인을 제거하다   34 (암호 등을) 해독하다, 풀다
35 몹시 싫어하다   36 확산[분산]시키다; 분산된
37 불명예; 망신을 주다
38 소멸되다, (시간, 돈 등을) 낭비하다
39 활동을 중단한   40 (소음이) ~을 들리지 않게 하다
41 식용의   42 선출하다, 선택하다
43 승격시키다, 증가시키다   44 입학시키다, 등록하다
45 세우다, 짓다, 만들다
46 독점적인; 특권층의; 고가의
47 정교한; 매우 아름다운, 고귀한
48 몰살하다, 박멸하다   49 사치스러운, 낭비하는
50 〈장소, 건물〉 눈에 거슬리는 것
51 ~을 고려하다; 하나의 요인으로 포함하다   52 피로

53 금지된   54 사기(죄), 사기꾼   55 결실, 성취
56 빙하   57 기름투성이의   58 획기적인
59 근거 없는   60 고난, 곤경   61 정신없이 바쁜
62 ~(하는) 중에   63 기발한, 재주가 많은
64 밀접한 연관을 갖다   65 해고하다
66 먹다 남은 (음식)   67 매우 빠른, 전광석화의
68 또한, 똑같이   69 직선 모양의, 선으로 된
70 나아가다, 진전을 보이다
71 (감정, 태도 등을) 보이다, 나타내다 분명한
72 차이; 여백   73 멋진, 놀라운
74 의미하다; 못된, 인색한   75 방법, 수단
76 신진대사   77 오해의 소지가 있는
78 재정의, 통화의   79 매우 뚱뚱한, 고도비만인
80 강요하다; 의무를 지우다   81 가능성, 확률
82 비공개의; 비공식의   83 ~의 직전에
84 (옷, 침대 등) ~보다 더 커지다(맞지 않게 되다)
85 ~보다 더 오래 살다   86 ~보다 수가 더 많다
87 전면적인; 직접적인   88 감시하다, 감독하다
89 만병통치약   90 전수하다, 전해주다
91 (시끄러움 뒤의) 고요함, 평온   92 침투[통과]하다
93 반도   94 전 직원   95 관계있는, 적절한
96 석유   97 공포증, 혐오증   98 선전   99 검사
100 공급, 제공, 대비   101 언쟁, 싸움; 다투다, 싸우다
102 재방송(하다)   103 다시 선출하다
104 부활시키다, 환생시키다   105 저수지; 많은 보유량
106 지능이 낮은, 지적 장애가 있는   107 동창회; 재회
108 정의의; 당연한, 옳은   109 엄격한, 철저한
110 〈상점〉 금전 등록기에 상품의 가격을 입력하다
111 익다, 익히다   112 무자비한, 잔인한
113 학구적인, 학문적인   114 엉성한
115 액체에 녹는   116 용액; 빚을 갚을 능력이 되는
117 두드러지다   118 대리자; 대용품; 대체하다
119 초자연적인   120 감독[감시]하다
121 억압하다, 진압하다   122 지속 가능한
123 (동물이) 유순한, 사람을 잘 따르는; (동물을) 길들이다
124 세금 공제가 되는   125 하찮은 정보; 일반상식
126 혼란, 무질서   127 끊임없는
128 명백한, 분명한
129 (환자가) 건강이 좋아진, 병상에서 일어난
130 변동이 잦은, 가변적인   131 다양한, 여러 가지의
132 엄격한 채식주의의; 엄격한 채식주의자
133 반대로, 거꾸로
134 (활동이) 격렬한, (성격이) 활발한

DAILY TEST

Day 46   p. 417

A

1 곰곰이 생각하다   2 우울한, 형편없는
3 비난[비방]하다   4 화난, 분개한
5 만족할 줄 모르는   6 몹시 화나게 하다; 분노, 격분
7 촉구하다, 자극하다; 즉각적인   8 정권, 정부
9 (돈, 자원, 기회 등을) 낭비하다
10 (생각, 태도 등이) 확고한   11 purse
12 dwell on[upon]   13 proximity
14 undergraduate   15 once and for all
16 regimen   17 malnutrition   18 audible
19 malfunction   20 saliva

B

1 increase   2 elaborate   3 powerful
4 perfect   5 resuscitation   6 malodor
7 abomination   8 obliteration

C

1 black eye   2 pulse   3 barged   4 warlike
5 measured up to

Day 47   p. 425

A

1 (기회를) 이용하다; (제안을) 수용하다
2 (부피, 크기 등이) 늘다, 증가하다   3 내용(물); 만족한
4 위엄[품위] 있는   5 널리 퍼지다, (뿔뿔이) 흩어지다
6 복사하다, 다시 하다; 사본
7 몸짓[손짓]으로 이야기하다
8 (제품이) 최고급의, 최고가인   9 (동작이) 날렵한, 빠른
10 정당한 근거가 있는; 기초가 잘 잡힌
11 meteorology   12 invigorating
13 desalinate   14 payoff   15 infrastructure
16 follow suit   17 saline   18 herbivore
19 demeanor   20 dilute

B

1 expert   2 decode   3 strive   4 trip, outing

5 dignify   6 dispersal   7 salinity
8 standardization

C

1 devised   2 yield   3 unroll   4 expertise
5 lessons

Day 48   p. 433

A

1 침술   2 (증거 없이) 추정된, 주장된
3 (공부를) 다시 하다, (기술, 지식을) 더욱 연마하다
4 눈에 잘 띄는   5 (접촉을 통해) 전염되는
6 임박한   7 (규칙, 법률 등에) 맞추어[따라]
8 매체, 수단; 영매; 중간의   9 단정하게 집어넣다
10 감시 단체, 감시자   11 counteract
12 at the mercy of   13 counterexample
14 nocturnal   15 pedestrian
16 counterproductive   17 pediatrician
18 bloodshed   19 psychiatry   20 erode

B

1 impetus   2 rebellion, revolt   3 revenge
4 fake   5 catastrophe   6 consensus
7 subordinative   8 condemnatory

C

1 straightforward   2 wandering   3 overtake
4 subconscious   5 wonder

Day 49   p. 441

A

1 비교할 만한, 비슷한   2 화합하는; 호환이 되는
3 이리저리 다니다   4 (남보다) 유리함
5 앞서 나가는, 선두를 달리는
6 (신문, 방송 등을 통해서) 널리 알려져, 사회의 주목을 받는
7 (피해, 상처를) 가하다, 입히다   8 친밀한, 사적인
9 겁먹게 하다, 협박하다   10 자칭, 자청한
11 vandalism   12 entrepreneur   13 scribble
14 homosexual   15 windfall
16 counterattack   17 vulgar   18 hate crime
19 lush   20 delusion

B

1 tame　2 balance　3 assign　4 terrific
5 infliction　6 courtesy　7 succeed
8 delude

C
1 breathtaking　2 identifiable　3 break free
4 competence　5 stuff

Day50　p. 449

A
1 (법률, 제도 등을) 폐지하다, 끝내다
2 예상과 다른 결과를 낳다, 역효과를 낳다
3 불쾌한, 혐오스러운
4 (존경하는 대상을) 모방하다, 흉내 내다
5 헤아릴 수 없을 정도로 엄청난
6 비슷한 의견[생각]을 가진
7 가장, 환상; 가공의, 환상의
8 분기; (병사, 하인들이 쓰는) 막사, 쉼터
9 (가격, 양 등이) 치솟다, 급등하다
10 활기찬, 열정적인　11 apprehensive
12 sabotage　13 condense　14 homogeneous
15 from scratch　16 predetermine
17 postwar　18 acquaintance　19 astronomy
20 behind bars

B
1 worldwide　2 artificial, man-made
3 inconsiderate　4 incomprehensible
5 terminate　6 acquaint
7 persecution　8 majesty

C
1 hard-and-fast　2 altitude　3 status symbol
4 outing　5 took charge

WEEKLY TEST

Day46~50　p. 450

1 (법률, 제도 등을) 폐지하다, 끝내다　2 몹시 싫어하다
3 지인, 안면이 있는 사람　4 침술　5 고통
6 (증거 없이) 추정된, 주장된　7 고도, 해발, 높이
8 (법 등을) 개정[수정]하다　9 걱정하는, 염려하는
10 천문학　11 ~에 휘둘리는, 좌우되어

12 들리는, 들을 수 있는　13 자치권, 자율성
14 (기회를) 이용하다; (제안을) 수용하다
15 예상과 다른 결과를 낳다, 역효과를 낳다
16 투옥된, 철창신세인　17 유혈사태
18 벗어나다, 도망치다　19 곰곰이 생각하다
20 (공부를) 다시 하다, (기술, 지식을) 더욱 연마하다
21 (부피, 크기 등이) 늘다, 증가하다
22 비교할 만한, 비슷한　23 화합하는; 호환이 되는
24 능숙함, 능숙도　25 비난하다; 선고를 내리다
26 농축하다, 응집시키다; 요약하다　27 눈에 잘 띄는
28 (접촉을 통해) 전염되는　29 고민하다, 심사숙고하다
30 내용(물); 만족한
31 (악영향에) 대응하다; (약 등이 효력을) 중화하다
32 반격(하다), 역습(하다)　33 반증, 반례
34 비생산적인; 역효과의
35 공손한, 예의 바른; 교양 있는, 세련된
36 망상, 환상　37 태도, 품행　38 담수화하다
39 나빠지다, 악화하다, 저하시키다　40 위엄[품위] 있는
41 희석하다, 묽게 하다　42 줄이다, 감소하다
43 우울한, 형편없는　44 비난[비방]하다
45 널리 퍼지다, (뿔뿔이) 흩어지다
46 불쾌한, 혐오스러운　47 (할부금의) 계약금, 착수금
48 (깜짝 놀라서) 말문이 막힌, 어쩔 줄 모르는
49 복사하다, 다시 하다; 사본　50 곱씹다, 되새기다
51 (존경하는 대상을) 모방하다, 흉내 내다
52 암호화하다　53 노력하다　54 사업가, 기업가
55 침식하다, 약화되다
56 소풍, 짧은 여행; 회유, 외도　57 이리저리 다니다
58 선례를 따르다　59 향기, 향수　60 맨 처음부터
61 몸짓[손짓]으로 이야기하다　62 엄한, 절대적인
63 증오 범죄　64 (남보다) 유리함　65 초식동물
66 (제품이) 최고급의, 최고가인　67 동질의, 같은 종의
68 동성애의, 동성애자인; 동성애자
69 인식할 수 있는, 알아볼 수 있는
70 헤아릴 수 없을 정도로 엄청난　71 임박한
72 (규칙, 법률 등에) 맞추어[따라]
73 앞서 나가는, 선두를 달리는
74 (신문, 방송 등을 통해서) 널리 알려져, 사회의 주목을 받는
75 화난, 분개한　76 꼭 필요한, 없어서는 안되는
77 (피해, 상처를) 가하다, 입히다　78 사회 기반 시설
79 만족할 줄 모르는　80 친밀한, 사적인　81 위협하다
82 기운이 나게 하는　83 위태롭게 하다, 위협하다
84 비슷한 의견[생각]을 가진　85 풀로 덮인, 무성한

86 가장, 환상; 가공의, 환상의

87 제대로 작동하지 않다; 고장　88 영양실조

89 매체, 수단; 영매; 중간의　90 기상학

91 군주제, 군주국가　92 (동작이) 날렵한, 빠른

93 밤에 일어나는, 야행성의　94 완전히, 최종적으로

95 화려한, 정교한　96 몹시 화나게 하다; 분노, 격분

97 제압하다　98 기각하다　99 대가, 지불

100 보험자　101 소아과 의사　102 (몰래) 살짝 보다

103 전 지구적인, 지구 전체에 미치는

104 타당한, 그럴 듯한　105 전쟁 후의

106 힘센, 강력한, 효과적인　107 미리 결정하다

108 촉구하다, 자극하다; 즉각적인　109 근접, 가까움

110 정신 의학　111 (여성용) 지갑, 핸드백

112 분기; (병사, 하인들이 쓰는) 막사, 쉼터

113 정권, 정부　114 식이요법

115 고의로 파괴[방해]하다　116 염분이 포함된

117 침　118 낙서하다, 갈겨쓰다　119 자칭, 자청한

120 (가격, 양 등이) 치솟다, 급등하다

121 (돈, 자원, 기회 등을) 낭비하다　122 신분의 상징

123 부하, 하급자; 종속된　124 (양, 정도가) 상당한, 큰

125 인공적인, 인위적으로 만든

126 단정하게 집어넣다　127 대학생

128 견줄 데 없는　129 (생각, 태도 등이) 확고한

130 공공 기물 파손　131 활기찬, 열정적인

132 저급한, 천박한　133 감시 단체, 감시자

134 정당한 근거가 있는; 기초가 잘 잡힌

135 뜻하지 않은 소득, 불로 소득

DICTATION for Day 41~Day 50

INDEX

P

MEMO

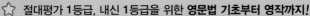